지역사회복지론

지역사회복지론

2021년 3월 16일 초판 1쇄 찍음
2021년 3월 23일 초판 1쇄 펴냄

지은이 지은구·감정기·김진석·김형용·홍재봉
기획 비판과 대안을 위한 사회복지학회

펴낸이 윤철호·고하영
책임편집 정세민·김채린
편집 최세정·이소영·임현규·김혜림·엄귀영
디자인 김진운
본문조판 토비트
마케팅 최민규·조원강

펴낸곳 ㈜사회평론아카데미
등록번호 2013-000247(2013년 8월 23일)
전화 02-326-1545
팩스 02-326-1626
주소 03993 서울특별시 마포구 월드컵북로6길 56
이메일 academy@sapyoung.com
홈페이지 www.sapyoung.com

ISBN 979-11-89946-98-2 93330

지역사회복지론

지은구 감정기 김진석 김형용 홍재봉 지음

사회평론아카데미

변화하는 우리 지역사회의
현실을 반영한 교과서를 집필하며

우리는 누구나 특정한 지역사회에서 태어나 그곳의 정치·경제·사회·문화와 같은 여러 환경의 영향을 받으며 살아간다. '지역사회복지'는 이렇듯 우리 삶의 터전인 지역사회에서 구성원들의 복지를 실현하기 위해 마련된 다양한 제도 및 그 실천활동을 가리킨다.

지역사회복지의 궁극적인 목표는 구성원 개개인의 삶의 질을 향상시키는 것이다. 그런데 이 목표를 달성하기 위한 접근방법이나 전략은 해당 지역사회의 복합적인 조건들을 기초로 하여 설정될 수밖에 없다. 이와 같이 지역사회복지 실천의 전제가 되는 지역사회의 상황을 이 책에서는 '지역사회의 질'이라 규정한다. 지역사회의 질은 지역사회 구성원의 일부가 지역사회 내 여러 기회나 혜택에 접근하지 못하는 현상인 사회배제의 수준에 따라 좌우된다. 따라서 지역사회 주민의 삶의 질을 향상하기 위해서는 지역 차원에서 발생하는 차별 및 배제의 메커니즘을 직시하고 이에 대응함으로써 지역사회의 질을 제고할 필요가 있다. 이 책은 오늘날의 지역사회복지가 이러한 역할을 해야 한다는 문제의식에 바탕을 두고 집필되었다.

기존의 지역사회복지론 교과서들은 역량 있는 사회복지사가 되기 위해 갖추어야 할 지식과 기술을 두루 다루었지만, 지역사회의 현실에 대한 폭넓은 시각과 비판적 관점을 제공하지는 못했다. 이에 따라 변화하는 우리 지역사회의 현실을 적절히 반영하지 못한 채 서구의 현실에 기반을 둔 해묵은 내용을 반복하는 경우가 많았다. 지역사회복지에 관련된 몇 가지 제한된 이론들을 비판적 검토 없이 단순히 나열하는가 하면, 지역사회복지실천의 모델, 과정, 기술 및 지역사회복지현장과 전달체계 등을 다른 교과서와 차별성 없이 제시해왔던 것이다. 이러한 교과서로는 학생들의 비판적 접근을 자극하고 우리 지역사회의 과제를 해결할 현실적 방안을 모색하기 어렵다. 이 책은 기존 교과서들의 한계를 넘어서기 위해 다음과 같이 구성하였다.

제1부 '지역사회복지의 기초'는 개념, 배경, 이론적 토대를 다룬 세 개의 장으로 이루어져 있다. 1장에서는 지역사회복지 논의에서 주제어가 되는 지역사회, 지역사회복지, 지역사회복지실천 등의 개념을 정립하는 데 역점을 두었다. 사회복지 교육과 연구 및 실천현장에서 사용하는 용어들을 이해할 때 나타나는 편차에 대한 문제의식을 출발점으로 삼고 있다. 2장에서는 지역사회문제의 본질에 대해 지역사회배제라는 측면에서 접근하는 정치경제학적 관점을 제시한다. 지역사회의 문제가 배제와 차별의 메커니즘을 통해 심화되는 현실을 직시하면서, 이를 극복하기 위한 실천대안으로서 포용과 통합의 길을 찾는 방안에 주목할 것을 강조하고 있다. 3장은 지역사회복지 관련 이론을 다룬다. 기존의 교과서들이 다루고 있는 이론들로는 오늘날의 지역사회 및 지역사회복지의 상황을 다각적으로 이해함으로써 현장에서 제기될 수 있는 구체적인 의문에 답하고 현실적인 과제에 실효성 있는 해법을 제시하는 데에도 부족함이 있다고 보고 이를 보완하고자 하였다.

제2부 '지역사회복지의 거시적 맥락'은 세 개의 장으로 구성되어있다. 4장에서는 복지국가의 발달 과정을 역사적으로 고찰하면서 복지국가 발달에서 지역사회의 위상과 역할이 변화해온 양상과 그것이 시사하는 바에 대해 검토한다. 5장에서는 지방분권화와 지역사회복지 사이의 관계를 둘러싼 쟁점들에 초점을 두면서, 우리나라의 분권화 추진 과정에서 고려해야 할 과제들을 제시한다. 6장은 지역사회복지의 전달체계에 관하여 다루었는데, 사회복지정책 영역의 전달체계 관념을 원용하되 지역사회라는 공간적 범주를 염두에 두었다. 이

상과 같은 거시적 맥락에 관한 학습을 통해 지역사회의 성격과 의미, 지역사회복지가 전개되는 상황을 폭넓게 이해하는 안목을 가질 수 있을 것으로 기대한다.

제3부 '지역사회복지실천의 기반'은 미래의 지역사회복지 전문가들이 지역사회복지실천에 개입하기 전에 갖추어야 할 지식과 정보 및 그것들에 접근하는 방법 등에 관한 네 개의 장으로 이루어져 있다. 7장에서는 대안적인 지역사회복지실천의 모델들을 제시한다. 기존의 논의들은 미국의 실천 상황을 바탕으로 한 모델들을 다루고 있어, 우리 지역사회복지실천현장의 변화하는 상황에 적용하기에 한계가 있다고 판단했기 때문이다. 특히 사회배제의 메커니즘이 작동하는 지역사회의 상황을 개선할 수 있는 모델을 제시하는 데 역점을 두었다. 8장에서는 지역사회복지실천을 통해 지역사회의 변화를 꾀해야 하는 이유 및 변화시켜야 할 대상을 확인하고, 변화를 추진하는 원칙과 과정에 관하여 다룬다. 9장에서는 사회복지사들이 지역사회에 개입하여 우선적으로 수행해야 하는 지역사회문제의 본질과 이들 문제를 이해하기 위한 방법들을 제시한다. 10장에서는 지역사회의 현황 또는 상황을 이해하고 연구하며 지역의 욕구와 지역자산을 사정하는 방법, 절차, 기법 등을 설명한다.

마지막 제4부 '지역사회복지실천의 기술'은 지역사회복지실천에 적용할 수 있는 실질적인 기술을 다룬 네 개의 장으로 구성되어있다. 11장에서는 지역사회 구성원들이 자신의 역량을 강화할 수 있도록 돕는 임파워먼트 방안과, 주민을 조직화하고 조직과 연계하며 협력하는 방법을 다룬다. 12장에서는 주민을 옹호하고 주민들을 지역사회 변화의 중심으로 위치시키는 방법을 비롯하여 주민행동을 위한 전략과 전술을 제시한다. 13장에서는 주민과 지역조직들이 지역사회 변화를 위해 협력활동을 전개할 방안에 대해 설명하고, 협력을 위한 구체적인 도구로서 네트워킹의 의의와 접근방안을 소개한다. 14장에서는 지역사회자원 개발의 구성요소와 기법, 나아가 지역사회자원을 개발하기 위한 사회복지사의 역할 등에 대해 논의한다. 제4부에서는 특히 지역사회복지실천의 구체적인 상황에 관한 사례를 함께 제시해 지역사회활동가 또는 사회복지사들이 지역사회에서 활동하는 데 조금이나마 도움이 되도록 노력하였다.

이러한 내용의 교과서를 출간하기까지 지역사회복지의 관점을 정립하고 집필자 간 시각차를 좁히고자 수많은 토론을 거쳤고, 구성과 서술을 거듭 수정하였다. 이 책이 우리 사회의 현실에 대응할 적절한 방향감각과 역량을 갖춘 사회복지사가 되기 위해 노력하는 독자들에게 지역사회복지 영역의 유용한 지침서 역할을 할 수 있기를 바란다. 특히 지역사회복지 연구자 및 사회복지사를 포함한 현장활동가의 비판과 관심을 기대해본다. 마지막으로 이 책의 출판을 위해 수고한 사회평론아카데미 편집부에 깊은 감사를 드린다.

2021년 3월
차별과 배제를 넘어 포용과 통합의 지역사회를 지향하는
지은구(계명대학교), 감정기(경남대학교), 김진석(서울여자대학교),
김형용(동국대학교), 홍재봉(부산복지개발원)이
함께 썼습니다.

차례

제3부 지역사회복지실천의 기반

제1부

지역사회복지의 기초

지역사회복지의 개념

일반적으로 어떤 용어는 사람들이 관념과 인식을 교환하고 공유하는 과정에서 형성되고, 시간이 지나면서 그 의미가 변화하기도 한다. '지역사회복지'를 비롯해 이와 관련된 용어들도 사회복지현장과 연구 및 교육 영역에서 서서히 그 개념이 형성되어왔다고 볼 수 있다. 그런데 이러한 용어들 중에는 아직 하나의 명확한 의미로 자리 잡지 못해 저마다 다른 뜻으로 사용되는 것들이 많다.

이 책의 첫머리에 해당하는 1장의 초점은 지역사회복지를 논할 때 핵심이 되는 몇몇 용어의 개념을 정립하는 데 있다. 용어의 문자적 의미를 따져보고, 이들이 사용되어온 맥락을 함께 짚어보면서, 개념을 바르게 이해하도록 돕는 길잡이가 되고자 한다. 여기서는 다음의 세 가지를 중심으로 살펴본다. 첫째, '커뮤니티'와 '지역사회'는 구분되어야 할 용어로서, 지역사회는 커뮤니티의 다양한 유형 중 하나로 인식되는 것이 적절함을 밝힌다. 둘째, '지역사회복지'의 개념을 정립하고, 몇 가지 상이한 접근법을 제시한다. 이때 기존의 개념 정의들과 어떤 점에서 차이가 있는지 눈여겨볼 필요가 있다. 셋째, '지역사회복지실천'은 지역사회복지의 전문적 접근을 가리키는 용어로 이해하는 것이 적절함을 강조한다.

1. 지역사회

1) '지역사회'와 'community'

'지역사회복지'의 개념을 이해하기 위해서는 먼저 '지역사회'의 뜻을 살펴보아야 한다. 지역사회란 무엇일까? 이 질문에 답하기 위해 지역사회라고 칭할 수 있는 것들의 예를 들어보자. 아마도 이웃이나 마을에서부터 시·군·구나 광역시·도에 이르는 다양한 크기의 지리적 공간 혹은 행정구역들이 생각날 것이다. 그리고 그 안에서 생활하는 사람들이 그려지고, 이러한 사람들의 삶에 영향을 미치는 유형·무형의 내부적 여건이나 상황 등이 아울러 떠오를 법하다. 이들의 공통된 속성을 잘 정리하면, 지역사회의 뜻을 도출할 수 있다.

우리 사회에서 통용되는 지역사회 개념은 우리말 사전에 간명하게 규정되어 있다. 국립국어원에서 발행한 『표준국어대사전』에서는 지역사회를 "한 지역의 일정한 범위 안에서 지연地緣에 따라 자연스럽게 이루어진 생활 공동체"라 정의하면서, 유사한 용어로 '지역 공동체'가 있음을 덧붙이고 있다. 즉, 지역사회에 대해 일정한 지리적 범위 안에서 생활하는 사람들이 형성한 공동체라는 의미로 파악하고 있는 것이다. 앞서 열거한 지역사회의 예들도 이러한 정의와 잘 부합한다.

지역사회복지와 관련된 논의에서 쓰이는 지역사회라는 용어도 사전의 정의대로 일정한 지리적 범위 안에서 이루어지는 생활공동체 정도로 이해하면 무리가 없다. 그런데 사회복지학계에서는 이와는 다른 시각이 크게 자리 잡고 있다. 지리적 영역에 구애받지 않는 다양한 형태의 사회집단까지 아우르는 말로 지역사회 개념을 이해해야 한다는 것이다. 이와 같이 지역사회를 지리적 범주와 무관한 사회단위까지 포괄하는 개념으로 봐야 한다는 국내 시각은 해외 문헌에서 쓰인 영어 'community'를 '지역사회'로 옮겨 쓰면서 비롯된 것으로 보인다. 그런데 'community'를 그 사용의 맥락을 고려하지 않고 일관되게 '지역사회'라고 옮기는 것이 적합한지에 대해서는 좀 더 깊이 생각해볼 필요가 있다.

우리나라의 사회복지 연구나 교육 혹은 실천현장에서도 그동안 영어 'community'를 '지역사회'로 널리 옮겨 써 온 것이 사실이다. 잘 알려진 예로는 '지역사회조직 community organization', '지역사회개발 community development', '지역사회사정 community assessment', '지역사회보호(지역사회돌봄) community care'[1] 등을 들 수 있다. 그런데 조금 더 신중히 살펴보면 이러한 예들까지 포함해 영어 'community'를 단순히 '지역사회'로 옮겨 쓰는 것이 부자연스러운 사례가 적지 않다. 맥락에 따라 '지역사회'로 옮겨도 괜찮은 경우가 있지만, 그렇게 옮기면 자칫 의미 전달에 혼선이 생기는 경우도 있다.[2] 이처럼 'community'를 특정한 우리말로 옮김으로써 의미 제약의 문제가 발생할 수 있다는 점을 고려하여, 이 장에서는 지금부터 이를 번역하지 않고 원어 발음을 따라 '커뮤니티'로 표기하고자 한다. 커뮤니티와 지역사회의 개념적 관계를 따지는 일은 잠시 뒤로 미루고 우선 커뮤니티의 의미부터 살펴보는 것이 올바른 순서이겠다.

먼저 그 어원을 찾아보면 영어 'community'는 '동료애, 친교, 호의, 겸양, 친근감' 등을 뜻하는 라틴어 'communitatem'이나 'communitas' 혹은 '공통의, 대중적, 일반적, 다수가 공유하는' 등의 뜻을 가진 'communis' 등에서 비롯된 용어로 파악된다(Online Etymology Dictionary, 2020). 오늘날의 커뮤니티 개념에 대한 영어권의 설명들을 일별해보면, 이것이 기본적으로 '모종의 공통성 something in common'을 지닌 사람들로 구성된 사회적 실체 social entity'를 가리키는 용어임을 확인할 수 있다. 이때 '공통성'의 근거로는 거주지 외에 규범, 종교, 가치, 정체감, 관심사 등을 포함하여 매우 다양한 요소가 열거된다. 또 '사회적 실체'는 논자에 따라 사회단위 social unit, 사회적 결속체 social connection, 인간집단 group of people, 연합체 associational phenomenon 등으로 표현되기도 한다(Martinez-Brawley, 1995; Barker, 1995; Douglas, 2010; Ritzer, 2007).

---

1 'community care'는 최근까지 '지역사회보호'로 번역되었다. 그런데 2018년 초에 보건복지부는 지역사회의 힘으로 돌봄이 필요한 사람을 지원하는 정책을 표방하며 이를 '커뮤니티케어'로 칭하기 시작했다. 그 후 보건복지부는 '지역사회돌봄'이라는 우리말 표기를 병용하였다.

2 예를 들면, 학술적 관심을 공유하는 집단인 'academic community'나 신앙을 공유하는 집단인 'religious community' 등에서 'community'를 '지역사회'로 옮기면 부자연스럽다. 본문에서 예로 든 'community organization'에서도 'community'를 '지역사회'로 번역함으로써 본래의 의미가 축소된 측면이 있다. 이런 점들을 고려하여 'community'를 '공동체'로 번역해 쓰는 예들도 많지만, 이 역시 본래의 의미를 아주 잘 반영한 번역어라고 보기는 어렵다.

'community' 번역의 어려움

'커뮤니티'를 특정한 우리말로 옮기기 어려운 가장 큰 이유는 커뮤니티라는 개념 자체가 다차원적이어서 간단하게 규정하기가 쉽지 않기 때문이다. 이런 점은 과거의 여러 저술에서 자주 지적되었다. 예를 들어 에프랫(Effrat, 1974)은 커뮤니티라는 개념이 미끄러워 손에 쥐기 힘든 젤리와 같다고 술회했는가 하면(Martinez-Brawley, 1995에서 재인용), 코헨(Cohen, 1985)은 사회과학 문헌들을 섭렵한 결과 커뮤니티에 대해 아흔 가지의 상이한 개념 정의가 있다고 밝히기도 했다(Hardcastle et al., 2011에서 재인용). 바틀(Bartle, 2007)은 커뮤니티가 워낙 다양한 면모를 지닌 개념이어서, 우리의 제한된 경험으로는 온전히 설명할 수 없다는 점을 시각장애인이 코끼리를 묘사하는 우화에 빗대어 드러냈다. 이러한 언급은 모두 다양한 국면에서 서로 다른 형태로 존재하는 커뮤니티의 특성을 표현하고 있다.

'커뮤니티'를 우리말로 옮기기 어려운 또 다른 이유는 그것의 양태가 세월의 흐름에 따라 변모해왔다는 점에서 찾을 수 있다. 인간관계나 사회적 결속이 주로 물리적으로 근접해있는 사람들 사이에서 이루어졌던 시절까지만 해도 '커뮤니티'가 사실상 거주지역이나 활동지역을 중심으로 형성되었으므로(Bernard, 1973), 이를 우리말로 '지역사회'라고 옮겨도 그다지 문제될 것이 없었다. 그러나 정보통신 기술이 발전하면서 커뮤니티의 형태는 점점 다양해졌고, 이에 따라 지리적 요소의 의미 또한 점차 퇴조하게 되었다(Hardcastle et al., 2011). 이로 인해 '커뮤니티'를 '지역사회'로 번역하는 것이 어색하거나 부적절한 경우가 많아졌다. 따라서 지리적 범주를 넘어서는 다양한 사회적 실체를 포괄하는 우리말 표기가 필요한데, 이 책에서는 마땅한 대안이 없다고 보아 '커뮤니티'라 쓰기로 한다.

다음은 그러한 개념 규정의 몇 가지 예들이다. 더글러스(Douglas, 2010)는 커뮤니티를 "일정한 공통성을 지닌 구성원들로 이루어진 집단 속에서 형성되는 일군의 의미 있는 사회적 결속meaningful social connections"이라 정의하면서 그러한 집단의 크기는 다양하다고 덧붙인다. 미국사회복지사협회NASW에서 발간하는 『사회복지백과사전Encyclopedia of Social Work』에는 "공통의 관심사를 가지고 있거나 같은 지역에 사는 사람들의 집단"으로 규정한다. 커뮤니티 사회복지실천^{community} ^{social work}[3] 분야에서도 『사회복지백과사전』에서 규정하고 있는 바와 마찬가지로 관심사를 공유하거나 같은 지역에 거주하는 사람들로 이루어진 집단을 가리키는 개념으로 사용되고 있다(Pradeep and Sathyamurthi, 2017).

지금까지 살펴본 바를 종합할 때 커뮤니티에 대한 가장 간명하고 무난한 개념 정의는 '일정한 특성을 공유하는 사람들의 집합'이라고 할 수 있다. 이러한 커뮤니티의 형태는 집단이나 지역과 같이 규모가 작고 가시적인 차원에서부터 국가나 국제관계 혹은 가상 공동체 등을 포함하는 크고 추상적인 차원에 이르기까지 매우 폭넓은 스펙트럼을 지닌다. 이제 이러한 커뮤니티의 다양한 형태를 살펴보면서, 이것과 지역사회의 의미상 관계 및 차이에 대해 좀 더 검토해보자.

2) 커뮤니티의 유형

앞에서 언급한 바와 같이 커뮤니티는 매우 다양한 형태를 띠며, 이러한 커뮤니티를 분류하는 방식도 다양하다. 그 가운데 지역사회복지 관련 교과서들이 가장 널리 소개하고 있는 예가 로스와 래핀(Ross and Lappin, 1967)의 구분법이다. 이들은 커뮤니티를 '지리적^{geographic} 커뮤니티'와 '기능적^{functional} 커뮤니티'로 구분하였다. 로스와 래핀의 설명에 따르면, 지리적 커뮤니티는 지리적 영역을 공유하는 사람들로 구성된 집합이며, 기능적 커뮤니티는 생활 공간의 일치 여부와 상관없이 공통의 관심사나 목적 등을 중심으로 형성된 사람들의 집합을 가리킨다. 이렇게 본다면 지리적 커뮤니티는 '지역성'을 전제한 지역사회 개념과 부합하며, 기능적 커뮤니티는 '지역성'과는 차원을 달리하는 개념임을 알 수 있다.[4]

---

3 'social work'가 국내에 소개되었던 초창기에는 이를 '사회사업'으로 번역했으나 1990년대 중반 이후부터는 '사회복지실천'으로 바꾸어 쓰고 있다. 여기에 대해서는 이 장의 끝머리에서 좀 더 상세히 기술한다. 일각에서는 우리말로 번역하지 않고 '소셜 워크'로 쓰기도 하나, 학계나 현장에서 많이 사용되지는 않는다.

4 지역사회복지와 관련된 국내 논의에서는 'geographic community'를 '지리적 지역사회'로, 'functional

커뮤니티의 유형을 둘로 나누어 설명하는 또 다른 예로 구조적 관점과 사회·심리적 관점으로 구분하는 시각을 들 수 있다. 구조적 관점이란 커뮤니티를 공간이나 정치적 권역 등의 측면에서 이해하는 것을 말하며, 사회·심리적 관점이란 의미, 정체감, 소속감 등을 강조하는 것이다(Martinez-Brawley, 1995). 전자의 관점에서 파악되는 커뮤니티가 지리적 커뮤니티에 해당한

공통의 지리적 영역을 공유하는 사람들의 커뮤니티를 '지리적 커뮤니티' 또는 '지역 커뮤니티'라고 부른다. 이러한 커뮤니티는 '지역성'을 전제로 하기 때문에 '지역사회' 개념과도 부합한다.

다면, 후자의 관점에서 파악되는 커뮤니티는 기능적 커뮤니티에 속한다고 볼 수 있다. 한편, 구성원 간 관계가 형성되는 기초가 무엇인가에 따라 크게 '지리적geographic 커뮤니티'와 '선택적choice based 커뮤니티'로 구분하기도 한다(Brint, 2001). 이 구분법은 커뮤니티가 거주 지역을 중심으로 형성되었는지, 아니면 거주 지역에 구애받지 않고 참여자 자신의 선택에 따라 형성되었는지를 기준으로 그 유형을 나눈 것이다. 이 역시 지리적 커뮤니티와 기능적 커뮤니티의 두 가지로 구분하는 방식과 크게 다르지 않다.

나아가 커뮤니티의 유형에 인터넷을 통하여 형성되는 커뮤니티를 추가하는 시각도 있다. 커뮤니티의 종류를 '지리적geographic 커뮤니티', '관심interest 커뮤니티', '가상virtual 커뮤니티' 등으로 구분하는 시각이 한 예이다. 관심 커뮤니티는 이따금 "커뮤니티 내의 커뮤니티"로 불리기도 하며, 가상 커뮤니티는 온라인으로 소통하고 활동하는 커뮤니티를 가리킨다.

커뮤니티 개념을 아주 넓게 잡고 있는 『커뮤니티 백과사전Encyclopedia of Community』에서는 커뮤니티의 유형을 다음의 네 가지로 구분한다. 첫째는 공통의 관심사를 근거로 구성되는 동호인affinity 커뮤니티, 둘째는 정치적, 경제적, 혹은 기

community'를 '기능적 지역사회'로 번역하는 경향이 있다. 그러나 본문에서 살펴본 것처럼 'functional community'는 지역성과는 다른 차원의 개념이기에 이때의 'community'를 지역사회로 번역하면 부자연스럽다. 따라서 이 책에서는 두 용어를 각각 '지리적 커뮤니티', '기능적 커뮤니티'라고 번역하여 쓰는 것이 바람직하다고 본다.

FUNCTIONAL COMMUNITY

거주 지역에 구애됨 없이 정치적이거나 종교적인 관심사 등 참여자의 다양한 선택에 따라 가입 가능한 커뮤니티를 '기능적 커뮤니티'라고 한다.

타의 목적을 달성하기 위한 사람들이 모인 도구적[instrumental] 커뮤니티, 셋째는 혈연·친족·동족 관계이거나 독실한 신앙 등으로 형성된 원초적[primordial] 커뮤니티, 넷째는 특정 지역 거주민들로 구성되는 근접[proximate] 커뮤니티이다(Christensen and Levinson, 2003). 이 가운데 근접 커뮤니티가 로스와 래핀(Ross and Lappin, 1967)의 '지리적 커뮤니티'에 가까운 개념이라면, 나머지 셋은 '기능적 커뮤니티'로 묶일 수 있다.

영국 런던에 본부를 두고 세계 온라인 커뮤니티들에 컨설팅과 훈련 및 기술지원 등을 제공하는 '피버비[FeverBee]'에서는 온라인 커뮤니티에 특별히 주목하면서, 이들을 추구하는 목표에 따라 다섯 가지로 분류한다. ① 집합적 힘을 활용하여 세상을 변화시키고자 하는 행동[action] 커뮤니티, ② 동일한 활동에 참여하거나 전문 직업을 가진 사람들로 이루어진 실천[practice] 커뮤니티, ③ 지역별로 연합한 이들의 지역[place] 커뮤니티, ④ 공통의 관심사를 공유하는 관심[interest] 커뮤니티, ⑤ 공통된 상황이나 처지에 있는 사람들이 연합한 상황[circumstance] 커뮤니티 등이 그것이다. 여기에서의 지역 커뮤니티(③)는 소통의 통로가 오프라인이 아닌 온라인 네트워크라는 점에서, 로스와 래핀(Ross and Lappin, 1967)이 설명한 지리적 커뮤니티와는 성격이 구별된다.

커뮤니티의 유형에 관한 여러 논의들을 참고하여 이 책에서는 커뮤니티를 그림 1-1과 같이 구분한다. 그림 1-1은 커뮤니티를 오프라인 커뮤니티(A+B)와 온라인 커뮤니티(C)로 이분화하고, 오프라인 커뮤니티는 다시 지리적 영역

을 공통 요인으로 한 지리적 커뮤니티(A)
와 목적 혹은 기능을 공통 요인으로 하는
기능적 커뮤니티(B)로 나누며, 온라인 커뮤
니티는 가상 커뮤니티(C)로 명명하는 분류
체계이다. 3분법이 아니라 2분법을 취한다
면, 가상 커뮤니티는 기능적 커뮤니티 유형
에 포함시킬 수 있다. 이러한 구분법을 따를
때 A에 속하는 지리적 커뮤니티가 지역사
회복지 논의에서 일컫는 '지역사회' 개념과
부합한다고 볼 수 있다. 물론 이 세 가지는
현실 사회에서 중첩되는 영역을 지닐 수 있

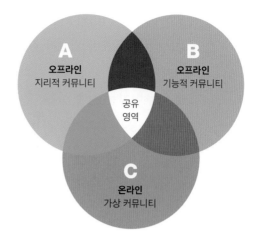

그림 1-1 커뮤니티의 유형

다. 예를 들어 기능적 커뮤니티가 특정 지리적 영역을 단위로 하여 구성될 수
있으며, 가상 커뮤니티도 오프라인 조직을 겸하는 형태로 운용될 수도 있다.

3) 지역사회복지 논의에서의 지역사회

이 책에서는 '지역사회'를 "일정한 지역 범위 안에서 이루어진 생활공동
체"라고 규정한 우리말 사전의 정의를 준용하여, 지역사회란 '지리적 커뮤니
티' 혹은 '지역공동체'를 가리키는 것으로 이해한다. 지역사회복지 논의에서
쓰이는 지역사회의 의미도 이와 마찬가지로 파악하는 것이 적절하다. 사회복
지학 영역에서 지역사회라는 용어가 실제로 사용되는 사례와 지역사회복지에
관한 국내 연구에서 쓰이는 지역사회의 개념 등을 살펴보면 대부분 일정한 지
리적 영역의 커뮤니티를 염두에 두고 있다는 것을 알 수 있다. 또한 지역사회
복지 분야에서는 기능적 커뮤니티도 일정한 지리적 커뮤니티와의 관련성 아래
논의되는 것이 일반적이다.

사회복지 관련 법령들이 사용하는 지역사회의 개념도 이와 크게 다르지
않다. 「사회복지사업법」, 「사회보장급여의 이용·제공 및 수급권자 발굴에 관
한 법률」, 「사회적기업 육성법」 등과 같은 법령에서 언급되는 '지역사회'는

모두 지리적 의미의 커뮤니티를 가리키고 있다. 그리고 지역사회복지에 영향을 미치는 주요한 제도적 환경으로서 지방분권화 문제가 부각되는 현실이나 지역적 특수성을 반영한 사회서비스 제공 문제가 지역사회복지의 중심 주제로 다루어지는 상황 등을 자세히 들여다보면, 지역사회는 모두 실제로 지리적 혹은 공간적 의미의 커뮤니티를 가리키거나 이를 시사하고 있음을 발견할 수 있다.

이와 같이 지역사회를 지리적 커뮤니티로 한정하여 이해하는 시각을 채택하면 지역사회복지의 의미나 범주가 너무 축소되지 않겠냐는 우려도 있다. 다양한 형태의 기능적 커뮤니티나 가상 커뮤니티를 지역사회복지 논의에서 배제하는 결과를 가져올 수 있다는 것이다. 하지만 기능적 커뮤니티나 가상 커뮤니티와 같이 지리적 범주에 구애받지 않는 커뮤니티의 활동들도 특정한 지리적 영역에서 이루어질 경우에는 해당 커뮤니티에서 제기하는 문제가 당연히 그 지역의 지역사회복지 의제로 다루어질 수 있다. 예컨대 기능적 커뮤니티의 하나인 장애인 인권단체가 전국 혹은 국제적 차원에서 하는 활동은 지역사회복지의 관심사가 아니겠지만, 그러한 활동이 지리적 커뮤니티(즉, 지역사회)인 특정 시·도나 시·군·구의 차원에서 이루어진다면 그것은 당연히 지역사회복지의 관심사가 된다. 사회적 협동조합이나 사회적 기업도 참여자의 폭이나 활동 범위에 따라 지역사회복지의 관심사가 될 수도 있고 지역사회복지의 수준을 넘어서는 주제가 될 수도 있다. 요컨대 지역사회복지 관련 논의에서 지역사회를 지리적 커뮤니티로 이해하고자 하는 것은 용어를 통일되게 사용할 필요성을 지적한 것이며, 지역사회복지 논의의 폭을 제한해야 한다는 뜻은 아니다.

개념 정리

커뮤니티 일정한 특성을 공유하는 사람들의 집합
지역사회 지역성을 기본 속성으로 하는 '지리적 커뮤니티' 혹은 '지역공동체'로, 일정한 지역 범위 안에서 이루어진 생활공동체

2. 지역사회복지와 지역사회복지실천

1) 지역사회복지의 의미

'지역사회복지'는 '지역사회'와 '사회복지'의 합성어로, 그 의미를 짧게 풀이하면 '지역사회 차원의 사회복지'라 할 수 있다. 이는 지역사회복지가 사회복지의 특수한 하나의 형태 혹은 영역이며, 그 특수성을 규정하는 요소가 지역사회라고 보면 된다는 뜻이다. 따라서 지역사회복지의 개념을 좀 더 깊이 있게 이해하기 위해서는 이를 구성하는 두 하위 용어인 '지역사회'와 '사회복지'의 의미를 나누어 따져보는 것이 좋다.

먼저 '사회복지'의 의미부터 살펴보자. 일반적으로 사회복지는 '사회 구성원의 복지를 실현하기 위해 이루어지는 사회적 노력'을 뜻한다. 사회복지를 이렇게 이해할 경우, '복지'와 '사회복지'의 의미가 구분된다. '복지'란 이루고자 하는 궁극적 목표이며 행복한 삶 혹은 인간의 기본적 욕구basic needs가 충족된 상태를, '사회복지'는 이러한 목표를 이루기 위한 다양한 형태의 사회적 노력을 각각 가리킨다는 것이다.[5]

이어서 '지역사회복지'라는 용어에서 '지역사회'가 차지하는 의미 구성상의 역할을 살펴보자. 앞서 지역사회복지를 '지역사회 차원의 사회복지'라고 잠정적으로 규정한 바 있는데, 이제 '지역사회 차원의'라는 표현을 좀 더 세밀하게 따져볼 필요가 있다. 이 말은 대략 '지역사회 내에서', '지역사회를 대상으로', '지역사회를 통해서'라는 세 가지 의미를 포함한다. 각각의 의미를 구체적으로 살펴보자(그림 1-2 참조).

첫째, 지역사회복지가 '지역사회 내에서' 추진되는 사회복지라는 것은 사

---

5 앞에서 '지역사회복지'를 '지역사회 차원의 복지'라고 풀이하지 않고 '지역사회 차원의 사회복지'라고 풀이한 이유도 이처럼 두 용어를 구분해서 이해하기 때문이다. 그런데 엄밀하게는 이와 같이 둘을 구분하는 것이 좋으나, 일반적으로는 '사회복지'를 '복지'로 줄여 쓰는 경우도 적지 않다. '사회복지제도'를 '복지제도'로, '사회복지시설'을 '복지시설'로 쓰는 것이 그 예이다.

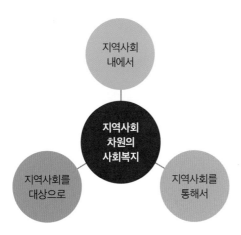

그림 1-2 '지역사회 차원의 사회복지'의 세 가지 의미

회복지가 이루어지는 물리적 내지 사회적 공간이 바로 지역사회라는 의미이다. 이것은 '학교사회복지'나 '군사회복지'라는 용어에서 각각 '학교'와 '군'이 사회복지가 이루어지는 물리적·제도적 공간을 가리키는 것과 같은 이치이다. 그러므로 지역사회복지에는 특정 광역시·도나 시·군·구 단위 지역사회 내에서 공공기구 및 민간조직을 통해 추진되는 다양한 형태의 사회복지서비스나 사업이 모두 포함된다.

둘째, 지역사회복지가 '지역사회를 대상으로' 한다는 것은 사회복지의 목적이 특정 지역사회의 특수한 문제나 욕구의 해결을 겨냥한다는 의미이다. 지역사회마다 지정학적·역사적·사회경제적 특성에 따라 독특한 문제나 욕구를 지니는데, 이를 대상으로 해결을 모색하는 사회복지를 지역사회복지라 칭할 수 있다는 것이다. 이것은 '노인복지'나 '장애인복지'에서 '노인'과 '장애인'이라는 용어가 각각 특수한 문제나 욕구를 지니는 사회복지의 대상을 가리키는 것과 같은 이치이다.

셋째, 지역사회복지가 '지역사회를 통해서' 이루어진다는 것은 지역사회가 사회복지를 뒷받침하는 수단이자 사회복지를 감당하는 주체가 되는 것을 가리킨다. 여기서 지역사회가 사회복지의 수단이 된다는 것은 지역사회가 지닌 내적 자원 혹은 자산과 잠재력이 사회복지 추진 과정에서 주요하게 활용된다는 것을 의미한다. 그리고 지역사회가 사회복지의 주체가 된다는 것은 지역사회 전체 혹은 일부가 사회복지 추진의 책임을 진다는 것을 의미한다.[6] 이는 '국가복지'와 '기업복지'에서 각각 '국가'와 '기업'이 사회복지 추진의 주체임을 뜻하는 것과 마찬가지이다.

---

6 지역사회가 사회복지 이행의 주체가 된다는 말은 지역사회복지의 독특한 추진 원리를 내포하고 있기도 하다. 즉, 중앙정부가 아닌 지방정부의 책임과 역할을 강조하며 쓰이기도 하고, 공공 부문이 아닌 민간 부문의 역할을 강조하는 의미로 쓰이기도 한다. 분권화나 복지다원주의 담론에서 지역사회복지가 주목받는 이유는 이런 측면과 관련이 있다.

지금까지의 논의를 종합하여 지역사회복지의 개념을 정의하면, 지역사회복지란 '지역사회 구성원들의 복지를 실현하고자 하는 지역사회 차원의 사회적 노력'이라고 할 수 있다. 우리나라 「사회복지사업법」 제2조 제2호에서도 지역사회복지를 "주민의 복지증진과 삶의 질 향상을 위하여 지역사회 차원에서 전개하는 사회복지"라고 명시하여 이와 같은 취지로 규정하고 있다.

이렇듯 지역사회복지를 다각적으로 파악하면, 지역사회복지는 지역사회를 구성하는 제도·기관·조직 및 주민 등 다양한 부문이 관여하며 공공 및 민간 부문의 제도나 활동, 전문적 및 비전문적 접근을 모두 포괄하는 넓은 개념이라는 것을 알 수 있다. 그렇기 때문에 지역사회복지를 재가복지domiciliary care나 지역사회보호로 좁혀 이해하거나, 사회복지사의 개입을 통해 이루어지는 전문적 실천활동인 사회복지실천의 한 방법인 양 이해하거나, 공공 부문을 제외한 민간 부문의 자율적인 활동만을 가리킨다고 이해하는 것은 적절하지 않다. 다음에 이어지는 지역사회복지의 다양한 접근방법에 관한 설명을 통해 이를 확인할 수 있다.

개념 정리

복지 행복한 삶 혹은 인간으로서의 기본적 욕구가 충족된 상태
사회복지 복지를 실현하기 위해 이루어지는 다양한 사회적 노력
지역사회복지 지역사회+사회복지 ⇒ 지역사회 차원의 사회복지, 즉 지역사회 구성원들의
　복지를 실현하고자 하는 지역사회 차원의 사회적 노력

---

2) 지역사회복지의 유형

지역사회복지는 추진의 사회적 단위가 지역사회라는 점에서 특화될 뿐, 그것이 포괄하는 사회적 노력은 그 범주가 매우 넓고 형태도 다양하다. 지역사회복지의 유형을 접근방법과 추진 주체로 나누어 짚어보면서 이 개념을 좀 더 깊이 있게 이해해보자.

먼저, 지역사회복지 접근이 이루어지는 형태 혹은 활동의 성격 등 접근방

법에 따라 제도적 접근, 전문적 접근, 사회운동적 접근, 호혜적 접근, 지지적 접근 등으로 대별해볼 수 있다.[7]

첫째, 제도적 접근institutional approach이란 지방자치단체의 책임 아래 집행되는 공공 부문의 사회복지에 해당한다. 여기에는 두 가지 경우가 있다. 하나는 국가 차원의 정책이나 제도가 지방자치단체에 위임된 형태로 이행되는 경우로, 국민기초생활보장과 관련된 업무, 국고보조금을 받는 각종 사회복지사업 및 사회서비스의 바우처 사업 등이 있다. 다른 하나는 지방의 특수성을 반영한 고유의 정책이나 제도를 시행하는 경우로, 학교급식이나 출산장려금 등이 있다. 지방자치단체가 지방의회의 관여 아래 행하는 이러한 제도나 사업은 대개 지역사회복지의 첨예한 주제로 다루어진다.

둘째, 전문적 접근professional approach이란 사회복지사와 같은 전문 인력이 개입하고 주도하는 전문적 실천professional practice 활동을 말한다. 뒤에서 자세히 다룰 '지역사회복지실천'은 종래의 '지역사회조직'을 대체하는 용어로 국내에 자리 잡은 것으로서, 전문적 접근의 대표적인 예이다.

셋째, 사회운동적 접근social movement approach이란 지역사회를 단위로 이루어지는 사회복지 관련 사회운동을 가리킨다. 달리 표현하자면, 복지문제를 핵심 의제로 두고 지역사회 구성원들이 조직적으로 행하는 운동이라 할 수 있다. 지방자치단체의 특정한 조치를 요구하거나 거부하는 운동, 특정 요보호자 집단을 지원하는 일에 주민의 자발적 참여를 촉구하는 캠페인성 운동 등이 그 예가 될 수 있다.

넷째, 호혜적 접근reciprocal approach이란 지역사회 단위의 자발적 상부상조 활동을 뜻한다. 품앗이 및 이를 현재적으로 변용한 협동조합 사업, 마을 만들기, 마을기업 등이 이 범주에 든다.

다섯째, 지지적 접근supportive approach이란 사회복지 대상자를 직접 겨냥하지 않고, 그러한 직접적 서비스를 행하는 기관이나 단체 등을 보조하거나 지원하는 사업 또는 이들 기관이나 단체 간의 연계를 만들어내는 활동을 가리킨다.

---

7   이어지는 내용은 이 장의 집필자가 이전에 백종만 외(2015)에서 다루었던 것을 이 책의 공동 집필자들과
     토론하여 보완한 것이다.

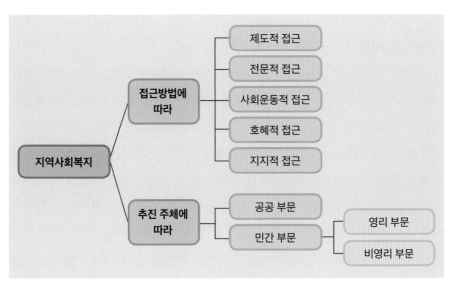

그림 1-3 지역사회복지의 유형

여기에는 사회복지공동모금회와 같이 사회복지사업 등을 지원하는 활동, 지역사회보장협의체와 같이 공공 및 민간 부문이 결합된 협의체 사업, 사회복지협의회와 같이 민간 부문에서 진행하는 협의체 사업 등이 포함된다.

다음으로, 추진 주체의 성격에 따라 크게 공공 부문과 민간 부문으로 구분할 수 있으며, 민간 부문은 다시 영리(시장) 부문과 비영리 부문으로 나눌 수 있다. 앞서 살펴본 접근방법에 따른 분류 중 제도적 접근이 대체로 공공 부문에 속한다. 즉, 국가나 지방자치단체가 법령과 정책에 근거하여 책임을 지고 직접 수행하는 영역이 공공 부문이며, 이를 제외한 나머지 영역이 민간 부문이다. 민간 부문 중 이윤 추구를 사회복지 추진의 주요한 목적으로 삼는 영역이 영리 부문이며, 여기에서 제공되는 각종 서비스는 판매되는 상품의 성격을 지닌다. 민간 부문 중 비영리 부문의 대표적인 예로는 사회복지법인과 같은 비영리 공익법인을 통해 이루어지는 사회복지 관련 사업들을 들 수 있다.

그런데 관념적으로는 이와 같이 공공 부문과 민간 부문을 나눌 수 있지만, 실제로는 양자가 결합되어있어서 둘 중 하나로 분류하기 어려운 경우들이 많다. 민간법인이 공공재원의 지원을 받아 운영하는 생활시설이나, 영리성을 띤 민간기관들이 참여하고 있는 각종 사회서비스 사업 등이 그러한 예이다. 이러한 추진 주체에 따른 분류 방식과 각 유형별 기능 등에 관해서는 전달체계를 다룬 6장에서 좀 더 상세히 논의할 것이다.

여기서 한 가지 검토해볼 점이 있다. 노인, 장애인, 요보호아동 등을 위한 생활시설 혹은 거주시설의 운영을 지역사회복지 영역에 포함시킬 수 있겠는가 하는 의문이다. 지역사회복지를 시설보호와 대비되는 의미의 재가복지나 지역사회보호 개념으로 좁혀 이해하는 관점에서는 이를 지역사회복지로 받아들이지 않을 수 있다. 그러나 다양한 접근법을 포괄하는 넓은 의미로 지역사회복지를 파악하는 이 책의 관점에서는 이와 다르게 본다. 생활시설이나 거주시설의 운영 역시 지방자치단체의 직접적인 관여 아래 이루어진다는 점과, 이러한 시설에서 진행하는 사업이 사실상 지역사회와 유리되어있지 않다는 점에 주목하기 때문이다. 즉, 지방정부의 방침 또는 지역사회의 특수한 상황이 시설 운영의 방향이나 서비스의 내용에 영향을 미칠 여지가 많다는 점에서 이러한 시설의 운영 문제도 지역사회복지의 영역에 포함시켜 다루는 것이 적절하다.

이상과 같이, 지역사회복지는 그 접근방법이나 추진 주체 등을 기준으로 다양하게 유형을 나눌 수 있다. 기준을 달리하면 또 다른 유형 구분도 가능할 것이다. 이처럼 지역사회복지의 유형 및 분류 기준이 다양하다는 것은 지역사회복지가 단순하고 좁은 개념으로 설정될 수 없는 다면적인 개념이라는 것을 시사한다.

3) 지역사회복지실천의 의미

'지역사회복지실천'은 '지역사회'와 '사회복지실천'의 합성어로서, 지역사회 차원의 혹은 지역사회를 접근 단위로 한 사회복지실천을 가리킨다. 따라서 지역사회복지실천의 의미를 정확하게 이해하려면, '사회복지실천'의 의미를 먼저 이해할 필요가 있다. 이때 사회복지실천을 단순히 '사회복지를 실행에 옮기는 것'이라고 이해하는 것은 적절하지 않다는 점을 분명히 해야 한다.

'사회복지실천'이라는 용어가 국내에서 처음 공식적으로 쓰이게 된 배경을 알면, 이러한 잘못된 이해를 피할 수 있다. '사회복지실천'은 1998년 한국

사회사업대학협의회가 종전에 '개별지도론 혹은 개별사회사업 casework'과 '집단지도론 혹은 집단사회사업 group work'으로 분리되어 있던 교과목을 묶어 '사회복지실천론'이라는 새로운 교과목을 구성하면서 처음 사용되었다. 과거에 '사회사업', '사회사업실천'으로 번역하여 쓰던 'social work', 'social work practice'를 '사회복지실천'으로 새

'사회복지실천'이라는 교과목명은 한국사회복지교육협의회의 전신인 한국사회사업대학협의회가 1998년 발간한 교과목지침서에서 처음 공식화되었다.

로이 부르게 된 것이다. 그렇기 때문에 '사회복지실천'은 사실상 전문가인 사회복지사 social worker에 의해 이루어지는 전문적 실천을 가리키는 용어라고 볼 수 있다. 따라서 지역사회를 접근 단위로 한 사회복지실천인 지역사회복지실천 역시 전문적인 실천으로 이해해야 한다.[8]

이와 같이 이해할 때 지역사회복지와 지역사회복지실천의 의미상 관계와 차이가 명확해진다. 지역사회복지실천은 앞서 살펴본 지역사회복지의 유형 중 전문적 접근에 속하기 때문에, 지역사회복지와 지역사회복지실천을 동일한 의미로 사용하는 것은 적절치 않다. 또한 지역사회복지실천이라는 용어는 단순히 지역사회복지의 실행을 나타내는 것이 아니라, 지역사회 차원에서 이루어지는 전문적 사회복지실천을 의미함을 유념할 필요가 있다.

개념 정리

사회복지실천 사회복지의 다양한 접근 형태 중에서 전문가인 사회복지사의 개입을 통해 이루어지는 전문적 실천

지역사회복지실천 지역사회+사회복지실천 ⇒ 지역사회 차원의 사회복지실천, 즉 지역사회를 접근 단위로 하여 이루어지는 전문적 사회복지실천

8 이처럼 전문적인 실천을 가리키는 용어로 사용할 때에는 '지역사회복지실천'이라고 붙여 쓰는 것이 권장된다. 한편, "지역사회복지를 실행에 옮기는 것"을 나타내기 위해 굳이 '실천'이라는 용어를 쓰고자 할 경우에는 '지역사회복지의 실천'이라고 써서 전문적 실천과 구분하는 것이 좋다.

지역사회복지의 배경

지역사회배제를 넘어 지역사회통합으로

지역사회 영역에서 지역주민 복지의 물질적 조건이나 환경을 개선하기 위해 노력하는 사회복지사는 지역주민들을 그 지역사회에서 배제하고 차별하는 사회경제적 요소들에 대해 명확하게 인지하고 있어야 한다. 이러한 요소들은 지역사회 주민의 생활 안정에 영향을 미칠 뿐만 아니라 지역사회보장체계를 구성하는 중요한 요인이기 때문이다.

2장에서는 주민의 생활복지 및 안정에 영향을 주는 지역사회배제 현상과 이의 반대 개념이자 극복 방안인 지역사회포용 및 통합을 위한 정책적 노력 등에 대해 알아본다. 지역사회배제에 대한 개념에서 시작해 한국의 지역사회배제 현상을 사회지표 중심으로 살펴보고, 지역사회배제가 나타나는 원인을 짚어본다. 그리고 모든 주민이 지역사회에서 더불어 잘살기 위한 포용적 지역사회보장체계 구축과 이에 관련한 전략, 정책적 방안 등에 대해 학습한다.

1. 지역사회배제의 개념

지역사회배제는 지역사회현장에서 일하는 사회복지사들이 가장 경계하고 극복해야 하는 사회현상이다. 건강한 지역사회 또는 균형적이고 안정적인 지역사회는 지역주민들이 차별받지 않고 소외당하지 않으며 지역사회로부터 배제되지 않는 사회라고 할 수 있다. 지역주민들이 지역사회로부터 차별받고 배제되면 점차 사회, 문화, 정치, 경제적으로 주변 또는 외곽으로 이탈하게 되는 외곽화marginalization가 발생한다. 또한 불평등이 심화되면 지역주민들은 공식적·비공식적 조직(시장, 직장, 각종 사적 모임 등)에서 관계가 소원해지고 소외와 고독, 고립을 경험하게 되는데, 이는 곧 불안과 우울 같은 정신건강의 문제를 야기하는 요인이 된다. 그렇기에 지역사회배제는 지역사회복지 측면에서 가장 경계하고 극복해야 하는 지역사회복지정책의 1순위 대상이다.

이러한 지역사회배제를 극복하기 위해서는 다양한 영역에서의 지역사회 포용정책이 필요하다. 통상 사회배제는 지역사회배제를 포함하는 개념으로, 사회배제가 전체 사회적 측면에서의 배제를 강조한다면 지역사회배제는 지역사회 측면에서의 배제를 나타낸다. 일반적으로 지역사회배제보다는 사회배제라는 용어를 많이 사용하지만, 지역사회복지론이라는 본 교과서의 특성상 지역사회배제와 사회배제를 혼용하여 사용하도록 한다.

사회배제라는 용어가 본격적으로 등장한 것은 1970년대 이후라고 알려져 있다. 프랑스의 사회정책 분석가인 르네 르누아르René Lenoir는 1974년 그의 책 『배제된 사람들: 프랑스인 10명 중 1명Les Exclus: Un Français sur dix』에서 사회적 보호로부터 배제되어있는 사람들에 대해 주의를 기울여야 함을 주장하면서 처음으로 사회배제라는 용어를 사용하였다. 이후 사회배제

'사회배제'를 처음 소개한 책인 르네 르누아르의 『배제된 사람들: 프랑스인 10명 중 1명』의 표지이다.

는 1980년대 모든 유럽 국가의 정책적 어젠다로 자리 잡았고, 1990년대 초반 이후에는 유럽 국가들의 사회정책에서 핵심적인 기초가 되었다(Berman and Phillips, 2000). 1997년 영국 정부가 설립한 사회배제위원회^{social exclusion unit}는 사회배제에 대해 "개인이나 집단이 실업, 저숙련, 낮은 소득, 열악한 주거, 높은 범죄환경, 나쁜 건강상태, 그리고 가족해체 등 복합적인 문제로 고생할 때 발생할 수 있는 것"이라고 정의하였다. 카스텔(Castel, 1998), 바를뢰지우스(Barlöi-us, 2004), 리티히와 그리슬러(Littig and Griessler, 2005) 등은 사회배제가 "실업, 불안정 노동, 근로빈곤층, 이주민에 대한 차별의 증가가 내재되어있는 노동시장의 현재 기능에 전적으로 의존"한다고 주장했는데, 이는 즉 사회배제가 일차적으로 빈곤이나 실업 등 경제적인 조건에서 비롯된다는 것을 의미한다(Novy et al., 2012에서 재인용).

물론 사회배제가 경제적 불평등만을 의미하는 개념은 아니다. 사회배제는 사회·문화적 배제, 정치적 배제, 경제적 배제를 모두 통칭하는 다면적 개념이며, 그러한 상태나 조건을 의미한다. 워커와 워커(Walker and Walker, 1997)는 사회배제가 "사회 안에서 한 사람의 사회적 결속^{social integration}을 결정짓는 사회적·경제적·정치적·문화적 체계로부터 봉쇄되는 역동적인 과정"이라고 정의하였다. 또한 런던경제대학^{London School of Economics}의 사회배제분석센터^{Centre for the Analysis of Social Exclusion}는 사회배제를 "만약 한 개인이 그가 거주하고 있는 지역사회에서 주요 활동에 참여하지 못하면 사회적으로 배제된 것"이라고 정의하였다.

룸(Room, 1995)은 사회배제의 개념에 참여를 위한 활동을 포함시켰는데, 그에 따르면 사회배제란 "권력의 부족, 사회적 결속의 결핍, 그리고 불충분한 사회참여"를 의미한다. 특히 부르하르트 등(Burchardt et al., 2002)은 사회배제를 "한 사회에서 시민으로서의 정상적인 활동에 참여할 수 없으면 사회적으로 배제된 것"이라고 정의하면서 사회배제에는 네 가지 유형의 배제가 포함된다고 설명하였다. 이는 ① 재화와 서비스를 구매할 수 있는 능력으로부터의 배제, ② 경제적·사회적으로 가치 있는 활동에 대한 참여로부터의 배제, ③ 정치적 결정구조에 개입할 기회로부터의 배제, ④ 가족, 친구, 지역사회와의 결속으로부터의 배제이다. 또한 더피(Duffy, 1995)는 사회배제를 "주류사회로부터의 소외, 거리, 그리고 정치적·경제적·사회적·문화적 삶에 효과적으로 참여할 수 없는 것"으로 정의하였다.

한편, 국제노동기구[ILO: International Labour Organization]는 사회배제를 개인적 수준과 집단적 수준으로 구분하여 제시하였다. 먼저 개인적 수준의 사회배제는 저소득, 빈곤, 물질적 자원의 결핍과 같은 경제적 불이익 상태뿐 아니라, 약화된 사회적 관계로 인한 사회적 격리, 법적 권리를 행사하지 못하는 정치적 배제 등을 포함하는 개념이라 규정하였다. 그리고 집단적 수준의 사회배제는 인종, 성별 등으로 구분되는 특정 집단이 시장이나 공공 및 사회복지서비스로부터 차별을 당하는 상태라고 규정하였다. 이렇듯 사회배제는 경제적 영역을 넘어 다면적인 차원에서 이해해야 한다.

위와 같은 견해를 종합하면 지역사회배제에 영향을 주는 요인은 사회배제와 마찬가지로 경제적 요인과 사회·문화·정치적 요인을 포함하며, 매우 다면적이라고 이해할 수 있다. 결국 지역사회배제는 상태나 조건을 나타내며, 빈곤이나 실업, 소득불평등 같은 경제적 불평등이 중요한 영역이지만 사회, 문화, 정치적 영역에서의 배제까지 포함하는 다면적 의미를 지닌다고 이해할 수 있다. 레비타스 등(Levitas et al., 2007)이 분석한 사회배제의 다면적 측면을 지역사회배제 개념에도 적용한다면 다음과 같이 정리할 수 있다.

첫째, 지역사회배제는 한 사회의 특성이나 상태 그리고 과정이며, 개인의 경험을 포함한다.

둘째, 지역사회배제는 소득불평등이나 실업 등과 같은 경제적 박탈이나 불평등, 노동시장으로부터의 이탈을 포함한다.

셋째, 지역사회배제는 사회적 제도로의 참여 부족을 의미하고, 정치적·법적 체계에 대한 접근 부족을 나타낸다.

넷째, 지역사회배제는 시민의 권리에 대한 거부(권리의 부족) 또는 시민권리가 비현실화되는 문제를 의미한다.

다섯째, 지역사회배제는 인구집단 안에서 거리가 멀어지는 것을 의미한다.

요약하면 지역사회배제는 '사회·문화적, 경제적, 정치적, 법적 제도나 혜택에 대한 접근 또는 기회의 부족'이라고 정의할 수 있으며, 지역사회 주민 배제는 지역주민들의 자원의 결핍과 관계의 결핍으로 나타난다고 할 수 있다.

개념 정리

지역사회배제

- 사회배제라는 용어는 프랑스의 사회정책분석가 르네 르누아르의 1974년 저서 『배제된 사람들: 프랑스인 10명 중 1명』에서 처음으로 소개되었으며, 이는 1980년대 이후 유럽 국가의 정책적 어젠다로 자리 잡아 사회정책의 핵심적인 기초가 됨
- 지역사회배제는 한 개인이 그가 거주하고 있는 지역사회의 경제적·정치적·사회적·문화적 자원에 접근하거나 참여할 기회에서 배제되는 것을 의미함

| 더 알아보기 |

사회배제의 측정

2000년대에 들어 유럽연합 단체들과 여러 학자들은 사회배제의 현상이나 정도를 측정할 수 있는 척도를 개발하기 위해 노력했다. 지금까지 개발된 사회배제 척도는 측정 방식에 따라 크게 두 가지로 대별된다. 첫 번째는 주민들에게 배제의 정도를 직접 질문하여 측정하는 직접적 척도로, 손더스 등(Saunders et al., 2007)이 개발한 척도가 대표적이다. 두 번째는 사회배제 현상에 대한 증거자료(사회지표)와 인식의 정도를 활용하여 측정하는 척도로, 대표적으로 브리스톨 사회배제 매트릭스(B-SEM: Bristol Social Exclusion Matrix)를 들 수 있다.

손더스 등이 개발한 사회배제 척도는 주로 영국 학자들의 사회배제에 대한 개념 및 측정 영역(Hills et al., 2002; Bradshaw, 2004)에 영향을 받았으며, 사회배제 측정 영역을 크게 '탈개입(disengagement)', '서비스 배제(service exclusion)', '경제적 배제(economic exclusion)'라는 세 가지로 분류하였다.

브리스톨 사회배제 매트릭스는 레비타스 등(Levitas et al., 2007)이 제시한 사회배제 측정 지표이다. 이 지표는 사회배제가 복잡하고 다차원적인 과정임을 강조하면서 "경제적·사회적·문화적·정치적 영역에서 사회의 대다수가 이용 가능한 자원, 권리, 재화와 서비스에 대한 결핍 또는 거부, 그리고 정상적인 관계와 행동에 참여할 수 없는 것"이라고 정의하며, 이를 토대로 측정 영역을 '자원(resources)', '참여(participation)', '삶의 질(quality of life)'로 구분한 후 총 10개의 세부 영역에서 배제의 정도를 측정한다.

국내에서도 외국학자들이 개발한 척도를 활용하여 한국 사회에 적용하려는 시도들이 있었다. 그런데 모든 사회에 적용할 수 있는 객관적인 측정 도구는 존재하지 않기 때문에, 한국 사회의 현실에 맞는 사회배제 측정도구가 개발될 필요가 있다.

2. 지역사회배제의 현상

지역사회복지실천, 즉 지역사회를 접근 단위로 하여 이루어지는 전문적 사회복지실천활동을 수행할 때 사회복지사들이 가장 먼저 이해하고 숙고해야 하는 시작점은 바로 지역주민들이 지역사회로부터 지속적으로 배제되고 있다는 지역사회배제 현상과, 이러한 현상은 특정한 하나의 원인이 아니라 지역사회를 구성하는 경제 및 사회적 현상에 기인한다는 인식이다. 어떤 지역사회문제가 지속적으로 확대·재생산되면서 발생할 때 그 문제의 원인을 추적해보면 오직 하나의 원인이 영향을 미치는 경우는 거의 없으며, 다양한 정치·경제·사회적 원인이 영향을 주는 경우가 대부분이다. 예를 들어 인천과 대구가 17개 광역시·도 중 청년실업률이 가장 높아 청년들이 지속적으로 노동시장에서 배제되는 문제가 있다고 하자. 그러면 이 문제를 해결하기 위해 크게는 한국 사회 전반을 억누르는 왜곡된 노동시장과 노동 및 사회정책에 대한 종합적 분석이 필요하며, 좁게는 인천과 대구라는 특정 지역사회의 사회경제적 구조에 대한 분석을 기반으로 지역적 대책을 찾는 노력이 요구된다. 즉, 지역사회에서 발생하는 지역주민에 대한 차별 및 배제 현상은 대부분 특정 개인이나 가족 또는 집단만의 문제가 아닌 사회구조적인 문제일 가능성이 높다. 따라서 이에 대한 철저한 조사가 선행되어야 한다.

한국의 지역사회배제 현상을 조사하고 살펴보기 위해서는 지역사회배제의 원인과 관련된 각종 사회지표(또는 지방지표)가 필요하다. 지역사회배제의 원인으로 사회경제적 불평등이 지목되고 있으므로, 노동시장의 불공정성이나 실업 등을 나타내는 지표, 소득불평등 같은 사회경제적 양극화를 보여주는 다양한 지표, 자원의 결핍이나 혜택에 대한 접근 또는 기회의 부족 등을 직·간접적으로 드러내는 다양한 지표 등이 지역사회배제를 설명해주는 근거가 된다. 물론 지역사회배제의 수준이나 정도를 나타내는 단일한 객관적 지표가 있다면 특정 지역의 지역사회배제 수준을 타 지역과 손쉽게 비교할 수 있을 것이다. 하지만 아직까지 현실적으로 합의되고 객관적으로 입증된 단일한 지역사회배제지표가 존재하지 않기 때문에 지역사회배제의 수준을 이해하기 위해서는 간접적인 지표들을 분석하는 방법이 최선이라 하겠다. 수집 가능한 사회지표를 중심으로 우리나라의 지역사회배제 현상을 살펴보면 다음과 같다.

■ 실업 및 노동양극화

실업으로 인한 빈곤은 사회배제를 유발하는 주요한 원인 중 하나이다. 한국의 실업률은 2019년 기준 약 3.8%로, 같은 해 OECD 회원국의 평균 실업률 5.2%에 비해 상대적으로 낮은 수치를 보인다. 그러나 청년실업률은 8.9%로 나타나 매우 심각한 수준이다. 특히 정부가 발표하는 실업률에는 자발적 실업자(취업준비생, 진학준비생, 군대대기자, 구직포기자 등)가 제외되어있고 주당 근로시간이 18시간 미만인 고용 형태도 취업자에 포함되기 때문에 실질적 실업률은 이보다 훨씬 심각할 것으로 보인다.

정규직과 비정규직으로 대별되는 노동양극화 또한 한국의 사회배제 현상을 드러내는 핵심 지표이다. 2019년 기준 임금근로자 중 비정규직 근로자가 차지하는 비율은 36.4%로, 근로자 3명 중 1명이 비정규직으로 일하고 있다. 특히 청년 비정규직 비율은 40.4%에 달한다. 비정규직은 임금, 노동조건, 안정성 등이 열악한 경우가 많아 쉽게 사회배제에 처할 수 있다. 이렇듯 높은 비정규직 비율은 우리 사회에 만연한 사회배제의 단면을 드러내준다.

그림 2-1을 보면 정규직 노동자와 비정규직 노동자 수의 격차가 지속적으로 벌어지고 있다는 것을 알 수 있다. 이는 노동양극화를 나타내는 대표적인 사회지표이자, 일차적 노동시장(안정적인 지위와 높은 임금, 좋은 노동조건을 갖춘 노동시장)에서 이차적 노동시장(불안정한 지위와 낮은 임금, 열악한 노동조건을 나타내는 노동시장)으로의 지속적인 배제를 보여주는 지표이다. 이차적 노동시장의 노동자들이 일차

실업은 다양한 영역에서 또 다른 사회배제를 유발한다.

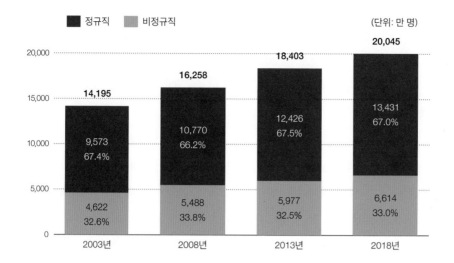

그림 2-1 임금근로자의 규모 및 비중

* 임금근로자 = 경제활동인구 - 실업자 - 비임금근로자(자영업자 + 무급가족종사자)

출처: 국가통계포털

적 노동시장으로 진입하지 못하는 사회, 청년실업률이 사상 최대치를 기록하는 사회는 희망이 없다는 의미의 '헬조선'이라는 신조어를 등장시켰으며, 이는 곧 지역사회배제가 심각한 한국 사회의 현실을 반영하는 대표적인 단어로 자리 잡게 되었다.

정상적인 일자리를 찾지 못한 생산가능인구가 창업을 통해 생산현장으로 진입하면서, 한국의 전체 취업자 대비 자영업자 비율은 25.1%로 매우 높은 수준이다. 또한 질적인 측면에서 보면 영세 자영업 비중이 높고 폐업률도 높은 편이다. 이러한 현상은 정상적인 노동시장으로의 진입이 어려운 개인들이 비교적 진입 장벽이 낮은 방법으로써 자영업을 선택하지만, 경쟁 심화와 불경기에 직원을 줄이면서 버티다 본인이 직접 운영에 나서게 되고, 1인 운영으로도 어려우면 결국 폐업하는 과정을 보여준다.

이와 같은 실업 및 노동양극화는 경제적 영역뿐만 아니라 다양한 영역에서 배제를 초래하고 삶의 질을 떨어뜨리기에 시급히 해결되어야 할 문제이다.

■ 빈곤 및 소득양극화

한국 사회의 빈곤율은 다른 국가와 비교했을 때 매우 높은 수준이다. OECD의 자료를 분석해보면 2015년 한국의 상대적 빈곤율(전체 인구 중 중위소득 50% 이하 인구 비율)은 OECD 평균 11.6%보다 높고, 자료를 제출한 30개국 중 3위이다.

한국의 지역사회 빈곤을 살펴보면, 대표적인 저소득층인 기초생활수급자는 2017년 기준 약 158만 1,646명이다. 시·도별로는 대구, 광주, 전북과 전남에서 각각 4% 이상(전국 평균 3.37%)의 지역주민이 최저 수준 이하의 절대적 빈곤 생활을 영위하고 있는 것으로 나타났다.

또한 절대빈곤층이라 할 수 있는 국민기초생활보장수급자는 2018년 기준 174만 3,690명이다. 그런데 2020년 현재 기초생활보장 급여 중 생계급여는 중위소득 기준 30% 이하 가구에만 지급되고 있다. 이는 OECD 빈곤선에 미치지 못하는 것으로서 생계보호를 받지 못하는 사각지대에 놓인 빈곤층이 많다는 것을 의미한다. 소득불평등 정도를 나타내는 주요 지표인 소득 5분위 배율(상위 20% 소득을 하위 20% 소득으로 나눈 값)은 2016년 가처분소득 기준의 6.98배로 OECD 평균인 5.3배보다 훨씬 높은 수치를 보이고 있다.

정규직 노동자와 비정규직 노동자 사이의 소득격차 역시 노동자들의 소득불평등 정도를 나타내는 대표적인 지표이다. 고용노동부의 '사업체노동력조사'를 보면 2017년 1월 정규직 근로자 월평균임금은 434만 원, 비정규직 근로자 월평균임금은 157만 원이다. 약 3배에 이르는 상대적 격차를 감안하면 경제적 불평등으로 인해 비정규직 노동자들의 사회배제 현상이 심화되고 있음을 알 수 있다.

이러한 빈곤 및 소득양극화는 상당 부분 앞서 살펴본 실업 및 노동양극화에서 기인한다. 특히 사회적 안전망이 부족한 한국 사회에서는 한번 빈곤층이 되면 다시 자립하기가 어렵다. 여러 수치에서 볼 수 있듯 한국 사회에서 사회배제의 원인이 되는 경제적 요인의 수준은 매우 심각하다. 따라서 빈곤층을 양산하고 불평등을 심화시키는 경제구조에 대한 개선과 함께 사회보장의 확충이 요구된다.

■ 노인의 빈곤화

한국 사회의 노인인구 비율은 OECD 국가들 중에서 낮은 수준이지만 고령화 속도는 가파르게 증가하고 있다. 65세 이상 노인인구 비율이 2015년에는 12.8%, 2019년 14.9%였지만, 2067년에는 46.5%까지 높아질 전망이다(통계청, 2019). 노인인구가 많더라도 노인들이 기본적인 생활을 안정적으로 영위할 수 있다면 이는 지역사회배제로 이어지지 않을 수도 있다. 하지만 그림 2-2에서 볼 수 있듯 66세 이상 노인인구 중 소득수준이 빈곤선(가처분소득의 50%) 미만인 인구의 비율을 뜻하는 노인 빈곤율은 2018년 기준 한국이 43.4%로, OECD 회원국 중 1위를 차지하고 있다.

노인인구의 높은 빈곤율과 함께 사회배제를 일으키는 또 다른 요인은 독거노인가구의 증가이다. 전체 노인가구 대비 독거노인가구는 2019년 기준 평균 7.5%이며, 이 수치는 매년 증가하고 있다. 전남이 노인가구 대비 독거노인가구의 비율이 13.6%로 가장 높았으며, 경북 11.3%, 전북 11.2% 등 전통적인 농촌 지역에서의 독거노인가구 비율이 11%를 상회하고 있는 것으로 나타났다.

한국노동연구원(2016)에 따르면 60세 이상 1인가구의 상대적 빈곤율은 67.1%로, 1인 노인가구 10명 중 7명은 빈곤한 삶을 영위하고 있다. 또한 한국보건사회연구원(2019)에 따르면 저소득 1인가구의 상당수가 65세 이상 노인이며 이들 대부분이 실업 상태에 있는 것으로 나타났다. 우선 소득이 가장 낮은 소득 1분위 가구의 가구주 평균 연령이 지난 1년간 63.3세

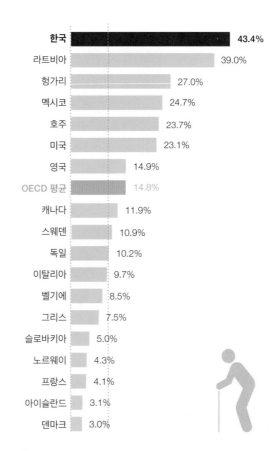

그림 2-2 OECD 회원국의 66세 이상 노인 빈곤율

* 멕시코는 2016년, 덴마크·아이슬란드·이탈리아·독일은 2017년 기준
출처: OECD(2018)

에서 67.3세로 4세가량 올라갔다. 또한 1인가구를 포함한 소득 1분위 가구 가운데 실업 및 비경제활동 비율은 2019년 1분기 기준 77%였다. 이러한 자료는 1인가구의 평균연령이 고령화되고 있으며 노인들이 노동시장으로부터 철저히 외면받고 있음을 보여준다.

■ 저출산

저출산은 원활한 가족재생산 및 노동력재생산, 나아가 사회적 재생산을 가로막는 요인으로, 한국의 대표적인 사회적 위험요소이다. 그와 동시에 지역사회를 인구소멸지역으로 내몰고, 인구고령화 시대에 젊은 세대들의 노인 부양부담을 가중시키는 요인이기도 하다. 한국 사회의 합계출산율은 2016년 1.17명에서 2018년 0.98명으로 더욱 낮아져, OECD 34개국가 중 가장 낮은 출산율을 보이고 있다. 지역별 출산율을 보면 2018년을 기준으로 서울시가 0.761명, 부산시가 0.899명으로 가장 낮으며, 출산율이 가장 높은 지역은 1.566명인 세종시이다.

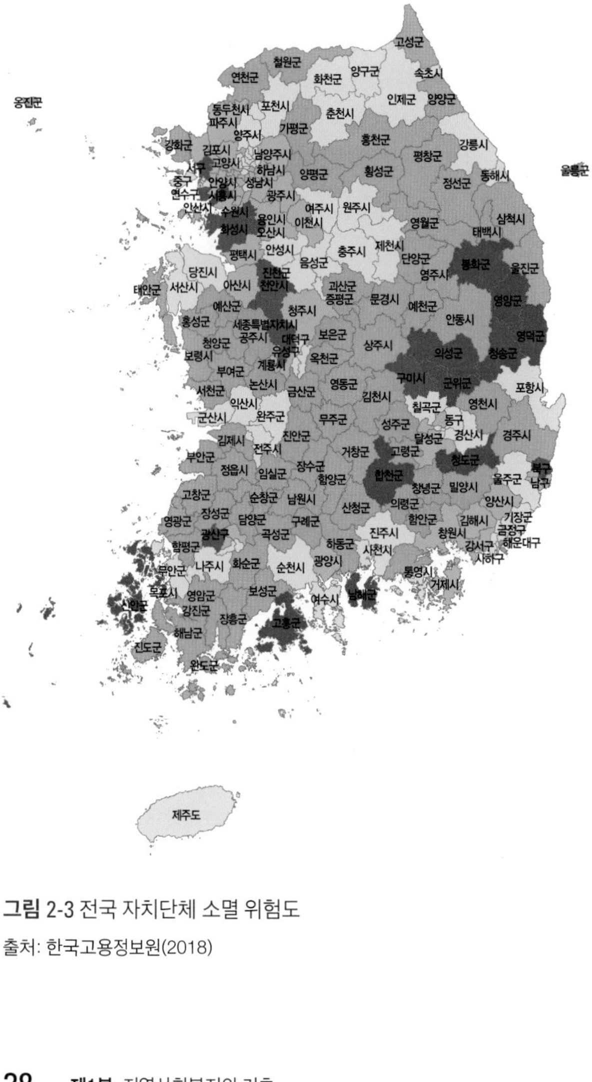

한국고용정보원(2018)에 따르면 전국 228개 시·군·구 중 89개 지역(39%)이, 전국 3,463개 읍·면·동 중 1,503개 지역(43.4%)이 소멸 위험지역[1]으로 집계되었는데, 이 수치는 지속적으로 증가하고 있다. 2018년 6월 기준 전국 수준의 소멸 위험지수는 0.91로, 전국의 '도' 지역은 모두 소멸주의 단계로 진입했으며 광역시 중에서도 부산(0.76)

그림 2-3 전국 자치단체 소멸 위험도
출처: 한국고용정보원(2018)

과 대구(0.87)가 소멸주의 단계로 진입했다. 특히 시·군·구 중 인구소멸 위험이 가장 높은 곳은 경북 의성으로, 소멸 위험지수가 0.15에 그쳐 소멸 고위험 지역인 것으로 나타났다. 이처럼 인구소멸 위험이 높은 지역사회에서는 빈곤이나 실업 등의 공통적인 지역사회문제 외에 저출산이 가장 심각한 지역사회문제일 가능성이 높다.

■ 1인가구, 다문화가구 및 한부모가구

지역주민들을 지역사회로부터 배제하는 요인으로 지목되는 1인가구의 수가 빠르게 증가하고 있다. 이러한 1인가구의 급속한 증가는 지역사회의 공동체 지향성을 약화시킨다. 구체적으로는 사회참여활동 및 각종 사회적 관계를 위한 노력을 등한시하도록 하여, 1인가구를 지역사회에서 유리시키는 강력한 요인이 된다. 2018년 기준 1인가구의 수가 가장 많은 지역은 강원도로, 10가구당 약 3.2가구가 1인가구이다. 전국적으로 보면 10가구 중 약 2.9가구가 1인가구인 것으로 나타났다(그림 2-4 참조). 1인가구가 늘어나면서 복지사각지대를 발굴하기 어려워졌을 뿐 아니라 고독사의 발생빈도도 급격하게 증가하였다. 또한 1인 가구원 중에서도 특히 여성을 대상으로 하는 각종 범죄가 증가하여 지역사회포용의 관점에서 1인가구에 대한 다양한 지역사회보장정책의 필요성이 제기되고 있다.

다문화가구 역시 문화적 차별 등 각종 사회차별에 시달리는 대표적인 사회소외집단으로, 지역사회배제의 중심축이 된다. 다문화가구란 귀화의 방법으로 국적을 취득한 자 또는 외국인이 한국인(귀화자 포함) 배우자와 혼인하여 이루어진 가구 또는 그 자녀가 포함된 가구이다. 한국의 다문화가구는 매년 증가하고 있는데, 2018년 기준 약 33만 4,856가구로 집계되어 전체 가구의 1.6%가 다문화가구인 것으로 나타났다. 지역별로 보면, 다문화가구가 제일 많은 지역은 경기도와 서울 순이었다(그림 2-5 참조). 특히 2015년 여성가족부의 실태조사에 따르면 결혼한 지 5년이 안 되는 다문화가구의 가족해체(이혼) 비율

---

1 소멸 위험지역은 소멸 위험지수(20~39세 여성인구 수를 64세 이상 고령인구 수로 나눈 값)를 기준으로 판단하는데, 이 지수가 0.5 미만(20~39세 여성인구가 65세 고령인구의 절반 미만)인 지역을 말한다. 특히 0.2 미만 지역을 소멸 고위험 지역이라 일컫는다.

은 26.9%로, 다문화가구의 가족해체는 매우 심각한 수준이다. 다문화가구에서 가족해체가 일어날 경우 다문화이주여성은 절대적 빈곤에 처하게 됨으로써 사회문화적 차별에 경제적 차별이 가중되어 심각한 지역사회배제집단으로 전락하게 될 가능성이 높다. 특히 이 실태조사에 따르면 결혼이민자 및 귀화자 10명 중 4명은 한국 사회에서 차별을 경험하였는데, 그중 이혼 및 별거 상태에 있는 이들의 48.4%가 상대적으로 더 심한 차별을 겪었다고 보고되었다. 또한 다문화가정의 9~24세 자녀 중 9.4%, 즉 100명 중 10명이 차별을 경험한 것으로 나타났다.

이혼 또는 사별, 그리고 미혼으로 인한 한부모가구의 수는 매년 조금씩 줄어들고 있기는 하지만, 여전히 사회배제를 야기하는 중요한 요인 중 하나이다. 한부모가구는 전통적인 가족 형태에서 벗어났다는 이유로 각종 편견과 사회적 차별을 경험하고 있으며, 한부모 홀로 생계와 양육을 책임지므로 경제적으로 불안정하다. 특히 한부모가구의 자녀들은 각종 방임 및 폭력, 교육불평등에 쉽게 노출되며, 이는 결국 한부모가구의 구성원이 지역사회에서 배제되는 원인이 된다. 2018년 여성가족부의 한부모가족 실태조사에 따르면 한부모가구의 월평균소득은 약 220만 원으로, 전체 가구 월평균소득(약 389만 원) 대비 절반 수준이었다. 자녀는 평균 1.5명 정도 양육하고 있으며, 한부모의 84.2%는 근로를 하고 있는 것으로 나타났다. 정부로부터 기초생활보장을 받는 비율은 지속적으로 증가하여 2012년 30.4%에서 2018년 46%가 복지혜택을 받게 되었는데, 이는 경제적으로 불안정한 한부모가구의 삶을 보여준다. 일하는 부모 중 상용근로자는 52.4%였고 임시 및 일용직 근로자는 30.8%를 차지하여 고용 역시 불안정한 것으로 나타났다. 한부모가구의 수는 2018년을 기준으로 전체 가구 대비 약 10%(201만 6,013가구)이며, 한부모가구가 가장 많이 거주하는 지역은 경기도인 것으로 나타났다(그림 2-6 참조).

■ 자살과 아동학대

사회 구성원의 자살은 지역사회배제 현상이 가장 극명하게 표출되는 지표이다. 사회 구성원들은 자기가 거주하는 지역사회의 다른 구성원, 집단, 조직 등으로부터 여러 이유로 배제될 때 우울 및 고독감을 느끼고, 나아가 자살

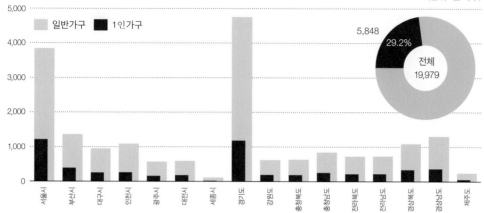

그림 2-4 1인가구의 수와 비율

출처: 국가통계포털(2018)

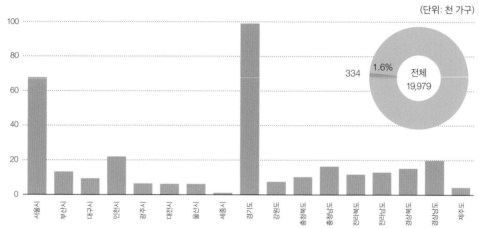

그림 2-5 다문화가구의 수와 비율

출처: 국가통계포털(2018)

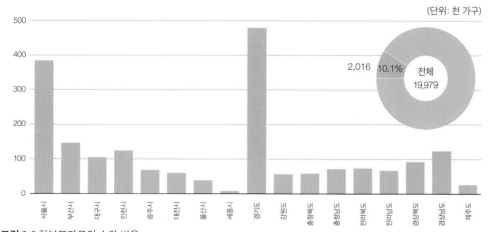

그림 2-6 한부모가구의 수와 비율

출처: 국가통계포털(2018)

이라는 극단적인 선택을 시도하게 된다. 한국 사회의 자살률은 OECD 회원국 중 가장 높다. 2016년 기준 한국은 인구 10만 명당 24.6명이 자살하는 것으로 나타나, 인구 10만 명당 2.6명이 자살하는 터키보다 자살률이 약 10배 가까이 높았다(OECD 평균 11.5명). 특히 2018년 청소년 통계를 보면 청소년 사망 원인 1위가 자살로, 청소년의 자살이 심각한 사회문제임을 알 수 있다.

사회적으로 가장 취약한 계층이라고 할 수 있는 아동에 대한 방임 및 폭력을 포함하는 아동학대는 중독문제를 가진 가구원의 가정, 저소득층가정이나 한부모가정, 다문화가정 등에서 발생빈도가 높다. 이는 소외나 차별 등을 일으키는 사회배제의 요인이 가정 내 아동에 대한 학대를 발생시키는 간접적인 요인이 될 수 있음을 보여준다. 그런 점에서 아동학대는 사회배제 현상의 이해를 돕는 간접적인 사회지표라고 할 수 있다. 2015년에 비해 2017년은 거의 전 지역에서 아동학대 발생건수가 100% 이상 증가하였다. 2017년 전국적으로 약 3만 4천 건 이상의 아동학대가 발생했으며, 지역별로는 경기도가 가장 높은 발생건수를 나타냈고, 인천은 2015년 대비 270% 이상의 아동학대 발생건수의 증가를 나타냈다(그림 2-7 참조).

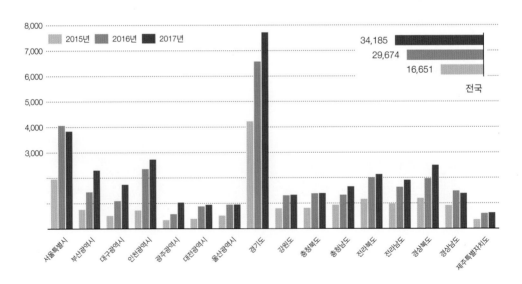

그림 2-7 지역별 아동학대 발생건수

출처: 보건복지부(2018)

주민들을 지역사회 또는 사회의 중심부에서 주변부로 배제하고 차별하는 지역사회배제 현상은 지역사회복지 측면에서 반드시 경계하고 예방할 수 있도록 대처방안을 모색해야 하는 중요한 실천 영역이다. 지역주민들을 차별하고

| 더 알아보기 |

복지관대성 지수 비교

복지관대성(welfare generosity) 지수는 GDP 대비 사회적 지출 비율을 실업률과 노인인구 비율로 나눈 값으로서, 국가별 또는 지역별 복지 수준을 나타내는 간접적인 지표이다. 복지관대성 지수가 높으면 국가가 사회복지 지출을 통해 실업 및 노인문제에 보다 적절하게 대처하는 것으로 평가할 수 있다. 즉, 복지관대성 지수는 실업이나 노인문제에 의해 나타나는 사회배제 현상을 극복하기 위한 국가적 노력이라 할 수 있는데, 특히 복지국가의 유형화를 결정짓는 중요한 지표로 인정받고 있다. OECD의 사회적 지출 데이터베이스(social expenditure database) 자료를 기반으로 복지관대성 지수를 계산한 결과 2015년을 기준으로 우리나라의 경우 복지관대성 지수는 0.64로 OECD 35개국(평균 0.90) 중 34위로 매우 낮았고, 멕시코(0.73)나 칠레(0.65)보다도 낮은 것으로 조사되었다. 이는 국가적 차원에서 지역사회배제를 극복하고 예방하기 위한 사회복지 차원의 재정 지출을 더욱 확대해야 한다는 것을 의미한다.

2017년 자료를 기준으로 총 예산 대비 사회복지 예산의 비율을 실업률과 노인인구 비율로 나눈 복지관대성 비율을 계산해보면, 복지관대성 비율이 가장 높은 지역은 광주(2.94%)와 대전(2.67%)인 것으로 나타났다. 서울, 부산, 대구, 울산, 경기 등은 약 2% 대로, 복지관대성 비율이 비슷한 수준이다. 전남, 제주, 강원, 경북 등은 상대적으로 낮은 복지관대성 비율을 나타내어 지역사회배제를 극복하기 위해 복지예산 지출을 더 증액해야 하는 지역인 것으로 나타났다.

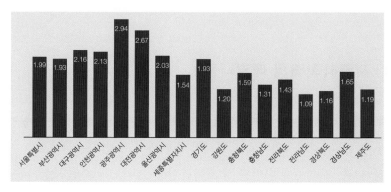

그림 2-8 지역별 복지관대성 비율
출처: 국가통계포털 2017년 기준 자료를 바탕으로 작성함.

배제하는 요인들은 경제적 요인에서 사회·심리적 요인에 이르기까지 다양하지만 가장 핵심적인 요인으로 지목되는 것은 사회적 양극화와 소득불평등, 노동시장에서의 차별과 배제 등이다. 물론 이 외에도 가족구조의 변화, 이기적 가치관, 사회경쟁 심리 등도 지역주민들을 지속적으로 차별하고 배제하는 사회·심리적 요인으로 지목되고 있다. 지역사회배제를 반영하는 여러 사회지표를 종합하여 분석하면 한국 사회에서 지역사회배제 현상은 심화되고 있으며, 이에 대한 국가적 노력이 미진함을 알 수 있다. 사회배제 현상은 지역사회 차원에서 동일하게 영향을 주지만 지역사회별로 배제의 수준이 다르게 나타나므로 이에 대한 지역사회 수준에서의 대응은 상이한 방식으로 전개될 수 있다. 즉, 지역사회배제 현상은 보편성과 상이성을 동시에 갖는 현상이며 이에 대해 중앙정부와 지방정부가 공동으로 대처해야 함을 나타낸다.

결국 지역사회배제 현상은 현 한국의 지역사회를 설명하는 핵심 키워드이며, 지역사회배제의 원인은 다면적이고 복잡하지만 기본적으로 사회구조적요인에 의해 발생한다는 것에는 이견이 없다. 따라서 이를 분석하고 이에 대한 대처방안을 찾기 위해서는 지역사회배제 현상을 이해하기 위한 보다 폭넓은 거시적인 시각과 이론적 시각을 두루 갖추어야 할 것이다.

3. 지역사회배제의 원인

1) 지역사회배제 메커니즘

지역사회배제 현상의 원인은 크게 경제적 원인과 사회·심리적 원인으로 구분될 수 있다. 지역사회배제를 경제적 측면에서 유발되는 현상으로 바라보는 관점에서는 사회배제가 빈곤 및 소득불평등, 그리고 비숙련 노동, 비정규직 노동 등 사회적으로 보호받지 못하는 노동자와 노년노동자, 장기실업을 포함하는 실업과 같은 고용 문제와 깊이 연관되어 있음을 강조한다. 이 외에 박탈

역시 경제적 관점에서 지역사회배제를 일으키는 주요한 원인으로 지목되기도 하는데, 박탈은 열악한 주거환경, 불평등한 자원 배분구조와 부족한 일자리, 기본자원의 결핍, 부족한 사회복지서비스와 정책 등을 포함하는 개념이다(Peace, 1999). 따라서 지역사회배제를 예방하고 개선하기 위해서는 차별 및 박탈을 일으키는 원인을 파악하고, 이에 대한 사회복지정책과 고용정책 측면에서의 대안을 마련해야 한다.

지역사회배제가 사회·심리적 원인으로 인해 유발된다고 보는 관점에서는 개인주의 문제, 관계적 문제, 동질성의 상실, 문화적 결합의 상실, 직무 관계에서의 이탈, 정신적 우울, 목적 상실, 가족관계로부터의 이탈, 사회적 관계로부터의 이탈, 사회참여 체계 부족 등이 지역사회배제를 일으키고 심화하는 주된 요인이라고 간주한다(Peace, 1999). 이러한 사회·심리적 관점은 지역사회배제의 원인을 정치경제적 요인에서 찾기 전인 1980년대에 주로 강조되었다. 이 관점에서는 지역사회배제 현상이 어떤 문제를 지닌 개인에 의해서 발생한다고 바라보기 때문에 개인에 대한 역량강화와 능력고양을 통해 지역사회배제가 개선될 수 있다고 본다(Peace, 2001).

하지만 지역주민들이 경험하는 지역사회배제 현상은 대부분 경제적 요인과 사회·심리적 요인이 동시에 영향을 미침으로써 발생하는 경우가 많다. 다시 말해 두 요인은 상호 배타적이지 않고 서로 영향을 주고 받으며, 연관된다고 할 수 있다. 예를 들어 관계의 약화나 단절을 의미하는 중장년 고독사의 경우도 중장년의 실업과 빈곤 등 경제적 불평등 구조가 고독사를 일으키는 일차적 원인이라고 할 수 있지만, 개인적 상실감 및 우울감을 벗어나려다 빠지게 되는 각종 중독(알코올 및 약물중독) 현상 역시 소외 및 사회배제의 한 단면인 고독사를 발생시키는 원인이 될 수 있다.

결국 지역사회배제를 일으키는 원인은 빈곤, 실업, 소득불평등, 비정규직 노동 등 불평등한 경제구조, 개인주의와 공동체 의식의 상실을 초래하는 이기주의적 사고, 일차적·이차적 관계의 부족과 사회참여활동체계의 부족, 사회 구성원들의 안전한 삶을 보장하는 사회보장체계의 부족, 그리고 자원의 불평등한 배분구조 등으로 정리할 수 있다.

지역사회배제 원인

- 빈곤, 실업, 소득불평등, 비정규직 노동 등 불평등한 경제구조
- 시민의 권리 및 공동체 의식을 약화시키는 개인 및 집단 이기주의적 사고
- 신뢰 및 연대와 다문화에 대한 의식 미비 및 지역사회 구성원들을 위한 사회참여활동 체계의 부족
- 지역사회 구성원의 삶의 질을 보장하지 못하는 허약한 사회보장체계
- 사회적 양극화 및 소득불평등을 초래하는 지역사회의 자원 배분구조

2) 지역사회배제와 지역사회포용

지역사회배제는 지역사회포용의 반대 개념이다. 즉, 지역사회배제는 지역사회포용을 통해서 개선 내지는 해결될 수 있다는 측면에서 지역사회배제와 지역사회포용은 동일한 요소를 기반으로 한다. 따라서 지역사회포용은 지역사회배제를 극복하기 위한 정책적 개념이라고도 간주된다. 피스(Peace, 2001)는 지역사회포용을 정책적 측면에서 개인과 집단의 능력을 고양시키고 기회, 상호 호혜, 그리고 참여를 촉진하기 위한 어젠다라고 강조했으며, 젠슨(Jenson, 2010)은 지역사회포용을 재정자원으로의 접근, 경제활동으로의 접근, 교육과 인적자본으로의 접근, 건강에 대한 접근, 그리고 기술에 대한 접근을 포함한다고 제시하였다.

지역사회배제를 소득의 불평등과 불균형, 노동시장으로부터의 이탈을 의미하는 것으로 이해하면, 지역사회포용정책은 양질의 일자리를 증대함으로써 노동시장을 안정화하고 소득양극화를 줄이는 것이 그 핵심적인 내용이 된다. 지역사회배제의 주된 원인으로 소득양극화의 심화, 촘촘하지 않은 사회적 안전망에 주목하면 지역사회포용정책도 사회복지체계와 고용의 안정성을 개선하는 방향이 되는 것이다. 하지만 지역사회배제는 경제적 배제뿐만 아니라 사회참여에 대한 제한까지 포함하는 개념이다. 따라서 지역사회포용 또한 지역사회 및 시장으로의 참여를 포함한 사회적 체계로의 참여를 포괄하는 넓은 의미로 파악해야 한다.

결국 지역사회배제를 자원의 결핍, 사회적 권리의 부정, 친구·가족·집단·조직·단체 등과의 사회적 관계 결여, 다양한 활동으로부터의 배제, 동질성의 상실이나 공동의 목적 상실 등으로 바라보면, 지역사회포용은 필요한 자원의 제공, 사회적 참여활동의 활성화, 공동의 목적이나 동질성 회복을 위한 노력으로 이해될 수 있다.

3) 지역사회배제와 지역사회복지의 관계

사회통합을 증진시키는 사회복지체계가 부족할 때 지역사회배제 현상이 발생하고 심화된다. 반대로 지역사회배제는 지역사회복지체계의 가장 강력한 적이기도 하다. 지역사회배제는 복지국가나 복지사회가 추구하는 사회통합을 저해하는 가장 강력한 요인인 것이다. 따라서 정부는 사회복지체계를 통해 집단, 개인, 가족, 조직 등이 지역사회로부터 배제되지 않도록 각종 정책적 대안을 제공해야 한다. 정치경제적 관점으로 보면 지역사회배제는 경제적 불평등과 불균형 그리고 노동시장으로부터의 이탈 등을 의미하는 것으로 이해할 수 있고, 이때 정책적 대안은 소득재분배정책이나 빈곤 및 불평등 해소를 위한 사회복지정책이 된다. 한편, 정치·경제·사회·문화적 측면을 모두 포함하는 다면적 관점으로 바라본다면 지역사회배제의 대안은 사회문화적 포용 및 경제적·정치적 참여를 증진시키는 각종 사회복지정책을 광범위하게 고려하게 된다.

1989년 유럽위원회 European Commission에서는 지역사회배제를 극복하기 위한 지역사회포용의 사회정책 어젠다를 제시했다. 이 어젠다에서는 사회적 위험 또는 사회문제에 영향을 받는 사람들을 적극적으로 돕는 차원에서 고용을 촉진할 것은 물론, 다양한 사회복지프로그램을 통해 필요한 사회복지 재화와 서비스를 제공할 것을 강조하였다. 이는 곧 지역사회문제 해결을 강조하고 위험에 빠진 사람들을 돕는 가장 실천적인 체계로서의 지역사회복지체계를 개선 내지 강화함으로써 지역사회배제를 극복할 수 있음을 보여준다.

지역사회 안에서 개인, 가족, 집단, 조직은 특정 개인이나 집단의 독점적 권한(힘이나 권력의 독점)에 의해서 지속적으로 배제된다는 관점, 사회는 상이

지역주민들이 경험하는 지역사회배제 현상은 사회·심리적 요인에서 기인하지만 빈곤, 경제적 불평등 구조 등의 경제적 요인과도 무관하지 않다.

성이나 각종 차별을 통해 특정 개인이나 집단 등을 배제한다는 관점, 그리고 경제적 요인보다는 개인과 사회 간 사회적 결합의 붕괴를 배제의 원인으로 보는 관점 등은 모두 지역사회배제를 설명해주는 의미 있는 해석이라고 할 수 있다. 자원과 권력에 대한 일방의 독점은 지역사회의 연대와 공동체주의를 해체시키는 치명적인 요소이다. 또한 차이점을 강조하여 개인이나 집단 구성원을 일방적으로 분리하거나 고립시키는 사회적 차별, 그리고 사회적 관계의 부족이나 결여 등도 지역사회배제와 밀접하게 연관된다. 따라서 지역사회배제를 극복하기 위한 사회복지 실천 및 정책 영역에는 첫째, 다원주의적 관점에 기초하여 문화적 다양성을 극복하기 위한 각종 사회정책, 둘째, 실업과 저소득, 일하는 빈곤층, 소득양극화와 같은 경제적 불평등을 개선하기 위한 사회 및 경제정책, 셋째, 참여를 통해 사회적 관계를 개선하기 위해 개인과 집단의 능력고양 및 역량강화를 강조하는 각종 사회정책 등이 모두 포함된다.

사회복지정책이나 서비스의 부재로 인한 사회복지 혜택으로부터의 배제, 가족의 지지나 지원으로부터의 배제, 그리고 노동시장 안에서의 고용으로부터의 배제는 사회경제적 불안정을 야기하고 지역주민들의 사회적 관계를 위한 행동(각종 모임 참석이나 친구나 친척들과의 만남 등)을 방해하는 요소로 작동한다. 이러한 요소는 구성원들로 하여금 고립과 고독, 불안과 우울 등과 같은 정서적 배제를 경험하게 하여 그들의 안정적이고 건강한 삶에 부정적인 영향을 미친다. 지역사회배제는 공공 및 사회복지 재화와 서비스의 부재에서 기인하며, 박탈 및 사회적 차별과 경제적 불평등 및 불균형을 양산하고 각종 지역사회활동에 대한 참여를 저해하는 요인이다. 따라서 한 지역사회의 지역사회배제 수준은 곧 지역사회복지 수준과 지역사회포용 수준을 가늠하는 척도로서의 역할을 할 수 있다.

지역사회포용을 위해서는 지역주민들을 고립시키고 배제하는 지역사회배제 현상을 예방하고 극복해야 한다. 지역사회배제에 대한 극복은 지역 구성원들의 사회적 관계를 개선할 수 있는 다양한 노력, 즉 경제적 불평등을 개선하기 위한 경제적 통합정책과 각종 차별과 배제를 예방하고 참여를 증진하는 포괄적이고 통합적인 지역사회복지정책을 통해서 이루어질 수 있다. 결국, 지역사회배제는 지역사회복지 영역에서 지역사회포용을 위해 기획되는 정책이나 구체적인 사업과 이를 통해 제공되는 다양한 사회복지 재화와 서비스, 즉 사회복지 혜택을 제공함으로써 극복하고 해결할 수 있다.

4. 지역사회포용과 지역사회통합

1) 지역사회통합의 개념

국제적으로 보면, 사회포용이 국가의 정책적 개념으로 등장한 시기는 1990년대부터이다. 사회포용은 자본주의 시장경제체제에서 소외되고 배제되는 사회 구성원이나 계층의 생활안정을 위한 포용정책을 강조하는 개념이다. 반면 사회통합은 2000년대에 등장한 정책적 개념으로, 개개인이 같은 사회에 속해있다는 소속감을 갖도록 하는 용어로 사용되었다. 따라서 사회통합은 주로 이민자를 위한 포용정책이나 급격하게 발전하는 다문화사회에서 모든 사회 구성원을 하나로 묶어주는 소속감이나 집단동질성 등을 강조한다. 따라서 엄밀히 따지자면 사회포용은 사회경제적 맥락에서 사용되고 사회통합은 사회·심리 및 문화적 맥락에서 활용된다고 할 수 있지만, 현재 사회포용과 사회통합은 비슷한 맥락으로 교차 사용되고 있다.

정부는 지역사회통합을 위한 정책적 어젠다를 설정하고 실행함으로써 차별과 배제를 극복하고 지역사회포용을 성취하기 위해 노력한다. 또한 지역사회통합은 복지국가가 안정적으로 발전하기 위해 달성해야 할 주요 정책목표이기도 하다. 하지만 지역사회통합은 지역사회배제와 마찬가지로 다면적인 개념이라 명확하게 규정하여 정책화하기 쉽지 않다. 지역사회통합의 의미를 규정하기 위해, 먼저 그보다 넓은 개념인 사회통합의 정의를 살펴보자.

사회통합social cohesion이라는 용어의 기원이 되는 개념을 제시했던 에밀 뒤르켐Emile Durkheim은 통합적인 사회란 시민들의 상호 의존성에 의해 생겨나는 '공유된 충성심shared loyalties'에 기반한다고 보았다(Jenson, 1998). 사회통합은 종종 사회 구성원 간 사회적 관계의 강도, 공유된 가치와 공동체적 관점, 공통된 정체성의 감정, 동일한 공동체에 속해있다는 소속감, 불균형과 불평등 및 신뢰로 표현되기도 한다(Woolley, 1998; Jenson, 1998). 캐나다 사회통합정책연구 분과위원회Policy Research Sub-Committee on Social Cohesion는 사회통합을 '모든 캐나다 국민 속에서 신뢰, 희망, 상호 호혜에 기초하여 공동체의 공유된 가치, 공유된 과제, 그리고 캐나다 내에서의 동등한 기회를 발전시키는 지속적인 과정'이라고 정의하였다(PRI, 1999). 프랑스 국가기획청Commissariat Général du Plan 역시 사회통합을 '개개인에게 동일한 공동체에 속해있다는 의식과 그들이 그 공동체의 구성원으로 인식된다는 감정을 갖도록 돕는 사회적 과정'이라고 정의하면서 사회통합이 조건이 아닌 과정임을 강조하였다(Plan, 1997; Jenson, 1998: 4에서 재인용).

한편 챈 등(Chan et al., 2006)은 사회통합을 '신뢰, 소속감, 그리고 참여와 원조에 대한 의지를 포함한 일련의 규범 및 태도로 특징지어지는 사회 구성원 사이의 수직적·수평적 상호작용과 관련된 상태'로 정의하였다. 울리(Woolley, 1998)는 사회통합이 '사회배제가 없는 것', '과정이자 결과로서의 상호작용', '집단동질성에 기초한 공유된 가치와 공동체적 관점'으로 정의되어야 함을 강조하였다. 또한 보베와 젠슨(Beauvais and Jenson, 2002)은 사회통합이 다원주의적 관점에 기초하여 다중 영역의 개념을 포함한다는 것에 동의하면서 사회통합의 구성요소를 '공동의 가치와 시민문화', '사회질서와 사회통제', '사회적 연대와 부의 격차 감소', '사회적 네트워크와 사회자본', '지역적 소속감과 정체성'이라는 다섯 가지로 제시하였다.

이러한 논의를 종합하면, 사회통합은 '사회 구성원들의 신뢰와 연대감을 형성하고 사회경제적 평등과 형평성을 강화하여 정치사회적 참여를 촉진함으로써 사회포용을 증진시키는 과정이자 상태'를 의미한다. 그리고 지역사회통합은 전체 사회 수준이 아닌 지역사회 수준에서의 사회통합이라고 할 수 있다.

2) 지역사회통합과 지역사회복지의 연계

지역사회를 구성하는 단위 중 가장 작은 단위는 개인 수준의 구성원이다. 그러므로 이들 구성원 간 개인적 수준의 통합이 지역사회 수준의 통합, 나아가 전체 사회적 수준의 통합에 영향을 미치고 이를 이끈다고 볼 수 있다. 이는 물론 지역사회통합 영역의 확대를 이해하는 중요한 관점이다. 하지만 지역사회통합을 개인적 수준에서 주민들의 소속감이나 신뢰구축 등으로 좁게 해석하면, 지역사회통합의 정치경제적 측면을 도외시하게 된다. 이는 곧 지역사회 안에서 계층, 계급, 집단 간의 불평등한 자원 분배구조를 개선하기 위한 노력을 등한시하는 결과를 초래한다.

따라서 지역사회통합은 일차적으로 경제적 평등과 형평을 보장하는 정부[2]의 사회복지정책 및 경제정책에 기초해야 한다. 정부가 소득재분배정책과 같은 사회복지정책을 강화하면 지역사회 구성원들의 형평성이 보장되는 통합된 지역사회가 구현될 수 있다. 소득재분배정책은 동등한 교육을 받을 수 있는 기회를 보장하고 실업, 질병, 노령화 등 자본주의 사회가 안고 있는 기본 위험으로부터 지역주민들이 안전한 삶을 유지할 수 있도록 돕는다. 지역사회통합은 사회적 연대에 기초하는데, 사회적 연대를 강화하면 인간의 기본적 자유에 대한 시민의 권리, 민주적 참여에 대한 정치적 권리, 사회 및 경제적 권리가 보장되기 때문이다. 정부는 이러한 사회적 연대를 강화하기 위한 노력에서 가장 핵심적인 역할을 담당한다. 결국 사회적 연대성에 기초한 집합적 선택을 통해서 집합적 목적을 성취하는 것이 지역사회통합을 주도하는 정부의 역할이며, 이는 경제적 평등과 형평을 강화하는 각종 사회보장정책을 통해서 실현될 수 있다.

지역사회복지는 지역사회 수준에서의 복지 향상을 목적으로 한다. 따라서 지역사회 수준에서 지방정부들이 각종 지역사회보장을 향상하기 위해 개발하거나 제공하는 사업들은 지역주민들의 소외와 차별, 배제를 예방하고 지역주민들을 포용하여 궁극적으로는 지역사회를 통합하는 지역사회통합의 정책적 어젠다라고 할 수 있다.

---

2   여기서 정부라 함은 중앙정부와 지방정부를 동시에 지칭한다.

지역사회통합

- 지역사회 수준에서의 통합
- 지역사회 구성원들의 신뢰와 연대감을 형성하고, 사회경제적 평등과 형평의 강화를 통한 지역사회포용을 증진하며, 정치사회적 참여를 위해 역량을 강화할 수 있도록 하는 과정이자 상태
- 지역사회통합은 사회보장정책을 통해서 실현됨

3) 지역사회통합과 지역사회의 질

지역사회통합을 위해서, 지역사회배제를 극복하고 지역사회 구성원들을 지역사회에 포용하기 위해서, 또는 그들의 삶을 지역사회에서 안정적으로 유지하고 보존하기 위해서는 지역사회의 질$^{quality\ of\ society}$이 개선되어야 한다(Huxley and Thornicroft, 2003). 즉, 지역사회 질의 수준이나 정도를 향상시키고 개선하는 것은 지역사회포용, 나아가 지역사회통합의 정도를 나타내는 지역사회지표라고 할 수 있다. 따라서 지역사회가 포용사회, 통합적 지역사회로 나아가기 위해서는 지역사회의 질을 향상시켜야 한다.

벡 등(Beck et al., 1997; 2007)은 지역사회의 질을 "개개인의 번영과 잠재적 능력을 향상할 수 있는 조건하에서 사회적 경제적 삶에 주민들이 참여할 수 있는 정도"로 정의하였다. 이는 곧 지역사회의 질이 개인적 수준과 사회적 수준을 모두 중요시한다는 것과, 지역사회배제를 극복하기 위한 지역사회포용이 지역사회의 질과 깊이 연관되어 있음을 의미한다. 이처럼 지역사회의 질은 또한 경제적 평등이나 형평과 같은 경제적인 측면만을 강조하는 것이 아니라 사회참여, 더 나아가 사회정의를 증진하는 것을 강조하는 개념이다. 워커(Walker, 1998)에 따르면 사람들은 그들의 지역사회 안에서 경제적 및 사회적 생활에 참여해야 하며, 이러한 사회경제적 참여는 사람들이 지역사회 안에서 번영과 복지를 누리고, 잠재성을 발양하는 데 도움을 준다고 강조하였다. 즉, 사회적 참여는 잠재성을 개발하기 위한 지역주민들의 능력을 고양시키며, 이는 통합적 지역사회를 촉진한다. 결국 참여를 통한 지역사회의 질의 향상은 지

역사회통합을 개선하는 데 중요한 역할을 한다는 것이다. 또한 지은구(2019)는 지역사회의 질을 "사회 구성원들이 안정적 생활을 유지할 수 있는 삶의 질 조건을 기본으로 하며, 삶의 질 구축과 함께 개인이 사회 속에서 인간으로서의 기본적 대접을 받으면서 다른 사람이나 조직들과 함께 관계를 맺고 사회, 경제, 정치, 문화적 활동에 참여하는 데 필요한 조건, 즉 자기실현과 사회참여활동을 할 수 있는 사회적 조건"이라고 정의하여 사회포용, 경제적 보장과 같이 개인의 사회적 참여를 가능하게 하는 조건을 강조하였다.

베인호번(Veenhoven, 1996), 베르거-슈미트(Berger-Schmitt, 2000), 필립스(Phillips, 2008) 등은 지역사회통합과 지역사회의 질이 지역주민들의 삶의 질과 관련이 있음을 강조하며 사회통합의 영역을 개인의 삶의 질^{quality of life}에서 지역사회의 질의 영역으로까지 확대하였다. 지역사회의 질을 사회통합의 기본 전제 또는 주요 요소로 인식하는 이러한 견해는 곧 일상을 살아가는 개개인들은 모두 지역사회에 속해있기 때문에 개개인의 삶의 질을 통합한 것이 곧 지역사회의 질이 되며, 개인의 삶의 질이 지역사회의 질과 연관되고 지역사회의 질은 곧 지역사회통합으로 이어짐을 강조하는 것이다.

결국 지역사회의 질을 사회통합의 주요한 요소로 보는 시각은 사회통합을 이룩하는 것이 지역사회 구성원 개개인들의 삶의 질, 나아가 전체 지역사회의 질이 개선되는 것을 나타낸다는 측면에서 중요한 의미를 내포한다. 특히 사회배제위원회(Social Exclusion Unit, 2000)와 퍼트넘(Putnam, 2000)은 지역사회의 질이 사회포용의 개념과 사회경제적 보장, 사회통합 및 역량강화와 깊은 연관이 있음을 강조하였다. 이는 지역사회의 질이 지역사회배제 및 지역사회포용, 지역사회통합과 연관이 있다는 것을 의미한다. 즉, 지역사회의 개별 구성원들이 인식하는 삶의 질은 전체 지역주민이 인식하는 지역사회의 질과 밀접하게 연관되며, 지역사회 질의 향상은 곧 지역사회포용과 지역사회통합을 위한 각종 사회복지정책과 깊은 관련이 있다는 것이다.

개념 정리

지역사회의 질
- 지역사회 구성원들의 번영과 안녕, 나아가 삶의 질을 보장하는 사회복지의 조건

- 지역사회 구성원들이 안정적 생활을 유지할 수 있는 삶의 질 조건을 기본으로 하며 삶의 질 구축과 함께 개인이 사회 속에서 인간으로서의 기본적 대접을 받으면서 다른 사람이나 조직들과 함께 관계를 맺으면서 사회, 경제, 정치, 문화적 활동에 참여하는 데 필요한 조건, 즉 자기실현과 사회참여활동을 할 수 있는 사회적 조건

4) 지역사회통합을 위한 전략

지역사회의 질을 보장하면서 지역사회배제를 극복하고 지역사회통합을 이루기 위해 필요한 전략은 크게 세 가지로 정리할 수 있다.

첫째, 개개인의 역량을 고양시켜 지역사회 구성원의 사회적 참여를 높이는 지역주민역량강화전략이다. 주민들의 능동적인 사회참여는 사회통합의 필수요소이다. 이를 위해 지역사회의 정치적 의사결정 구조의 불균형을 개편하여 지역주민의 참여 기회를 제공하고 보장해야 한다. 또한 사회단체나 지역조직 활동을 활성화하여 지역사회 구성원 간 관계를 형성하고 강화할 필요가 있다.

둘째, 평등과 형평을 기초로 하여 경제적 보장이 적절한 수준에 도달하도록 사회복지를 확대하는 지역사회보장확대전략이다. 자본주의 시장체제에서는 빈곤과 불평등이 심화되기 쉽고, 따라서 지역사회의 특정 구성원이나 집단이 지속적으로 배제되곤 한다. 경제적 원인으로 인한 지역사회배제를 극복하고 사회통합으로 나아가려면 소득불균형을 유발하는 불안정한 노동시장을 개선하고 사회적 안전망을 확대하는 사회보장정책을 마련해야 한다.

셋째, 신뢰와 공유된 가치 및 규범에 근거한 집합적 동질성을 강화하기 위해 사회자본을 향상시키는 지역사회자본향상전략이다. 이때 사회자본이란 사회적 유대감이나 연대와 같이 사람들이 협력할 수 있게 하는 사회적 자산을 의미한다. 사회 구성원에 대한 사회적 차별이나 소외는 필연적으로 사회통합을 약화시킨다. 구성원들을 신뢰하고 해당 지역사회에 소속감을 느끼며 공동체의식을 가질 때 사회통합이 가능한 것이다.

지역사회포용의 정도는 지역주민의 안정과 번영, 복지에 대한 보장, 참여를 통한 역량강화와 신뢰를 바탕으로 하는 강한 사회적 유대와 연대성 등과 밀

접한 연관이 있다. 지역사회포용이 곧 지역사회통합이라고 규정할 수는 없지만 사회통합국가는 지역사회 질의 수준이 높은 포용국가이며, 지역사회 질의 수준이 높은 포용적 지역사회에서는 당연히 지역사회통합이 실현된다. 또한 지역사회통합은 거시적 측면에서 다면적으로 해석할 경우, 평등과 사회적 연대감, 정치적 참여를 강조하는 개념이므로 지역사회통합의 실현 정도는 곧 지역사회의 포용력과 지역사회의 질을 측정하는 지표로서 작동할 수 있다.

지역주민들의 불균형하고 불평등한 삶을 유지시키는 지역사회배제 메커니즘은 지역사회 구성원이나 집단을 지속적으로 배제하는 자본주의 시장체제의 속성을 나타내며, 이에 대한 반대 용어로 포용이 강조된다. 연대나 공유된 비전 등과 같은 요소는 모두 사회자본의 구성요소이므로 지역사회배제를 제거하고 지역사회통합을 이루려면 지역사회포용정책을 시행하고, 주민들이 능동적으로 지역사회에 참여할 수 있도록 역량을 강화하며, 사회자본을 확충하기 위해 노력해야 한다.

결국 지역사회통합은 주민들의 역량강화의 필요성에 대한 인식 아래, 다양한 사회포용정책과 집단적 동질성 강화와 공유된 인식의 발전을 통해 이룩된다고 결론지을 수 있다. 지역사회 구성원들이 생활하는 지역사회의 질을 향상시키기 위한 정책들을 구체적으로 정리하면 첫째, 사회경제적 불평등과 불균형 같은 사회배제를 극복하기 위해 소득불균형과 불안정한 노동시장을 개선하고 사회적 안전망을 확대하는 지역사회보장정책이 필요하다. 둘째, 사회적 차별과 소외의식을 극복하기 위해 주민들의 역량을 강화하고 주민들 사이에 신뢰감, 소속감, 공동체 인식을 향상시킬 수 있는 각종 지역사회임파워먼트[3]정책이 필요하다. 셋째, 지역사회의 정치 및 의사결정구조의 불균형을 개편하고 주민들의 정치활동을 강화해 각종 사회단체에 대한 참여를 활성화함으로써 지역사회 구성원을 역동적이고 관계 지향적으로 만드는 지역사회참여정책이 요구된다.

---

[3]   임파워먼트(empowerment)는 한국에서는 역량강화로도 번역된다. 구체적인 개념에 대한 설명은 11장에서 자세히 다루었다.

지역사회복지의 이론적 토대

지역사회복지의 문제를 제대로 다루기 위해서는 그 지역사회의 정치, 경제, 사회, 문화 등 복합적 측면을 두루 살펴보아야 한다. 지역사회복지 이론은 지역사회복지의 현상을 다면적·종합적으로 이해하고 해석하기 위해 적용할 수 있는 시각이라 할 수 있다. 하디나(Hardina, 2002)는 사회복지 영역에서 이론은 '사회복지사들이 사회가 어떻게 기능하는지, 사회에 문제가 발생하는 원인은 무엇인지, 주민들이 어떻게 변화에 적응하는지, 정부의 정책결정에 누가 어떻게 영향을 미치는지, 권력을 갖기 위해 지역사회 주민들이 어떻게 대응해야 하는지를 이해하고, 궁극적으로는 현장에서 실천모델과 전략 및 전술을 활용하는 데 도움을 준다'고 말한다. 이처럼 이론은 지역사회활동가나 사회복지사들이 지역사회의 문제를 파악하고 실천하는 데 종합적인 길잡이 역할을 한다.

이때 어떤 지역사회복지 이론의 관점을 취하느냐에 따라 지역사회복지의 수준과 지역사회배제의 원인, 나아가 그 개선방안 등에 대한 분석이 달라질 수 있다. 예를 들어 지역사회배제의 한 요인인 빈곤을 다룰 때, 빈곤의 원인에 대한 이론적 해석에 따라 빈곤의 영향과 결과에 대한 진단 및 이에 대한 대응이 달라진다는 것이다.

3장에서는 사회복지사들이 지역사회의 생활환경적 조건을 개선하기 위해 현 지역사회복지의 현상이나 제반 문제들을 어떠한 이론적 틀에 의존하여 이해하고 인식해야 하는가를 구체적으로 살펴본다. 특히 정치경제론적 시각을 강화하였고, 여러 새로운 이론들을 제시하려 하였다. 지역사회복지 이론에는 체계이론, 생태주의이론, 사회구조(건설)주의이론, 갈등이론 등 다양한 이론이 있지만, 이러한 기존 이론들로는 지역사회배제를 포함한 제반 지역사회 현상을 포괄적이고 종합적으로 분석하여 실천행동을 기획하기에는 부족하다고 보았기 때문이다. 따라서 이 장에서는 우선 기존 이론들의 한계를 극복하고 지역사회배제 현상의 사회구조적인 분석과 이해를 돕는 정치경제론을 소개한다. 또한 지역사회통합을 위한 새로운 이론적 사고를 제시할 뿐 아니라 보다 구체적인 실천행동을 설명하기 위해 사회경제론, 사회자본론, 지역공동체주의론, 사회네트워크이론 등을 소개한다.

1. 정치경제론

1) 정치경제론의 배경

현대 자본주의 경제체제에서 시장 참여자는 기본적으로 이윤을 추구하며, 이는 개인과 사회의 부를 창출하고 축적하는 데 기여한다. 그러나 개인이나 기업의 과도한 이윤 추구 행위는 종종 지역사회를 파괴하거나 지역사회 구성원의 삶을 위태롭게 만들기도 한다. 시장의 자유라는 이름으로 이러한 행위가 무제한적으로 허용되면, 시장은 소수가 부를 축적하고 다수는 그 안에서 지속적으로 차별받고 배제되는 메커니즘으로 작동하게 된다. 따라서 지역주민의 삶이 자본의 논리에 종속되어 피폐해질 경우 이를 해결하기 위해서는 경제적 관점이 아닌 다른 관점에서 문제를 바라볼 필요가 있다.

경제활동이 지역주민과 지역사회에 미치는 현상을 분석하기 위해 정치경제론political economy theory의 관점이 유효할 수 있다. 정치경제의 고전적 정의[1]는 프리드리히 엥겔스Friedrich Engels에 의해 이루어졌는데, 그는 1877년 논문에서 정치경제학을 '인간사회에서 생존을 위한 물질적 수단의 교환과 생산을 지배하는 법칙들에 관한 과학'이라고 정의하였다. 그러면서 생산과 교환의 조건은 나라마다 다르며 한 나라에서도 세대마다 다르기에, 정치경제학은 지속적으로 변화하는 소재를 다루는 역사적인 과학이라고 설명하였다. 1970년대 이후 정치경제론은 분배를 둘러싼 사회적 갈등과 정치제도를 다루게 되었다. 주류경제학에서는 개인의 만족을 최대화하는 방법으로서만 경제정책을 고찰한다면, 정치경제론에서는 정치적인 힘이 경제정책의 선택에 영향을 미치는 구조와 과정까지 연구한다. 옥스퍼드 정치경제학 핸드북The Oxford Handbook of Political Economy(Weingast and Wittman, 2008)에서는 정치경제론을 정치제도, 정치환경 그리고 경제체제(자본주의, 사회주의, 공산주의 등)가 어떻게 상호영향을 주는지를 연구하는 이론으로 바라본다. 정리하면, 정치경제론은 경제행동과 정치행동이 상호간에 어떻게 영향을 주고받는가를 연구하는 이론이다(Alesina, 2007).

위의 정의에서 유추할 수 있듯이 정치경제론의 주요 주제는 '정치적 주체의 결정이 경제에 미치는 영향'이다. 이때 정치적 주체란 정부의 정치적 결정에서부터 비경제적 목적을 띠고 시장 논리에 저항하는 여러 사회 주체까지 포괄하는 개념이다. 칼 폴라니Karl Polanyi는 자본주의 체제의 경제 및 사회조직에 대항하는 사회적 저항을 '대항운동countermovement'이라고 명명하였다. 그에 따르면 (노동)상품화의 발전과 그것에 반대하는 힘 사이의 상이한 경제적·사회적 논리는 사회적 갈등을 유발하며, 이는 정치경제론의 핵심 연구 주제이다(Beckert and Streeck, 2008).

시장경제체제를 기반으로 복지제도가 도입된 이후, 지속적인 자본 축적을 위한 요구물(경제발전정책)과 사회질서 재생산을 위한 요구물(사회복지정책)은

---

1   'political economy'는 18세기에 고전파 경제학자들이 오늘날 경제학이라고 불리는 학문을 지칭할 때 통상적으로 사용하던 용어였다. 당시에는 대부분의 경제활동이 정치적 행위, 즉 국가정책에 의해 이루어졌기 때문이다. 그러다 1890년 앨프리드 마셜(Alfred Marshall)이 'economics'를 표제로 사용하면서 주류 경제학에서는 점차 이를 경제학을 뜻하는 용어로 사용하게 되었다. 현재 'political economy'는 학자나 학파에 따라 상이하게 사용되나 이 책에서는 시장의 자율성에 근거한 이론인 주류 경제학과 달리, 사회의 정치적 관계와 제도를 고려하여 정치와 경제의 상호관계를 연구하는 이론 일반으로 바라본다.

위태로운 균형을 이루고 있었다. 그런데 현대 자본주의 사회에서 경제발전 논리가 사회복지를 압도하면서 그 균형이 흔들리고 있으며, 이에 따라 양극화가 더욱 심화되고 지역사회 구성원들의 안정적이고 건강한 삶이 훼손되고 있다. 이는 곧 삶의 질을 유지하기 위한 대항운동의 필요성과 국가의 사회복지 기능을 통한 사회적 보호 및 분배 개선에 대한 요구로 이어진다. 따라서 사회 구성원의 삶의 질에 대한 경제와 정치의 상관관계를 다루는 정치경제론은 현대 자본주의 사회의 지역사회문제를 파악하는 데 유의미한 이론이라고 볼 수 있다.

2) 정치경제론의 영역

정치경제론이 다루는 주요 영역은 정부의 역할, 자원할당에서의 힘의 관계, 국제관계에 영향을 미치는 경제상황, 사회복지의 확대를 통해 사회 구성원들의 삶의 질을 향상시키려는 정부의 노력 등이다. 또한 정치경제론은 경제학, 사회학, 정치학 등 여러 분야와의 교차 학문적 연구를 통해 정치제도, 정치환경, 경제체제 등이 서로 영향을 주는 과정을 탐구한다. 따라서 정치경제론은 주류 경제학을 넘어 매우 다양한 영역의 학문 영역과 관련이 있다. 이 중 사회복지학에서 정치경제론은 사회정책과 경제정책 등 국민의 사회적 욕구를 해결하기 위한 정부의 제반 노력을 분석한다. 특히 지역사회복지 영역에서 정치경제론적 접근은 경제적·사회적 불평등 문제와 그 해결을 위한 재분배에 주목하여 사회복지정책과 경제정책의 연관성을 파악하고자 한다.

3) 정치경제론의 주요 관심

자본주의 시장경제체제에서 자본가의 무제한적 이윤 추구는 분배의 갈등을 초래한다. 갈등의 원인을 제공하는 시장경제체제를 통해서는 문제를 완화할 수는 있겠으나 근본적으로 해결할 수는 없다. 정치경제론의 과제는 시장의 자율적인 작동에 의존하는 것을 넘어, 문제 현상을 구조적으로 해결하기 위해 필요한 정부의 제도나 정책을 고찰하는 것이다. 스트리크(Streeck, 2011)에 따르면 정치경제론은 특히 사회 구성원들의 사회적 삶이나 정치 그리고 사회정책에 영향을 주는 경제적 관심이나 경제적 제한점들의 상호관계를 분석함으로 사회와 경제를 통합적 관점으로 이해하고 분석하는 힘을 제공한다. 이에 따르면 자본주의 사회에서 경제는 고립된 체제가 아니라 국가 및 지역사회와 상호 의존하며 밀접한 관련을 맺는다. 그렇기에 지역에서 벌어지는 경제활동 역시 지역사회의 정치, 사회, 시민 활동과 영향을 주고받으며, 여기에는 국가 수준의 경제도 영향을 미친다. 정치경제론은 사회와 경제의 이러한 상호작용에 관심을 가진다.

구체적으로 정치경제론은 정부의 역할과 시장의 역할을 모두 중요한 분석 요소로 보고, 이 둘의 관계를 통해 생산의 할당과 부의 분배 방식을 설명하고자 한다. 특히 현대 자본주의 사회에서는 정부가 사회 구성원들에게 무엇을 어떻게 분배하는가, 다시 말해 정부가 시민의 욕구에 어떻게 대응하는가에 좀 더 초점을 맞추는 경향이 있다. 물질적 욕구는 기본적으로 자원의 생산과 교환을 통해 충족되는데, 그 과정을 시장원리에만 맡겨두면 자원의 분배가 불평등하게 이루어질 가능성이 크기 때문이다. 따라서 분배 과정에 대한 정부의 개입 여부, 재분배정책의 수준 등의 정치적 결정이 정치경제론의 중요한 관심 영역이 된다. 베슬리와 버지스(Besley and Burgess, 2002)는 이를 더 명확히 표현하였는데, 그들에 따르면 정치경제론은 국가가 더욱 효과적으로 사회 구성원을 보호하기 위해서 어떤 경제적·사회적·정치적 제도를 마련해야 하는가에 관심을 둔다. 시장으로부터 소외되거나 배제된 사회 구성원들은 생존을 위해 국가의 보호에 의존하게 되는데, 정치경제론은 국가가 이들을 보호하기 위해 선택하고 집행하는 정책적 노력을 중요한 이슈로 삼는다는 것이다.

정리하면 정치경제론은 지역사회 구성원이 겪고 있는 소득불평등 및 양극화, 자원에 접근할 기회의 부족, 시장으로부터의 차별 등 지역사회의 제반 문제들을 경제 현상으로 좁혀 이해하지 않고, 다양한 영역과 영향을 주고받는 보다 거시적인 관점에서 파악하고 설명하는 이론이라 할 수 있다.

4) 정치경제론과 지역사회복지

지역사회에서 활동하는 사회복지사들은 지역사회의 정황을 이해하고자 할 때, 지역사회와 지역주민의 관계만을 고려하기 쉽다. 그러나 사회복지사는 지역사회에 영향을 미치는 정치적 측면과 경제적 측면 역시 중요하게 인식해야 하며, 두 측면의 관계 또한 이해해야 한다. 국가의 정치적 결정과 경제 정책은 국가의 복지 생산 및 제공과 관련되고, 이는 지역사회의 모든 복지 활동에도 영향을 주기 때문이다. 예컨대 국가가 어떤 정치세력에 의해 운영되는가 또는 국가가 어떤 사회복지정책을 기획하고 집행하는가에 따라 국가와 지역에서 제공되는 사회복지제도와 사회복지서비스가 달라진다. 또한 시장에 대한 국가의 개입 정도는 곧 소득의 분배에도 영향을 미친다. 국가의 정치적·경제적 상황이나 결정이 구성원의 삶의 질과 밀접하게 연관되는 것이다.

이렇듯 정치와 경제를 통합적으로 바라보는 정치경제론의 관점에서 지역사회를 이해할 때, 사회복지사는 지역사회의 문제를 근본적으로 변화시키는 행동으로 나아갈 수 있다. 예를 들어 어떤 지역사회가 타 지역에 비해 상대적으로 빈곤층이 많거나 경제적 양극화가 심각하여 구성원들의 삶의 질이 낮다면 어떻게 해야 할까? 정치경제론의 관점에서 사회복지사는 우선 지역사회 구성원의 실업과 저임금을 양산하는 경제상황에 대해 분석해야 한다. 그리고 이를 기초로 지역사회의 질을 개선할 수 있는 사회복지정책과 사회복지서비스를 기획하고 제공하기 위해 노력해야 한다. 또한 조례 제정 등 정치적 절차를 활용하기 위해 지역 정치인들의 사회복지에 대한 인식을 분석하고 주민들의 집합적 행동을 고취시키기 위해 노력할 필요가 있다. 보다 거시적인 측면에서 본다면, 지역사회의 많은 사회복지제도와 사업은 중앙정부가 제공하고 관리하므로 국가적 차원의 제도나 사업에 대한 분석 역시 중요하다. 여기에는 이를 만들고 시행하는 정부와 의회의 정치적 지향을 파악하는

시민들이 조례 제정을 위한 공청회에 모여 다양한 의견을 나누는 모습. 정치경제론적 관점은 국가가 사회 구성원을 보호하기 위해 마련해야 할 사회적·정치적 제도가 무엇인가에 관심을 가진다. ⓒ 서울시

것도 포함된다.

결론적으로, 정치경제론적 관점에서 사회복지사들은 지역주민들의 삶의 질 개선을 요구하는 강력한 대변인이 될 수 있으며 그렇게 되어야 한다. 특히 자본주의 시장경제에서 심화되는 경제적 불평등과 사회적 차별 및 배제 현상을 통합적으로 분석하고, 이를 해결하기 위해 적절한 사회복지 재화와 서비스를 제공하는 프로그램을 개발해야 한다. 또한 사회행동 측면에서는 자원의 할당과 분배를 재조정하기 위한 대항 및 옹호활동을 수행해야 한다.

개념 정리

정치경제론의 특징
- 자본주의 시장경제체제에서 사회 구성원의 삶의 질에 영향을 미치는 정치와 경제의 상관관계를 다루는 이론
- 국가가 사회 구성원을 보호하기 위해 어떤 경제적·사회적·정치적 제도를 마련해야 하는가에 관심을 가짐

정치경제론과 지역사회복지
- 사회복지사는 지역사회에 영향을 미치는 경제적 불평등, 사회적 차별 및 배제 현상을 통합적으로 분석하여, 이를 해결하기 위한 적절한 사회복지 재화와 서비스를 제공하는 프로그램을 개발해야 함
- 또한 자원의 할당과 분배를 재조정하기 위한 대항·옹호활동을 수행해야 함

---

2. 사회경제론

1) 사회경제론의 배경과 정의

사회경제론social economy theory은 기업과 국가가 아닌 제3부문the third sector에 속하는 사회적 경제조직의 활동이 지역주민의 욕구를 충족시키고 사회배제와 같은 지역사회문제를 해결할 수 있음을 설명해주는 이론이다. 이 이론은 시장 중심

의 전통적 경제이론의 한계와 실패를 지적하면서 지역사회를 발전시킬 새로운 경제주체로 비영리조직, 사회적 기업, 협동조합, 자선조직 등 제3부문에 주목하고 그 가치와 활동 및 생존력을 탐구한다. 일반적으로 사회적 경제라는 용어는 영리기업과 국가 기관에 속하지 않으면서 인간의 욕구 충족을 위해 경제적 자원을 동원하는 여러 실천과 형태를 가리킨다(Moulaert and Ailenei, 2005).

현대 사회적 경제의 뿌리는 공동체의 보호와 원조를 목적으로 하던 중세시대 길드에서 찾을 수 있다. 또한 협력과 상호 지지의 가치를 증진시킨 19세기 유토피아 사회주의, 국가에 의한 개인의 고립과 흡수를 막고자 했던 기독교 사회주의, 국가 개입을 거부하고 자유 경제를 찬양하는 상호부조협회를 지지한 자유주의 운동 등의 사상에 영향을 받았다고 알려져 있다(Defourny and Develtere, 1997). 현대 사회적 경제는 이러한 실행 경험을 19세기에 이론화, 제도화하면서 생겨났다(Gueslin, 1987). 19세기에는 산업혁명으로 인한 빈곤과 착취, 자유주의 사상, 노동운동에 대한 국가의 대응 등을 배경으로 사회적 경제에 대한 구상이 늘어났고, 19세기 후반에 들어서는 산업노동자를 보호하기 위한 사회적 행동과 실험이 진행되면서 사회적 경제 개념이 본격적으로 형성되었다. 그리고 20세기 후반에는 실업, 빈곤, 불평등과 같은 자본주의 시장경제로 인한 문제, 국가 서비스 감소 등 사회적 보호의 상실에 대한 대안을 찾는 과정에서 사회적 경제에 대한 관심이 증가하였다. 이처럼 사회적 경제는 사회경제적 문제들을 해결하려는 새로운 방안을 찾기 위한 욕구와 그간 민간영리 부문과 공공 부문에 의해 무시되었던 욕구를 만족시키기 위해 발전하였다.

사회적 경제를 실현하는 조직들로는 협동조합, 상호부조조직, 사회적 기업, 자활기업 등을 들 수 있다. 사회적 경제는 일반적으로 이러한 조직들에 의해 운영되는 모든 경제활동을 지칭한다.

여러 연구들에서 사회적 경제의 원칙이나 운영 원리를 규정한 바 있으며, 이를 통해 사회적 경제를 좀 더 이해해볼 수 있다. 먼저, 자크 드푸르니Jacques Defourny는 사회적 경제를 위한 왈롱 위원회CWES: Conseil Wallon de l'Economie Sociale의 요청을 받아 사회적 경제에 대한 연구를 진행하였다. 그는 사회적 경제가 '① 이윤보다 지역사회 혹은 그 구성원의 이익을 우선, ② 자율적 경영, ③ 민주적 의사결정, ④ 수익 분배에서 자본보다 개인과 노동의 우위'라는 원칙을 포함한다고 설명하였다(Defourny and Develtere, 1999). 레베스크와 니낙스(Lévesque and Ninacs, 2000)는 여기에 '참여, 권한 부여, 개인적·집단적 책임의 원칙에 기초한 운영'을 추가하였다. 또한 유럽 경제 사회 위원회[EESC: European Economic and Social Committee]는 사회적 경제의 운영적 정의의 필요성을 언급하면서 사회적 경제의 공통된 원리로 '① 공공 부문의 일부를 이루거나 통제를 받지 않고, ② 공식적으로 조직되어 법적 지위를 가지며, ③ 결정의 자율성이 있고, ④ 가입의 의무가 없으며, ⑤ 이익 또는 초과이윤은 회원의 기부금이 아닌 활동에 비례하여 배분되고, ⑥ 경제 행위를 추구하지만 자본이 아니라 개인이나 가족의 욕구를 충족시키는 것이 목적이며, ⑦ 민주적인' 조직을 제시하였다(EESC, 2016).

이처럼 사회적 경제의 정의는 기관이나 나라마다 다르지만, '민주적 의사결정, 사회적 목적의 추구, 지분에 근거하지 않은 경제적 성과 배분의 원리, 국가로부터의 독립성'을 운영 원칙으로 한다고 볼 수 있다(서울시사회적경제지원센터, 2017)

2) 사회경제론과 지역사회복지

사회적 경제의 개념은 지역사회통합을 위한 가장 강력한 체계이자 도구이다. 즉, 사회적 경제는 시장에서 배제된 구성원과 집단의 욕구를 해결하기 위해 등장했기 때문에 지역사회통합을 위한 이론적 토대를 제공하며, 사회적 경제를 수행하는 조직들은 지역사회통합을 위한 실천적 도구가 된다고 할 수 있다.

사회적 경제는 시장으로부터의 배제를 극복하기 위한 정치적·경제적·사회적 행동이다. 자본주의 사회에서 시장은 모두에게 개방되어있다고 하지만, 실제로 모든 사람의 참여를 보장하지는 않는다. 결과적으로 자본주의 메커니즘은 자원·노동·상품 등이 유통되는 시장에 접근할 수 있는 사람과 그럴 수 없는 사람으로 양분한다. 이로써 사회 구성원 간 불평등이 심화되고 사회통합이 저해된다. 이렇듯 사회통합적 시각에서는 시장의 역기능이 사회통합을 해치는 주된 요인이라 보고, 그 대응으로 사회적 경제를 제시한다. 영리를 최우선으로 하지 않고 배제된 사람들 사이를 연결해주는 착한 시장을 도입할 것, 나아가 기존 시장을 사회적 경제로 대체할 것을 주장한다.

장애인을 고용하여 자립의지를 심어주는 것을 목표로 하는 사회적 기업. 사회적 경제는 취약계층이라 하더라도 스스로 운명을 개척할 수 있는 성숙한 시민으로 간주한다. ⓒ 티움복지재단

또한 사회적 경제는 연대와 상호 호혜, 공동체, 재분배, 사회봉사와 사회정의 등을 핵심 가치로 삼음으로써 사회적 혁신에 기여한다. 사회적 경제는 지역주민이 스스로 자체적인 생산과 할당 시스템을 구축함으로써 사회배제와 싸우고, 박탈되고 소외된 지역의 발전을 촉진하며, 생산관계에서 연대성을 강화하는 것이고(Moulaert and Ailenei, 2005), 이는 곧 자본주의 체제에서 사회적 가치를 실현하기 위해 노력하는 과정이 된다.

사회적 경제는 지역사회의 구성원들이 시장경제의 한계를 벗어나 경제 영역에 직접 참여하여 스스로 생산하고 이윤을 분배하는 주체가 될 수 있도록 하며, 사회적 경제조직은 민주적 의사결정과 같이 참여를 강조하는 운영 원리를 공유한다. 이처럼 사회적 경제는 욕구가 있는 사람들을 단순히 수동적으로 혜택을 받는 사람들로 보지 않고, 자기 힘으로 욕구를 해결하고 운명을 개척하는 성숙한 시민사회의 일원으로 바라본다. 사회적 경제는 극심한 경쟁, 무제한적 이윤 추구 등 개인주의로 인한 물질적·정신적 폐해를 지역주민 스스로 경제적 영역을 창출하여 해결할 수 있는 가능성을 제시한다는 점에서 지역사회복지 영역에 많은 실천적 함의를 준다.

지역주민들이 사회적 경제조직을 통해 스스로 사회적 욕구를 해결할 수 있다면, 이는 지역주민의 삶의 질과 지역사회통합을 안정적으로 지키고 향상시키는 강력한 무기가 된다. 그러므로 지역사회에 개입하는 사회복지사들은 지역주민들이 사회적 경제조직을 만들고 운영할 수 있도록 그들을 조직화하고 옹호하는 활동을 할 수 있다.

사회경제론의 특징
- 기업과 국가가 아닌 제3부문에 속하는 사회적 경제조직의 활동이 지역주민의 욕구를 충족시키고, 사회배제와 같은 지역사회문제를 해결할 수 있다고 설명하는 이론
- 지역사회를 발전시킬 새로운 경제주체로 제3부문에 주목
  - 제3부문: 비영리조직, 사회적 기업, 사회적 협동조합, 자활기업, 마을기업 등

사회경제론과 지역사회복지
- 사회경제론은 지역사회의 구성원들이 시장경제의 한계를 벗어나 경제 영역에 직접 참여하여 스스로 생산하고 이윤을 분배하는 주체가 될 수 있도록 함
- 사회복지사는 지역주민들이 사회적 경제조직을 만들고 운영할 수 있도록 조직화하고 옹호하는 활동을 할 수 있음

3. 사회자본론

1) 사회자본론의 배경과 정의

사회자본론social capital theory에서는 사람들 사이의 관계나 거래가 상호 호혜와 협력으로 이루어짐을 강조하면서, 이를 가능하게 하는 일체의 사회적 자산을 사회자본이라고 한다.

사회자본은 19세기 말부터 간간이 사용되었다. 프랑스 외교관인 알렉시 드 토크빌Alexis de Tocqueville은 1831년 미국을 여행하며 다수의 미국인이 최대한 많은 모임에 참석하여 국가나 경제, 세계에 관해 논의하는 경향이 있음을 관찰했다. 그리고 이러한 미국인의 사회참여가 미국의 민주주의, 나아가 미국인의 삶의 질과 깊은 연관이 있다고 설명했다. 토크빌은 사회참여를 가능하게 하는 제도나 규범 등의 조건에 주목함으로써 사회자본의 개념을 제공했다고 볼 수 있다. 리다 하니판Lyda Hanifan은 1916년 농촌 학교에 대한 지역사회의 지원을 강조하는 논문에서 사회자본이라는 용어를 처음 사용하였다. 이 논문에서 그

는 이웃끼리 교류하면 사회자본이 축적되고, 이러한 사회자본은 개인의 사회적 욕구를 충족시킬 수 있을 뿐 아니라 전체 지역사회의 생활 조건을 실질적으로 개선할 수 있는 사회적 잠재력을 만들어낼 수 있다고 주장하였다. 이후 1960~1970년대 여러 사회학자들이 사회자본의 개념을 발전시켰으며, 1990년대 들어 여러 연구에서 주요한 주제로 다뤄지면서 전 세계적으로 폭넓게 사용되기 시작하였다.

사회자본은 다양한 형태와 기능을 포함하는 다면적인 구조(Bhandari and Yasunobu, 2009)이기 때문에 연구에 따라 다양하게 정의되어왔다. 콜먼(Cole-

| 더 알아보기 |

사회자본의 구성요인

연구자마다 사회자본에 대한 개념과 범위를 다르게 규정하기 때문에, 사회자본의 구성요인 역시 다양하게 분석된다. 콜먼(Coleman, 1988, 1990)과 퍼트넘(Putnam, 1995)을 포함하여 대부분의 학자들은 사회자본의 구성요인 중 신뢰를 가장 중요한 요인으로 지적하고 있다. 또한 여러 학자들(Powell, 1990; Paldam, 2000; Schwartz et al., 1996; Cohen and Prusak, 2001)은 사회자본의 구성요인으로 네트워크를 포함시켰다.

사회자본의 또 다른 구성요인에는 공유된 규범과 가치(Fukuyama, 2002; Woolcock and Narayan, 2000; Grootaert and Van Bastelare, 2002; OECD, 2001; World Bank, 2007; Rodríguez-Pose and Von Berlepsch, 2012)가 있으며, 위의 요인들과 함께 참여와 안전을 사회자본의 구성요소로 제시한 연구들(Forrest and Kearns, 2001; Onyx and Bullen, 2000)도 있다.

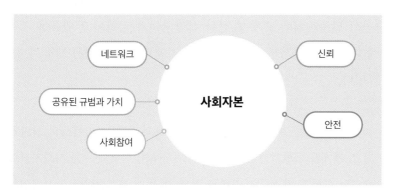

man, 1988)은 사회자본이 행위자(개인 및 집단)의 행동을 촉진하며, 사회자본의 형태에는 구조에 대한 의무·기대·신뢰, 정보 채널, 규범과 효과적인 제재 등이 있다고 설명한다. 또한 사회자본이라는 개념을 대중화한 퍼트넘(Putnam, 1993)은 이를 공동의 조정과 협력을 촉진함으로써 사회의 효율성을 향상시킬 수 있는 사회적 조직의 특징으로 규정하면서, 그 예로 신뢰, 규범, 네트워크를 들었다. 린 등(Lin et al., 2001)은 사회자본에 대해 행위자가 접근하고 사용할 수 있는 사회네트워크에 내재된 자원이라고 설명하면서도, 좀 더 개인주의적인 시각을 취해 시장에서의 기대수익이 있는 사회관계에 대한 투자라고 정의하였다. 경제협력개발기구(OECD, 2001)는 사회자본을 집단 내 그리고 집단 간에 협력을 촉진하는 공유된 규범, 가치, 이해를 가진 네트워크라고 정의하였다. 이를 종합하면 사회자본은 개인이나 집단 사이의 협력과 상호이익을 촉진하는 신뢰, 공유된 규범과 가치, 네트워크, 사회참여, 안전 등 일체의 사회적 자산을 의미한다고 볼 수 있다.

2) 사회자본론과 지역사회복지

지역사회가 보유한 사회자본은 지역사회의 발전을 담보하는 동력이며 지역사회통합을 위한 기본 전제조건이다. 로버트 퍼트넘Robert Putnam은 그의 저서『나 홀로 볼링: 사회적 커뮤니티의 붕괴와 소생Bowling Alone: The Collapse and Revival of American Community』(2000)에서, 1960년대 이래 미국사회에서 사회자본이 심각하게 쇠퇴하면서 민주주의의 필수 요건인 시민참여가 약화되고 있음을 지적하였다. 그에 따르면 사회자본이 지역사회에 가져다주는 혜택은 다음과 같이 정리될 수 있다.

- 아동 및 청소년 복지 향상: 가족, 학교, 또래집단, 지역에서의 신뢰가 증진되고, 관계망이 형성되며, 상호 호혜의 규범이 확립되는 등 사회자본이 늘어날수록 아동과 청소년의 기회와 선택, 행동과 자기계발에 긍정적인 영향을 준다.

- 안전 향상: 사회자본은 깨끗한 공공장소, 친절한 이웃, 안전한 거리를 만드는 데 일조함으로써 범죄와 폭력의 감소 등에 영향을 미친다.
- 경제적·사회적 불평등 완화: 상호 신뢰가 구축되어있고 주민들의 사회적 참여활동이 빈번한 곳에서는 개인, 기업, 나아가 지역과 국가의 경제가 번창하기 때문에 빈곤이 줄어든다.
- 건강 향상: 사회자본이 잘 형성되어있으면 사람들과 관계망을 유지하고 공동의 활동을 하는 것이 용이해지기 때문에 사회 활동이 증진되고, 이는 정신적·신체적 건강 유지에 기여하며 의료비용과 같은 사회적 지출을 감소시킨다.

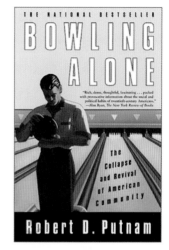

『나 홀로 볼링: 사회적 커뮤니티의 붕괴와 소생』은 혼자 볼링을 치는 사람이 늘어난 현상에 착안하여, 미국 사회의 파편화와 공동체 붕괴를 연구한 결과를 담고 있다.

이처럼 사회자본은 사회 구성원의 복지 향상 및 사회배제 감소와 밀접하게 연관되며, 지역사회의 안정적인 성장과 발전에도 반드시 필요하다. 사회자본의 부족, 즉 불신과 반목의 지속과 갈등은 사회적 지출을 증대시키고 사회적·경제적 불안을 유발하며 지역주민들의 삶의 질을 저하시키기 때문이다.

또한 지은구·김민주(2014)는 사회자본이 사회 구성원에게 미치는 영향에 대해 다음과 같이 정리하였다.

- 사회자본은 더 유용한 자원에 접근하고 활용하는 데 도움을 준다.
- 사회자본은 활발한 의사소통과 공유의 효율성을 보장함으로써 정보를 공유하는 데 편안한 감정을 갖도록 한다.
- 신뢰, 공유된 목표와 가치, 역동적인 상호작용과 같은 사회자본은 도덕적 해이 및 기회주의를 감소시키고 지역사회를 위한 상호 협력을 증진한다.
- 더 나은 협력과 정보 덕분에 거래 비용이 줄어들어 보다 생산적인 활동을 할 수 있게 된다.

사회자본론에서는 신뢰, 사회참여, 네트워크, 안전, 공유된 규범이나 가치

등의 사회자본을 확충함으로써 지역사회배제 현상을 약화시키고 지역사회의 발전을 촉진할 수 있다고 본다. 하지만 한편으로는 지역사회 구성원들의 삶이 사회적·경제적으로 안정될 때 사회자본을 구축하고 개선하려는 노력이 효과적으로 역할을 할 수 있기도 하다. 주민들이 적절한 소득을 통해 안정적인 경제활동을 영위하고 필요한 사회복지 재화와 서비스가 제공되어 사회적 욕구를 해결할 수 있는 상황에서, 신뢰와 사회참여 같은 사회자본의 기반이 마련되는 것이다. 그러므로 사회자본을 확충하기 위해 정부와 지자체는 지역주민들의 복지 향상 및 경제적 불평등 해소를 위한 각종 제도적·실천적 노력을 기울이고 사회복지사들은 지역주민에게 영향을 미치는 조건을 개선해야 한다.

이처럼 지역사회 내 사회자본의 양과 질은 지역사회복지 수준과 관련이 깊다. 지역사회복지정책과 실천을 통해 사회자본을 향상시켜야 지역사회 구성원들이 서로에게 관심을 가지고 돌봐주는 연대와 상호 협력과 호혜가 가능하다.

개념 정리

사회자본론의 특징
- 사회자본이란 개인이나 집단 사이의 협력과 상호이익을 촉진하는 신뢰, 공유된 규범과 가치, 네트워크, 사회참여, 안전 등을 의미
- 사회자본론은 사람들 사이의 관계나 거래가 상호 호혜와 협력으로 이루어짐을 강조하면서, 이를 가능하게 하는 일체의 사회적 자산을 사회자본으로 간주

사회자본론과 지역사회복지
- 사회자본의 양과 질은 지역사회복지 수준과 깊은 관련이 있으며, 사회자본을 확충하여 지역사회배제 현상을 약화시키고 지역사회의 발전을 촉진해야 함
- 정부와 지자체의 각종 제도적·실천적 노력으로 사회자본을 향상시키고, 사회복지사는 지역주민에게 영향을 미치는 조건을 개선해야 함

4. 지역공동체주의론[2]

1) 지역공동체주의론의 배경과 정의

지역공동체주의론communitarianism theory은 역사적으로 시장개인주의market individu- alism의 문제점에 대한 대안으로 등장했다고 알려져 있다. 지역공동체주의론에서는 시장, 그리고 시장의 조정 양식인 개인주의가 모든 인간을 자기 이익만을 위해 행동하는 이기적인 인간으로 만든다고 본다. 이러한 시장개인주의가 지배하는 사회에서는 사회적·정치적인 권력power[3]이 물질적 부를 지닌 사람들에게 집중된다. 이로 인한 경제적 불평등 및 양극화, 사회배제, 지역사회 주민의 삶의 해체 등에 대해 시장개인주의는 물질적 부와 성장이 그들의 접근법 덕분에 가능했다고 정당화한다. 그러면서 시장개인주의를 대체할 어떠한 시도도 개인에게 가치와 체계를 강요하는 것이며, 이는 필연적으로 권위주의로 이어질 것이라 경고한다. 그러나 1980년대 후반 지역공동체주의론자들은 개인주의와 권위주의의 이분법을 거부하고 개인주의의 폐해를 극복하면서도 권위주의의 위험에 빠지지 않는 훨씬 더 포용적인 형태의 지역공동체를 발전시켜야 한다고 주장하기 시작했다(Tam, 1998).

지역공동체주의론에서 설명하는 바를 좀 더 구체적으로 살펴보자. 지역공동체주의론자들은 자본주의 시장경제체제의 확대·강화가 공동체에 악영향을 끼친다고 인식한다. 더 많은 경제적 자원을 가진 사람들은 자신에게 유리한 방향으로 정부 정책과 여론에 영향을 미칠 수 있고 고용, 투자, 소비 등을 수단으로 타인을 통제할 수 있다. 사람들은 소득을 지키기 위해 긴 노동시간과 스트

2 　이 절은 헨리 탐(Henry Tam)의 『Communitarianism: A New Agenda for Politics and Citizenship』(1998)의 내용을 참조하였다.

3 　권력은 사전적 정의에서 타인을 강제하는 힘을 나타낸다. 즉, 권력은 다른 사람을 그 사람의 뜻에 반하더라도 복종시키거나 지배할 수 있는 힘을 의미한다. 이 책에서는 'power'를 권력과 권한, 힘 등으로 맥락에 맞게 구분하여 사용하였다.

레스를 감내하게 되고, 이는 자녀에 대한 방임, 가족해체, 타인의 생활환경이나 복지에 대한 무관심으로 이어진다(Etzioni, 1995; Young and Halsey, 1995). 이 기주의가 도덕적 신조가 되어 모두가 자신의 이익을 먼저 생각하고, 타인이나 공동체를 고려하지 않고 자신만의 선택을 하는 것이 자유라 믿는다. 결과적으로 서로를 지원하려는 의지와 노력에서 비롯되는 공동체의 능력은 내부로부터 파괴된다(Marquand, 1988; Selbourne, 1994). 시장 경쟁에서 뒤처진 사람들은 점차 공동체를 불신하고 투표와 같은 정치참여와 사회문제 개입을 위한 행동을 무용하다고 여기게 된다. 그러면서 자신의 절망과 무력감을 알코올이나 게임에 대한 중독이나 취약계층을 향한 범죄로 해소하려 한다.

따라서 지역공동체주의론자들은 지역사회가 민주적 상호작용을 통해서 공통의 가치를 추구하지 않는 이상, 시장개인주의는 더욱 더 많은 사람을 폭력과 각종 중독의 궁지로 몰고 가게 될 것이라고 강조한다. 즉, 지역공동체주의론은 개인주의의 발전이 개인과 지역사회의 관계를 약화시킨다고 보고 자본주의 사회의 과도한 개인주의적 성향을 비판하면서 지역사회 중심의 접근방법을 선호하는 원칙을 강조한다.[4]

2) 지역공동체주의론과 포용지역사회

(1) 포용지역사회

시장개인주의는 본질적으로 배제지역사회 exclusive community를 추구하게 된다. 이와 달리 지역공동체주의론에서는 이상적인 공동체로 포용지역사회 inclusive community를 제시한다. 포용지역사회에서는 일부 엘리트 또는 시장의 개인들이 아니라, 고지되고 공개된 지역토론을 통해 결정된 집합적 행동이 공통의 선으로 고려된다. 한 사람의 관점이 다른 사람들의 관점을 지배하는 권위주의는 허용되

---

4   지역공동체주의론자들은 시장개인주의 가치관이 물질적 성장만을 강조하면서 발생하는 환경 파괴에도 비판적 시각을 견지한다. 또한 냉전 체제가 붕괴한 이후 서구 선진국들이 '세계화'라는 이름으로 자본주의를 확산시켰고, 이로 인해 국가적 범위를 넘어 세계적 범위에서 시장개인주의의 문제점이 나타나 가난한 국가들이 더욱 빈곤한 상태로 떨어지게 되었다고 지적한다.

지 않으며, 지역 주민들이 어떤 가치와 책임감을 공유하고 있는지를 심사숙고
한다.

그리고 권력관계는 특정 인종, 민족, 계급, 사회경제적 집단, 성^{gender}의 독
점적 혜택을 유지하기 위해 보호되거나 바뀌어서는 안 되며, 공통의 가치를 추
구하기 위해 주민들의 집합적 힘을 사용하여 변화시켜야 한다. 즉, 포용지역사
회에서 생활하는 구성원들은 그들의 삶에 영향을 끼치는 문제를 개선하기 위
해 집합적 과정에 참여함으로써 기존의 권력관계를 수정하게 되는 것이다. 이
러한 집합적 행동은 동등한 힘의 공유를 전제로 결정된다.

나아가 배제지역사회에서는 구성원들이 서로 의사를 전달하기 어렵기 때
문에 그들의 사고와 감정이 풍부해질 가능성이 없다(Tam, 1998). 기본적으로
인간은 사람들과 함께해야 사랑의 경험을 발전시키고 진실을 탐구하며 정의를
수호하고 진정한 성취를 위한 기회를 확대해나갈 수 있다. 따라서 지역공동체
주의론은 오직 포용지역사회만이 지역사회로부터 인간이 필요한 것을 보장해
줄 수 있다고 강조한다.

(2) 포용지역사회의 세 가지 원칙

지역공동체주의론에 따르면, 포용지역사회를 만들기 위해 지역사회 구성
원들은 공통의 가치를 중시하고 공유하며, 이 가치들이 의미하는 책임성을 수
용하고, 공통의 선을 위해 권력관계가 변형되는 것을 지지하고, 광범위한 문제
들을 다루는 데 있어 상호협조적인 요구에 참여할 정도로 발전해야 한다(Tam,
1998). 이러한 발전은 탐구 중심 교육, 참여 경제, 지역사회기반의 보호에서 시
작된다. 지역공동체주의론자들은 포용지역사회를 확립하고 지속하기 위한 교
육적·경제적·보호적 장치의 개혁은 다음과 같은 세 가지 원칙에 의해 행해져
야 한다고 강조한다.

■ 상호협조적 요구

상호협조적 요구란 일방적이고 독단적인 요구가 아닌, 상호협조적 조사에
의해서 유효하다고 판단되어 수용된 요구를 말한다. 이때 상호협조적 조사는
공통의 조사 안에 개입된 사람들 사이의 열린 대화를 통해 의견을 수합하는 과

정을 뜻한다. 따라서 한 집단의 성원들이 도달한 동의들은 임시적인 것이며, 다른 집단과의 열린 대화를 거쳐 수정될 수 있다.

국민이나 지역주민의 비판을 무시하고 소수의 요구만을 강조하면서 사회를 지배하는 정치집단은 과거에도 있었고, 지금도 존재한다. 실제로는 소수인 이들 집단은 지역주민들이 그들의 사고에 대해 토론하는 것을 강하게 기피하면서, 그들이 부과한 규범을 아무런 의심이나 질문 없이 받아들일 것을 요구한다. 이러한 강제적인 부과와 강요는 일견 지역주민의 삶을 효과적으로 보장하는 방식처럼 생각될 수 있다. 그러나 이는 권위주의를 유일한 대안으로 생각하는 사고에서 기인하기 때문에, 지역주민 공동의 목적과 가치를 추구하는 지역공동체적인 삶에 부합되지 않는다.

■ 공통의 가치와 상호책임감

포용적 지역사회는 서로에게 책임감을 가질 것을 요구한다. 이러한 상호책임감은 개인적 목적 성취를 보장하고, 자기 자신의 잠재성을 발전시키며, 사람들을 공평하게 다루고, 집합적 이성과 증거를 중시하며, 무시당하는 사람들을 돕고, 소외받고 배제되는 사람들을 돌보는 책임감을 뜻한다.

상호책임감의 기반이자 목적은 공통의 가치이다. 공통의 가치란 상이한 문화적 배경을 뛰어넘어 존중되어야 하는 가치이며, 위에서 언급한 상호협조적 조사의 조건이 형성된다면 일관성 있게 동의할 수 있는 가치이다. 공통의 가치에는 '사랑, 현명, 정의, 충족' 네 가지가 있다(Tam, 1998).

- 사랑의 가치: 사랑하고 사랑받는, 다른 사람을 돌보는, 열정·우정·동정·헌신·친절 등을 실현하거나 받는 경험
- 현명의 가치: 이해하는, 분명하게 사고하는, 자신에 대해 생각할 수 있는, 증거를 고찰하는, 현명한 판단을 내리는 경험
- 정의의 가치: 다른 사람에게 공평하게 대접받는, 차별이나 배제에 대한 인식 없이 다른 사람과 관계를 맺는, 상호 호혜적 관계가 존중받는 경험
- 충족의 가치: 잠재성을 인식하고 발전시키는, 스스로 즐기는, 만족을 느끼는, 자신의 행동과 성취에 대해 긍지를 가지는 경험

이 네 가지 가치가 모든 가치를 포함하는 것은 아니지만, 지역사회의 개개인들이 서로를 돕는 상호책임감을 부여한다. 또한 공통의 가치는 다양한 지역사회를 하나의 큰 지역사회로 묶는 도덕적 응집력을 제공한다. 자기 자신의 욕구만을 충족시키기 위해서 행동하는 지역사회는 다른 지역사회에도 악영향을 끼치며, 이는 결국 모든 지역사회 주민의 삶을 파괴하고 배제하는 결과를 초래할 수 있기 때문이다.

■ 시민참여

시민참여는 권력구조에 영향을 받는 모든 사람이 권력의 실현 방향을 결정하는 데 동등한 시민으로서 참여하는 것을 의미한다. 모든 지역사회 주민은 직접 또는 자신이 신뢰하는 사람에게 위임하여 핵심적인 의사 결정에 참여해야 한다. 즉, 권력에 영향을 받는 모든 사람들은 그 권력의 행사에 참여하고, 그러한 기회에 접근할 수 있는 방법을 이해하며, 의사결정 과정을 검토하고 개혁하는 데 기여할 수 있어야 한다. 이러한 권력구조에는 지역에 기초한 각종 조직, 학교, 정부 부처, 기업 등이 포함된다. 나눔과 자원봉사는 공동체의 긍정적인 측면일 수 있지만, 정치적 권력관계를 변화시키지 않는 행동은 실제로 지역사회 주민들에게 도덕적·지적·행동적 발전을 줄 수 없다.

시민참여의 원칙은 권력관계를 정당화하는 유일한 근거이다. 그러므로 포용적 지역사회에서는 시민참여를 보장하기 위해 시민들의 동등한 의사표시를 무시하는 어떠한 장애물도 제거되어야 한다.

3) 지역공동체주의론과 지역사회복지

지역사회 내 차별과 배제가 심화되면서 지역주민들의 삶이 급속도록 피폐해지고 있다. 지역공동체주의론은 이러한 현상의 원인을 자본주의 시장경제체제와 그 산물인 시장개인주의에서 찾는다. 시장자본주의의 작동 방식은 타인과 다른 집단에 대한 무관심과 배제를 양산하여 경제적 문제를 심화시키고, 이로 인해 중독과 폭력, 정신질환 등 사회적·심리적 문제를 야기한다. 자본주의 시장경제의 핵심 가치인 경쟁은 승리자를 위해 누군가는 패배자가 되어야 하는 체제를 정당화하고, 내가 승리하면 누가 패배하든 상관없다는 극단적인 이기주의를 조장하며, 가치나 과정보다는 오로지 성취나 결과만을 강조한다. 이렇듯 개인의 만족이나 이익을 강조하는 개인주의는 집단이기주의, 조직이기주의, 지역이기주의로 발전하게 된다. 어떤 수단을 써서라도 내가, 그리고 내가 속한 집단이나 조직이, 내가 살고 있는 지역사회가 이겨야 하고 이익을 얻어야 한다는 극단적 이기주의는 집합적 사고 및 공동체 의식을 급격하게 와해시킴으로써 주민들의 삶의 질을 위협하는 주요 원인으로 작용한다.

지역공동체주의론의 관점에서는 지역사회복지가 지역 공공재의 성격을 갖는 다양한 사회복지 재화와 서비스를 제공함으로써 지역주민들의 삶의 질을 개선시키고 지역주민의 생활상의 만족을 향상시켜 함께 잘사는 지역공동체를 건설하는 것을 추구한다. 이를 위해 사회복지사는 지역사회의 문제와 배제 현상을 분석하고, 지역주민들의 욕구를 지속적으로 조사하며, 지역주민들이 지역사회로부터 유리되고 배제되지 않도록 지역 중심의 문제 해결 구조를 정착시켜야 한다. 구체적으로는 지역주민들이 스스로 문제를 해결할 수 있는 지역사회복지계획을 수립하여 그들의 참여를 촉진하고, 지방정부가 주민들과 함께 사회복지 관련 예산을 기획하고 심사·조정하는 양방향적 결정구조를 확립하도록 노력해야 한다. 시장배제를 지역 중심의 착한 시장 또는 사회적 경제를 중심으로 재편하고, 인간의 이기적인 측면이 지양될 수 있는 사회자본 중심의 인간 본성에 대한 교육체계를 구축하는 과정도 지역공동체를 강화하는 데 도움이 된다.

개념 정리

지역공동체주의론의 특징
- 개인주의의 발전이 개인과 지역사회의 관계를 약화시킨다고 보고, 자본주의 사회의 과도한 개인주의적 성향을 비판하면서 지역사회 중심의 접근방법을 선호하는 원칙을 강조하는 이론
- 이상적인 공동체로서 포용지역사회를 제시
- 포용지역사회의 세 가지 원칙: 상호협조적 요구, 공통의 가치와 상호책임감, 시민참여

지역공동체주의론과 지역사회복지

- 지역공동체주의론은 함께 잘사는 지역공동체 건설을 추구하며, 이를 위해서는 지역사회복지가 다양한 사회복지 재화와 서비스를 제공할 수 있어야 함
- 사회복지사는 지역사회의 문제와 배제 현상을 분석하고, 지역주민들의 욕구를 지속적으로 조사하며, 지역주민들이 지역사회로부터 유리되고 배제되지 않도록 지역 중심의 문제 해결 구조를 정착해야 함

5. 사회네트워크이론

1) 사회네트워크이론의 배경과 정의

사회네트워크이론social network theory은 1900년대 초반 사회관계를 단순히 집단이 아니라 네트워크로 보기 시작한 게오르크 지멜Georg Simmel과 1930년대에 양적 방법을 통해 사회네트워크를 연구한 제이콥 모레노Jacob Moreno[5]의 영향을 받아 등장한 것으로 알려져 있다.

사회네트워크이론이란 사회네트워크, 즉 개인이나 조직과 같은 사회적 행위자 그리고 행위자들 사이의 양자 관계 및 여타 사회적 상호작용으로 만들어진 사회구조(위키백과, 2020)를 연구하는 이론이다. 이처럼 사회네트워크 이론에서는 사회구조가 개인 간, 집단 간, 조직 간, 사회 간 상호작용에 의해서 결정된다고 본다. 그러므로 사회구조를 정확하게 이해하기 위해서는 사회적 단위들 그 자체의 속성이 아닌 사회적 단위들 간 관계의 속성을 바라보아야 한다고 강조한다(Scott, 2009). 사회네트워크이론은 행위자들 사이의 관계와 상호작용을 중심으로 사회구조와 현상을 이해하므로 개인적 수준에서 일어나는 독자적인 행동은 주된 관심 영역이 아니라고 할 수 있다.

---

[5] 모레노는 집단 성원 간의 대인관계를 점과 선으로 나타낸 그림인 소시오그램(sociogram)을 처음 개발하였다.

사회네트워크의 개념을 좀 더 자세히 알아보자. 사회네트워크란 하나 이상의 관계로 상호 연결된 행위자들로 구성된 구조를 뜻하며(Knoke and Yang, 2008), 목적을 성취하기 위하여 교환 및 상호작용을 하는 사람, 집단, 조직 등을 위한 사회적 배열이라고 할 수 있다(Hardcastle et al., 2004). 다시 말해, 사회네트워크는 공유된 목적을 성취하고 충족시키기 위해 교환에 개입하고 상호작용하는 사람, 집단, 또는 조직들로 구성된 하나의 사회적 체계를 뜻한다.

또한 이러한 사회적 체계로서의 네트워크는 교환을 위해 조직의 자원을 연계해주는 기능을 한다. 도셔(Dosher, 1977)는 네트워크의 주요 기능으로 의사소통을 연계하는 정보 채널로서의 기능, 참여를 지지하고 자원을 공유하도록 하는 기능, 조정·협력·협의·프로그램 수행·역량 증진·훈련을 위한 수단으로서의 기능, 집합적 행동을 매개하는 기능을 들었다. 즉, 사회네트워크는 사회적 체계임과 동시에 정보 교환, 의사소통, 문제 해결 구조이자 사회적 지지체계의 역할을 할 수 있다.

2) 사회네트워크이론과 지역사회복지

지역사회복지 영역에서 사회네트워크이론은 지역사회를 하나의 사회네트워크로 파악한다. 즉, 지역사회를 특정한 지역적 범위 내에서 여러 행위자가 형성한 사회적 관계 및 상호작용의 구조라고 인식하는 것이다. 이때 지역사회네트워크의 행위자(구성요소)에는 가족, 친구, 동료, 이웃 등 개인뿐만 아니라 그 지역의 학교, 각종 단체, 공공기관 등도 포함된다.

사회네트워크이론은 사회적 지지나 협력과 같은 사회네트워크의 기능을 활용하여 지역사회의 문제를 예방하거나 해결하고자 한다. 구조화된 사회네트워크를 형성함으로써 도움을 필요로 하는 지역주민이

노인복지관과 고등학교가 업무협약(MOU)을 맺어 지속적으로 교류하는 모습. 이렇듯 사회네트워크는 사회 구성원들에게 정서적 지지나 경제적인 도움을 자연스럽게 전달하는 통로가 된다.
© 교육연합신문, 문태사랑봉사단

나 집단에게 지역사회의 자원이 지원될 수 있도록 하는 것이다. 예를 들어 경제적 보조, 정서적 지지, 주거 지원, 돌봄 같은 자원이 사회네트워크를 통해 사회 구성원들에게 자연스럽게 전달될 수 있다. 이처럼 사회네트워크이론은 사회복지사업의 원활한 전개, 자원 전달의 효율성과 효과성 증대, 지속적인 연결 시스템 구성 등에서 의의를 갖는다. 또한 사회네트워크를 통한 지역사회복지는 상호작용을 기반으로 하므로 지역사회의 사회적 지지가 향상되고, 문제 해결 과정에서 의사소통과 정보 교환이 자연스럽게 이루어지며, 지역사회 구성원들의 참여 의식이 높아진다는 장점이 있다.

지역사회복지 실천의 측면에서 사회네트워크이론은 지역사회가 제공하는 복지에 대해, 여러 민간단체와 공공기관의 협력을 통한 복지시스템이라는 관점에서 접근한다. 이는 지역사회복지를 관官에서 민民으로의 일방적·하향적 지시에 의해 수행되는 권위적이고 일회적인 복지서비스로 보는 관점과 대비된다. 이처럼 사회네트워크이론에서는 정부뿐만 아니라 민간 역시 자원을 제공하고 교환하며 공유하는 주체가 되며, 모든 주체가 자신의 역량을 발휘함으로써 다양한 복지서비스를 생산할 수 있다고 본다.

사회네트워크 관점에서 사회복지사들은 미시적 실천방안으로 지역사회의 다양한 조직들과 연계하여 자원을 확보하고 지역주민들의 집단적 욕구 및 개별적 욕구를 해결해야 한다. 또한 거시적 실천방안으로 지역주민들의 사회복지에 대한 수준을 개선하기 위해 필요한 사회네트워크를 직접 구축할 수 있다. 이러한 과정에서 사회복지사들은 배제되거나 차별받는 지역 구성원들의 기본적인 삶을 보장하려면 어떻게 지역사회의 자원에 어떻게 접근할 수 있는지를 이해할 수 있고, 조직 간 협력을 통한 조정·협의·훈련 등 조직관리, 사례관리와 관련한 역량을 쌓을 수 있다.

개념 정리

사회네트워크이론의 특징
- 사회네트워크란 공유된 목적을 성취하고 충족시키기 위해 교환에 개입하고 상호작용하는 사람, 집단 또는 조직들로 구성된 하나의 사회적 체계를 의미
- 사회네트워크이론은 사회구조를 정확하게 이해하기 위해 사회적 단위 자체의 속성이 아닌, 사회적 단위들 간 관계의 속성을 바라볼 것을 강조

사회네트워크이론과 지역사회복지

- 사회네트워크이론은 지역사회를 특정한 지역적 범위 내에서 여러 행위자가 형성한 사회적 관계 및 상호작용의 구조라고 인식
  - 지역사회의 행위자: 가족, 친구, 동료, 이웃, 학교, 각종 단체, 공공기관 등
- 사회복지사의 실천방안
  - 미시적: 지역사회의 다양한 조직들과 연계해 자원 확보, 지역주민들의 집단적 욕구 및 개별적 욕구 해결
  - 거시적: 지역사회복지 수준을 높이기 위한 사회네트워크를 직접 구축

6. 지역사회복지실천 기초이론의 함의

현재 우리 사회는 저출산, 고령화와 같은 인구·사회적 변화와 함께 불평등, 빈곤, 실업 등 지역주민들의 안정적인 삶을 위협하는 다양한 지역사회배제 요소들에 노출되어있다. 또한 개인, 집단, 지역, 세대 간 사회적 갈등, 의존 및 중독 현상, 범죄 등으로 고통받고 있다. 극단적인 개인주의와 자기중심적 사고는 지역사회 구성원들을 경쟁에 신음하게 만들고 있으며, 인간보다 이윤이나 성공을 중시하는 문화는 구성원들의 정신에도 부정적인 영향을 미쳐 불안과 우울, 자살 등 심각한 심리적 사회배제 현상을 경험하도록 하는 요인이 되고 있다.

사회복지가 지향하는 안전하고 건강한 지역사회, 즉 포용적 지역사회는 주민들의 사회적 욕구에 집단적이고 조직적이며 체계적으로 대응할 수 있는 포용적 지역사회복지체계를 기반으로 한다. 포용적 지역사회복지체계는 지역사회 주민을 차별하고 배제하지 않으며, 이미 존재하는 배제와 차별을 극복하기 위해 정부와 민간, 지역주민이 협력하여 사회복지 전달체계를 구축함으로써 사회 구성원들의 욕구를 해결하기에 적절한 수준의 사회복지 재화와 서비스를 제공하는 것을 필요로 한다. 이를 위한 사회복지 지출은 지역주민들의 삶의 질을 개선하고, 건강과 교육의 형평성을 증진시켜 사회적 비용을 줄인다. 또

한 불평등을 개선하여 지역사회 주민들의 사회적 동질성과 연대성을 향상시키고, 심리적 불안 및 범죄를 줄이며, 경제적 경쟁력을 제고한다. 나아가 정당하고 효과적인 지역사회복지시스템과 양질의 사회복지서비스는 인적자본과 사회자본을 향상시키며, 사회갈등을 해결하고 배제를 넘어 지역사회통합을 강화하는 역할을 한다.

지역사회복지의 실천적 입장에서 이러한 포용적 지역사회를 만드는 과업을 수행하기 위해서는, 지역사회와 지역사회복지를 해석하고 분석하며 해결하기 위한 이론적 시각을 갖추어야 한다. 이 책에서는 지역사회문제 및 지역사회 차별구조와 배제 현상을 극복하기 위한 다섯 가지 기초이론을 제시하였다. 정치경제론은 지역사회복지의 질적 향상 및 주민들의 기본적인 삶을 보장하기 위한 중앙정부 및 지방정부의 역할과 책임, 그리고 지역사회에 영향을 주는 사회복지의 수준과 정치·경제 상황을 연계하여 분석할 수 있는 기초를 제공한다. 사회경제론은 연대와 상호 호혜를 바탕으로 사회경제적 불평등을 해소하기 위한 새로운 방법을 제시해주는 지역주민 중심의 이론이다. 사회자본론은 신뢰를 바탕으로 지역사회 구성원들이 집단적으로 문제를 해결할 수 있도록 권한 부여를 촉진하고 사회 구성원, 지역주민, 정부, 민간조직 간의 협력과 상호작용을 활성화하는 데 도움을 주는 이론이다. 지역공동체주의론은 지역주민들의 집단적이고 조직적인 지역사회참여를 위한 대응방식을 제시하며, 시장 개인주의와 권력의 독점적 사용을 지양하여 지역사회 주민 중심의 문제 해결 방식을 도출할 수 있도록 도움을 주는 이론이다. 사회네크워크이론은 사회네트워크가 지역사회 주민들의 차별 및 배제를 예방하는 수단이자 주민들이 위험에 빠졌을 때 도움을 주는 중요한 도구라는 인식하에, 개인의 참여와 사회적 관계를 활성화하도록 돕는 이론이다.

지역사회에 개입하여 차별과 배제에 대항하여 싸우고, 지역문제의 해결, 지역주민의 생활만족, 지역사회의 질 개선을 위해 노력하는 사회복지사들은 이러한 기초이론들을 다음과 같은 측면에서 활용할 수 있다. 정치경제론에 입각해 지역사회의 분배구조, 사회복지 관련 정책과 제도, 구체적인 사회복지사업들에 대한 형평성과 적절성을 분석하고, 지역사회의 사회경제적 불평등을 초래하는 조건이나 상황을 파악한다. 그리고 이를 극복하기 위해 사회경제론을 바탕으로 지역사회 주민 중심의 조직을 구축하거나 지역공동체주의론을 토대로 연대성과 협력을 증진시킬 수 있는 협력체계를 마련한다. 또한 적절한 자원 교환과 서비스 조정을 보장하는 사회네트워크를 강화하여 지역사회가 발전할 수 있도록 노력한다. 나아가 지역사회 주민의 참여가 가능하도록 하는 다양한 사회보장사업들을 기획하고 제공함으로써 사회자본을 향상한다.

제2부

지역사회복지의 거시적 맥락

복지국가의 발달과 지역사회복지

이 장에서는 복지국가의 역사적 배경 및 발달 과정에 따라 변화하는 지역사회의 역할과 기능에 대해 논의하고자 한다. 개별 국가나 사회의 정책과 제도는 한번 형성되면 그때의 조건과 환경이 바뀌더라도 쉽게 변화되지 않는 경로의 존성path dependence을 지닌다. 따라서 현재 지역사회복지의 현황을 이해하고 개선을 모색하기 위해서는 복지국가와 지역사회가 변화·발전해온 역사적 흐름을 고찰해야 한다.

　이 장에서는 지역사회복지의 역사를 복지국가 및 복지제도의 전반적 흐름과 더불어 개별 국가의 역사에 맞추어 기술하였으며, 복지제도의 발달과 함께 지역사회의 역할과 기능이 어떻게 변화해왔는지를 설명하였다. 이때 다음 장인 5장에서 다루는 지방분권이 지역사회복지와 종종 혼동되는 점을 고려하여 이 둘 사이의 관계를 서술하였다. 마지막으로 복지국가에서 지역사회가 담당하는 역할을 네 가지로 유형화하여 정리하였다. 이 장에서 설명하는 지역사회복지의 역사적 흐름을 통해 지역사회복지와 관련된 주요 요소 및 제도의 발달과 현황을 풍부하게 이해할 수 있을 것이다.

1. 복지국가의 흐름

길버트와 테럴(Gilbert and Terrell, 2009)은 복지국가의 발전 경로에 개별 국가 간의 구체적인 차이는 존재하지만 대체로 태동기에서 축소기에 이르는 일련의 과정을 경험한다고 기술하였다. 이들은 1880년대 독일에서 처음 도입된 사회보험제도의 시행을 복지국가 태동의 주요한 특징으로 보았다. 이전에도 영국의 구빈법^{救貧法, poor law}과 같이 빈민구제의 책임을 기존의 교회에서 정부로 대체하려는 시도가 있었으나, 이는 기본적으로 구호보다는 통제에 기반을 둔 근대적 제도였다. 사회보험이 등장하면서 이러한 전통적인 빈민구제방식이 현대적인 복지제도로 대체되기 시작하였다는 것이다.

사회보험제도가 건강, 산업재해, 노령, 실업 등의 영역을 포괄하면서, 사회복지는 빈민구제에 제한했던 관심 영역을 현대사회의 다양한 위험요소로 확장하게 되었다. 또한 이러한 위험요소들은 가족이나 친구의 지지, 교회의 자선활동, 지역사회 내 민간의 구호사업으로는 해결하기 어렵기 때문에 정부와 국가의 역할이 강조되었다. 이에 따라 복지국가는 그 태동기부터 지역사회 공동체를 포함한 민간단체, 심지어 지방정부의 역할을 축소하는 방향으로 나아갔다.

복지국가의 성장기라 할 수 있는 1930~1960년대에는 대공황 이후 정부가 시장에 적극적으로 개입하는 케인스주의가 제반 사회정책에 반영되면서 중앙정부에 의한 복지정책 집행과 재정 운용이 확대되었다. 또한 성숙기에 해당하는 1970년대 중반까지는 복지제도의 수혜 대상을 보편화하고 소수자 및 소외계층을 제도 안으로 포함하려는 노력이 지속되었다. 이 과정에서 정부의 복지 지출이 증가하고 공공 부문의 고용이 확대되었다. 결과적으로 복지국가의 성장기와 성숙기에 해당하는 대공황 이후~1970년대 중반까지는 복지정책 전반에 걸쳐

영국의 국민보험법 홍보 포스터. 1880년 대 독일의 사회보험제도 도입에 영향을 받은 영국은 1911년 「국민보험법(National Insurance Act)」을 제정하였다.

중앙정부의 권한과 역할이 강화되었으며, 지역사회와 지역사회 내 조직의 역할은 여전히 제한적인 상태에 머물렀다.

1973년 1차 오일쇼크로 인한 유가 폭등은 각국의 경제에 타격을 주었다. 이후 복지국가는 그 수준에 있어서 편차는 존재하지만 전 세계적으로 그 규모가 축소되는 위기를 경험한다. 보수주의 정치세력의 부활과 더불어 시장에 대한 국가 개입 최소화, 공공 부문 민영화 등이 이루어지고, 복지 영역에서는 복지제도의 축소, 복지 지출의 감축, 복지정책의 분권화가 추진되었다.

미국의 경우, 1980년대 기존 복지정책에 대한 보수주의 정치세력의 비판이 커지자 빌 클린턴^{Bill Clinton} 대통령은 '우리가 알고 있던 복지를 끝내겠다^{end welfare as we know it}'는 기치 아래 1996년 「개인 책임 및 근로 기회 조정법^{PRWORA: Personal Responsibility and Work Opportunity Reconciliation Act}」을 시행했다. 이 법안은 연방정부가 관리하고 지원하던 AFDC를 주 정부가 연방정부로부터 보조금을 받아 운영하는 TANF로 전환하는 등 복지정책의 큰 변화를 가져왔다.[1] 또한 이 법안의 하부 법령에는 '자선기관선택법률^{Charitable Choice}'이 있었는데, 그 내용은 종교단체들이 정부와 계약하여 사회서비스를 제공할 수 있도록 허용함으로써 지역사회 기반 조직에 대한 역할을 강화하는 것이었다. 2001년 조지 부시^{George Bush} 대통령은 백악관에 '신앙기반지역사회정책실^{OFBCI: Office of Faith-Based and Community Initiatives}'을 설립하여 이를 위한 제도적 기반을 마련했다.[2]

영국 역시 '작은 정부'를 표방한 마거릿 대처^{Margaret Thatcher} 정부가 들어서면서, 효율성을 제고한다는 명분으로 정부관료제 운영에 시장원리를 도입하고 의료와 요양 관련 정책 일반에 대해 신자유주의적 접근과 신공공관리^{NPM: New Public Management}에 기반한 개혁을 단행하였다.[3] 특히 지역사회보호를 위한 일차적

1 　AFDC란 '부양아동가족부조(Aids to Families with Dependent Children)'로, 정부가 정한 소득수준 이하의 모든 아동 가구에 일정한 수준의 소득을 제공하는 미국의 대표적인 공공부조정책이었다. PRWORA 이후 AFDC는 TANF, 즉 '빈곤가족일시부조(Temporary Assistance for Needy Families)'로 대체되었다. AFDC와 달리 TANF는 실직자에게 구직활동 증명을 요구하는 등의 수혜 조건과 수혜 기간에 일정한 제한을 두었다.

2 　OFBCI는 '신앙기반시민협력실(OFBNP: Office of Faith-Based and Neighborhood Partnerships)'로 이름이 바뀌어 지금까지 유지되고 있다.

3 　신공공관리는 작은 정부를 구현하기 위해 개발된 이론으로, 1980년대 영국의 대처 정부가 추진한 정부 개혁에서 비롯되었다. 인력 감축, 민영화, 재정 지출 억제, 규제 완화 등 경쟁원리에 기반한 시장체제를 모방함으로써 정부관료제의 효율성을 제고하고자 한다.

권한과 책임이 지방정부에 있음을 강조한 '그리피스 보고서Griffiths Report'의 일부 내용이 선택적으로 채택되면서,[4] 중앙정부의 책임을 줄이는 방향으로 의료 및 사회서비스 전반에 대한 개혁이 이루어졌다(박승민, 2015).

또한 전통적으로 중앙정부와 지방정부 간 명백한 역할 분담을 원칙으로 하면서도 공공 중심의 사회복지제도를 운용해오던 사회민주주의 복지국가인 스웨덴에서도 1980년 이후 사회복지서비스의 효율화를 명목으로 한 민영화가 진행된다. 이는 정부 중심의 공공 사회서비스가 가지고 있는 관료성, 비효율성, 개인과 시민의 책임 축소 등에 대한 비판을 수용하기 위한 실용적 접근에 해당한다. 이 과정에서 서비스 제공 주체가 시장, 가족, 종교단체, 제3부문 등으로 확장되는 소위 복지혼합welfare mix이 진행되었다. 영유아, 노인 등에 대한 돌봄 영역에서 광범위하게 실행된 이러한 복지혼합정책은 2000년대까지 긍정적인 평가를 받으며 유지되었다. 그러나 2010년대에 들어 복지서비스의 질 저하 등 민간 중심 서비스 제공의 부작용이 드러나기 시작하면서 목적한 성과를 거두지 못한 것으로 평가되어 스웨덴의 민영화정책은 유보 상태에 이르렀다(홍세영·이병렬, 2015).

이상에서 살펴본 바와 같이 복지국가의 발달 과정에서 지역사회의 역할과 기능은 해당 국가의 역사적 맥락에 맞게 지속적으로 변화해왔다. 이를 이해할 때 한 가지 주의할 점은 지방분권화와 지역사회복지, 혹은 지역사회의 강화가 혼용되지 않아야 한다는 점이다. 사회복지 및 사회서비스와 관련한 책임과 권한을 중앙정부가 중앙집권적으로 운영하느냐, 아니면 지방정부나 지방자치단체에 권한과 책임을 위임하느냐의 문제는 지방분권화와 관련한 사안이다. 반면, 지역사회복지는 1장에서 개념화한 것처럼 '지역사회를 접근 단위로 하여' 해당 지역의 문제 해결과 이를 통한 '주민의 복지 실현을 위한 노력'에 있어서 지역사회가 어떠한 역할과 기능을 수행할 것인가의 문제라 할 수 있다. 이와 같은 지역사회의 역할과 기능에 대한 문제는 지방분권화의 문제와 일정 정도 연관성이 있기는 하지만 서로 독립적인 차원에서 논의될 수 있는 문제이다.

---

4 1986년 영국 정부는 어니스트 로이 그리피스 경(Sir Ernest Roy Griffiths)에게 지역사회 복지서비스의 재원 조달 방식을 검토하도록 의뢰했다. 그는 2년 뒤 약칭 '그리피스 보고서'라 불리는 『지역사회보호: 행동강령(Community Care: Agenda for Action)』을 출간하였다.

복지국가의 흐름과 지역사회복지

- 사회보험제도의 도입은 복지국가 태동의 주요한 특징
- 대공황 이후 도입된 케인스주의는 정부의 복지 지출 확대에 영향을 미침
- 1차 오일쇼크 이후 세계 각국은 복지 규모 축소, 공공 부문의 민영화 등을 시행했으며 복지국가는 축소기를 경험함
- 복지국가의 발달 과정에서 지역사회의 역할과 기능은 국가의 역사적 맥락에 따라 다르게 나타남
- 지방분권화와 지역사회의 역할과 기능은 서로 독립적인 차원에서 이해해야 함

2. 영미의 지역사회복지 역사

1) 영국

영국의 지역사회복지 역사는 크게 복지국가 성립 이전의 자선조직협회 활동과 인보관 운동, 그리고 복지국가의 제도적 기반이 수립된 이후의 지역사회보호 등으로 구분하여 살펴볼 수 있다.

■ 자선조직협회 활동

19세기 중반 영국에서는 기근과 전염병, 빈곤의 문제가 심각한 상황에서 행정 당국과 각종 자선단체들 사이에 협력과 조정 없이 무분별하게 구빈활동이 이루어지고 있었다. 이러한 비조직적인 구빈활동은 대상 누락, 중복 지원으로 인한 자원 낭비 등 많은 문제를 낳았다.

19세기 말 영국의 자선조직화 활동은 부유층과 교회 중심의 비조직적인 자선활동을 지역사회 차원에서 조직화함으로써 보다 체계적이고 효율적으로 운영하려는 목적에서 진행되었다. 이와 같은 일련의 흐름을 반영하여 1869년 런던에서 최초의 조직적인 자선활동 단체인 자선조직협회 Charity Organization Society 가

19세기 중반 영국 런던 풍경. 지저분한 골목에 빈민들이 넘쳐나고 있다.

설립되었다.[5]

　이 단체는 지역사회에 존재하는 여러 자선활동을 조직화하여 자선활동에서 중복과 누락을 방지하고 효율적인 자선활동을 위해 과학적 방법론에 기반한 사례조사와 환경조사를 활용하는 등의 활동을 전개함으로써 지역사회복지의 효시로 인정받고 있다(홍현미라 외, 2010). 그러나 이들은 빈곤과 빈민의 발생 원인을 사회경제적 구조에서 찾는 것이 아니라, 개인적 과실이나 나태 등 개인적 특성의 문제로 접근하는 한계를 보이기도 했다. 그 결과 구제 가치가 있는 빈민과 구제 가치가 없는 빈민을 구분하고(지은구·조성숙, 2010), 구제 가치가 없는 빈민을 원천적으로 배제하는 문제를 나타냈다.

■ 인보관 운동

　인보관 운동settlement house movement은 자선조직협회와 비슷한 시기에 활동했음에도 불구하고 활동의 내용과 원칙에 있어서 대조되는 측면이 있다. 인보관 운동은 빈곤문제를 해결하려는 목적으로 1854년 영국의 대학생, 중산층 자선활동가와 빈민가 노동자들이 연계해 빈곤 밀집지역에 정착settlement하여 시작한 개혁적 사회운동이다. 이들은 1884년 런던 동부의 화이트채플에 세계 최초의 인

5　　자선조직협회는 1946년 가족복지협회(Family Welfare Association)로 이름을 바꾸었고 지난 2008년 다시 가족행동(Family Action)으로 바꾸어 활동을 지속해오고 있다.

토인비홀은 세계 최초로 세워
진 인보관으로, 젊은 나이에 사
망한 사회개혁가 아널드 토인비
(Arnold Toynbee)를 기념하여
명명하였다. 이 사진은 1902년
경에 촬영되었다.

보관^{鄰保館, settlement house}인 토인비홀^{Toynbee Hall}을 세운 뒤 그곳에 거주하면서 빈곤지역 주민을 대상으로 욕구조사와 생활환경조사를 실시하였고, 주민들의 교육·문화·경제·체육·예술 활동을 지원하였다. 또한 빈곤과 보건 등 사회문제와 그 해결을 위한 입법 활동에 대해 주민의 인식을 제고하고 사회 일반의 관심을 유도하는 활동을 전개하였다.

인보관 운동은 주요하게 다음 두 가지 측면에서 자선조직협회 활동과 대조를 이룬다. 첫째, 인보관 운동은 빈곤의 문제를 취약한 사회환경 등 구조적 요인에 의한 것으로 인식하고 이를 해결하기 위한 지역사회환경의 개선 및 지역사회 주민 전체의 복지 증진을 주요한 목적으로 삼았다. 둘째, 인보관 운동은 인보관 활동가들이 해당 지역사회에 인보관이라는 공간적 거점을 확보하여 활동을 전개함으로써 지역사회 역량을 강화하고자 하였다.

■ 지역사회보호

지역사회보호^{community care}라는 개념은 애초에 정신건강문제를 지닌 사람들이 필요로 하는 서비스를 제공받기 위해 병원 등 지역사회와 격리된 시설에서 장기적으로 지내는 것을 지양하고, 다른 주민들이 살고 있는 지역사회에서 보호와 이에 필요한 서비스를 제공받는 것이 바람직하다는 의미에서 시작되었다. 1959년에 제정된 「정신보건법^{Mental Health Act}」에 지역사회보호라는 용어가 사용되면서 개념에 대한 명확한 법적 정의가 이루어졌으며, 이에 근거하여 지역사회보호정책이 시행되었다.

지역사회보호가 제기된 배경에는 크게 두 가지가 있다. 첫째는 정신건강 문제나 장애 등 일상적으로 도움을 필요로 하는 사람들이 자신의 삶의 터전과 동떨어진 시설이 아니라 지역사회와 가정에서 필요한 보호와 서비스를 받는 탈시설화가 인권을 더 보호할 수 있는 방식이라는 점이다. 둘째는 상당한 인력과 장비를 갖춘 시설에서 24시간 서비스를 받는 것보다 적절한 환경이 갖추어진 지역사회에서 지내면서 필요한 서비스를 받도록 하는 것이 비용-효과적으로 더욱 효율적이라는 점이다.

하지만 지역사회보호가 도입된 초기에는 지역사회 기반 서비스를 제공하기 위한 시설과 인력이 충분하지 못한 데다 재정을 부담해야 하는 지방정부가 소극적인 태도를 취했기 때문에 실질적인 진전을 보이지 못했다. 그러다가 1968년 '시봄 보고서Seebohm Report'가 제출된 이후 구체적인 변화가 시작되었다. '시봄 보고서'는 지역사회 기반 가족 중심 서비스를 제공하기 위해, 기존에 아동위원회, 사회복지위원회, 보건위원회로 분리되어있던 행정체계를 일원화하여 통합적으로 운영하는 사회서비스부Social Service Department를 신설할 것을 제안하였다. 더불어 주택이나 교육 등 다른 분야 서비스와의 연계와 협력을 강화할 것과, 지역사회보호의 주체로 공공을 비롯해 민간의 다양한 조직들도 포함할 것을 주장하면서 지역사회개발의 중요성을 강조하였다(지은구·조성숙, 2010). 이에 더하여 지역사회의 사회복지 공무원들이 지역주민의 욕구에 적절히 대응할 수 있도록 전문성 강화를 위한 훈련 과정 운영을 제안한 점도 특징적이다(엄태영, 2016).

'시봄 보고서' 이후로도 지역사회보호를 실현할 구체적인 방안을 담은 '하버트 보고서Harbert Report', '바클레이 보고서Barclay Report' 등이 제출되고,[6] 그에 기반한 개혁들이 꾸준히 이루어졌다. 그러나 1979년 보수당의 대처가 집권한 이후 사회복지정책의 범위와 재정이 상당히 축소된다. 대처 정부는 사회복지정책 전반에 걸쳐 대처리즘Thatcherism으로 불리는 신자유주의적 접근을 고수하면서 효율

---

[6] 1971년에 발표된 '하버트 보고서'는 가족체계와 지역사회의 이웃에 초점을 둔 비공식 서비스의 중요성을 강조하였다. 또한 1982년에 발표된 이른바 '바클레이 보고서'는 지역사회 자원봉사자의 적극적 활용 및 지역사회 기반 사회사업을 강조하였다.

성 증대와 비용 감축 등을 이유로 기존 국가 위주의 사회복지서비스를 시장과 민간 중심 서비스로 전환하려고 시도하였다. 앞서 언급한 1988년 '그리피스 보고서'는 이러한 움직임을 반영한 것으로, 이 보고서에서는 지역사회보호의 일차적 책임 주체를 지방정부라고 규정하였다. 또한 공공이 직접 사회서비스를 독점적으로 제공하는 대신, 복지혼합을 활성화할 것을 주장하였다. 공공이 지역사회서비스의 직접 제공자 역할을 하는 것이 아니라, 지역사회에 필요한 서비스를 계획하고 조정하며 필요한 서비스를 구매하는 역할에 충실해야 한다는 것이다.

2) 미국

미국은 남북전쟁 이후 산업화와 도시화를 거치면서 인종문제와 빈곤문제, 이민문제 등 다양한 사회문제를 경험하였다. 그러면서 이를 극복하는 과정에서 지역사회복지가 발달했다는 점이 특징적이다. 미국의 지역사회복지는 영국의 자선조직협회 활동과 인보관 운동을 도입하여 활동을 전개하면서 시기적으로는 영국에 조금 뒤처졌으나, 전반적인 전개의 양상은 영국과 비슷한 모습을 보였다.

■ 자선조직협회 활동

미국 최초의 자선조직협회는 1877년 뉴욕주의 버펄로시에서 800여 개의 자선단체들을 연합하여 창설되었다. 이 협회는 지역사회의 다양한 자선조직과 사회복지단체들 사이의 중복과 비체계성을 극복하기 위해 업무 조정과 네트워크 사업을 실시하였다. 미국의 자선조직협회는 영국의 경우와 비슷하게 빈곤을 비롯한 사회문제의 원인을 개인적 과오나 특성에서 찾고자 하는 경향을 보였다. 또한 과학적인 사례조사와 직접 방문에 의한 환경조사 등을 바탕으로 서비스 계획을 수립하는 등 선진적인 방법론을 구사하는 측면에서도 영국의 자선조직협회 활동과 유사한 면을 보였다.

■ 인보관 운동

미국의 인보관 운동은 자선조직협회 활동에 비해 10년 이상 지난 시기에 본격화되었다. 미국의 인보관은 1886년 뉴욕 지역에 설립된 네이버후드 길드^{Neigh-borhood Guild}가 그 시초이며, 1889년 제인 애덤스^{Jane Addams}가 시카고에 헐하우스^{Hull House}를 건립한 이후 본격적으로 확산되었다(홍현미라 외, 2010). 이곳에서는 이민자와 여성, 아동을 위한 자선활동뿐 아니라 공공 놀이터, 목욕탕, 공공 체육관을 설립하는 등 사회 구조적인 환경 개선을 위한 활동도 활발히 전개하였다. 영국의 인보관 운동과 마찬가지로 미국에서도 사회의 구조적 변화에 관심이 있는 지식인과 대학생 중심의 개혁운동가들이 인보관을 거점으로 지역사회에 정착하여 활동을 전개하였다. 이들은 빈곤 등 사회문제의 원인을 개인적 속성에서 찾기보다 구조적인 환경에 있는 것으로 인식

제인 애덤스는 영국의 토인비홀을 보고 깊은 감명을 받아 미국에 헐하우스를 건립하였으며, 일생을 빈민구제를 위한 사회개혁과 반전평화운동에 앞장섰다.

했다. 따라서 실천의 측면에서도 개인의 속성을 개조하려고 노력하기보다 사회구조를 개혁하고 지역사회의 환경을 개선하는 데 초점을 두었다.

■ 전쟁과 대공황, 그 이후

전쟁과 대공황을 경험한 1920년대 말 이후 미국의 사회복지정책과 제도는 큰 변화를 겪는다. 지역사회 차원의 노력으로는 대공황에 따른 대규모 기근과 대량실업 등의 사회문제에 대응하는 데 한계가 있음이 명확해진 것이다. 이 시기에는 사회복지에 대한 욕구가 급격히 늘어남에 따라 연방정부의 적극적인 개입이 확대되었다. 다만 미국 내, 특히 대규모 도심지역에서는 지역사회 조직의 활동이 활발하게 전개되었다. 당시 지역사회 조직들의 활동은 빈곤, 기아 등 전통적인 사회복지의 의제를 넘어서 인종분리와 인종차별, 지역격차의 해소 등 인권과 민주주의적인 의제를 포괄하는 시민인권 운동의 성격을 보였다는 점이 특징적이다.

영국의 지역사회복지 역사
- 자선조직협회: 1869년 런던에서 최초의 자선조직협회 설립
- 인보관 운동
  - 1884년 세계 최초의 인보관인 토인비홀 설립
  - 지역사회환경과 주민 전체의 복지를 증진하기 위해 노력
- 지역사회보호
  - 「정신보건법」에서 지역사회보호의 명확한 용어를 정의
  - 시봄 보고서, 하버트 보고서, 바클레이 보고서, 그리피스 보고서를 거치면서 지역사회보호와 관련된 개혁이 이루어짐

미국의 지역사회복지 역사
- 자선조직협회: 1887년 뉴욕 버펄로시에서 미국 최초로 설립
- 인보관 운동
  - 1886년 뉴욕에 네이버후드 길드, 1889년 시카고에 헐하우스 설립
  - 개인의 변화보다 사회구조의 개혁과 지역사회의 환경 개선에 중점
- 전쟁과 대공황, 그 이후
  - 지방정부의 개입 및 도심지역의 지역사회 조직 활동 확대

3. 복지제도의 발달과 지역사회

1) 지역사회의 역할 변화

복지국가의 발달 과정에서 지역사회는 해당 국가의 사회·문화·역사적 배경에 따라 그 역할과 기능이 변화해왔다. 즉, 제도로서의 복지institutional welfare가 성숙한 국가의 경우 지역사회는 구체적인 복지제도와 정책이 시민에게 전달되는 매개 공간의 역할을 충실히 수행한 반면, 제도로서의 복지가 충분히 성숙하지 않은 단계의 국가의 경우 지역사회는 상호부조적 복지mutual-aid welfare가 발생하고 교류하는 장으로서의 역할을 해왔다. 이와 같은 맥락에서, 복지국가의 발전 과정을 주로 가족과 지역사회의 민간 자선단체들이 복지 제공을 담당하던 "잔여

적 복지의 시대"로부터 국가가 광범위한 영역에 걸쳐 포괄적인 사회경제적 보호를 제공하는 "제도적 복지의 시대"로 전환하는 과정이라고 개념화하기도 한다(Gilbert and Terrell, 2005).

복지국가의 발달 과정에서 지역사회의 역할과 기능이 변화하는 사례는 어렵지 않게 찾을 수 있다. 우선, 구빈법의 제정으로부터 자선조직화 활동, 인보관 운동, 지역사회보호 개념의 도입에 이르기까지 현대 복지국가와 지역사회의 역사를 이해하는 데 중요한 의미를 가지고 있는 영국을 예를 들어보자. 16세기 말에 제정되어 수차례 개정을 거쳐 제2차 세계대전 이후까지 유지되어온 구빈법은 제정 당시 교구parish를 주요한 집행 단위로 하고, 빈민을 구호하기 위해 작업장workhouse과 교정원house of correction, 구빈원almshouse을 운영하는 등 그 실행에 있어서 지역사회가 중심에 있었다. 19세기에 들어서면서 국가의 영향력이 획기적으로 강화되었지만 영국 사회의 대중적인 복지 공급은 여전히 빈민구제위원poor law guardians이나 교육위원school boards 같은 지역행정관과 지역사회 수준에서 이루어졌다. 이와 같은 법과 제도에 기반한 지역사회의 역할과 별도로, 영국의 우애조합friendly society은 상대적으로 안정적인 숙련 임금노동자를 중심으로 광범위하게 조직되어 지역사회에서 활발한 활동을 전개하였다. 회원제로 운영된 이들 우애조합은 조합원들에게 오늘날 노령연금이나 상병수당, 건강보험과 비슷한 혜택을 제공하였다(Gladstone, 1999).

19세기 말부터 제2차 세계대전 이전까지는 정부의 관료조직이 강화되고, 사회정책의 실행을 위한 부처가 설치되었으며, 지방 당국의 수입에서 중앙정부의 몫이 증가하는 등 변화가 지속적으로 이루어졌다. 제2차 세계대전 이후에는 1942년 발표된 '베버리지 보고서Beveridge Report'가 영국의 노동당 정부에 의해 채택되어,[7] 「국민보험법」, 「국민보건서비스법」, 「국민부조법」 등이 제정되면서 새로운 제도적 복지국가의 기반이 조성되었으며, 이를 통해 정부 주도의 중앙집권적 복지국가의 틀이 형성되었다. 이상의 사례를 통해 복지국가를 운영함

---

[7] '베버리지 보고서'는 윌리엄 베버리지(William Beveridge)가 정부의 위촉을 받아 사회보장제도에 관한 문제를 연구한 보고서로, 정식 명칭은 '사회보험과 관련 서비스(Social Insurance and Allied Services)'이다. 이 보고서에는 궁핍, 질병, 무지, 불결, 나태를 사회문제의 5대 악으로 규정하고, 이에 대응하기 위해 6개의 원칙에 입각한 사회보험제도와 이를 보충하는 공공부조를 설계해야 한다는 주장이 담겨 있다.

"WANT is only one of the five giants on the road of reconstruction" — T h e Beveridge Report.

'베버리지 보고서'에 규정된 사회문제의 5대 악을 표현한 그림이다.

에 있어 중앙집권적인 성격이 강한 것으로 알려진 영국도 과거에 지역사회의 영향력이 상당한 수준이었으며, 향후 복지국가의 발달과 더불어 주민에 대한 영향력이 지역사회에서 국가 기구로 이동했음을 확인할 수 있다(Gladstone, 1999).

그러나 역사적으로 복지국가와 지역사회의 관계가 지역사회 중심의 상조적 복지에서 국가 주도의 제도적 복지로 그 주도권이 넘어가는 과정이었다고 단정하는 것은 지나치게 단순화한 기술이다. 복지국가의 역사에 대해 일반적으로 국가의 역할에 초점을 맞추고, 개인주의에 대한 집단주의의 승리로 기술하는 경향이 있다. 영국을 예로 들면 19세기까지 구빈법과 교회로 대표되는 암흑기를 벗어나 1942년 베버리지 계획이 수립되고 전후 복지국가로 전환되었다는 식으로 서술되어있어 단선적인 발전과 진보가 이루어진 것으로 이해할 여지가 있다. 하지만 좀 더 면밀하게 고찰해보면 국가의 개입이 지속적으로 증가했다는 측면에서만 근대 복지국가의 역사를 기술하는 것은 적절하지 않음을 알 수 있다. 오히려 복지국가 발전의 모든 시기와 단계에 국가와 지역사회, 그리고 시장과 가족이 각기 다른 역할과 기능을 수행해왔다(Lewis, 1999). 근대 사회복지와 관련한 국가의 역할이 점차 강화되어온 역사적 경향을 부인할 수는 없으나, 국가의 형성 이후로 지금까지 어느 단계에서도 시장이나 가족, 지역사회의 기능을 국가가 배타적으로 장악하는 경험을 한 사회는 존재하지 않았다. 또한 복지국가가 수립되기 훨씬 이전에도 국가는 다양한 제도나 재정적인 측면에서 시민의 복지에 영향력을 행사해왔다.

더불어 복지국가의 발달 과정에서 지역사회에 비해 국가의 역할이 일관되게 강화되는 경향만 있었던 것도 아님을 유념해야 한다. 지역사회의 역할은 복지국가의 수립 이전과 이후가 조금씩 다른 양상을 띠면서 팽창과 축소를 경험했다고 보는 것이 더 타당하다. 복지국가 수립 이전인 19세기 후반부터 20세기 초기에 이르기까지 지역사회의 역할은 축소되는 경향을 보이다가, 복지국가가 수립되는 20세기 후반에 들어서는 지역사회에 대한 의존도가 다시 높아지는 경향을 보인다. 앞서 영국의 사례에서 언급한 것처럼 19세기 지역사회의 역할이 중요했던 것은 실제로 정부와 국가기구의 영향력이 지역사회에까지 이르지 못하고, 교구를 중심으로 한 지역사회에 의존할 수밖에 없었던 당시 상황이 한계로 작용하였다. 하지만 20세기 초반 국가 중심의 사회보험이 확장되면서 지역사회에 대한 높은 의존도를 벗어날 수 있었으며, 이는 결국 지역사회에서 상조적인 기능을 하던 당시 우애조합 등의 영향력을 상대적으로 약화시키는 결과를 낳았다. 이와 반대로 1970년대 이후부터 20세기 후반에는 국가 중심 복지제도가 확장되는 경향이 약해지고, 시장과 지역사회의 적극적 역할에 대한 사회적 요구가 증가했다. 특히 최근에는 기존 복지국가의 운영에서 정부 실패와 시장 실패에 대응하고 이를 보완할 대안으로서 지역사회의 역할 증대가 더욱 활발하게 이루어지고 있다.

이러한 변화를 거쳐 현재 지역사회는 국가나 지방자치단체가 수행하는 복지제도와 적극적으로 협력하면서 그 역할을 수행하고 있다. 예를 들어 우리나라 지역아동센터의 경우, 1980년대에 도시빈민지역에서 아동의 지역사회돌봄과 보호 욕구에 대응하기 위해 만들어져 운영되던 공부방이나 탁아방에서 그 기원을 찾을 수 있다. 당시 공부방과 탁아방은 아동 보호와 돌봄에 대한 주민들의 욕구를 반영한 상조적 성격을 가지고 있었으며, 대개 지역빈민운동의 형식으로 도심 저소득층 지역을 중심으로 설치 및 운영되었다. 그러던 것이 2004년에 「아동복지법」이 개정됨에 따라 기존의 공부방이나 탁아방 등은 아동복지시설로 법제화되었고, 이후 제도적 지원을 받으면서 우리나라 지역사회 방과후 돌봄 제도에서 중추적인 기능을 담당하고 있다.

요약하자면, 복지국가의 발달 과정에서 지역사회는 주민의 복지 증진을 위한 국가와의 역할 '분담'의 수준과 유형의 측면에서 끊임없이 그 역할이 변화해왔다고 할 수 있다. 또한 복지국가의 발달 과정이 지역사회 및 지역사회 조직에 대한 국가 역할의 일방적인 증대나 감소를 의미하지는 않는다. 오히려 복지국가의 발달 단계에 따라, 그리고 해당 국가의 역사적·정치적 맥락에 따라 지역사회와 국가의 관계가 재정립되어 왔다고 보는 것이 적절하다.

2) 지역사회의 보완적 기능

복지국가 및 제도의 발달 단계와 무관하게 지역사회는 제도로서의 복지를 보완하는 기능을 수행하기도 한다. 제도로서의 복지가 미치지 못하거나 충분하지 않은 사회문제 영역에서는 해당 문제에 대응하기 위해 당사자 중심의 상조적·자발적 활동이 발생할 가능성이 높다. 예를 들어, 앞서 언급한 영국의 우애조합의 경우 일정한 자격을 갖춘 조합원들의 조직이기는 했으나 지역사회 내에서 의료, 긴급지원, 소득보장 등의 기능을 해왔다.

우리나라의 경우 현대 도심지역에서 주거나 상가의 재개발/재건축 문제에 대응하기 위해 만들어진 철거민대책위원회나 대안적인 유아 돌봄을 실현하기 위해 공동육아를 매개로 결성된 공동육아부모협동조합, 건강한 먹거리와 친환경 생필품의 생산과 소비를 중심으로 운영되는 생산자/소비자협동조합 같은 조직들의 발생과 활동은 당면한 사회문제에 대응하기 위한 당사자 참여의 예로서, 앞서 언급한 지역사회의 보완적 기능이 작동하는 사례로 이해할 수 있다. 이와 같은 상조적·자발적 활동은 주로 특정한 사회문제나 이해관계를 공유하는 커뮤니티를 중심으로 발생하며, 그 활동을 주도하는 조직의 역량에 따라 실행력이 결정되는 경향이 있다.

지역사회가 제도로서의 복지에 보완적인 기능을 수행하는 또 다른 예로 미국의 사례를 들 수 있다. 미국은 대표적인 자유주의적 국가로서 사회제도 전반에 걸쳐 국가의 역할보다 민간과 시장의 역할을 강조하는 입장을 취해왔다. 따라서 지역사회가 제도로서의 복지를 적극적으로 보완하는 기능을 수행하는 전형적인 모습을 보여준다. 특히 앞서 언급했듯 2001년 백악관에 설치된 OFBCI는 국가가 지역사회에 기반한 종교단체에 재정을 지원하여 다양한 복지 및 사회서비스를 제공할 수 있도록 하였으며, 2005

육아를 가족 내에서 책임지기가 어려운 현실에 비해 제도적인 뒷받침은 여전히 부족하다. 이에 돌봄의 주체를 이웃과 마을로 넓혀 지역사회가 함께 아이를 돌보는 대안적인 돌봄 형태가 생겨나고 있다. ⓒ 구로 공동육아나눔터

년 한 해에만 22억 달러(약 2조 5,500억 원)의 사회서비스 관련 예산이 지원되었다. 이 같은 정책은 사회복지서비스 전달에 있어서 지역사회의 역할을 강화하는 데 기여했다는 평가를 받았다. 하지만 다른 한편으로는 빈곤 등 광범위한 사회문제의 해결에서 연방정부 및 주정부 등 정부의 역할을 축소하는 결과를 낳았을 뿐만 아니라, 정교분리^{separation of church and state}의 원칙을 위반한다는 비판을 받기도 했다(Davis, 2001).

개념 정리

복지국가와 지역사회
- 주민의 복지 증진을 위해 지역사회와 국가가 각각 어떤 역할을 어느 정도로 수행하는가는 끊임없이 변화함
- 지역사회와 국가의 관계는 복지국가의 발달 단계에 따라, 또 해당 국가의 역사적·정치적 맥락에 따라 재정립됨

---

4. 복지국가와 지방분권

복지국가 발달의 수준과 중앙집권 또는 지방분권의 정도가 항상 일치하는 것은 아니다. 이들 간의 관계는 나라마다 다른 양상으로 나타난다.

예를 들어 영국의 경우를 살펴보자. 1970년대 후반 대처 정부는 개인과 지역사회에 권한을 부여했는데, 이는 결과적으로 중앙정부 중심의 복지를 축소했을 뿐만 아니라 복지 전반에 대한 축소로 이어졌다. 그러한 점에서 영국은 복지 축소의 수단으로 지방분권을 강화한 경우에 해당한다(김형용, 2016). 또한 미국의 경우도 레이건 정부 이후 민영화와 지방분권화를 정부의 복지 축소의 방편으로 활용한 바 있다(Marwell, 2004).

반면 사회민주주의 복지국가인 스웨덴은 지방분권의 강한 전통과 지역 중심성에 대한 명확한 방향성을 가짐과 동시에 높은 복지수준을 유지하고 있

는 경우라 할 수 있다. 스웨덴이 강력한 지방분권을 수행하면서도 국가 차원의 복지국가의 과제를 일관되게 수행할 수 있었던 데에는 통제된 분권 혹은 관리형 분권의 원칙이 충실하게 이행되고 있는 점과 관련이 있다(Sellers and Lidström, 2007).

스웨덴과 함께 대표적인 스칸디나비아 복지국가인 노르웨이나 핀란드의 경우는 또 다른 경로를 보여주고 있다. 이들 국가는 국가 주도의 보편적인 제도로서의 복지국가를 지향해왔지만 실제로는 자유주의적 지역자치의 성향이 강한 것으로 알려져 있다. 이와 같은 현상에는 다양한 배경이 있다. 예컨대 핀란드는 좌파 진영 내에 분열이 지속되었고 전통적으로 지역중심성이 강한 농민 기반의 중도당Central Party이 강한 영향력을 행사하고 있다는 정치역학이 지역자치 성향에 영향을 미치는 것으로 보인다(Ketola, et al., 1997).

지금까지 중앙집권적 지향과 지방분권적 성격에서 서로 다른 모습을 보이는 다양한 복지국가의 예를 살펴보았다. 영국처럼 복지국가의 발전 및 성숙 단계에서는 중앙정부의 역할과 기능이 강력했으나 복지국가의 위기를 겪으면서 재정 긴축의 한 방편으로 지방분권적 성격을 강화한 유형이 있는가 하면, 스웨덴과 같이 전통적으로 지방분권적인 성격이 강력한 국가들이 복지국가의 발전과 더불어 한편으로 중앙집권적 성격을 강화하면서도 지역의 역할을 명확히 구분하는 통제된 분권적 유형이 있다. 또한 핀란드와 같이 복지국가의 제도적 발전 과정에서 중앙정부의 역할을 강화하려는 시도를 하는 중에도 지방정부 및 지역의 영향력이 여전히 강하게 남아 있는 경우도 확인할 수 있었다.

그런데 이 장에서 논의하는 복지국가 발달 과정과 지역사회의 등장이라는 주제는 앞서 언급한 중앙집권적 복지국가 및 지방분권형 복지국가의 틀을 넘어선다는 점에 유의해야 한다. 분권의 개념은 복지국가를 구성하는 정책 및 재정, 집행에 있어서 중앙정부와 지방정부 사이의 권력관계를 중심으로 논의된다. 반면, 이 장에서 주요하게 언급하고자 하는 지역사회의 개념은 중앙집권적이든 지방분권적이든 간에 복지국가의 정치적 의사결정과 정책 집행 과정에서 지역사회의 주민과 조직이 수행하는 역할과 기능에 초점을 둔다.

복지국가와 지방분권
- 각 나라들이 복지국가로 발전하는 과정에서 나타나는 중앙집권과 지방분권의 강화 양상에는 차이가 있음
- 복지국가에서 지역사회의 역할과 기능은 지방분권의 개념과는 구분하여 이해해야 함

5. 복지국가에서 지역사회의 역할 유형

복지국가의 각 발달 단계와 역사적 경로에 따라 해당 복지국가와 지역사회의 관계는 달라진다. 다시 말해 복지국가의 발달 단계별로 지역사회가 수행하는 역할은 다양한 유형으로 나타날 수 있다. 이를 이해하기 위해 먼저 복지국가의 주요 구성요소에 대해 알아보고자 한다.

복지국가의 주요한 목적은 빈곤, 질병, 실업, 소외 등 주민과 그 가족이 경험할 수 있는 다양한 사회적 위험에 대해 당사자가 적절하게 대응할 수 있도록 제도를 통해 보호하고, 이로써 모든 주민이 인간다운 삶을 누릴 수 있게 하는데 있다. 이러한 목적을 달성하기 위해서는 현대사회에서 제기되는 다양한 사회적 위험의 종류와 수준에 맞는 급여의 제공이 필수적이기에 사회적 급여는 복지국가의 주요 구성요소이다.

사회적 급여는 크게 현금급여와 현물급여로 구성된다. 현금급여가 개인의 복지 증진에 가장 결정적인 요인이라는 점에는 일반적으로 합의가 되고 있다. 하지만 다양한 사회서비스 등 현물급여의 보편적 제공도 복지국가의 필수적인 요소이다. 현금급여와 현물급여는 여러 차이가 있는데 그중 지역사회의 맥락에서 주목해야 할 지점이 있다. 국가와 시민 사이에서 직접적으로 지급이 실현되는 현금급여와 달리, 현물급여는 지급을 위해 급여 제공자, 즉 서비스 제공자를 필요로 한다는 점이다(Marwell, 2004). 따라서 현물급여로 제공되는 사회서비스는 그 제공자로 다양한 주체가 참여할 기회가 열려있다.

복지국가의 구성요소에 대한 이상의 이해를 바탕으로 복지국가 내 지역사회의 역할을 크게 다음의 네 가지 유형으로 정리할 수 있다.

1) 사회서비스 공급 주체

비영리조직, 협동조합, 사회적 기업, 풀뿌리기구, 주민조직 등 지역사회의 다양한 주체들이 복지혼합의 측면에서 사회서비스 공급 주체의 한 축을 담당하는 경우이다. 복지혼합이란 복지정책 구현에 필요한 재화와 서비스를 제공하는 데에서 국가가 독점적 지위를 유지하는 것이 아니라, 시장, 비영리기구, 가족 등을 포함함으로써 공급 주체의 다원성을 추구하는 것을 의미한다. 물론 복지국가의 역사에서 위에 언급한 다양한 주체 가운데 하나가 완전히 독점적인 공급자의 지위를 차지한 사례가 없었다는 점에서 복지혼합이라는 개념 자체의 유용성을 의심하는 견해도 있다(Lewis, 1999). 그러나 복지혼합은 오늘날 전통적인 복지국가의 위기와 함께 가속화되는 복지 긴축을 배경으로, 기존 정부 중심의 복지 공급에서 점차 시장, 비영리기구, 풀뿌리조직 등으로 공급 주체를 확장하는 경향을 일컫는다(김진욱, 2004). 즉, 복지혼합이 진행되면서 지역사회의 여러 주체가 사회서비스를 공급하는 중요한 역할을 하게 되는 것이다.

이처럼 복지혼합의 국면에서 지역사회의 역할과 기능이 강조되는 효과가 있지만, 다른 한편 복지혼합은 경험적으로 복지국가의 축소로 귀결되었다는 문제점도 있다. 원칙적으로 복지혼합은 정책에 수반되는 재정 조달 등에 대한 국가의 책임을 유지하면서 기존에 국가가 주도적으로 집행하던 급여의 전달체계를 시장과 제3부문[8] 등으로 다원화하는 과정으로, 그 자체가 복지국가의 축소를 의미하지는 않는다. 그러나 역사적으로 복지혼합에 대한 강조는 신자유

---

[8]   원어를 살려 제3섹터라고도 하는 제3부문은 전통적으로 공식적 체계로서의 국가와 시장, 그리고 비공식적 체계로서의 지역사회가 만나는 지점에서 양자의 성격을 공유하는 비영리조직, 협동조합, 사회적 기업 등을 일컫는 말이다(김진욱, 2004). 복지정책을 포함해 사회정책을 수행할 때 국가 실패와 시장 실패에 대한 대안으로 1980년대부터 유럽을 중심으로 제3부문 강화론이 제기되었다. 이는 복지정책과 제도에 따른 재화와 서비스의 제공에서 지역사회의 다양한 주체의 역할을 강조하는 것으로, 지역사회복지 측면에서 시사하는 바가 크다.

주의의 영향을 받은 우파의 강세를 배경으로 진행되었다. 이 과정에서 의료, 교육, 주거, 돌봄서비스 등 복지국가의 핵심적인 영역에서 외주화와 민영화가 이루어졌으며, 시장과 민간 영역에 대한 국가의 통제와 관리감독이 무력화되었다. 결과적으로 복지국가 자체가 축소된 것이다.

| 더 알아보기 |

복지혼합과 제3부문

페스토프(Pestoff, 1992)는 복지혼합을 살펴볼 때 사회체계(국가, 시장, 커뮤니티 등)와 관련된 기관의 특성을 필수적으로 구분해야 한다고 설명했다. 부연하면, 어떤 기관이 공공/민간, 영리/비영리, 공식/비공식 조직 중 어느 것에 해당하는가를 살펴보라는 것이다. 예를 들어 국가나 정부 관련 기관은 대개 공식적이고 비영리적인 공공조직으로, 기업은 공식적이고 영리적인 민간조직으로 구분할 수 있다. 가정은 비공식적이고 비영리적인 민간조직에 속한다. 한편 삼각형 가운데에 위치한 제3부문의 단체들은 일반적으로 민간조직이면서 공식적이고 비영리적인 특성을 띤다.

그는 이러한 구별을 통해 대안적인 사회복지서비스 제공 형태를 논의하는 기초를 마련할 수 있다고 주장하였다. 특히 제3부문에 속하는 비영리조직과 협동조합에 주목하면서, 이들의 역할이 확대된다면 복지국가로의 진전에 기여할 것이라고 하였다.

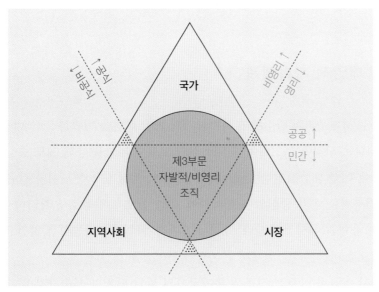

그림 4-1 복지혼합

출처: Evers and Laville(2004: 17), modified from Pestoff(1992: 25)

2) 상보적 지원체계

국가에 의해 집행되는 정책 및 제도로서의 복지자원에 대한 상보적^{comple-}

mentary 지원체계의 측면에서 지역사회가 역할을 하는 경우이다. 국가 및 지역사
회 주체가 지역사회문제 해결을 위한 재화 및 서비스를 제공할 때 서로 보완적
인 역할을 한다는 점에서, 상보적 지원체계 역할은 앞의 사회서비스 공급 주체
역할과 외형적으로 유사해 보인다. 그러나 지역사회가 상보적 지원체계로 작
동하는 경우는 일반적으로 복지혼합이 전개될 때가 아니라, 복지국가의 발달
단계가 충분히 진행되지 않아 국가 주도의 복지자원만으로는 다양한 사회문제
에 대응하는 데 한계가 있을 때 나타난다.

즉, 앞의 경우에는 시장과 제3부문 등이 복지급여의 재화 및 서비스를 제
공하는 역할을 하더라도 재정과 지원체계 등 복지급여의 제공에 대한 제도적
책임성은 정부 및 지자체 등 국가에 있다. 반면, 지역사회가 국가복지정책 및
제도적 자원에 대해 상보적인 지원을 하는 경우에는 재화와 서비스가 제공자
와 이용자 간 계약 또는 제공자의 선의나 자의에 의해 제공되므로 국가의 책임
이 개입할 여지가 거의 없다.

3) 대안적 사회체계

주로 생태주의적 관점에서 복지국가의 발전 전망을 비판적 또는 비관적으
로 인식하는 시각에 기초하여, 지역사회가 고유한 기능을 통해 제도 중심의 복
지국가에 대한 대안적인 역할을 하는 경우이다(박성복, 2005). 이와 같은 접근
은 지역사회를 국가 중심의 복지국가에 대한 상보적 역할로서 자리매김하는
두 번째 유형과 유사점이 있다. 그러나 복지국가의 지속 가능성과 발전 전망을
회의적으로 바라본다는 점에서 근본적인 차이점을 보인다.

앞서 언급한 상보적 접근은 복지국가의 발달 단계가 성숙하지 않아 제도
로서의 복지가 충분히 발달하지 않은 영역에서 지역사회가 보완적인 역할을
하는 경우이며, 이때 복지국가에 대한 지역사회의 기능과 역할은 국가 기능에

대한 보완적 의미이자 복지국가가 충분히 성숙할 때까지만 수행되는 일시적인 성격으로 이해된다. 반면, 복지국가에 대한 생태주의적 접근은 복지국가의 발전을 산업자본주의 모순의 제도적 완화 과정으로 본다. 또한 지속적인 성장에 의존하는 산업자본주의는 결국 성장과 발전이 초래하는 생태적 비용을 감당할 수 없는 수준, 즉 생태 한계$^{ecological limit}$에 도달하게 될 것이라고 주장한다. 따라서 산업자본주의와 운명을 같이하는 복지국가의 지속 가능성에 대해서도 회의적인 입장을 취한다. 그러면서 인간의 욕구를 적정한 수준에서 충족하면서 생태체계와 조화로운 상호관계를 유지할 수 있는 지속 가능한 사회체계로서 지역사회 중심의 자치적인 생활체계를 제안한다. 즉, 환경과 인간의 욕구로부터 발생하는 다양한 사회문제에 대한 대응은 애초에 가능하지 않은 '지속적인 성장'에 기반한 복지국가 모형이 아니라, 지역사회 중심의 생태적 접근에서 대안을 찾아야 한다는 것이다(박성복, 2005; 김형용, 2015).

4) 시민운동의 주체

복지국가 발달을 위한 시민운동 주체로서 지역사회 조직 및 공동체가 역할을 하는 경우이다. 복지국가의 기본적인 가치와 철학은 사회 구성원 및 세력 간 연대에 기반을 둔다. 말하자면 다양한 배경을 지닌 시민조직이 각자가 주목하는 사회문제를 해결하기 위해 사회적으로 연대할 필요성을 발견하게 되고, 이를 통해 복지국가의 발달에 기여할 수 있는 것이다. 실제로 복지국가의 발달 과정을 살펴보면 노동조합, 협동조합 또는 사회경제적 지위·성별·장애·질병·종교·문화적 다양성 등 여러 측면에서 조직된 지역사회 단체와 조직들이 복지국가의 생성과 발달에 의미 있는 기여를 한 예를 어렵지 않게 찾아볼 수 있다. 예를 들어 영국에서는 아동수당이 도입되던 1940년대에 수급자를 누구로 할 것인가를 둘러싸고 논쟁이 있었다. 초기 페미니스트들은 아동과 아동을 돌보는 여성이 남성 노동자의 피부양자가 아니며 독립적으로 인정받아야 한다고 주장했다. 그 결과 1945년 16세 미만 둘째 자녀가 있는 모든 여성에게 가족수당$^{family allowance}$을 지급하는 법안이 통과되었다. 이와 같은 페미니스트들의 기

육아를 하는 여성은 남성 노동자의 피부양자가 아니라고 주장한 페미니스트들의 활동은 영국의 가족수당과 아동수당 제도 확립에 기여하였다. 사진 속 인물은 가족수당 도입 캠페인을 이끌었던 엘리너 래스본(Eleanor Rathbone).

여는 제도 도입 초기 1977년 첫째를 포함하여 16세 미만 자녀를 둔 모든 여성에게 지급되는 아동수당child benefit으로 정착되는 데에까지 영향을 미쳤다.

스웨덴 복지국가의 형성 과정에서 노동조합과 집권 사민당이 맺었던 전략적 동맹(김영순, 2012; 신정완, 2016)도 지역사회 조직이 복지국가의 형성에 기여한 중요한 사례이다. 스웨덴의 경우 복지국가 건설 과정에서 블루칼라 노동자층이 전략적 동맹관계에 있는 사민당과 공조함으로써 복지국가 건설의 추진세력을 담당했다. 이러한 전통이 이어지면서 사무직 노동자들까지도 이 공조체계 안에 합류하는 이른바 복지동맹이 유지되어왔다(신정완, 2010). 노동조합은 이와 같은 계급 및 세력 간 동맹관계, 집권정당 및 정부와의 전략적 동맹관계를 통해 대표적인 사회운동세력으로서 복지국가의 건설과 발전에 상당한 영향력을 미쳐온 것이다.

우리나라의 경우도 정책 및 제도로서의 복지국가 발전 단계에서 지역사회의 다양한 시민단체와 풀뿌리조직들이 주요한 복지정책 의제의 형성, 사회적 합의, 구체적 정책 구현의 전 과정에 의미 있는 기여를 해왔다. 최근에도 다양한 신사회적 위험에 대응하기 위한 의료, 보육, 노인요양, 방과후돌봄 등의 의제에 대해 서비스 제공자 등 직접적인 이해관계에서 상대적으로 거리를 두고 있는 여러 시민단체나 이용자단체, 지역조직이 상당한 역할을 하고 있다. 이러한 점은 복지혼합과 같은 사회서비스 공급체계와 별개로 지역사회가 복지국가 형성 및 발전에 기여할 수 있는 역할이 있음을 보여준다.

앞서 기술한 지역사회 역할의 네 가지 유형은 복지국가와 지역사회의 기능상 상호관계에 대한 이해를 돕기 위한 개괄적 틀로서 의미가 있다. 하지만 이러한 구분을 개별 사례에 적용하는 데에는 적잖은 어려움이 있는데, 그 이유는 다음과 같다.

첫째, 복지국가에서 지역사회의 역할을 유형화하는 것은 이를 이해하는데에는 도움이 되지만 유형화의 특성상 필연적으로 단순화의 위험을 안고 있다. 네 가지 유형에 포괄되지 않는 다양한 역할이 존재할 수 있으며 이러한 유형에 대해서는 지속적인 관찰과 연구가 필요하다. 따라서 네 가지 유형 분류는 향후 지속적으로 확장되고 변형될 수 있다.

둘째, 지역사회의 네 가지 유형은 상호 배타적이지 않다. 즉, 하나의 지역사회가 위에 언급한 유형 중 두 개 이상의 유형을 동시에 보여줄 수도 있다. 개별 국가나 사회별로 지역사회에 대해 동일한 유형이 적용되는 것이 아니라, 다양한 수준과 유형의 지역사회가 상존할 수 있다는 점을 이해할 필요가 있다.

개 념 정 리

복지국가에서 지역사회의 역할
- 지역사회는 사회서비스 공급 주체, 상보적 지원 체계, 대안적 사회체계, 시민운동의 주체 등의 역할을 함
- 지역사회의 역할 유형은 지속적으로 확장, 변형됨
- 개별 국가와 사회별로 다양한 수준과 유형의 지역사회가 존재함

지방분권과 지역사회복지

분권화의 움직임은 20세기 후반 무렵부터 세계 전역에 걸쳐서 새로이 부상했으며, 21세기의 첫 10년을 특징짓는 핵심 요소 가운데 하나이기도 하다. 서구에서는 이와 같은 분권화 움직임을 '신지방분권화^{new decentralization}'라 칭하기도 한다. 이 용어에는 20세기 초반 이후 복지국가의 구축과 궤를 함께하면서 진행된 '신중앙집권화^{new centralization}'가 낳은 부작용에 대응하는 움직임이라는 뜻이 들어 있다. 국내에서는 2017년에 치러진 제19대 대통령선거에서 지방분권 정신을 헌법에 담는 문제가 주요한 정치적 쟁점으로 떠오르기도 하였다.

분권화는 지역사회복지 담론에서도 주요한 관심 주제가 되고 있다. 이는 분권화가 주민, 곧 지역사회 구성원들의 복지수준과 성격을 좌우하는 중요한 제도적 맥락이 될 수 있기 때문이다. 그럼에도 분권화가 주민의 삶과 복지에 미칠 수 있는 실질적인 영향에 대해 단정적으로 말하기는 어렵다. 분권화 자체가 본질적으로 다양한 속성을 지니고 있으며, 분권화의 성격과 수준 및 추진 양상 등에 따라 지역사회복지에 상이한 결과를 초래할 수 있기 때문이다.

1. 분권화의 개념과 유형

1) 분권화의 의미

분권화^{decentralization}란 어떤 현상을 이르는 말일까? 분권화를 사전적으로 풀이하면 '권한을 분산하는 것'을 뜻한다. 여기서 다시 '권한^{authority}'의 내용과 그것이 행사되는 대상, 그리고 '분산하다$^{deconcentrate; disperse}$'는 말의 의미와 그것이 이루어지는 범주에 대한 설명이 필요하다. 이에 대한 설명은 분권화에 대한 몇 가지 개념 규정의 예들을 통해 끌어낼 수 있다.

이기우(1990)는 분권화를 "중앙의 지시에 의한 획일적인 행정을 차단하고, 지방 행정단위를 중앙과 병존하는 의사결정의 중심체로 형성하는 것"이자, "넓은 의미의 국가 사무에 관한 의사결정체가 중앙에 집중되는 것이 아니고, 다수의 지방에 분산되는 것"이라고 설명한다. 의사결정의 권한이 중앙에서부터 지방으로 나눠지는 현상에 주목함을 확인할 수 있다. 이와 비슷하게 애덤스(Adams, 2016)는 분권화를 "정책결정의 과정을 바꿈으로써 정책의 결과에 영향을 미치고자 하는 구조적 변화"로 보면서, 궁극적으로는 "의사결정의 권한이 하위정부로 하향이동$^{downward shift}$하는 것"이라 설명한다. 이 설명은 정책 관련 '의사결정 권한'의 변화에 역점을 둔다는 점에서 이기우(1990)와 동일하나, 권한이 '분산'된다고 표현하지 않고 하위정부(지방)로 '이동'한다고 표현하는 점에 차이가 있다.

이와 같이 '분산'이라는 표현 대신 '이동^{shift}'이라는 표현을 쓰는가 하면, '이전^{transfer}'이나 '이양^{devolution}' 혹은 '양도^{cede}' 등으로 표현하기도 한다. 국가의 권한을 하위정부로 이전하는 것을 분권화로 규정한 경우(Escobar-Lemmon and Ross, 2014)나, 상위 수준의 정부에서 하위 수준의 정부로 권한과 책임 혹은 업무 등이 이전, 이양, 양도되는 것이라 규정한 경우들(Manor, 1999; Spina, 2014; Hananel, 2014)이 이에 속한다. 여기서 이동, 이전, 이양, 양도 등은 모두 특정한 방향으로 '옮겨지는' 현상을 나타내는 용어들로서, 의미상의 차이를 굳이 구분해서 다룰 필요는 없어 보인다. 국내 문헌에서는 이 가운데 '이양'이라는 표현이 가장 널리 쓰인다.

지금까지 예시한 개념 규정들을 종합해보면, 분권화의 일차적 양상은 '정책의 결정 및 집행에 관한 중앙 혹은 상위정부의 권한이 지방 혹은 하위정부로 분산 내지 이양되는 것'이라고 할 수 있다. 분권화란 이러한 과정을 통하여 '지방 혹은 하위정부의 자율권이 확대되어 나가는 것'을 가리킨다고 볼 수 있다. 여기서 분권화를 통해 분산 혹은 이양되는 것은 권한뿐 아니라 이에 수반되는 책임까지 포함된다고 보는 것이 일반적인 시각이다.

그런데 분권화의 의미를 이렇게만 이해하는 것은 충분하지 못한 측면이 있다. 앞에서 인용한 개념 정의들은 중앙정부와 지방정부, 상위정부와 하위정부 사이의 관계만을 언급함으로써 통치권[government] 내의 현상에만 주목하여 설명한다는 한계가 있는 것이다. 분권화를 제대로 이해하기 위해서는 통치권과 시민사회[civil society]사이에 이루어지는 권력[power]의 분산 측면에도 주목할 필요가 있다. 정책결정 등을 둘러싼 권력이나 권한이 통치권 영역에서만 분산되는 것이 아니라, 시민사회에까지 실질적으로 분산되어 시민참여의 여지가 확대되는 것이 분권화가 갖는 또 다른 중요한 의미이기 때문이다(Escobar-Lemmon and Ross, 2014). 후자와 같은 의미의 분권화는 시민참여에 의한 시민사회와 공공 부문의 협치[governance]라는 형태로 구현된다. 분권화를 이와 같이 통치권 내의 상하정부 사이뿐 아니라 통치권과 시민사회 사이의 권력분산까지 아우르는 개념으로 이해할 경우, 분권화는 '정책의 결정 및 집행에 관한 권한과

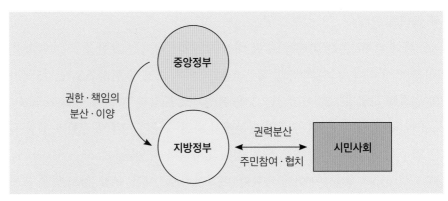

그림 5-1 분권화의 의미

책임이 중앙정부로부터 지방정부로 분산 혹은 이양되고, 그 속에서 주민참여와 협치가 이루어지는 현상'이라 규정할 수 있다.

우리나라의 관련 법령에서 분권화 개념에 주민참여를 포함시킨 것은 비교적 최근의 일이다. 2004년 1월에 제정되어 시행된 「지방분권특별법」 제2조에서는 '지방분권'을 "국가 및 지방자치단체의 권한과 책임을 합리적으로 배분함으로써 국가 및 지방자치단체의 기능이 서로 조화를 이루도록 하는 것"이라 규정하였다. 이는 국가와 지방자치단체 사이의 권한 배분과 기능 조화에 역점을 둔 개념 정의이다. 이 정의는 2018년 3월에 개정된 「지방자치분권 및 지방행정체제개편에 관한 특별법」에서 '지방자치분권'이라는 새 용어에 대한 정의가 내려질 때까지 수정이 없었다.[1] 2018년의 개정 법률 제2조 제1호에서는 '지방자치분권'을 규정하면서, 앞서 인용한 내용에 "지방자치단체의 정책결정 및 집행과정에 주민의 직접적 참여를 확대하는 것"이라는 내용을 추가하였다. 이는 주민참여를 분권화의 중요한 구성요소로 받아들이고 있음을 보여준다.

> **개념 정리**
>
> 분권화 정책의 결정 및 집행에 관한 권한과 책임이 중앙정부로부터 지방정부로 분산 혹은 이양되고, 그 속에서 주민참여와 협치가 이루어지는 것

2) 분권화의 의의

분권화를 중요시하고 이를 추구하는 사람들은 많지만, 자세히 들여다보면 그 이유나 의도가 조금씩 다르다. 관점이나 처지, 혹은 근간으로 삼는 이념 성향에 따라 분권화에 부여하는 의미에 다소간의 차이가 있는 것이다. 여기서 그

---

1   2004년 제정된 「지방분권특별법」은 2008년 「지방분권촉진에 관한 특별법」으로 전면 개정되었다. 이후 이 법률은 다시 2013년 「지방분권 및 지방행정체제개편에 관한 특별법」으로 대체입법되었다. 이때까지만 해도 '지방분권'에 대한 정의에는 변화가 없었다. 그러다 2018년 「지방자치분권 및 지방행정체제개편에 관한 특별법」으로 법률의 명칭과 내용이 일부 개정되면서 '지방자치분권'이라는 개념이 새롭게 정의되었다.

몇 가지 예를 간략히 살펴보고자 한다.

　먼저, 관점이나 처지에 따른 차이의 예를 들어보자. 중앙정부 주도의 빈곤 퇴치 노력에 대해 만족하지 못하거나 좌절을 경험한 사람들은 분권화를 통해 상황이 개선되기를 기대하며, 지역사회 발전을 위한 협동적 노력을 강조하는 사람들은 분권화가 그러한 노력을 촉진할 것이라 여긴다. 그런가 하면 다원적이고 경쟁적인 정치를 옹호하는 사람들은 분권화가 민주주의를 심화시킬 것이라고 생각하며, 민의를 반영한 의사결정을 중시하는 활동가들은 분권화를 통해 다양한 대중의 목소리를 수렴할 수 있을 것이라고 판단한다. 그리고 중앙정부에 속한 일부 정치인들은 분권화를 통해 고비용 과업들을 하위정부에 떠넘길 수 있기를 기대한다(Manor, 1999). 이 밖에 세계은행이나 IMF 같은 국제기구는 책임성과 효율성이라는 두 가지 목표를 달성하기 위한 전략의 일환으로 분권화를 강조하곤 한다(Escobar-Lemmon and Ross, 2014).

　이데올로기에 따라 분권화의 목적을 달리 설정하기도 한다. 밀러와 버넬(Miller and Bunnell, 2012)에 따르면, 자유민주주의적 좌파liberal democratic left는 분권화를 통해 민주주의의 발전과 거버넌스governance의 제도화를 용이하게 할 것으로 내다보는 반면, 신자유주의 우파neo-liberal right는 분권화를 통해 중앙정부의 실패 영역을 바로잡는 구조조정 프로그램을 실시함으로써 경제적 효율성을 꾀하고 공공서비스를 효과적으로 제공할 수 있을 것으로 기대한다는 점에서 차이가 있다.

　지역사회복지 차원에서 분권화 문제에 관심을 가지는 배경에도 여러 가지가 있다. 일각에서는 분권화가 지방의 주민, 곧 지역사회 구성원들이 지방의 정치와 행정에 참여할 기회를 넓혀주는 제도적 환경이 될 것인가에 관심을 기울인다(안영진, 2014; Hananel, 2014). 그런가 하면 지역사회 차원의 공공사회복지가 질적·양적으로 발전될 긍정적 계기를 분권화가 마련해주기를 기대하기도 한다(윤찬영, 2003). 여기에는 지방의 자율성 확대를 통해 주민 밀착형 사회복지의 여지가 확대되는 것, 지방 복지재정에 긍정적 영향을 주는 것(김태일·김인경, 2010; 김태희·이용모, 2012) 등이 포함된다. 요컨대 분권화가 지역사회복지를 둘러싼 의사결정의 구조와 절차를 바꾸고 서비스의 양과 질을 발전시켜 지역사회 구성원들의 복지욕구에 보다 민감하게 반응하는 제도적 조건이 될 수 있으리라는 기대에서 분권화에 관심을 갖기도 한다는 것이다(안영진, 2014; Espasa et al., 2017).

그런가 하면 분권화 그 자체가 복지국가 발전에 긍정적 영향을 미치는가의 여부를 묻기보다는 어떤 분권화가 바람직한가를 물어야 한다고 하여, 분권화의 향방이 중요함을 지적하기도 한다(신진욱·서준상, 2016). 이와 같은 지역사회복지 관련 관심들은 경험적 연구를 통해서 검증이 시도되기도 하는데, 이에 대해서는 뒤에서 좀 더 자세히 살펴보고자 한다.

3) 분권화의 유형

분권화가 추진되는 양상은 매우 다양하다. 학자들은 그러한 다양성에 주목하면서 상이한 방법으로 유형을 구분하여 설명하고 있다. 분권화의 유형은 크게 분권화의 영역에 따른 구분과, 분권화 관련 부문 간의 관계에 따른 구분으로 나눠볼 수 있다. 여기에서는 각 구분별로 몇 가지 예를 살펴보고자 한다.

(1) 분권화의 영역에 따른 구분

먼저, 제임스 매너(Manor, 1999)는 분권화의 유형을 행정적administrative, 재정적fiscal, 민주적democratic 분권화로 구분하였다. 여기서 행정적 분권화는 업무의 분산deconcentration으로 표현할 수 있는 것으로서, 상위정부로부터 하위정부로 업무담당이 분산되는 것을 가리킨다. 이때 중앙정부의 권위는 포기되지 않고 하위정부로 침투하는 것으로 본다. 재정적 분권화는 재정이 하향이전downward transfer되는 것으로서, 상위정부가 하위정부에 예산과 재정적 결정에 대한 영향력을 양도cede하는 것을 말한다. 민주적 분권화는 권한의 이양devolution을 가리키는 것으로서, 자원과 권한(그리고 종종 과업까지)을 하위정부로 이전시켜 상위정부로부터의 독립성을 갖게 하는 것이다.

이와 달리 파커(Parker, 2001)는 분권화의 유형 혹은 영역을 제도적institutional, 재정적fiscal, 정치적political 분권화로 구분하였다. 제도적 분권화는 관료 및 선출된 대표의 책임과 권한, 유권자인 주민의 참여의식과 행동 등에 관련된 것으로

표 5-1 분권화의 영역에 따른 분권화 유형 구분

연구자	매너(1999)	파커(2001)	일마즈 등(2010) 포함 다수
분권화 유형	행정적	제도적	행정적
	재정적	재정적	재정적
	민주적	정치적	정치적

서, 매너가 설명한 행정적 분권화에 대응될 수 있다. 재정적 분권화는 매너의 구분과 유사하게 지방정부의 재정적 자율성 문제, 곧 자주재원과 의존재원의 구성 등과 관련된 영역이다. 정치적 분권화는 중앙정부와 지방정부의 책임과 권한이 배분되는 양상과 관련된 것으로서, 매너가 말한 민주적 분권화와 동일 범주에 속한다고 볼 수 있다(진재문, 2004에서 재인용).

분권화 담론들이 가장 일반적으로 받아들이고 있는 분권화 유형 구분 방식은 행정적, 재정적, 정치적 유형으로 구분하는 방식이다. 이때 행정적 분권화는 사회서비스의 관리와 전달 사무를 지방정부에 이전하는 일단의 정책이며, 재정적 분권화는 지방정부의 세입 혹은 재정의 자율성을 높이는 정책이고, 정치적 분권화는 지방의 대표권을 인정하는 개혁과 지방 당국에 정치적 권한 혹은 선거관리 재량을 이양하는 정책을 포함하는 개념이다(Yilmaz et al., 2010; Escobar-Lemmon and Ross, 2014). 이 경우 정치적 분권화는 파커의 정치적 분권화와 마찬가지로 매너의 민주적 분권화에 대응될 수 있을 것이다. 이 밖에 다수의 논자들이 이러한 구분법을 택하고 있음(한동효·오시환, 2010; Adams, 2016)을 고려할 때, 분권화의 유형 혹은 논의 영역을 행정적, 재정적, 정치적 분권화의 세 가지로 구분하는 시각을 따르는 것이 무난해 보인다. 물론 이러한 구분은 개념상의 구분일 뿐, 실제 분권화 과정에서는 이 세 가지가 상호 연관되어 복합적으로 진행된다.

(2) 분권화 관련 부문 간 관계에 따른 구분

분권화 관련 부문들 사이의 정치적 역학관계를 중심으로 분권화 유형을 구분하는 방법도 있다. 에번스 등(Evans et al., 2013)은 중앙정부와 지방정부 및 지역주민 사이에서 실질적인 권한이 누구에게 있느냐에 따라 관리형managerial, 대의형 representative, 커뮤니티형 community으로 구분하였다. 관리형은 중앙이 정책을 결정하고 정책목표를 달성하기 위해 강력한 규제 프레임을 마련한 후 지방으로 정책 집행과 전달 기능을 위임하는 형태이며, 대의형은 지방정부에 권한과 책임을 부여하는 형태이고, 커뮤니티형은 지역주민들에게 의사결정권을 부여하는 형태이다. 관리형과 대의형이 중앙정부와 지방정부 사이의 정치적·행정적 관계의 양상에 관련된 개념이라면, 커뮤니티형은 공공 부문과 민간 부문의 관계와 관련된 개념이라 볼 수 있다.

부문 간 관계를 일차원적으로 파악한 앞의 예와 달리, 중앙정부와 지방정부의 역량과 양자의 정치동학을 중심으로 이차원적인 시각에서 유형 구분을 시도한 예도 있다. 셀러스와 리드스트룀(Sellers and Lidström, 2007)은 중앙 및 지방의 권력을 배타적인 제로섬 zero-sum의 관계로 파악하지 않는 관점에서, 중앙정부의 관리감독권과 지방정부의 행정·재정 역량을 교차시켜 표 5-2와 같이 여섯 가지로 분권화의 유형을 구분하여 제시한다.

A유형은 중앙정부가 지방정부에 대해 강한 지배권을 가지며, 지방정부는 국가와 지역사회에 비해 약한 힘을 가진 유형이다. B유형은 중앙정부가 비교적 강한 감독권과 입법 및 재정권력을 가지며, 지방정부가 행정 집행을 하는 유형으로, 독일과 오스트리아 등이 여기에 속한다. C유형은 지방정부가 강한 행정적·재정적 능력을 가지나, 중앙정부가 법률제정, 행정감독, 재정적 주도권 등의 방식으로 지방정치에 적정한 영향을 미치는 유형으로, 스웨덴 등의 북유럽 국가들이 여기에 속한다. D유형은 위로부터의 통제가 약하지만 지방정부의 역량도 취약해서 시민사회나 기업 등에 대한 의존성이 큰 유형으로, 미국과 영국 등이 이 범주에 든다. E유형은 중앙정부의 감독권이 취약한 상태에서 지

표 5-2 분권화 관련 부문 간 관계에 따른 분권화 유형 구분

중앙정부의 감독권	지방정부의 역량	
	약함	강함
강함	A. 국가독점	해당 사례 없음
적정	B. 국가의존적 지방정부	C. 국영화된 지방정부
약함	D. 사회의존적 지방정부	E. 자주적 지방정부

* 기호 A~E는 필자가 삽입

출처: Sellers and Lidström, 2007: 611

방정부가 강력한 공권력을 행사하는 유형인데, 이것은 보편적 국가정책의 추진이 필요한 복지국가와는 부합되기 어려운 측면이 있는 것으로 파악된다. 한편, 중앙정부의 감독권과 지방정부의 역량이 모두 강한 유형은 현실적으로 존재하지 않는 것으로 보고 있다.

이상과 같은 다양한 유형 구분 방법은 개별 국가의 분권화 상황을 설명하거나 국가 간 분권화 양상을 비교할 때에 유용한 개념적 도구가 될 수 있다. 각각의 방법은 그 나름의 개념적 유용성을 지니므로 무엇이 가장 적절한 방법인지 판단하는 것은 적절하지 않으며, 개별 연구의 목적이나 주안점, 정책적·실천적 관심사에 따라서 택하는 구분 방법이 달라질 수 있다.

2. 분권화의 쟁점

분권화가 사회에 끼칠 영향에 대해서는 일관된 답을 내리기 어렵다. 특히 지역사회복지와의 관련성이라는 측면에서 과연 분권화가 주민의 복지 증진에 긍정적인 영향을 미칠 것인지에 대해서도 단정적으로 답할 수 없음을 여러 연구가 지적하고 있다(김형용, 2016; 남찬섭, 2016). 여기서는 지역사회복지와 관련된 분권화의 여러 쟁점에 대해 상이한 관점을 반영하는 다양한 주장을 중심으로 살펴보고자 한다.

1) 정부 간 기능 분담

복지제도를 둘러싼 중앙정부와 지방정부 사이의 갈등은 불가피한 측면이 있다. 다양한 사회복지프로그램 가운데에는 중앙정의 책임 아래 추진하는 것이 마땅하거나 적합한 것이 있는가 하면, 지방정부 차원의 자율적 집행 영역으로 보는 것이 적절한 것이 있을 수 있는데, 이들 사이의 경계를 정하는 것은 간단한 일이 아니기 때문이다. 이때 이론적 관점이나 정치적 입장에 따라 기능 혹은 책임 분담의 방법에 대한 판단이 크게 달라진다. 따라서 특정 사회의 특정 시기에 보이는 각급 정부 사이의 기능 분담 양상은 상이한 이론 및 입장들이 갈등 상황을 거쳐 절충을 이룬 결과라고 볼 수 있다. 그렇기에 정부 간 기능 분담의 양상은 항상 가변적인 상태에 있다고 보는 것이 옳다.

2005년 참여정부는 분권화의 일환으로 국고보조 사업의 일부를 지방으로 이양하였다. 이를 둘러싸고 벌어졌던 일련의 일들에서 상이한 관점들이 부딪히면서 절충을 이루기도 하는 예들을 볼 수 있다. 국고보조 사업의 지방이양은 중앙정부의 통제력이 크게 작용하는 국고보조 사업들 중 지방의 자율권이 존중되어야 할 사업들은 지방에서 추진할 필요가 있다는 문제의식을 반영한 정책이었다. 그런데 이러한 문제의식에 대한 반응부터 양분되었다. 1995년 지방자치제가 본격적으로 시작되었지만 지방정부의 입법권, 재정적 자주성, 재량권 등이 여전히 부족하며 지방의 자율성이 더 강화되어야 한다고 강조하는 측에서는 이러한 정책을 적극 요구하고 지지하였다. 반면에 분권화가 사회복지의 축소 혹은 왜곡을 가져올 수 있다고 보거나 이것이 중앙정부의 책임을 지방에 전가하는 결과를 초래하게 된다고 보는 측에서는 우려 내지 반대의 견해를 나타냈다. 준비되지 않은 지방 행정력, 부패한 지방권력, 취약한 시민사회 등이 그러한 문제를 심화시킬 원인이 된다고 본 것이다(신진욱·서준상, 2016).

지방이양 사업이 추진된 이후에는 더 많은 회의론이 제기되었다. 국고보조 대상으로 남길 사업과 이양할 사업을 가리는 기준, 선별 후의 후속 절차 등에 대한 문제제기가 이어진 것이다. 보건복지부는 전문가들의 세심한 분석 작업을 거쳐 138개 소관 사업 중 71개 사업은 국고보조 사업으로 남기고, 67개 사업은 지방으로 이양한다는 결정을 내린 터였다. 그러나 이 정책이 시행되자마자 선별 기준의 적합성에 대한 회의론에서부터 추진 및 집행 절차의 합리성, 지방의 자율권 행사 여건의 미성숙성, 지방정부에 미치는 재정 압박, 사실상의 이전 재원 축소에 따른 현장의 서비스 공급 차질, 지방정부의 정책 의지나 재정 역량 차이에 따른 지역 간 격차의 심화 등과 같은 문제점이 불거지기 시작했다. 사회복지현장 종사자와 전문가 중에는 지방이양 사업들을 다시 국고보조 사업으로 되돌려야 한다는 주장을 거세게 제기하기도 하였다(구인회 외, 2009).

10년에 걸친 논란의 결과 2015년부터 양로시설, 장애인 거주시설, 정신요양시설 등에 대한 지원은 국고보조로 되돌리고, 나머지는 당초 구상대로 보통교부세에 흡수시키는 것으로 일단락되었다. 그것도 정책 시행 5년 후로 잡았던 흡수 시점을 5년 더 연장한 끝에 이루어진 결과였다. 분권화의 바람직한 방향에 관한 사회적 합의가 어려웠음을 보여주는 예인바, 이를 둘러싼 논의와 모색은 앞으로도 계속될 공산이 크다.

이 밖에도 중앙정부와 지방정부 사이의 기능 및 책임 소재 문제로 갈등을 빚은 쟁점으로는 학교급식, 무상보육, 누리과정 등이 있다. 2015년에는 지방자치단체에서 실시하는 사업들 가운데 국가사업과 유사하거나 중복되는 사업을 정비하라는 정부 조치가 내려진 바 있는데, 이것도 중앙정부와 지방정부의 기능 분담 및 책임 소재 문제와 무관하지 않다. 이러한 사례들은 정부 간 합리적인 기능 분담 방안을 마련하기 위해 단기적인 처방에 급급할 것이 아니라 사회적 합의를 구축해가려는 중장기적인 노력이 필요함을 시사한다(하능식 외, 2012; 남찬섭, 2016).

2) 재정분권화

재정분권화의 양상과 수준은 지방정부의 재정 역량을 좌우하며, 궁극적으로 지역사회복지에 중요한 영향을 끼친다. 재정분권화[2]란 중앙정부가 재정에 관한 권한과 책임을 지방정부에 이양함으로써, 지방정부가 자체의 세입과 세출을 포함한 재정 전반에 대해 자주적 혹은 독립적으로 결정하고 집행하는 것을 말한다(Manor, 1999; Falleti, 2005; 안영진, 2014; 최영, 2015). 그리고 재정분권화의 수준은 지방정부가 중앙정부로부터 독립적으로 재정 운용에 관한 의사결정을 내릴 수 있는 정도, 즉 지방정부 업무수행에 관한 수입과 지출을 독자적으로 조달·운영할 수 있는 정도를 의미한다(권오성, 2004; 최영, 2015에서 재

---

[2] 앞서 분권화의 유형을 설명하면서 행정적 분권화 및 정치적 분권화와 함께 재정적 분권화를 다룬 바 있다. '재정적 분권화'는 국내에서 '재정분권화'로 널리 쓰이고 있으므로, 여기에서는 '재정분권화'로 표기한다.

인용). 이러한 재정분권화의 수준을 측정하는 것은 그리 쉬운 일이 아니다. 재정분권화는 지방의 재정적·정치적 자치권한과 책임성, 지방 세입과 세출의 구성 등과 같은 여러 중요한 변수에 의하여 특징지어지는 다차원적 개념이기 때문이다(김태희·이용모, 2012).

권한과 책임의 수준은 계량화하기 어려운 반면, 세입과 세출의 구성 상황은 계량화가 가능하므로 지방정부들을 비교하는 일도 가능하다. 세입 부문의 분권화 수준은 지방정부가 자체적으로 재정을 충당할 수 있는 정도를 가늠하는 몇 가지 지표로 비교할 수 있고, 세출 부문의 분권화는 중앙정부의 세출규모와 지방정부의 세출규모 비교 또는 지방정부가 자주적으로 재정을 지출할 수 있는 정도를 통해 파악할 수 있다.[3] 이 두 부문 가운데 지방정부의 사회복지 지출 잠재력을 가늠하는 데 일차적 관건이 되는 쪽은 세입 부문의 분권화 수준이다. 따라서 여기서는 세입 부문에 초점을 맞추어 비교적 자주 거론되는 쟁점을 중심으로 살펴보고자 한다. 이는 대략 다음의 세 가지로 압축될 수 있다.

첫째는 지방의 과세자주권 문제이다. 이 문제의 핵심은 국세 대비 지방세의 비율을 어느 수준으로 하는 것이 바람직하며, 그것을 실현하는 적절한 방법은 무엇인가 하는 질문과 관련된다. 국내에서는 현재 국세 대 지방세의 비율이 8대 2 수준으로 심각한 불균형 현상을 보이는 점(그림 5-2 참조)에 주목하면서, 지방세의 비율을 높여가는 것이 지방의 자치권 강화를 위해 바람직하다는 시각이 지배적이다(배준식·이세구, 2008; 박영강·이수구, 2014; 배준식, 2015). 지방세의 비율이 높아지면 지방정부의 예산에서 지방세가 차지하는 규모가 상대적으로 커짐으로써 재정자립도가 높아질 수 있다. 그런데 이와 같이 지방세의 비율을 높이는 것은 재정자립도를 높이고 지방정부의 자치권을 강화하는 효과가 있는 반면, 지역별 세원의 격차로 인한 지역사회 간 복지재정의 격차를 초래할 우려가 있다. 이러한 딜레마로 인해, 과세자주권의 적정 보장 수준 문제는 끊임없는 논쟁거리가 되고 있다.

두 번째 쟁점은 지역 간 재정 역량 격차 문제이다. 각 지역사회는 그 규모

---

3 우리나라의 경우 세입 부문의 분권화 수준은 OECD 국가 평균에 미치지 못하는 수준인 반면에, 세출 부문은 OECD 평균을 상회하여 상대적으로 높은 편에 속하는 것으로 파악된다(김의섭, 2011; 하능식·허동훈, 2016).

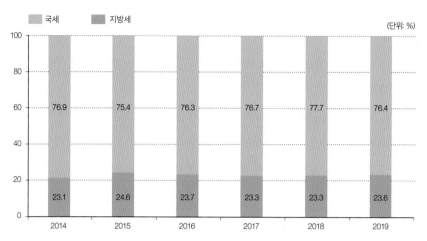

그림 5-2 연도별 국세 대 지방세 비율
출처: e-나라지표

나 경제적 기반에 따라 재정 역량이 서로 다르다(그림 5-3 참조). 이 쟁점은 지역 간 재정력 격차를 완화하기 위해 검토 또는 시행되고 있는 다양한 대안과 관련된다. 그중 가장 기본적인 제도는 지방교부세나 조정교부금과 같은 지방재정 조정제도이다. 지방교부세는 「지방교부세법」에 의해 중앙정부가 광역 및 기초자치단체에 교부하는 재원이며, 조정교부금은 기초자치단체별 재정 부족액을 감안하여 광역자치단체가 교부하는 재원이다. 이들 제도의 목적은 상위정부로부터 하위정부로 재원을 이전시킴으로써 하위정부들 사이의 재정력 격차를 완화하려는 것이며, 시행 과정에서는 교부의 형평성과 실효성 등이 주된 쟁점이 될 수 있다. 또 다른 격차 완화 제도로 차등보조율제도가 있다. 이는 지방자치단체의 재정 여건을 고려하여 국고보조금을 차등적으로 보조하는 제도로서, 사회복지서비스의 지역 간 불평등을 완화하기 위한 유력한 대안으로 시행되고 있다(최영, 2015).[4] 여기서는 제도 적용의 범위와 책정되는 보조율의 적정성 문

---

4   정부는 재정력이 취약한 지자체의 부담을 덜어주기 위하여 2008년부터 기초생활보장과 영유아보육지원, 기초노령연금 사업을 대상으로 국고보조 사업 차등보조율제도를 시행하였다. 이 가운데 기초노령연금은 도입 때부터 차등보조율을 적용하였는데, 재정력이 취약한 지자체에 대하여 국고보조율을 10%p 높였으며, 반대로 재정력이 풍부한 지자체는 국고보조율을 10%p 인하한 바 있다(김태일, 2012). 기초노령연금은 2014년 대폭 개정되어 기초연금으로 명칭이 변경되었으며, 지자체의 노인인구 비율과 재정자주도를 고려하여 국가가 40~90%를 차등적으로 부담한다. 재정자주도는 지방의 일반회계 수입 중에서 지방이 자주적으로 집행할 수

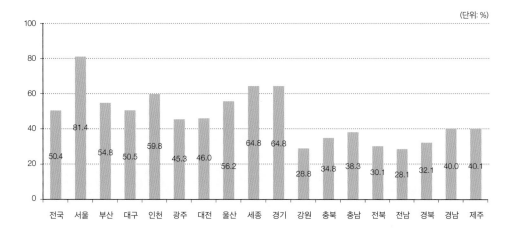

(단위: %)

그림 5-3 2020년 시도별 재정자립도
* 재정자립도는 지방의 일반회계 세입 중에서 자체수입(지방세+세외수입)이 차지하는 비율을 뜻한다.
출처: 국가통계포털 e-지방지표

제가 제도 시행 과정에서 주요한 쟁점으로 떠오를 수 있다.

세 번째는 재정분권화로 인해 가중될 수 있는 지방의 복지재정 부담 문제에 관한 것이다. 지방의 복지재정 부담 문제는 우리나라에서 분권화 추진이 가시화되었던 2005년 이후에 더욱 두드러지게 나타났다. 사회복지 부문에서 지방의 재정 부담을 과중하게 하는 가장 실질적인 요인은 지방비의 대응 분담 matching이 요구되는 국고보조 사업[5]의 확대이다(그림 5-4 참조). 국고보조 사업은 중앙정부의 지침에 따라 추진되므로, 지방의 자율성은 제한되고 특수성은 반영되기 어렵다. 게다가 지방정부가 대응 분담금을 충당하는 데 쫓기다 보면, 지방의 특수성을 반영하는 자체사업에 재정을 할애할 여지가 위축될 수밖에 없다(하능식 외, 2012).

지방비 대응 분담이라는 국고보조제도의 특성에서 비롯되는 지방정부의 재정 압박 문제는 국고보조제도의 시행원칙을 개선하여 해결해야 한다. 성격상 국가사무의 성격이 짙거나 국가정책과의 연계성이 강한 사업은 국고보조율

있는 재정(자체수입+지방교부세+조정교부금)의 비율을 의미한다.

5　국고보조 사업이란 국가가 장려하고자 하거나 지방자치단체에 위임한 사업 가운데 그 비용의 일부 혹은 전부를 국고보조금 형태로 지원하는 사업을 말한다. 국고보조금은 국가가 재원의 용도와 사용 요건 및 지방비 대응 분담 비율 등을 지정할 수 있으며, 지방정부는 반드시 여기에 따라야 한다.

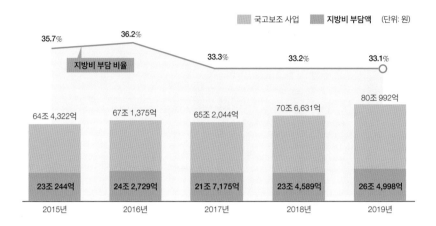

그림 5-4 국고보조 사업 경비 분담 현황
* 국고보조 사업에 대한 지방정부의 재정 분담 비율은 30% 이상으로 높은 수준이다. 이는 지방정부의 재정 부담으로
이어져, 지방의 특수성을 반영한 자체사업에 쓸 예산이 부족해지는 원인이 되기도 한다.
출처: 국세청, 행정안전부

을 상향 조정하고, 사업의 재정 상황을 고려하여 기준보조율을 재편하며, 차등
보조율제도의 기준지표를 재조정하거나 다양화하고, 보조금을 세분화된 개별
사업이 아니라 보다 포괄적인 사업 영역에 지원하여 지자체의 자율권을 강화
하는 것 등이 그 예이다(하능식 외, 2012; 이재원, 2016; 이장욱·서정섭, 2018). 이
밖에 지방복지재정에 필요한 재정을 충당하기 위해 가칭 '지방복지세'와 같은
목적세의 신설을 제안하기도 한다(임상빈, 2018). 이처럼 다양한 방안 가운데
우리 사회가 어느 것을 어떤 형태로 받아들일지 결정하는 것은 사회 구성원들
의 관심과 정치역학 양상에 달려있다고 할 것이다.

3) 분권화의 정치적 효과

분권화는 한 국가 내에서 자원의 재분배를 꾀하는 일이라는 점에서 본질
적으로 고도의 정치적인 과정으로 이해된다. 다시 말해 분권화는 각급 정부 사
이에 혹은 이들 내에서 권력을 재분배하는 것과 관련되기 때문에 이해가 상충
되는 행위자들 사이에 종종 긴장이 초래되기도 한다(Yilmaz et al., 2010). 또한

분권화는 중앙정부 주도의 획일적인 행정을 지양하고 지방정부를 중앙과 병존하는 의사결정의 중심체로 만든다는 점이나(정창화·한부영, 2005), 정치와 행정의 책임성을 강화한다는 점에서(Yilmaz et al., 2010; Gemmell et al., 2013; Hananel, 2014; Escobar-Lemmon and Ross, 2014; 최영, 2015; Espasa et al., 2017) 정치적 민주화를 강화하는 방편이 될 것으로 기대되기도 한다.

그러면 분권화는 시민 혹은 주민의 정치적 참여에 어떤 영향을 미칠까? 일반적으로는 분권화가 시민의 정치참여를 확대시킬 정치적 기회구조political opportunity structure가 될 것으로 내다본다(Fatke, 2016). 즉, 분권화를 통해 지역 정치인이나 선출직 공직자들과 시민 사이의 접점이 확대되고, 지역의 정책 이슈에 대한 참여 유인이 증대되며, 지역 커뮤니티 의식이 제고된다는 것이다. 그리고 이를 통해 공공정책에 영향을 끼치기 위한 시민의 행동이 촉진되고(Spina, 2014), 지역의 공동이익과 공동욕구를 반영하는 정치를 이룰 수 있을 것으로 기대한다. 이처럼 분권화는 민주화의 확산에 기여할 뿐만 아니라, 지역단위의 통합적 사회복지 전달체계 구축을 용이하게 하고, 지역 간 정책 경쟁으로 인해 시민에게 도움이 되는 정책이 확산되는 등의 정치적 효과가 있기 때문에 지역사회복지에 긍정적인 영향을 끼친다고 본다(김태희·이용모, 2012; 안영진, 2014; Hananel, 2014). 그런가 하면 분권화로 인한 지역 사이의 경쟁은 각 지역의 공공재를 효율적으로 배분하게 하고 주민의 복지욕구에 대응하는 역량을 높이는 효과가 있어, 궁극적으로 지역사회복지 수준향상에 긍정적인 영향을 끼치기도 한다(Tiebout, 1956). 이를 설명하는 이론을 '티부 모형Tiebout model' 또는 '티부 가설Tiebout hypothesis'이라고 한다(더 알아보기 참조).

그런데 분권화의 정치적 효과와 지역사회복지의 관계에 관한 이러한 기대나 가정들은 해당 사회의 구체적인 상황에 따라 실현 여부나 정도가 달라질 수 있다고 보기도 한다(Fatke, 2016). 나아가 분권화의 정치참여 유발 효과를 회의적으로 보는 시각도 있다. 일례로 스피나(Spina, 2014)는 분권화의 정치참여 증대 효과에 관해 유럽 22개국에 대하여 경험적 분석을 시도하였는데, 그 결과 분권화가 정치참여를 증진시킬 것이라는 전통적인 가정이 지지되지 않았다고 결론 내린 바 있다. 이와 같이 분권화가 시민의 정치적 참여와 지역사회복지에 미치는 실질적인 영향은 한마디로 단정하기 어려운 면이 있다.

'발로 하는 투표', 티부 모형

티부 모형은 일찍이 미국의 경제학자였던 찰스 티부(Charles Tiebout, 1956)가 펼쳤던 주장에 대해 후일의 논객들이 붙여 쓴 용어이다(Rodríguez-Pose and Krøijer, 2009; Gemmell et al., 2013; Espasa et al., 2017). 티부는 사람들이 스스로의 욕구에 가장 부합하는 공공재를 제공하는 지역으로 이주하는 경향이 있다고 보았다. 그래서 분권화에 따라 각 지방이 독자적으로 공공재를 공급할 경우 사람들은 각자의 선호대로 거주지를 선택하여 이동함으로써 지방 공공재의 효율적인 배분이 이루어진다는 것이다. 또한 지역사회는 주민의 이탈을 막기 위해 그들의 욕구를 파악하고 이에 대응하는 역량과 책임성을 높일 것이기에, 결과적으로 지역사회복지의 수준이 높아질 수 있다고 보았다(Oates, 2005; Espasa et al., 2017). 이처럼 티부 모형은 분권화로 인한 지역 간 경쟁이 지역주민의 복지욕구를 적극적으로 반영하는 데 긍정적인 영향을 끼칠 수 있음을 설명하는 하나의 이론이다. 티부 모형은 이동으로 정책을 선택한다는 점에서 '발로 하는 투표(voting with feet; foot voting)'라고 불리기도 한다.

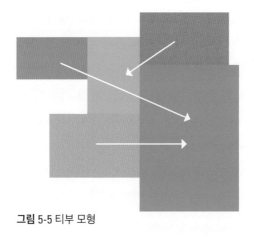

그림 5-5 티부 모형

4) 분권화의 경제적 효과

분권화가 경제에 미치는 효과에 대해서는 서로 다른 관심 영역에서 다양한 주장이 제기되어왔다. 여기에서는 경제적 효율성, 경제적 평등, 보편주의 등의 영역에서 분권화의 효과를 논한 주장들을 살펴보고자 한다.

먼저 분권화가 경제적 효율성과 경제발전 등에 미치는 효과부터 살펴보면, 재정분권화가 지역상황에 대해 공공 부문이 효율적으로 대응할 가능성을 높여 경제의 성장과 발전에 긍정적인 영향을 끼친다는 주장이 있다. 이러한 관점에서는 분권화가 지방정부의 책임성을 높이고 다른 지방정부와의 경쟁을 유발함으로써, 공공 재화와 서비스의 효율적인 생산 및 공급을 유도하고 자원의 합리적인 사용을 촉진한다고 본다. 또한 지방정부는 지역사회 및 주민과 물리적으로 근접해있어 정보 접근이 용이하기 때문에, 필요한 재화와 서비스를 파악하고 공급하는 데 시간과 비용을 절약할 수 있다고 설명한다. 나아가 지역을 잘 아는 사람이 해당 지역의 경제발전 책임을 맡음으로써 더 좋은 투자환경이 조성될 것이라 보기도 한다(Faguet, 2008; Rodríguez-Pose and Krøijer, 2009; Yilmaz et al., 2010; Gemmell et al., 2013; Lyon, 2015; 최영, 2015; 김태희·이용모, 2012).

반면에 분권화가 경제적 효율성에 부정적인 영향을 끼칠 수 있다는 분석도 있다(Prud'homme, 1995). 재정분권화, 특히 세출의 분권화는 지역 간 공공자원의 재분배를 어렵게 하여 지역 간 격차를 심화시키고 거시경제의 안정을 저해하며 규모의 경제를 활용할 수 없게 함으로써, 경제 성장에 부정적인 요인으로 작용할 수 있다는 것이다(Gemmell et al., 2013). 그런가 하면 지방정부는 소수의 엘리트에 의해 휘둘릴 우려가 크고 기술적·인적·재정적 자원도 부족하여, 지역의 수요에 다각적이고 효율적으로 대응하는 것이 어렵다는 가정도 가능하다(Faguet, 2008).

다음으로, 분권화가 계층과 지역 간의 경제적 평등에 미치는 긍정적인 효과를 강조하는 주장들이 있다. 주민에 밀착해있는 지방정부는 주민의 욕구 충족에 강한 유인을 가질 뿐 아니라, 관련 정보가 많아 공공재 배분의 효율성과 빈곤 완화에 유리한 조건을 가지고 있으므로 지역 간 격차 완화에 기여한다는 것이 그 하나이다. 또한 분권화는 취약집단을 포함한 주민의 정치참여와 자원 접근의 제도적 통로를 넓힘으로써, 정책수립의 합법성을 제고하고 국가자원의 공정한 분배를 꾀할 수 있어 평등에 긍정적 영향을 끼친다고 보기도 한다 (Kelleher and Yackee, 2004; 최영, 2015; Lyon, 2015).

반면에 분권화가 경제적 평등에 미칠 효과에 대해 회의적이거나 부정적으로 전망하는 시각들도 적지 않다. 경쟁력, 경제력, 정책역량 등의 지역별 차이가 지역발전 및 공공서비스의 격차를 초래할 수 있다는 것이 그러한 시각들 중 하나이다. 지방의 재량권 확대가 자원 배분의 치우침 현상을 심화시킬 수 있다고 보는가 하면, 분권화로 저소득층보다는 중·고소득층의 참여가 더 활성화되어 평등에 역행할 수 있다고 보기도 한다. 여기에 더하여 분권화가 사회복지의 전국적 통일성을 저해하고 중앙정부의 책임을 지방에 전가하는 방편이 될 수 있어, 결과적으로 국가의 재분배 기능이 약화되어 불평등 해소에 기여하지 못할 것이라는 견해도 있다(Prud'homme, 1995; Kelleher and Yackee, 2004; 고혜진 외, 2014; 안영진, 2014; 최영, 2015; Hananel, 2014).

　　분권화의 경제적 효과와 관련된 마지막 쟁점은 분권화와 보편주의의 관계에 대한 것이다. 역사적으로 보편주의 원리에 바탕을 둔 국가복지가 확대되던 시기에는 분권화된 국가가 집권화된 국가보다 복지의 수준이 낮았으며, 국가복지가 축소되던 시기에도 분권화는 공공서비스의 효율성이라는 명분 아래 복지재정 감축의 도구로 사용되곤 했다. 이러한 이유로 분권화는 보편적 복지와 상충되는 것처럼 여겨지기 쉽다. 그러나 사민주의 복지국가의 모델처럼 지역주민의 복지욕구에 대한 대응성과 책무성이 강한 지방정부가 중앙정부와 협력적 관계를 유지하면서 보편적 사회권을 발전시킨 역사적 사례도 있다. 이런 사례는 중앙집권적 복지정책을 통해 보편주의를 추구하는 동시에 분권화를 통해 지역적 특수성과 자율성을 존중했던 것이며, 이는 분권화와 보편주의 사이의 조화가 불가능하지만은 않음을 보여준다. 이와 같이 보편주의와 지방자치 원칙 사이에서 균형을 꾀하는 것을 '분권화된 보편주의decentralized universalism'라고 하며, 중앙정부의 보편주의 복지정책 원칙을 수용하되 독자성을 살리는 지방자치단체를 '복지 자치단체welfare municipality'라 부르기도 한다(Trydegård and Thorslund, 2010). 이상의 여러 논의들을 통하여 보건대, 우리는 분권화가 경제와 복지의 발전에 어떠한 의미를 지니는가를 물을 것이 아니라, 어떤 분권화가 바람직한가를 물어야 할 필요가 있음을 알 수 있다(신진욱·서준상, 2016).

분권화와 지역사회복지

- 분권화가 지역사회복지에 어떤 영향을 미치는가에 대한 주장들은 내용이 다양할 뿐 아니라 상충되기도 함
- 분권화 과정에서 정부 간 기능 분담과 재정분권화가 추진되는 양상, 그것이 지역사회 복지에 미치는 영향, 그리고 이들의 바람직한 형태에 대한 견해 등이 모두 다양하므로, 사회적 합의를 구하기 위한 노력이 중요함
- 분권화의 정치적 효과와 경제적 효과에 대한 이론적 가정과 실제적 양상 역시 일률적이지 않으므로, 단순히 분권화가 바람직한가를 묻기보다는 어떠한 분권화가 바람직한가를 물을 필요가 있음

3. 분권화와 주민참여

앞서 설명했듯 분권화의 일차적 의미가 중앙정부로부터 자율적인 지방정부의 위상과 기능에 관한 것이라면, 분권화의 또 다른 의미는 지방의 정치 및 행정 과정에 대한 주민참여가 확대되는 점에 있다. 여기에서는 분권화 과정에서 특별히 주목할 필요가 있는 주민참여에 대해 별도로 살펴보고자 한다. 이러한 주민참여는 오늘날 일반적으로 '거버넌스governance' 체제의 확립이라는 측면에서 파악된다. 따라서 주민참여 및 거버넌스의 의미를 간략히 살핀 후에 국내 주민참여 관련 제도들을 지역사회복지와의 연관 아래 간략히 검토해볼 것이다.

1) 주민참여와 거버넌스

주민참여란 지역사회의 주민이 정책의 결정이나 집행 과정에 개입하여 영향력을 행사하는 행위를 말한다. 기본적으로 지방의 정치는 지방의회의원들을 통한 대의제를 근간으로 하여 이루어지고, 행정 역시 의사결정과 관리의

임무를 위임받은 공직자들에 의해 수행된다. 주민의 참여는 이와 같은 의회나 공직자에 의한 활동을 감시·견제·보완하는 기능을 한다는 점에서 의미가 있다(안상운, 2014). 특히 지역토호와 정치엘리트 사이의 유착관계가 강한 지방의 경우(신진욱·서준상, 2016), 이들을 견제하고 다수 주민의 이익을 관철하기 위해서는 대의정치의 맹점을 보완하는 주민의 직접 참여가 더욱 크게 요청된다.

주민들은 지역의 정치와 행정에 참여하고 자신의 의사를 투입함으로써 자기보호 self-protection, 자치 self-rule, 자기실현 self-realization 등의 가치를 달성하게 된다. 그래서 주민참여는 정치적 차원에서는 민주성의 가치를 실현하고 행정적 차원에서는 공공서비스 제공의 효율성이라는 가치를 실현하는 길이 될 수 있다(정명은·장용석, 2013).

이와 같은 주민참여는 민간 부문인 주민과 공공 부문의 협력관계를 형성하고 강화하는 데에도 기여한다. 이런 측면에서 거론되어온 개념이 '거버넌스'이다. 거버넌스란 일반적으로 공공활동에 관련된 다양한 조직과 기구의 연결유형, 느슨한 결합체, 다중 제도적 조직상황 등을 의미하는 말로 쓰인다(Jasen, 2007; 진관훈, 2012에서 재인용). 이는 통치 과정 governing에서 일어나는 모든 일을 포괄하는 개념이기도 하다. 그 주체는 정부, 시장, 관계망 등이 될 수 있으며, 대상은 가족, 집단, 공식·비공식 조직, 지역 등이 될 수 있고, 수단은 법률, 규범, 권력, 언어 등이 될 수 있다(Bevir, 2013). 좀 더 구체적으로 설명하면, 거버넌스란 공공 부문과 민간 부문, 그리고 시민사회의 다양한 조직들이 자발적으로 상호 협력하는 통치방식(협치) 혹은 네트워크 체계를 뜻한다. 즉, 과거처럼 정책결정 과정에 정부만 중심이 되는 것이 아니라 다양한 행위자가 참여하는 형태를 가리킨다(이은구 외, 2003).

이러한 특성 때문에 지방 차원의 거버넌스는 '지역주민과 함께 다스리는 일'로 표현되기도 한다.[6] 한마디로 거버넌스는 지방의 정치와 행정에 대한

6 사회복지 기능의 분권화 및 민간 부문 역할의 강조와 같은 사회복지 공급체계의 변화(post welfare model)에 거버넌스 원리를 결합시킨 것을 '복지 거버넌스'라고 별도로 구분하여 칭하기도 한다(진관훈, 2012). 이러한 개념은 지역사회복지정책의 수립과 이행을 위한 지방정부 수준의 민관 협력관계와 복합적 네트워크 구조(이은구 외, 2003)라는 설명과도 맥이 닿아 있다.

주민의 참여가 확대되고 직접민주주의 원리가 관철되는 현상을 일컫는다고 말할 수 있다. 이를 염두에 두면서 이제 국내 주민참여 관련 제도들을 살펴보자.

2) 주민참여제도와 사례

주민참여제도는 지역사회 주민들의 복지욕구를 파악하고 반영하는 데 관건이 되는 제도이다. 주민참여제도에는 여러 가지가 있지만, 특히 주민의 직접적 참여를 보장하는 제도적 장치들을 중심으로 간략히 살펴보고 관련된 국내 사례도 함께 다루고자 한다.

(1) 주민투표제

주민투표제는 「지방자치법」 제14조에서 "주민에게 과도한 부담을 주거나 중대한 영향을 미치는 지방자치단체의 주요 결정사항 등에 대하여 주민투표에 부칠 수 있다."라고 규정하고 있다.

주민투표의 대상, 발의자, 발의요건, 투표 절차 등에 대해서는 「주민투표법」과 「주민투표관리규칙」에서 상세히 규정하고 있다. 주민투표제는 지방자치단체의 주요 결정 사항에 대한 주민의 직접 참여를 보장하고, 지방행정의 민주성과 책임성을 제고하는 데에 일차적인 목적이 있다.

주민투표 사례 1 : 서울특별시 무상급식 주민투표

시기: 2011년   목적: 초·중등학생 보편적 무상급식 찬반 여부 결정
경과 및 결과: 청구 서명자 수가 법적 기준을 통과하여 서울시장의 발의로 투표를 실시하였으나, 투표율 25.7%로 법정 개표 기준 33.3%에 미달하여 개표 없이 종결됨.

주민투표 사례 2 : 삼척시 원전 설치 찬반 주민투표

시기: 2014년   목적: 정부가 추진 중인 원전 유치 계획 철회
경과 및 결과: 주민들이 자체적으로 실시한 투표에서 유권자의 67.9%가 투표하
고, 투표자의 약 85%가 원전 유치에 반대함. 당시 정부는 이 투표를 인정하지 않
고 원전 설치를 강행하려 하였으나, 지속적인 주민의 반대운동에 부딪힌 끝에,
2019년 5월에 계획을 철회함.

(2) 주민소환제

주민소환제는 「지방자치법」 제20조에서 "주민은 그 지방자치단체의 장
및 지방의회의원(비례대표 지방의회의원은 제외한다)을 소환할 권리를 가진다."
라고 규정하고 있다. 주민소환의 투표 청구권자, 청구요건, 절차 및 효력 등에
대해서는 「주민소환에 관한 법률」에서 규정하고 있다.

이 제도의 포괄적 목적은 앞의 주민투표제와 마찬가지로 주민의 직접 참
여를 확대하고 지방행정의 민주성과 책임성을 제고하는 데 있음을 당해 법률
에서 밝히고 있다. 법률이 정한 요건과 절차에 따라 주민소환이 확정되면 소환
투표 대상자는 그 직을 상실하게 된다. 주민소환은 이를 추진하는 주민단체가
지역주민의 관심과 공감 및 참여를 끌어내지 못하면 실패하기 쉽다.

주민소환 사례 : 경남도지사 주민소환

시기: 2016년   목적: 사회복지에 반하는 정책을 강행한 도지사 소환
경과 및 결과: 도지사의 공공의료원 폐업, 무상급식 중단 등 일방적이고 반(反)
복지적인 통치행위를 주된 이유로 삼아 민간단체인 주민소환운동본부를 중심으
로 주민소환 추진했으나, 청구 서명자 수가 최소 청구 요건을 충족시키지 못해
선거관리위원회가 청구를 각하함.

(3) 주민조례청구제

조례의 제정과 개폐에 관한 주민청구제는 「지방자치법」 제15조에서 "지방자치단체의 조례로 정하는 19세 이상의 주민 수 이상의 연서로 해당 지방자치단체의 장에게 조례를 제정하거나 개정하거나 폐지할 것을 청구할 수 있다."라고 규정하고 있다.

청구의 범위나 요건 및 절차에 대해서도 같은 조에서 규정하고 있으며, 따로 부연할 세부사항에 대해서는 지방조례로 정하도록 하고 있다. 제도가 처음 시행된 2000년 이후 2016년까지 총 223건이 청구되어, 그중 52%인 116건이 가결된 바 있다. 특히 2003년에서 2005년 사이에는 학교급식에 관한 조례제정 청구가 급증하기도 했다.

지방조례제정 청구 사례 : 성남시립병원 설립 조례제정운동

시기: 2006년   목적: 시민 건강권 확보를 위한 시립병원 설립과 관련된 조례제정
경과 및 결과: 인하병원 폐업으로 촉발된 실직과 의료공백 문제에 대응하여 범시민대책운동이 조직됨. 이 운동은 처음 목표였던 폐업 철회를 시립병원 설립으로 바꾸고, 조례제정 청구운동을 2년여에 걸쳐 전개함. 시의회의 무성의한 태도로 조례안이 두 차례나 부결되었으나 결국 시의회 본회의에서 통과됨.

(4) 주민감사청구제

주민감사청구제는 「지방자치법」 제16조에서 "지방자치단체와 그 장의 권한에 속하는 사무의 처리가 법령에 위반되거나 공익을 현저히 해친다고 인정되면 감사를 청구할 수 있다."라고 규정하고 있다.

이 제도는 위법부당한 행정처분이나 불합리한 행정제도로 인하여 주민의 권익을 침해받은 경우에 19세 이상인 일정한 수 이상의 주민에게 연대 서명을 받아 차상급 기관에 주민이 직접 감사를 청구할 수 있는 제도이다. 동법 제16조와 시행령 제20조에서 감사청구의 허용 범위와 요건 및 절차 등을 규정하고 있다.

(5) 주민소송제

주민소송제는 「지방자치법」 제17조에서 "감사청구한 사항과 관련이 있는 위법한 행위나 업무를 게을리 한 사실에 대하여 해당 지방자치단체의 장을 상대방으로 하여 소송을 제기할 수 있다."라고 규정하고 있다.

이 제도는 지역주민이 자신의 개인적 권리 및 이익의 침해와 관계없이, 그 위법한 행위의 시정을 법원에 청구할 수 있는 제도이다. 단체장의 책임 여부만 가리는 것이 아니라 잘못 집행된 예산을 환수해달라는 것이기 때문에 납세자의 실질적인 권리를 보장할 수 있다.

그러나 주민소송제는 소송의 요건과 절차가 까다로우며 주민이 승소하는 비율도 매우 낮다. 2020년 1월에 행정안전부가 정리하여 밝힌 자료에 따르면, 2006년 5월 이후 청구되어 종결된 39건의 주민소송 중 주민이 일부나마 승소한 경우는 단 한 건뿐이며, 대부분은 주민이 패소하였고 나머지는 기각되거나 소 취하를 한 경우들이다.

주민소송 추진 사례 : 경기도 부천시 주민소송

시기: 2017년　　목적: 시의 부지 일부 매각계획 철회
경과 및 결과: 상동 영상단지 일부를 신세계에 매각하려는 부천시의 개발계획에
반발하며 시를 상대로 주민소송을 제기함. 2016년 주민감사청구에 이어 2017년
2월에 접수됨. 주민소송 비용을 전액 시민모금으로 마련했으며, 소송 진행 중에
부천시가 신세계에 최종 계약 해지를 통보함에 따라 주민이 소송을 취하하면서
일단락됨.

(6) 주민참여예산제

주민참여예산제는 지방자치단체의 예산편성에 주민이 직접 참여할 수 있
도록 한 제도로, 시민참여를 확대함으로써 재정 운영의 투명성과 공정성을 높
이고 예산에 대한 시민 통제를 통해 책임성을 고취시키기 위해 도입된 제도이
다. 「지방재정법」 제39조와 동법 시행령 제46조에서 참여의 범위와 절차 등에
관하여 규정하고 있으며, 2011년 9월부터 의무화되었다. 서울시는 2012년 5
월에 「주민참여예산제 운영조례」를 제정·공포하고, 2013년부터 주민교육과
참여예산위원 공개모집 및 위촉을 거쳐 제도 이행을 공식화하였으며, 참여예
산을 위한 홈페이지(https://yesan.seoul.go.kr)를 별도로 관리하고 있다.

주민참여예산제 적용 사례 : 서울특별시 은평구 주민참여예산제도

시기: 2010년 이후　　목적: 주민의사를 반영하는 구 예산 확보
경과 및 결과: 참여예산학교, 참여예산분과위 등을 설치하고 주민참여기본조례
를 제정한 가운데 주민참여예산제를 운영·실시함. 아래로부터의 제안을 구 예
산에 반영하기까지 주민참여의 양적 확대와 의사결정 구조의 질적 개선을 단계
적으로 추진함. 동 및 구 단위의 참여예산위원회를 가동하고, 주민총회에서의 토
론과 투표 등을 거쳐 구청 정책사업의 우선순위를 정함. 예산의 편성, 집행, 평가
의 전 과정에 주민이 참여할 수 있는 점이 특징임.

이상과 같이 주민의 직접적 참여를 보장하는 제도적 장치 외에, 지역사회 단위로 민간 부문과 공공 부문 사이의 소통과 협의를 공식화할 수 있는 거버넌스 체계가 있다. 지역사회복지 관련 거버넌스 추진기구라 할 '지역사회보장협의체'가 그것이다.[7] 이 기구를 형식의 틀을 뛰어넘어 실질적인 지역사회복지 거버넌스 채널로 자리 잡도록 발전시켜가는 것이 지역 차원의 중요한 관심사가 되고 있다. 이에 관해서는 전달체계를 다룬 6장과 네트워킹을 다룬 13장에서 보다 상세히 검토할 것이다.

개념 정리

주민참여 지역사회의 주민이 정책의 결정이나 집행 과정에 개입하여 영향력을 행사하는 행위

거버넌스 정치와 행정에 대한 폭넓은 주민참여를 통해, 공공 부문과 민간 부문 사이에 상호 협력이 이루어지는 통치체계로서, 종종 '협치'로 번역됨

주민참여제도 지역사회 주민의 직접적 참여를 보장하는 제도적 장치로 주민투표제, 주민소환제, 주민조례청구제, 주민감사청구제, 주민소송제, 주민참여예산제 등이 있음

---

7 '지역사회보장협의체'는 2003년에 개정된 「사회복지사업법」에 근거를 두고 설치·운영되었던 '지역사회복지협의체'가 2014년 12월 30일에 제정되고 2015년 7월 1일 시행된 「사회보장급여의 이용·제공 및 수급권자 발굴에 관한 법률」(약칭 「사회보장급여법」)에 따라 개편된 것이다.

06

지역사회복지 전달체계

사회복지정책 분석을 위한 질문은 누구에게, 무엇을, 어떻게 제공할 것인가 하는 문제와 이를 위한 비용의 문제로 요약될 수 있다. 이러한 정책분석의 주요 요소들 가운데 '누구에게'는 정책과 제도의 수혜자에 대한 것으로, 흔히 '할당 allocation'으로 표현된다. '무엇을'은 '급여 benefit'의 종류와 형태에 대한 것이며, '비용'의 문제는 '재정 budget'의 책임이 어디에 있는지의 문제이다. '어떻게'는 급여를 할당된 대상자에게 '전달 delivery'하는 방법 및 체계에 대한 것이다.

이 장에서 논의하고자 하는 전달체계는 위에서 언급한 네 개의 사회복지 정책 영역 가운데 '어떻게', 즉 재화나 서비스 등의 급여를 할당된 수급 대상자에게 전달하는 방법 및 체계와 관련되어있다. 이 장에서는 지역사회복지 전달 체계의 개념에 대해 논의하기 위해 일반적인 사회복지정책 전달체계의 개념틀을 기반으로 설명하고, 추가적으로 지역사회복지 전달체계의 차별적인 특성을 기술하였다.

1. 지역사회복지 전달체계의 개념

지역사회복지 전달체계의 개념은 사회복지정책 전달체계의 개념에 지역 사회라는 공간적 제한을 적용한 것으로 이해할 수 있다. 즉, 지역사회 수준에서 지역사회 주민의 욕구에 대응하기 위해 필요한 다양한 현물과 현금 형태의 급 여를 할당받고자 하는 대상자에게 전달해주는 방법과 체계를 지역사회복지 전 달체계라 할 수 있다.

지역사회복지정책 및 서비스를 설계할 때 사회복지 급여의 형태와 종류, 그리고 이것을 누가 할당받을 수 있는가를 결정하는 자격 기준은 매우 중요한 요소이다. 그런데 이와 같은 현물 및 현금 급여와 할당의 설계는 지역사회 주 민의 급여에 대한 욕구와 공급을 이어주는 전달체계를 염두에 두고 설계되어 야 한다. 이런 의미에서 전달체계는 급여나 할당의 형식과 내용을 결정짓는 중 요한 고려 사항이라 할 수 있다.

지역사회복지 전달체계에는 공식적 전달체계만 존재하는 것이 아니라는 점을 기억할 필요가 있다. 국가나 지방자치단체가 법령과 정책으로 명문화한 공식적·제도적 전달체계뿐만 아니라, 비공식적·비제도적 현물 및 현금 지원 과 서비스에 대해서도 전달체계의 개념으로 포괄할 수 있다. 예를 들어 사회복지공동모금회나 기업이 지원 혹은 실행하는 사회복지사업들은 국 가나 지방자치단체가 진행하는 제도 로서의 사회복지는 아니다. 그러나 이러한 사업들은 지역사회 주민의 욕 구에 대응하기 위해 지역사회 차원에 서 급여와 서비스를 제공하는 것이므 로, 사업에 관계된 기관 및 단체들은 해당 사업을 이용자 및 수혜자에게

사회복지공동모금회가 나눔문화 확산을 위한 행사를 개최하는 모습. 사 회복지공동모금회는 1998년 설립된 법정 전문모금·배분기관으로, 기부 받은 성금을 지역 내 복지관과 비영리 단체 등에 배분하여 이들이 사회복 지사업을 수행할 수 있도록 지원한다. ⓒ 사회복지공동모금회.

연결해주는 비공식적 전달체계의 기능을 하고 있다고 볼 수 있다.

한편, 지역사회문제에 대응하기 위해 협업하는 지역사회 주민조직들이 지역사회복지 전달체계로 작동하기도 한다. 예를 들어 아동·청소년의 안전한 방과후돌봄을 위해 정부는 다양한 제도를 마련하고, 공공 및 민간 기관들을 지원하고 관리·감독함으로써 주요한 제도적 전달체계로 활용한다. 하지만 방과후돌봄 욕구에 대한 지역사회의 대응이 이와 같은 제도적 전달체계에 의해서만 이루어지는 것은 아니다. 지역주민단체나 사회적 협동조합 등은 부모와 아동의 돌봄 욕구에 더욱 효과적으로 대응하기 위해 도서관, 학교, 주민센터, 심지어 식당이나 카페, 학원, 놀이터 등의 공간을 활용하여 마을학교, 마을도서관, 마을돌봄카페 등 소위 '틈새 돌봄기관'을 운영하고 있다. 이러한 사례는 지역사회 주민조직이 비제도적·비공식적 전달체계로서의 역할을 수행하는 것을 보여준다.

개념 정리

지역사회복지 전달체계
- 지역사회 수준에서 지역사회 주민의 욕구에 대응하기 위해 필요한 다양한 현물과 현금 형태의 급여를, 할당받고자 하는 대상자에게 전달해주는 방법과 체계
- 지역사회에서는 공식적·제도적 전달체계와 비공식적·비제도적 전달체계가 모두 작동하며 역할을 수행하고 있음

| 더 알아보기 |

지역사회 차원의 방과후돌봄 서비스

방과후돌봄은 제도적으로 충족되어야 할 지역사회 주민의 욕구 중 하나이다. 학령기 아동의 방과후돌봄 공백은 특히 맞벌이와 한부모 등 돌봄 취약계층과 그 아동에게 심각한 문제를 야기할 수 있기 때문이다. 현재 우리나라는 초등돌봄교실, 지역아동센터, 청소년방과후아카데미 등에서 방과후돌봄 서비스와 프로그램을 제공하고 있다. 초등돌봄교실은 초등학교에서 방과 후에 운영하는 제도이다. 지역아동센터는 일정한 시설 및 자격 요건을 갖춘 지역사회 기관으로, 특히 취약계층 아동의 방과후돌봄 및 학습 지원, 상담 등 종합적인 돌봄 기능을 수행하고 있다. 청소년방과후아카데미는 저소득층,

한부모, 장애아동 등 방과후돌봄이 필요한 초등학교 4학년부터 중학교 3학년의 청소년에게 체험, 학습, 상담 등 종합 서비스를 제공하기 위해 설치된 기관이다.

표 6-1에서 볼 수 있듯, 이들 제도와 프로그램은 모두 법령에 근거하여 중앙정부에서 제도를 만들었고 지역사회 차원에서 시행하고 있다. 이 가운데 초등돌봄교실은 예외적인 경우를 제외하고는 모두 국공립 교육기관에 해당하는 초등학교를 전달체계로 활용하고 있다. 지역아동센터는 대부분 개인 및 민간 기관이 일정한 자격과 시설 기준을 만족하는 경우 신고에 의해 운영하고 있다. 청소년방과후아카데미는 주로 지역사회 청소년 수련관이나 청소년 문화의 집 등 지역사회 청소년 시설을 주요한 전달체계로 활용하고 있다.

표 6-1 방과후돌봄서비스 현황

사업명		초등돌봄교실	다함께 돌봄	지역아동센터	청소년방과후아카데미
해당 부처		교육부	보건복지부	보건복지부	여성가족부
시행 시기		2004	2017	2004	2005
근거법		초·중등 교육과정 총론 교육부 고시	저출산고령사회기본법, 아동복지법	아동복지법	청소년기본법
지원 대상		초1~6학년	만6~12세	만18세 미만	초4~중3학년
지원 기준		맞벌이 가정 중심	맞벌이 가정 중심 이용료 자부담(프로그램 참여 등 월 10만 원 이내, 간식비/실비 별도 부담)	취약계층 중심(중위소득 100% 이하)	취약계층 우선지원(중위소득 150% 이하)
운영시간	학기	방과후~17시	여건에 따라 자율	14~19시	방과후~21시
	방학	여건에 따라 자율	여건에 따라 자율	12~17시	여건에 따라 자율
지원 내용		보호, 교육 및 일부 급·간식 지원	시간제 돌봄, 프로그램 지원 등	보호, 교육, 문화, 정서지원, 지역사회 연계 등	전문체험활동, 학습지원, 자기계발활동, 특별지원 및 생활 지원(급식 지원 포함)

2. 지역사회복지 전달체계의 원칙

지역사회복지 전달체계는 여타 사회복지정책 전달체계와 독립적으로 존재하는 것이 아니다. 오히려 거시정책적 차원의 사회복지 전달체계가 지역사회 차원에서 실현되는 구체적인 형식 내지는 수단으로 이해하는 것이 적절하다. 그러므로 기존 사회복지정책 전달체계에 적용되는 일반적인 원칙은 지역사회복지 전달체계를 분석하고 평가하는 데에도 그대로 적용할 수 있다. 먼저, 길버트와 스펙트(Gilbert and Specht, 1986)는 이상적인 전달체계가 갖추어야 할 주요 원칙으로 통합성, 계획성, 접근 용이성, 책임성 등을 들고 있다(신복기 외, 2002). 각각의 원칙을 자세히 살펴보자.

- 통합성: 이상적인 사회복지 전달체계라면 제반 사회복지서비스가 최대한 통합적으로 운영되어야 한다. 서비스가 하나의 기관이나 장소에서 제공되지 않아 대상자가 이리저리 이동해야 한다면 이는 통합성의 원칙에 위배된다.
- 계획성: 계획성이란 전체 프로그램과 서비스가 그 내용과 조직 측면에서 빈틈없이 지속될 수 있도록 계획되어야 한다는 것을 의미한다. 즉, 계획성은 다양하게 변화하는 이용자의 욕구와 필요에 따라 끊임없이 대응할 수 있는 정도를 말한다.
- 접근 용이성: 서비스 제공자는 이미 욕구가 표출된 서비스 이용자뿐 아니라 그러한 욕구를 지닌 잠재적 이용자까지도 발견하여 서비스 체계에 접근할 수 있도록 해야 한다. 이때 접근 용이성은 서비스 체계로 들어가는 데 장애가 있는 정도, 예를 들어 소득, 연령, 성별 등 이용자의 특성에 따라 서비스 체계에 접근하는 데 제한을 두는 정도를 의미한다.
- 책임성: 책임성은 서비스의 효과성과 밀접히 연관되어있는 개념으로, 서비스 제공자가 가져야 할 사회에 대한 책임, 서비스 이용자에 대한 책임, 전문가로서의 책임을 의미한다. 사회복지 전달체계는 역동적으로 변화하는 환경과 이용자의 욕구에 능동적으로 대응하여 정책 및 프로그램의 목표를 달성할 수 있어야 한다. 책임성은 이러한 정책 및 프로그램의 목표에 맞는 결과를 산출하는 데 꼭 필요한 원칙이다.

길버트와 스펙트의 사회복지 전달체계의 원칙은 다소 포괄적이고 일반적이다. 이와 달리 사회복지서비스 전달체계의 원칙을 행정적인 측면과 서비스 제공의 측면으로 구분하여 정리하기도 한다(서상목 외, 1988). 행정적인 측면에

초등학생 우리 아이 방과 후 돌봄 서비스,
이제 찾아가지 말고
정부24에서 편리하게 신청하세요.

통합성은 사회복지 전달체계의 중요한 원칙 중 하나이다. 국내에서는 '온종일돌봄 원스톱서비스'를 마련하여 전국의 초등학생 돌봄시설 정보를 한곳에서 검색하고 온라인 신청도 할 수 있게 함으로써 통합성을 개선하였다. ⓒ 정부24

서는 기능 분담의 체계성, 전문성에 따른 업무 분담, 책임성, 접근 용이성, 통합 조정, 지역사회참여 조사 및 연구 등 전달체계 효과성, 효율성과 전문성의 강화에 초점을 맞추고 있다. 서비스 제공의 측면에서는 평등성, 재활 및 자활 목표, 적절성, 포괄성, 지속성, 가족 중심성 등 서비스 제공 과정에서 지켜야 할 가치체계나 철학적 기반과 관련된 원칙이 포함된다.

사회복지 전달체계의 원칙들을 조직 구조적 측면과 관리 운영적 측면으로 구분하여 정리하는 경우(박경일, 1997)도 있다. 여기에서는 조직 구조적 측면의 원칙으로 권리성, 전문성, 통합성, 접근 용이성, 기능 부담의 체계성, 지역사회참여, 문화적 특수성 등을 제시하고 있다. 관리 운영적 측면의 원칙으로는 평등성, 포괄성, 책임성, 재활 및 자활 목표, 계획성, 적절성, 지속성, 가족 중심의 서비스 제공 등을 포함하고 있다.

앞서 언급했듯 사회복지 전달체계의 일반적인 원칙은 지역사회복지 전달체계에도 동일하게 적용될 수 있다. 다만 지역사회복지 전달체계의 특수성을 고려하여, 지역사회 역량강화의 원칙을 추가할 수 있을 것이다. 이는 지역사회복지 제도와 서비스를 전달하는 과정에서 단순히 문제만 해결하는 것이 아니라 지역사회 전반의 역량을 강화하는 것을 추구해야 한다는 원칙이다.

개념 정리

사회복지 전달체계의 원칙
- 통합성, 계획성, 접근 용이성, 책임성, 체계성, 전문성, 평등성, 지속성 등이 있음

지역사회복지 전달체계의 특수성
- 복지 제도와 서비스를 전달하는 과정에서, 문제 해결뿐 아니라 지역사회 전반의 역량강화를 추구해야 함

3. 지역사회복지 전달체계의 구분

지역사회복지 전달체계는 전달하고자 하는 정책 및 프로그램의 성격과 내용, 접근방법, 전달주체의 성격 등에 따라 다양한 방식으로 구분될 수 있다. 이절에서는 지역사회복지 전달체계를 전달주체의 성격에 따라 구분하는 틀을 제시하고, 전달주체들의 성격에 대해 기술하고자 한다.

앞서 4장의 그림 4-1에서는 복지혼합과 제3부문의 개념을 설명하기 위해 페스토프(Pestoff, 2005)의 틀을 소개하였다. 그는 사회를 구성하는 조직 및 기관을 '공공/민간, 영리/비영리, 공식/비공식'의 세 가지 축을 따라 구분하였다. 그리고 이 세 개의 구분을 넘나들며 존재하거나 활동하는 영역으로 제3부문이 있는데, 그림에서는 세 축이 만나는 가운데에 위치하고 있다.

이러한 틀은 지역사회복지 전달체계의 주체별 구분을 설명하는 데에도 활용할 수 있다. 전달체계를 제공 주체의 공적 지위 여부에 따라 '공공 전달체계/민간 전달체계'로, 영리 추구 여부에 따라 '영리 전달체계/비영리 전달체계'로, 공식성 여부에 따라 '공식적 전달체계/비공식적 전달체계'으로 구분할 수 있는 것이다. 각각의 구분과 그 내용을 자세히 살펴보자.

1) 공공 전달체계와 민간 전달체계

전달체계는 전달주체의 공적 지위 여부에 따라 공공public 전달체계와 민간private 전달체계로 구분할 수 있다. 공공 전달체계는 중앙정부, 지방정부, 지방자체단체 등과 같이 정부기구가 주체가 되어 지역사회복지정책 및 서비스와 프로그램을 제공하는 경우에 해당한다. 예를 들어 전국 시·군·구 기초자치단체에는 위기가정에 통합사례관리를 제공하기 위한 '희망복지지원단', 취약계층 아동에게 맞춤형 통합서비스를 지원하기 위한 '드림스타트'가 설치되어있다. 이러한 기구들은 지역 행정체계에 편재되어 지자체가 운영하는 공공 전달체계에 속한다. 또한 서울시는 기존의 동주민센터를 활용하여 지역주민의 복지를 지원하고 주민자치 프로그램을 제공하는 '찾아가는 동주민센터' 사업을 실시하고 있다. 이 역시 민원과 일반행정 중심의 공공기관인 동주민센터를 지역사회복지를 위한 공공 전달체계로 활용한 사례로 볼 수 있다.

민간 전달체계는 공공 영역이 아닌 민간 영역의 개인이나 단체, 법인 등이 주체가 되어 지역사회복지서비스와 프로그램을 제공하는 경우에 해당한다. 아동돌봄을 예로 들면, 가족이나 이웃, 사설 어린이집, 공동육아협동조합과 같이 민간 영역에 속하는 여러 주체가 사회서비스를 제공하고 있다. 이들은 모두 정부나 지자체와 같은 공공 영역이 아니므로 민간 전달체계로 볼 수 있다. 이처럼 민간 전달체계에는 다양한 공식/비공식 조직, 영리/비영리 조직, 제3부문이 포함된다. 사회복지법인은 대표적인 민간 전달체계로,[1] 사회복지에 관련된 사업과 시설을 운영함으로써 다양한 사회보장 서비스와 급여를 지역사회 주민에게 전달하는 역할을 수행하고 있다.

이 외에 공공과 민간의 상시적인 협업체계로 작동하는 혼합 전달체계도 존재한다. 이 경우 서비스 제공에 필요한 기관 및 시설 등의 물리적·공간적 인프라는 공공이 제공하되, 시설 운영에 필요한 인적자원과 운영 기술은 민간의 참여로 충당하는 민간위탁 형태로 운영된다. 우리나라 대부분의 복지관과 국공립 어린이집은 공공이 시설을 설립한 뒤 민간에 운영을 위탁하는 '공설민영의 혼합 전달체계'에 해당한다.

개념 정리

공공 전달체계 정부기구가 주체가 되어 복지정책과 서비스, 프로그램을 제공
민간 전달체계 개인, 단체, 법인이 주체가 되어 복지정책과 서비스, 프로그램을 제공
혼합 전달체계 공공과 민간의 상시적인 협업체계로 작동하며 복지정책과 서비스,
　　프로그램을 제공

1　사회복지법인은 운영 주체가 민간이므로 민간 전달체계로 구분되지만, 정부가 법인의 설립에 관여하고 재정보조 등의 형식으로 운영에도 관여하기 때문에 공공의 성격이 아예 없다고 보기는 어렵다.

2) 영리 전달체계와 비영리 전달체계

전달체계의 서비스 주체가 영리를 추구하느냐 여부에 따라 영리[for-profit] 전달체계와 비영리[non-profit] 전달체계로 구분된다. 영리 전달체계는 시장 논리에 의해 운영되고 수익을 목적으로 서비스를 제공하는 경우에 해당하며, 병원이나 사설 학원 등이 있다.

반면 비영리 전달체계는 사회복지라는 비영리 목적을 위해 서비스를 제공하는 경우에 해당한다. 앞서 살펴본 공공 전달체계 및 뒤에서 다룰 비공식적 전달체계는 영리성을 거의 추구하지 않기 때문에 대부분 비영리 전달체계에 속한다.

그런데 수익이나 이윤을 창출하지만 영리를 목적으로 하지 않는 전달체계도 있다. 최근 들어 우리나라 지역사회복지 전달체계의 주체로 주목받고 있는 협동조합이나 사회적 기업 등의 사회적 경제 영역이 그것이다. 예컨대 구성원이 협동하여 재화 또는 서비스를 구매·생산·판매·제공하는 협동조합의 경우, 조합원의 권익을 향상하고 지역사회에 공헌하는 한 영리를 취할 수도 있고 그렇지 않을 수도 있다.[2] 사회적 기업도 기업처럼 재화 및 서비스의 생산·판매 등 영업활동을 통해 수익을 창출한다. 그러나 협동조합은 조합원의 복리 증진과 상부상조를 주된 목적으로 규정하고 있고, 사회적 기업 역시 취약계층에 사회서비스 또는 일자리를 제공하거나 지역사회에 공헌하는 목적을 추구해야 하며 이윤의 3분의 2 이상을 사회적 목적을 위해 사용해야 한다고 규정하고 있다. 이처럼 사회적 경제 영역에서 활동하는 조직들은 이윤 창출보다는 사회서비스 제공을 통한 지역사회복지 증진을 주 목

지역 내 돌봄이 필요한 취약계층 발굴하고 이들에게 서비스를 제공하는 한 사회적협동조합에서 복지 사각지대 어르신들에게 제공할 반찬을 만들고 있다. ⓒ 인천평화의료복지사회적협동조합

---

2 다만 사회적협동조합은 "협동조합 중 지역주민들의 권익·복리 증진과 관련된 사업을 수행하거나 취약계층에게 사회서비스 또는 일자리를 제공하는 등 영리를 목적으로 하지 아니하는 협동조합을 말한다."(「협동조합기본법」 제2조 제3호)라고 규정하여 비영리의 성격을 명확히 하였다.

적으로 하기에 비영리 전달체계로 볼 수 있으며, 민간 영역에서 활동하면서도 공익적 성격을 가지는 활동을 수행하는 대표적인 지역사회복지 전달체계의 기능을 수행하고 있다.

개념 정리

영리 전달체계 시장 논리로 운영되며 수익을 목적으로 서비스를 제공
비영리 전달체계 사회복지를 목적으로 서비스를 제공
협동조합과 사회적 기업 수익이나 이윤을 창출하지만, 구성원의 복지 증진을 목적으로
　　서비스를 제공함

---

3) 공식적 전달체계와 비공식적 전달체계

전달체계는 사회적 영역에 존재하는 공식적^{formal} 전달체계와 가족 및 개인, 이웃 등 사적 영역에서 이루어지는 비공식적^{informal} 전달체계로 구분할 수 있다. 공식적(사회적) 전달체계는 앞서 구분한 것처럼 제공 주체의 공공적 지위와 성격에 따라 공공 전달체계와 민간 전달체계로 구분되기는 하나, 서비스나 프로그램을 제공하는 배경에 공공에 의한 제도와 정책이 있고 대부분의 경우 서비스나 프로그램을 제공하는 데 소요되는 비용의 전부 혹은 일부를 공공이 지불하고 있다. 이는 결국 현대 지역사회가 직면하고 있는 다양한 문제에 대응할 때 개인과 그 가족에게 해결에 대한 책임을 떠맡기는 것이 아니라 해당 지역사회, 특히 정부를 포함한 공공이 일정한 역할을 해야 한다는 현대 복지국가의 원칙을 반영한 것이다.

이에 반해 지역사회에서 전적으로 개인과 가족이 문제 해결의 주체가 되는 경우, 사회적 책임과 공공의 역할을 강조하는 의미의 공식적(사회적) 전달체계와 대비되는 개념으로서 이를 '비공식적(사적) 전달체계'로 구분할 수 있다. 예를 들어 우리나라 보육정책의 한 부분을 담당하고 있는 가정양육수당은 5세 이하의 아동을 집에서 돌보는 전업부나 전업모에게 지급하는 현금수당으로, 부모가 직접 가정 내 양육을 책임지는 데 대한 사회적 수당의 성격을 갖는

다. 이는 결국 건강하고 안전하게 영유아를 돌보는 데 필요한 공간과 서비스를 가족 내에서 부모가 직접 제공하고, 이에 대한 급여를 국가가 지급하는 형태이다. 또한 장기요양 등급을 받은 노인에게 가족이 직접 요양서비스를 제공하는 경우 그 가족에게 지급하는 가족요양급여(가족요양비)도 앞서의 가정양육수당과 비슷한 방식으로 이해할 수 있다. 가족요양급여는 탈가족화된 공적 요양서비스가 미치지 못하는 경우에 한해서만 지급된다는 제한 규정이 있지만, 본질적으로는 가족에 의해 제공되는 돌봄서비스에 대한 사회적 수당의 성격을 갖는다. 결과적으로 가정양육수당과 가족요양급여 모두 돌봄 대상자와 돌봄 제도가 만나는 지점에 가족이라는 비공식적(사적) 전달체계가 자리 잡고 있다는 공통점이 있다.[3]

개념 정리

공식적 전달체계 정부를 포함한 공공이 사회적 책임을 다하기 위해 문제를 해결하는 경우
비공식적 전달체계 가족과 개인 등 사적 영역에서 문제를 해결하는 경우

지금까지 지역사회복지 전달체계의 개념과 원칙을 살펴보고, 전달체계의 구성요소와 특성에 기반하여 전달체계를 구분하여 논의하였다. 다음으로는 이와 같은 개념적·이론적 논의를 바탕으로 우리나라 지역사회복지 전달체계의 현황과 특징에 대해 기술하겠다.

---

3   외부에서 재화나 서비스를 제공받지 않고 전적으로 개인이나 가족이 문제를 해결하는 경우도 존재한다.
    하지만 앞서 전달체계의 개념을 '지역사회복지실천을 위해 필요한 현물과 현금 형태의 급여를 할당받고자 하는
    대상자에게 전달해주는 과정과 체계'로 정의한 점을 고려했을 때, 이러한 경우를 '비공식적(사적) 전달체계'의
    범주에 포함할 수 있는지의 여부는 논쟁적이다.

4. 우리나라 지역사회복지 전달체계의 현황과 특징

이 절에서는 앞서 언급한 지역사회복지 전달체계가 우리나라 지역사회복지현장에서 어떻게 구체화되고 있는지를 살펴보려 한다. 또한 우리나라 지역사회복지 전달체계의 현황과 특징을 주요 사회보장제도의 영역별로 살펴보고, 그 외 주요한 지역사회복지 전달체계의 요소들을 고찰하고자 한다.

우리나라 사회보장제도의 기본적인 법적 근거가 되고 있는 「사회보장기본법」은 제3조에 사회보장제도를 사회보험, 공공부조, 사회서비스로 구분하여 정의하고 있다. 또한 동법 제5조에 사회보장제도를 위한 국가와 지방자치단체의 공동 책임을 명시하고 있다.[4] 이뿐만 아니라 동법 제25조에 사회보험은 국가의 책임으로, 공공부조와 사회서비스는 국가와 지방자치단체의 책임으로 운영하는 것을 원칙으로 규정하고 있다.[5] 이와 같이 우리나라 사회보장제도는 사회보험, 공공부조, 사회서비스로 구분되어 운영되고 있으며, 각각의 제도 영역별로 상이한 수준의 책임이 국가와 지방자치단체에 부여되고 있다. 다른 한편으로, 앞서 5장에서는 1995년 지방자치제도가 시작된 이래 2005년부터 복지분야에서도 지방분권이 본격화되었음을 언급하였다. 이러한 분권화 과정에서 광역 및 기초지방자치단체별로 중앙정부의 복지정책에 대응하는 전달체계가 기획 및 운영되고 있다.

사회보장은 사회보험, 공공부조와 같은 소득보장제도와 더불어 사회서비스를 포함한다. 우리나라 사회보장제도의 핵심 영역은 「사회보장기본법」 제3

---

4   「사회보장기본법」 제5조(국가와 지방자치단체의 책임) 제1항과 제2항에서는 국가와 지방자치단체의 책임을
    다음과 같이 규정하고 있다.
    ① 국가와 지방자치단체는 모든 국민의 인간다운 생활을 유지·증진하는 책임을 가진다.
    ② 국가와 지방자치단체는 사회보장에 관한 책임과 역할을 합리적으로 분담하여야 한다.
5   「사회보장기본법」 제25조(운영원칙) 제5항에서는 사회보장제도의 시행 책임에 대해 다음과 같이 규정하고
    있다.
    ⑤ 사회보험은 국가의 책임으로 시행하고, 공공부조와 사회서비스는 국가와 지방자치단체의 책임으로
    시행하는 것을 원칙으로 한다. 다만, 국가와 지방자치단체의 재정 형편 등을 고려하여 이를 협의·조정할 수
    있다.

조와 「사회보장급여법」 제2조에 잘 정의되어있다.[6] 그동안 우리나라는 사회보험의 경우 국민연금관리공단, 국민건강보험공단 등 사회보험별로 별도의 공단을 설립하여 운영하는 형식으로 전달체계를 수립하였고, 공공부조의 경우 중앙정부부터 광역지자체와 기초지자체에 이르는 행정체계를 활용하였다. 반면 사회서비스의 경우 전달체계 내 공공의 역할을 제한적으로 설정하고 보육, 요양, 장애인 지원 등 다양한 사회서비스의 공급을 민간서비스 제공자들에게 위임하는 방식으로 진행하였다. 이 과정에서 공공은 사회서비스 제공과 이용에 필요한 비용을 시설에 직접 지원하거나 이용자 이용권(바우처)을 지원하는 방식으로 운영하였다. 사회보장 각 영역별 전달체계의 현황은 다음과 같다.

1) 사회보험 전달체계

우리나라 사회복지제도로서의 사회보험에는 대표적으로 국민연금과 건강보험, 그리고 장기요양보험이 있다.[7] 이들 사회보험의 경우 각각 국민연금공단과 국민건강보험공단이라는 준정부기구를 독립적인 전달체계로 구축하여 운영하고 있다. 이들 공단들은 전국적 차원의 중앙기구 역할을 하는 공단과 더불어 지방에 별도의 지사를 설립하고 해당 지역의 이용자들에 대한 기여자 및 수혜자 관리부터, 보험료의 징수, 급여의 지급에 이르기까지의 전 과정을 직접 관리하고 있다. 즉, 전달체계의 측면에서 우리나라 사회보험은 시·군·구나 읍·면·동 등 지방자치 행정체계와 분리된 별도의 공단이 가입자와 공급자를 직접적으로 연결하는 구조를 취하고 있다.

국민연금과 건강보험은 같은 사회보험으로 분류되지만, 급여의 유형을 보

---

6   「사회보장급여법」 제2조(정의) 제1호와 제5호에서는 사회보장급여의 내용과 주체를 다음과 같이 규정하고 있다.
     1. "사회보장급여"란 제5호의 보장기관이 「사회보장기본법」 제3조 제1호에 따라 제공하는 현금, 현물, 서비스 및 그 이용권을 말한다.
     5. "보장기관"이란 관계 법령 등에 따라 사회보장급여를 제공하는 국가기관과 지방자치단체를 말한다.
7   이 외에 고용보험과 산재보험이 있으나 이들 보험의 경우 관련법과 관할 부처 등의 측면에서 위의 세 가지 사회보험과 일정한 거리가 있어 이 책의 논의에서 제외하였다.

면 국민연금이 현금급여의 성격을 갖는 데 반해 건강보험은 의료서비스라는 현물서비스의 성격을 갖는다는 점에서 근본적인 차이가 있다. 급여 유형의 차이는 전달체계의 측면에서도 큰 차이를 낳는 요소로 작용한다. 국민연금의 경우 가입자 관리와 기금 운용, 현금급여의 지급이라는 상대적으로 단순한 구조로 이루어진 제도이며, 전달체계도 이러한 업무를 수행하는 선에서 자체 완결적인 구조를 가지고 있다.

반면 건강보험의 경우 보험가입자가 의료서비스 이용을 통해 비용이 발생할 때 의료서비스 제공자에게 보험금을 지급하는 방식이기 때문에, 국민연금과 달리 서비스 제공자라는 제3의 전달체계 요소가 존재한다. 다시 말해 현재 우리나라 건강보험의 전달체계에서 주요한 요소인 의료서비스 제공은 대부분 민간병원과 약국 등 의료 및 의약기관이 담당하고 있으며, 건강보험의 전달체계인 국민건강보험공단은 이들 민간서비스 제공 기관들에 보험료를 지급하는 방식으로 운영되고 있다. 건강보험은 국민건강보험공단이라는 별도의 공공 전달체계를 통해 독립적이고 자체 완결적인 구조를 갖추고 있지만, 이와 같은 보험을 통해 제공되는 의료서비스는 별도의 전달체계가 작동하고 있는 것이다. 즉, 실질적인 건강 및 의료서비스의 제공이라는 측면에서 보면 지역사회 내 약국, 의원, 병원 등 다양한 수준의 민간 의료기관과 보건소 등 공공 의료기관이 서비스 공급자의 역할을 하고 있으며, 국민건강보험공단은 별도의 체계를 통해 의료서비스의 공급과 소비에 소요되는 비용을 지불하는 역할을 담당하고 있다.

이렇듯 국민연금과 건강보험 같은 우리나라 사회보험은 공공기관의 성격을 가지는 공단이라는 전달체계를 활용하고 있다. 이러한 전달체계는 국가나 지방자치단체가 직접 전달체계의 역할을 담당하는 순수한 공공 전달체계와는 약간의 차이가 있으나 공단의 성격, 주무부처와 공단의 관계, 공단의 운영에 미치는 영향력 등을 고려했을 때 공공 전달체계로 보는 것이 적절하다. 다만 건강보험의 경우 보험료의 관리와 지급은 국민건강보험공단이라는 공공기관을 활용하고 있지만 직접서비스의 제공은 대부분 민간 영역의 의료서비스 제공자들에 의존하고 있다는 측면에서 혼합 전달체계의 성격이 더 강하다.

이상에서 살펴본 국민연금 및 건강보험과 같은 사회보험의 전달체계를 지

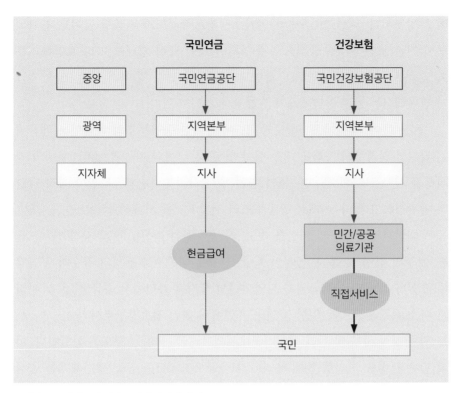

그림 6-1 국민연금과 건강보험의 전달체계 비교

역사회복지의 측면에서 다시 정리해보면, 이들 사회보험은 각각 국민연금관리공단과 국민건강보험공단이라는 공공기관을 중심으로 독립적이고 자체 완결적인 전달체계가 구축되어있다. 따라서 다양한 층위의 지역사회가 이들 전달체계에서 수행하는 역할은 매우 제한적이라고 할 수 있다. 다만 건강보험은 지역사회 내 민간 및 공공 의료기관이 다양한 유형과 수준에서 직접적으로 서비스를 제공하는 지역사회 전달체계의 역할을 수행하고 있다.

2) 공공부조 전달체계

우리나라의 대표적인 공공부조제도에는 국민기초생활보장제도가 있다. 공공부조제도는 중앙정부에서부터 광역지방자치단체와 기초지방자치단체를 거쳐 일선 읍·면·동까지 이르는 공공 행정체계를 그 전달체계로 활용하는 점이 특징적이다. 지난 2015년 국민기초생활보장제도가 맞춤형 급여로 전환되면서 기존 보건복지부 중심으로 운영되던 것이 급여 형태에 따라 보건복지부와 교육부, 국토부로 분할되어 운영되고 있지만 신청 및 자격 기준 조사, 지급과 관련해서는 기존 전달체계가 그대로 유지되고 있다.

예를 들어, 국민기초생활보장제도에 근거한 공공부조의 하나인 생계급여는 급여의 신청부터 자격에 대한 심사 및 관리, 급여의 지급에 이르기까지의 전 과정을 시·군·구와 읍·면·동의 관련 부서 사회복지전담공무원이 직접 담당하여 관리하고 있다. 이러한 공공부조의 전달체계를 자세히 살펴보면, 읍·면·동이 대민서비스 창구의 역할을 하고, 시·군·구가 자산조사 및 자격관리는 물론, 보장의 결정 및 통지, 급여의 지급, 징수에 대한 이의신청의 접수까지 담당하고 있다. 맞춤형 개별급여가 도입되면서 행정적 측면에서 수급 신청 및 관리가 다소 복잡해졌으나, 일반 국민의 측면에서 대민 접수창구로서의 읍·면·동, 그 외 행정적 사무 및 관리 책임기구로서의 시·군·구라는 구도는 동일하다. 이와 같은 특성을 고려했을 때 우리나라 공공부조제도는 공공 행정체계를 중심으로 전달체계를 운용하고 있다고 할 수 있다.

지금까지의 논의는 「국민기초생활 보장법」 제1조에서 국민기초생활보장제도의 두 가지 목적으로 규정한 최저생활 보장과 자활 중 최저생활보장에 집중되었다. 또 다른 목적인 자활을 위한 자활급여와 관련한 지역사회의 전달체계는 다소 다른 모습을 보인다. 수급의 신청, 확인, 조사의 창구로 시·군·구와 읍·면·동을 활용하는 것은 동일하지만, 자활사업은 지역자활센터, 광역자활센터, 중앙자활센터로 이어지는 지원센터가 자활 관련 서비스를 제공하고 여기에 고용노동부의 고용센터가 협업하는 구조로 이루어지고 있다. 지역사회에서 자활사업을 수행하는 실질적인 전달체계인 지역자활센터는 기초자치단체마다 대략 1개소씩 설치되어있다. 이들 센터는 공공이 직접 운영하기보다는 대부분 사회복지법인이나 종교단체, 시민단체 등에 위탁하여 운영되고 있다.[8]

---

8   1996년 자활지원센터라는 이름으로 복지부가 시범사업을 수행하기 전까지 지역자활센터는 주로 도시빈민지역에서 철거반대운동이나 생산공동체운동의 차원에서 자생적으로 형성되고 운영되었다. 2000년 국민기초생활보장제도가 도입되기 전 초기 자활지원센터들은 모두 복지관이나 나눔의집, 참여자치연대 등 종교기반, 지역사회기반, 시민운동기반 조직들에 의해 운영되었다(노대명 외, 2010).

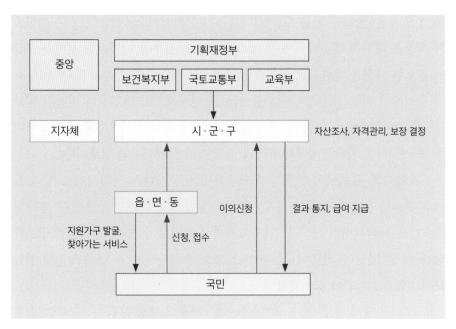

그림 6-2 국민기초생활보장제도의 전달체계
* 맞춤형 개별급여(생계, 의료, 주거, 교육)에 따라 약간의 차이가 있음

공공부조와 관련한 지역사회 전달체계를 종합해보면, 읍·면·동이나 시·군·구와 같은 공식적 전달체계 외에 지역사회복지관, 노인복지관 등 다양한 지역사회 민간 및 비영리 기관들이 정보 제공, 잠정적인 수혜자의 발굴 등 중요한 기능을 하고 있다. 하지만 이들 기관은 급여의 신청이나 조치에 관한 직접적인 서비스를 제공하기보다는 잠재적인 서비스 수혜자를 발굴하거나 의뢰를 받아 해당 지자체에 연계해주는 등 그 역할이 제한되어있다.

3) 사회서비스 전달체계

사회보험과 공공부조제도는 급여의 제공을 위한 전달체계로 개별 공단 및 지사/부나 정부 및 지방자치단체의 행정조직을 적극적으로 활용한다. 반면 사회보장급여의 또 다른 주요 형태인 사회서비스 전달체계와 관련해서는 공공의 역할과 기능을 매우 제한적으로 유지하고 있다. 영유아보육, 학령기 아동돌봄, 노인돌봄, 장애인 활동보조 등 대표적인 사회서비스 영역에서 직접서비스의 제공은 대부분 민간이 주도적으로 수행하며, 정부와 지자체는 서비스 공급에 필요한 재원을 마련하고 공급하는 제한적인 역할을 담당하고 있다. 보육 등의 영역에서 일부 공공서비스 제공 시설을 설치하기도 하였으나 이마저 대부분 개인 등 민간에 위탁하는 운영 방식을 선택함으로써 지역사회 내 사회서비스 제공을 위한 전달체계에서 공공의 역할은 매우 제한적인 상황이다.

지역사회 사회서비스 전달체계의 특징은 우리나라 사회서비스 정책 설계 과정에서 운용되고 있는 복지혼합의 측면에서 고찰할 필요가 있다. 송다영 (2011)은 사회서비스 정책 및 전달체계에서 확인할 수 있는 복지혼합 구조를 국가-시장-비영리-가족이라는 서비스 제공 주체들 사이의 역할 모형에 결합하여 그림 6-3과 같이 정리하였다.

그림 6-3에서 ①은 공공서비스형으로, 가족이 필요로 하는 사회서비스를 국가가 직접 제공하는 유형이다. 이는 국가가 재원 마련, 서비스 공급 및 전달, 관리감독 등의 책임을 지고 있는 전달체계이다.

②는 국가재정-가족 공급형으로, 국가는 현물서비스보다는 현금서비스를 수당이나 다른 현금급여 형태로 제공하고 실제 필요 서비스의 제공 주체는 가족이 되는 구조이다. 이 경우 제공되는 사회서비스에 대한 관리감독은 해당 사항이 없다.

③은 국가재정-가족 선택-시장 공급형으로, 사회서비스 제공에 있어서 국가는 가족 혹은 이용자에게 비용이나 바우처(이용권)를 공급하고 바우처를 가진 가족 혹은 이용자가 시장이나 비영리 부문을 통해 서비스를 선택 및 구매하여 이용하는 방식이다. 이 경우 국가의 역할은 서비스 비용 지원을 위한 재원 마련으로 제한되며, 서비스의 공급이나 전달체계와 관련된 일차적 책임에서 벗어난다. 그리고 시장이나 비영리기관은 서비스 공급자의 역할을, 가족은 이용자와 소비자의 역할을 맡는데, 이때 서비스 선택에 대한 최종적인 책임은 가족이 지게 된다.

④는 국가재정지원/관리-비영리기관 공급형으로, 재정지원이나 관리에 대해서는 국가가 일차적 책임을 지고, 직접적인 서비스 공급을 포함한 서비스 전달체계는 비영리기관이나 시장의 영리기관을 활용하되 시장보다는 비영리

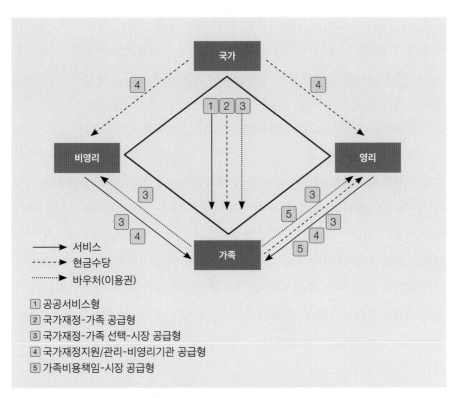

그림 6-3 돌봄에 관한 사회서비스 정책 설계 복지혼합 유형

출처: 송다영(2011)을 일부 수정·보완함

기관이 우선되는 방식이다.[9] 따라서 국가는 서비스 공급자에 대한 재정지원의 일차적 책임을 지고 있으며, 이와 더불어 서비스 공급자의 선정이나 서비스 구매 계약의 책임 당사자가 된다. ④는 ③ 국가재정-가족 선택-시장 공급형과 달리, 국가가 서비스 제공 기관을 선택 및 선정하고, 이 과정을 거친 기관만이 서비스를 제공할 수 있다. 그렇기에 ③에 비해 서비스 제공 기관에 대한 국가의 감독 및 규제가 강화된다는 장점이 있지만, 제공 기관에 대한 서비스 이용자의 권한이 상대적으로 약하다는 단점도 있다.

⑤는 가족비용책임-시장 공급형으로, 가족이 서비스 비용 지급에 대한 일차적 책임을 지고 시장을 통해서 직접적으로 서비스를 제공받는 구조이다. 가족이 구매 능력에 따라 시장에서 필요 서비스를 직접 구매하고 그 비용도 직접

---

9   송다영(2011)은 영리와 비영리를 구분하였으나 여기서는 구분하지 않고 하나의 유형으로 간주하였다.

지출하기 때문에 서비스 공급기관에 대한 이용자의 권한이 강화된다. 하지만 이 유형의 전달체계에서는 국가의 역할과 기능이 실질적으로 존재하지 않는다.

이제 우리나라의 대표적인 사회서비스 가운데 하나인 보육서비스 관련 정책을 통해 복지혼합 유형을 좀 더 자세히 알아보자. 우리나라 보육서비스는 ③ 국가재정-가족 선택-시장 공급형에 해당하는 보육료지원정책과 ② 국가재정-가족 공급형에 해당하는 가정양육수당이 혼재하고 있다. 2013년 무상보육 정책이 전면화되면서 어린이집 이용에 필요한 비용은 대부분 중앙정부와 지방자치단체가 지불하고 있다. 국공립 어린이집의 경우 교사 인건비 지원은 국가와 지자체가 어린이집에 직접 지불하고, 그 외에 보육료 지원금은 바우처의 방식으로 부모를 통해 어린이집에 지불되고 있다. 민간 어린이집의 경우 교사 인건비 대신에 이용 아동 수에 따라 기본보육료를 지급하고, 보육료 지원금은 국공립 어린이집과 동일하게 부모를 통해 바우처의 방식으로 지불되고 있다. 어린이집을 이용하려는 부모는 임신육아종합포털(childcare.go.kr)을 통해 어린이집 정보를 수집하여 결정하고, 직접 방문 등의 방식을 통해 이용 신청을 한다. 이후 등원 허가가 나면 어린이집을 이용할 수 있다.

이처럼 보육서비스의 전 과정에서 정부와 지방자치단체의 역할은 교사 인건비 지원, 기본보육료 지원 등 시설에 대한 직접지원과 더불어 보육료 지원금 지급을 위한 금융결제시스템 구축, 일부 국공립 어린이집 설치와 위탁운영체 선정 및 운영에 대한 관리감독, 그리고 육아종합지원센터나 보육진흥원 등 보육 관련 주요 중간지원 조직을 설립 및 운영하는 정도로 제한되고 있다.

보육뿐만 아니라 장애인활동지원사업도 ③ 국가재정-가족 선택-시장 공급형으로 제공되고 있다. 노인장기요양을 비롯한 노인서비스도 국가재정 대신 일부 사회보험(장기요양보험)을 활용하는 차이점이 있으나 기본적으로 ③에 해당한다. 다른 한편 지역사회복지관, 장애인복지관, 노인복지관 등 복지관에서 제공하는 지역사회서비스 사업 또는 지역아동센터, 방과후청소년아카데미 등 아동·청소년에 대한 방과후돌봄 서비스는 ④ 국가재정지원/관리-비영리 기관 공급형에 해당한다.

사회보험 전달체계 국민연금공단, 국민건강보험공단 등 준정부기구를 각각의 독립적인 전달체계로 구축하여 운영

공공부조 전달체계 중앙정부-광역/기초자치단체-읍·면·동에 이르는 공공 행정체계를 전달체계로 활용

사회서비스 전달체계 공공의 역할과 기능은 재원 마련 정도로 제한적, 민간이 주도적인 전달체계 역할

| 더 알아보기 |

지역사회복지 전달체계의 대표적인 예, 보육서비스

지역사회에서 수요와 공급이 만나는 대표적인 사회서비스 가운데 하나인 보육서비스의 경우 2013년 0~5세 무상보육이 전면 실시된 이후 보편주의에 입각하여 모든 아동에게 제공되고 있다. 보육정책의 제도적 측면에서 급여는 영유아돌봄이라는 현물을 서비스 제공자인 어린이집으로부터 제공받을 수 있는 바우처(이용권)의 형태로 제공되고 있다.

이와 같은 급여의 종류와 할당 대상을 설계할 때 우리나라에서는 2016년 현재 지역사회에 4만여 개가 넘게 존재하는 많은 어린이집을 염두에 두고 설계되었다. 여기서 '보육서비스 전달체계'는 국공립과 민간을 포함하여 보육서비스를 제공하는 어린이집 시설, 여기에 종사하는 노동자들, 이들 어린이집의 지역별 분포·유형·특징을 한곳에 모아놓은 보육정보포털, 지방자치단체의 행정체계 내에서 이들 어린이집에 대한 관리감독과 행정적 지원을 책임지고 있는 공무원, 어린이집의 운영과 돌봄 콘텐츠를 지원하면서 종사노동자의 자격관리, 시설에 대한 평가 인증, 서비스의 질 관리 업무를 담당하는 중간지원 조직에 이르기까지 이들 모두를 포괄하는 개념이다. 중간지원 조직에는 대표적으로 보육진흥원, 육아종합지원센터 등이 있다.

보육서비스의 경우 대부분 공급자가 민간이지만 서비스 공급에 필요한 재원은 거의 전적으로 공공에서 조달받고 있다. 결국 제도로서의 보육서비스 제공을 위해 국가와 지방자치단체는 이용자에게 지급되는 바우처와 어린이집에 지급되는 기본보육료(민간 어린이집), 보육교사 인건비 지원(국공립 어린이집)과 같은 방식으로 재원을 조달하고 있다. 그리고 정부의 보육제도 및 재정지원과 이용자로서의 부모 및 영유아 아동이 만나는 곳에 국공립 어린이집 및 민간 어린이집이 그 전달체계로 자리 잡고 있다.

4) 지역사회복지 전달을 위한 공공과 민간의 협의
: 지역사회보장협의체

우리나라 지역사회복지 전달체계를 논의할 때 지역복지 및 사회보장 전달
체계의 구축과 실행의 측면에서 이들 영역을 넘나들면서 주요한 기능을 수행
하고 있는 조직으로 지역사회보장협의체를 빼놓을 수 없다. 지역사회보장협의
체는 지역사회 복지계획을 수립하고 집행할 때 공공과 민간의 공식적 협의체
계로서의 의미를 지닌다.

지역사회보장협의체는 지자체 중심의 지역사회복지를 효율적으로 실시하
기 위해 2003년 「사회복지사업법」 개정안에 지역사회복지협의체 설치 및 운
영을 명시하고 이와 함께 지역사회복지계획 수립을 의무화하면서 시작되었다.
이후 2012년 「사회보장기본법」의 개정과 함께 기존 사회복지서비스 외에 보
건의료, 교육, 고용, 주거 등 다양한 복지서비스를 포괄하는 사회서비스의 개념
이 도입되면서 소득과 사회서비스를 함께 보장하는 사회보장제도의 운영을 지

표 6-2 지역사회보장협의체 성격 및 변화 요약

구분	2005. 7. 31. 이전	2005. 7. 31.~2015. 6. 30.	2015. 7. 1. 이후
법적 근거	「사회복지사업법」 제7조	「사회복지사업법」 제7조의2	「사회보장급여법」 제41조
명칭	사회복지위원회	지역사회복지협의체	지역사회보장협의체
목적	- 사회복지사업에 관한 중요 사항을 심의 또는 건의	- 관할지역의 사회복지사업에 관한 중요 사항과 지역사회복지계획을 심의/건의 - 사회복지서비스 및 보건의료서비스 연계·협력 강화	- 지역의 사회보장 증진 - 사회보장과 관련된 서비스를 제공하는 관계 기관, 법인, 단체, 시설과 연계 및 협력 강화
성격	심의/자문기구	심의/자문기구	기능 강화
비고	시·도 및 시·군·구에 설치 및 운영	공공과 민간의 네트워크 강화를 통한 지역복지 거버넌스의 구조와 기능 확대	기존 사회복지에서 탈피하여 사회보장으로 범주 확대

출처: 보건복지부(2017)

향하게 되었다. 이와 같이 「사회보장기본법」이 사회보장을 폭넓게 규정하면서 기존 「사회복지사업법」에 따른 복지전달체계의 한계에 대한 문제가 제기되었다. 결국 2014년 「사회보장급여법」이 제정되어 지역사회보장협의체의 기능을 확대하고 활성화할 수 있는 전기가 마련되었다.

현재 지역사회보장협의체는 지역사회보장 증진을 위한 민관 협력의 거버넌스 체계로 기능하고 있다. 시·군·구 지역사회보장협의체는 현행 「사회보장급여법」 제41조 제1항에 "지역의 사회보장을 증진하고, 사회보장과 관련된 서비스를 제공하는 관계 기관·법인·단체·시설과 연계·협력을 강화하기 위하여" 해당 기초자치단체에 지역사회보장협의체를 두도록 규정하고 있다. 그리고 제41조 제3항에서는 지역사회보장협의체의 구성원으로 사회보장 관련 전문가뿐만 아니라 기관·법인·단체·시설의 대표자, 비영리민간단체에서 추천한 사람과 공무원을 포함하도록 규정하고 있다. 지역사회보장협의체는 광역 및 기초지자체에 둘 수 있으며, 기초지자체에 두는 경우에는 공공과 민간을 포함한 지역사회보장 이해당사자의 대표로 구성되는 (대표)협의체와 실무협의체, 실무분과로 구성되고, 이에 더하여 읍·면·동 지역사회보장협의체가 읍·면·동별로 운영되고 있다(그림 6-4 참조). 「사회보장급여법」 제41조 제7항(신설 2017. 3. 21.)에 "특별자치시장 및 시장·군수·구청장은 읍·면·동 단위로 읍·

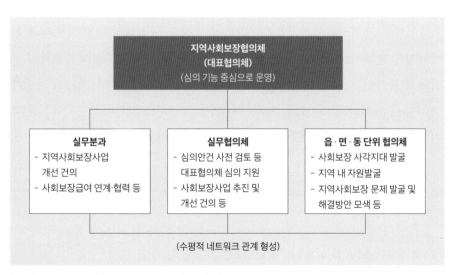

그림 6-4 지역사회보장협의체의 구성 및 역할, 관계 예시

출처: 보건복지부(2017)

면·동의 사회보장 관련 업무의 원활한 수행을 위하여 해당 읍·면·동에 읍·면·동 단위 지역사회보장협의체를 둔다."고 규정되어있으며, 읍·면·동 단위 지역사회보장협의체의 조직과 운영에 관한 사항은 시행령과 조례로 정하도록 하고 있다.

지역사회보장협의체는 해당 지자체의 장과 함께 지역사회보장계획의 수립에 대한 일차적인 책임을 지고 있다. 「사회보장급여법」 제36조 제1항에서는 지역사회보장계획이 다음과 같은 사항을 포함해야 한다고 규정하고 있다.

1. 지역사회보장 수요의 측정, 목표 및 추진전략
2. 지역사회보장의 목표를 점검할 수 있는 지표의 설정 및 목표
3. 지역사회보장의 분야별 추진전략, 중점 추진사업 및 연계협력 방안
4. 지역사회보장 전달체계의 조직과 운영
5. 사회보장급여의 사각지대 발굴 및 지원 방안
6. 지역사회보장에 필요한 재원의 규모와 조달 방안
7. 지역사회보장에 관련한 통계 수집 및 관리 방안
8. 지역 내 부정수급 발생 현황 및 방지대책
9. 그 밖에 대통령령으로 정하는 사항

이렇듯 지역사회보장계획은 지역사회보장의 내용적 측면뿐만 아니라 전달체계에 대해서도 규정력을 가지고 있다. 이와 같은 지역사회보장계획의 수립에 주체적인 역할을 담당하는 지역사회보장협의체는 지역사회복지 전달체계 내에서 연계와 협력이라는 일상적인 기능뿐 아니라 지역사회보장계획과 같이 정책 기획의 측면에서도 중추적인 역할을 담당하고 있다.

개념 정리

지역사회보장협의체
- 지역사회 복지계획을 수립·집행할 때 공공과 민간의 공식적 협의체계로 기능함
- 광역 및 기초자치단체, 읍·면·동 단위로 설치·운영되고 있음

제 3 부

지역사회복지실천의 기반

지역사회복지실천모델

지역사회에 만연한 배제 및 차별을 시정하고 더 나은 지역사회의 질을 성취하여 포용지역사회를 건설하고자 하는 사회복지사들은 무엇을 어떤 방법으로 노력해야 할까? 이를 제시해주는 구체적인 방안이 곧 실천모델이다. 지역사회복지실천모델은 사회복지사들에게 실천행동을 위한 교본이자 매뉴얼이라 할 수 있다. 전통적으로 지역사회복지 실천현장에서 가장 많이 활용된 모델은 잭 로스만Jack Rothman이 1970년대 중반에 제시하였던 '지역사회개발모델, 사회계획모델, 사회행동모델'이다. 그러나 시간이 지나 지역사회의 상황이 바뀜에 따라 이러한 지역사회 변화를 반영한 다양한 모델이 등장하였고, 기존의 모델에 대한 대대적인 수정도 이루어졌다. 이 장에서는 지역사회복지실천의 입장에서 지역사회배제의 요인을 제거하고 지역사회의 질을 향상하기 위해 사회복지사들이 구체적으로 무엇을 어떻게 실행해야 하는가를 설명해주는 다양한 실천모델을 살펴본다.

1. 지역사회복지실천모델의 배경

1) 지역사회복지실천모델의 필요성과 구성요소

사회복지사들은 지역사회에 만연한 차별 및 배제 현상을 극복하고 예방하기 위해 지역사회에 개입한다. 또한 사회복지사들은 지역사회를 더 나은 방향으로 변화시키기 위해 노력한다. 그런데 이러한 노력은 지역사회를 접근 단위로 하는 지역사회복지 영역에서 전문적 사회복지실천을 수행함으로써 이루어진다. 즉, 지역사회 변화 노력은 단순한 개입뿐만 아니라 지역사회복지실천이라는 전문적 활동까지 포괄해야 한다. 사회복지사들이 지역사회에서 이러한 전문적 실천을 수행하기 위해서는 실천을 위한 모델이 필요하다.

로만과 로만(Lohmann and Lohmann, 2002)에 따르면 지역사회실천모델은 첫째, 지역사회의 변화를 위해 활동가나 사회복지사들이 지역사회에 어느 정도로 개입하는 것이 좋은지 그 정도를 알려주고, 둘째, 지역사회에서의 실천을 위해 어떤 전략과 전술을 사용해야 하는지 알려주며, 셋째, 지역사회의 변화 과정에서 사회복지사가 맡아야 할 역할을 알려준다. 웨일과 갬블(Weil and Gamble, 1995)은 지역사회실천모델을 통해 여러 지역사회개입방법을 비교하고 적절한 실천모델을 선택함으로써 주어진 상황에 적합한 행동을 하도록 돕는다고 했다. 이렇듯 지역사회실천모델은 현장의 활동가들에게 길잡이 역할을 한다.

하디나(Hardina, 2002)에 따르면 실천모델의 의의는 사회복지사의 행동과 지역사회복지이론을 연결시켜주는 데 있다. 지역사회를 설명하는 사회과학 일반 이론은 지역사회 배제와 차별의 원인이 무엇인지, 이를 해결하기 위해 지역사회 구성원들이 어떻게 행동해야 하는지, 그리고 변화를 위한 노력은 어떤 효과를 낳는지 등을 이해할 수 있는 기본적인 시각을 제시해준다. 하지만 사회복지사가 지역사회 현장에서 무엇을 어떻게 해야 하는지를 구체적으로 알려주지는 않는다. 행동방안을 제시하는 실천모델이 있어야 이론과 행동이 연결될 수 있는 것이다. 일반적으로 지역사회복지실천모델은 다음과 같은 여덟 가지 구성요소를 포함하고 있다(Mondros and Wilson, 1994; 지은구·조성숙, 2010).

① 지역사회 변화의 목적(왜 지역사회가 변화해야 하는지에 대한 근거)
② 지역사회에서 사회복지사, 지역주민, 지역사회지도자들의 분명한 역할
③ 지역사회문제가 발생하는 원인에 대한 시각
④ 지역사회에서 변화되어야 하는 대상의 확인
⑤ 변화 과정에서 변화 대상의 협조성이나 비협조성에 대한 조사
⑥ 지역사회 변화를 위한 전략과 전술
⑦ 지역사회 변화를 위해 필요한 자원(인적 또는 물적자원 등)에 대한 이해
⑧ 지역사회 변화 과정에서 사회조직의 역할에 대한 이해

2) 지역사회복지실천모델 개관

로스만(Rothman, 1976, 1995)이 제시했던 지역사회개발모델, 사회계획모델, 사회행동모델은 지역사회복지실천모델 중 가장 대표적인 모델이다. 이러한 전통적 모델들은 자립과 자조self-help를 중시하여 주민에 대한 교육을 강조하고, 지역사회계획을 통해 지역사회문제를 해결하기 위해 노력하며, 사회복지사와 주민이 직접행동을 통해 지역사회를 변화시키고자 한다. 그러나 이 모델들은 지역사회를 둘러싼 인구·사회적 변화를 포함한 물적·질적 변화를 충분히 고려하지 않았다는 비판에서 자유롭지 못하다. 특히 자본주의의 심화 과정에서 한층 다변화하고 복잡해진 지역사회문제와 지역사회 주민들에 대한 지속적인 차별과 배제 현상을 분석하고 이에 대응하기에 부족하다는 점 역시 기존 모델의 한계로 지적되어왔다. 로스만(Rothman, 2001, 2007)은 변화하는 지역사회 실천현장을 반영하기 위해 기존의 지역사회개발모델을 지역사회역량개발모델로, 사회계획모델을 기획·정책모델로, 사회행동모델을 사회옹호모델로 수정하였다. 기획·정책모델은 기존의 사회계획모델의 내용을 거의 유지하면서 기획과 정책 양자를 모두 강조하였으므로 이름을 수정한 것에 지나지 않지만, 지역사회역량개발모델과 지역사회옹호모델은 명칭뿐만 아니라 내용상의

수정도 이루어졌다.

2000년대 이후에는 로스만의 지역사회복지실천모델 외에도 새로운 지역사회복지이론 및 변화한 지역사회현상을 반영한 실천모델들이 등장하였다. 지역사회연계모델, 주민참여모델 등이 대표적인 예이다. 이 외에도 제휴모델과 사회운동모델 등이 제시되었지만, 이 모델들은 기존 모델들의 설명틀에 포괄될 수 있다.

이 책에서는 지역사회배제를 극복하고 포용지역사회로 나아가기 위한 대안적 실천모델을 찾고자 한다. 이를 위해 전통적 실천모델에서 수정된 지역사회역량개발모델과 지역사회계획모델, 지역사회행동모델 및 여기에서 발전된 내용을 다루고 있는 지역사회옹호모델, 그리고 지역사회배제를 극복하고 포용지역사회를 구축하기 위한 방법론적 틀로서 지역사회통합모델과 지역주민참여활동모델, 지역사회연계모델을 살펴볼 것이다.

특히 지역사회통합모델은 포용지역사회를 건설하기 위한 실천적인 대안으로 제시되는 모델이며, 지역주민참여활동모델은 지역사회 이해당사자인 지역주민들이 그동안 지역사회의 기획 과정 및 의사결정 구조에서 배제되고 등한시되어 왔다는 한계를 극복하기 위한 실천적 대안모델이라고 볼 수 있다. 또한 지역사회연계모델은 지역사회를 구성하는 조직 및 개인과 집단 단위의 협력과 연계를 통해 지역사회문제를 극복하는 실천모델로서 공공과 민간의 네트워크 및 협력 실천을 위한 중요한 토대가 되는 모델이다.

사회복지사들은 이러한 실천모델들을 이론적 기반으로 삼아 지역사회에 개입한다. 우선 지역사회에서 발생하는 제반 현상들을 이해하기 위해 지역사회에 대해 학습하고, 지역주민에게 영향을 미치는 지역사회에의 부정적 요소들(차별 및 배제 요소)을 제거하고 예방하기 위한 실천활동을 수행한다. 이러한 실천 과정에서 사회복지사들은 지역주민들의 역량을 강화시켜 주민 스스로 위험이나 문제를 인식하고 해결할 수 있도록 돕고(지역사회역량강화모델), 배제와 차별을 받고 있는 주민들을 옹호하는 옹호활동을 수행하며(지역사회옹호모델), 지역주민들과 함께 문제를 직접 해결하기 위해 행동하고(지역사회행동모델), 지역문제를 해결 및 예방하기 위한 각종 프로그램을 개발하여 시행하기도 한다(지역사회계획모델). 또한 사회복지사는 조직과 조직 또는 다른 사회복지사와의 협력과 연계를 통해 문제를 해결하며(지역사회연계모델), 주민들이 사회기획과 결정수립 과정에 직접 참여하여 문제를 극복하도록 고취시킨다(지역주민참여활동모델). 나아가 배제지역사회가 아닌 포용지역사회로 발전할 수 있도록 지역사회에 기초한 영리조직과 비영리조직, 공공조직, 지역주민이 함께 시장의 독점적 구조나 불균형적인 제도 등을 극복하기 위해 노력한다. 또한 사회통합정책이나 제도, 또는 지역사회의 이해관계자(주민, 정부 관료, 사회복지사, 기업인 등) 간에 거버넌스를 구축하고 협력활동을 수행한다(지역사회통합모델).

지금까지 살펴본 것처럼 이 장에서 소개하는 모든 실천모델은 상호 배타적이지 않으며 상호 교환적이고 호혜적인 관계를 맺고 있다. 따라서 특정 실천모델이 가장 효과적이라거나 우선적으로 고려되어야 한다고 말할 수 없다. 지역사회가 직면한 문제에 따라 여러 모델이 복합적으로 검토되어야 할 것이다.

2. 지역사회역량개발모델

1) 지역사회역량개발모델의 특성

지역사회역량개발모델(Rothman, 2001, 2007)은 1976년에 로스만이 제안한 지역사회개발모델을 수정, 발전시킨 것이다. 지역사회개발모델은 주민 각자가 역량을 개발하여 자조와 참여를 통해 지역사회문제를 해결하는 것을 지향한다. 그런데 '지역사회개발'이라는 명칭은 이 모델이 강조하는 인적 개발의 측면보다는 지역사회건설, 지역재개발, 사회경제개발 등의 용어에 내포된 물적 개발을 의미하는 것으로 오해될 소지가 크다. 즉, 지역사회개발[1]이라는 용어는 지리학이나 도시계획에서 지역사회의 물적 기반이나 사회적·경제적 제

---

1   유엔은 '유엔 관련 용어 데이터베이스(UNTERM)'에서 지역사회개발을 "지역사회 구성원들이 함께 집합적 행동을 취하고 지역사회 공동의 문제를 해결하는 과정"으로 정의하고 있다. 이러한 정의는 지역사회개발을 지역사회복지실천 영역의 지역사회개발모델과 동일한 선상에서 해석하고 있음을 의미한다.

반조건의 개선을 추구한다는 의미의 지역사회개발과 동일한 개념으로 혼동될 수 있다. 이후 이 명칭이 지역사회역량개발^{community capacity development}모델로 변경되면서 주민의 내재적인 역량 증진의 중요성이 더욱 잘 드러나게 되었다. 지역사회역량개발모델에서 변화의 주체는 지역주민이며, 그들의 참여와 자조가 변화의 기제가 된다. 판토하와 페리(Pantoja and Perry, 1992)는 지역사회역량모델이 지역주민들에게 필요한 이유를 다음과 같이 제시하였다.

① 빈곤하고 의존적인 상태를 지속시키는 힘과 과정을 지역주민 스스로 이해하도록 한다.
② 지역주민들의 내적인 힘을 조직하고 동원하여 지역사회의 재정자원, 지식, 기술, 정보에 기초한 사회행동을 기획하도록 한다.
③ 지역주민들을 의존적이고 무력하게 만드는 개인적·집단적 문화를 해소한다.
④ 지역주민들의 안정과 번영을 보장하는 새로운 기능을 개발·보존하고, 그들이 함께 일하도록 하는 도구 또는 수단이다.

트웰브트리스(Twelvetrees, 2002)는 지역사회역량개발모델이 "지역사회에 살고 있는 집단이나 개인들을 자율적이고 독립적인 집단이나 개인들이 되도록 돕는 것"이라고 정의하였다. 지역사회역량개발모델에서는 각 집단이나 개인들의 입장 차이가 협력을 통해 극복될 수 있다고 가정한다. 또한 구성원들의 역량을 증진시킴으로써 지역사회의 문제를 해결하고 삶의 질을 향상시킬 수 있다고 본다. 결론적으로 '지역주민들의 의식이나 인식을 개선시켜 독립적인 집단이나 개인들이 되도록 돕는 것'이 지역사회역량강화모델의 주요한 목적이라 할 수 있다.

2) 지역사회역량개발모델의 내용

지역사회역량개발모델은 지역사회문제의 원인을 주로 개인적 요인에서 찾는다. 즉, 사회구조적 요인보다는 개인의 일탈이나 부적응에 문제의 원인이 있다고 본다. 그렇기 때문에 문제를 해결할 힘도 개인에게 있다고 여기며, 주민 개개인이 스스로 문제를 해결할 수 있게 하는 임파워링^{empowering}, 즉 역량강화가 매우 강조된다. 주민들이 인식 개선을 통해 스스로 문제를 파악하고 해결책을 모색할 수 있는 역량을 키워야 지역사회 안에서 자신들의 문제를 해결할 수 있게 되기 때문이다.

지역사회역량개발모델에서 역량강화는 목적이자 과정이다. 따라서 주민 스스로 문제를 해결하는 능력을 증진하기 위한 교육이나 사업들이 시행되어야 하며, 그러한 프로그램은 자립과 자조라는 원칙으로 운영되어야 한다.

역량개발을 위해서는 주민들의 자발적인 참여와 협조가 필수적이다. 따라서 공공기관, 사회복지시설, 상인단체, 지역기반기업, 주민모임 등 각 부문에서 활동하고 있는 주민 및 실천가들의 공동체에 대한 인식과 참여에 대한 사명감이 중요한 동력으로 작용한다. 궁극적으로는 주민 개인부터 조직에 이르기까지 지역사회의 문제를 해결하고 공동체의 삶의 질을 향상시켜야 한다는 소명감이 형성되어야 하고, 이를 위해 협의하고 실천하려는 의지와 노력 또한 필요하다.

지역사회역량개발모델은 과업이나 결과보다는 과정에 초점을 맞춘 모델이다. 주민들이 소명감을 갖고 공감대를 형성해 인식을 개선하고 지역문제를 해결하는 과정 자체를 중시한다. 이 과정을 통해 개발되고 향상되는 지역사회의 역량이 곧 지역사회역량개발모델이 달성하고자 하는 결과이기도 하다. 그런데 이러한 인식 개선과 역량 증진은 단기간에 이루어질 수 없으므로 이 실천모델은 장기간의 노력을 필요로 한다.

개념 정리

지역사회역량개발모델
- 지역주민의 임파워먼트를 통해 주민 스스로 지역문제를 인식하고 해결하는 과정을 중시
- 지역주민의 역량을 강화하기 위한 의식 개선 교육 및 직업훈련/교육이나 각종 조직 등에의 참여(수동적 참여)를 강조

---

3) 지역사회역량개발모델과 지역사회복지실천

지역사회역량개발모델은 주민들이 충분한 잠재력을 갖추고 있으나 아직 완전히 개발되지 않았을 뿐이라고 가정한다. 즉, 지역주민들의 잠재력을 끌어내고 역량을 강화하기 위한 노력이 선행되고 협력 및 지원체계가 갖춰지면 자조와 자립의 원칙에 의해 문제를 해결할 수 있다고 본다. 따라서 자신들이 문제 해결의 주체가 아니라는 수동적 인식을 개선하고, 공동체에 대한 소명감을 북돋아 참여와 자조의 분위기를 조성하는 것이 주된 실천목표가 된다. 이에 따라 구체적인 실천활동으로 자립과 자조를 강조하는 인식 개선 사업, 역량을 증진하는 교육 사업, 소명감을 강화하는 지역사회 모임의 구성 등을 강조한다.

지역사회역량개발모델에 가장 적합한 실천전략은 지역주민과 사회복지사가 변화에 동의하는 제휴 전략이고, 가장 적합한 전술은 주민들이 스스로 참여하고 자조하게 하는 동의나 대화전술이다. 이러한 실천전략과 전술을 활용하여 사회적 연대와 공동체 의식을 형성하고 강화하는 것이 지역사회역량개발모델이 성취하려는 결과이다(Rothman, 2001, 2007).

4) 사회복지사의 역할과 지역사회역량개발모델의 한계

지역사회역량개발모델에서 사회복지사는 조력자, 촉매자, 교육자, 조정자의 역할을 한다(Kemp, 1995). 지역사회 주민들은 문제 해결의 주체이지만, 아직 잠재력이 충분히 개발되지 않았거나 지역사회를 위해 적극적으로 나설 의지가 부족하다. 따라서 사회복지사는 주민의 참여를 촉진하는 촉매자, 역량개발을 돕는 조력자, 문제 해결 기술을 가르치는 교육자, 그리고 서로 다른 주민들 간 협조를 끌어내는 조정자로서 역할을 해야 한다.

이 모델에서 사회복지사의 일차적인 역할은 지역주민들이 지역사회 변화를 위해 노력하고 참여할 수 있는 분위기를 조성하는 것이다. 사회복지사가 문제에 직접 개입하여 그것을 해결하는 것도 중요하지만, 지역주민이나 집단이 지역사회 공통의 문제를 인식하고 이에 대한 해결책을 스스로 모색할 수 있도록 돕는 것이 더 중요하다. 이는 지역사회역량개발모델이 결과보다 과정을 더 중시하는 실천모델이라는 점과 같은 맥락이라고 볼 수 있다(지은구·조성숙, 2019). 이러한 지역사회역량개발모델의 한계점을 지적하면 아래와 같다(지은구·조성숙, 2019).

첫째, 시간 소모적이고 추상적이며 구체적이지 못하다. 지역주민이 스스로 참여하고 역량을 강화하도록 인식을 개선하는 것은 장기간의 노력을 필요로 한다. 또한 모든 지역주민이 스스로 역량을 강화할 수 있다고 가정하는 것은 개별 지역주민의 특성을 고려하지 않은 것이다. 예컨대 어떤 지역주민은 개인적 요인이나 환경적 요인으로 인해 참여나 자조가 불가능할 수 있다. 이에 더해 지역사회역량개발모델은 지역주민의 역량개발을 어떻게 지원하고 지지해야 하는지에 대한 구체적인 방법을 제시하지 못한다.

둘째, 지역사회의 사회구조적인 문제에 대한 거시적인 분석이 결여되어

| 더 알아보기 |

지역사회역량개발모델의 사례

지역사회역량개발모델을 통한 지역사회 개입의 가장 대표적인 사업은 지역자활센터 사업이다. 현재 지역자활센터는 전국적으로 광역시 차원의 센터와 시·군·구 차원의 센터가 운영되고 있다. 지역자활센터는 저소득층 주민들의 근로 의욕을 고취시키고 직업교육 및 고용서비스를 통해 안정적인 소득을 보장하는 사업이다. 즉, 저소득층 주민의 자발적인 역량 건설 및 강화를

장흥지역자활센터의 모습. 자활 사업은 사회구조보다는 개인의 변화에 중점을 둔다. ⓒ 장흥군

통해 스스로 빈곤으로부터 벗어나도록 하는 데 사업을 집중한다. 그렇기에 이 사업의 전제는 저소득층 주민들이 교육이나 각종 지원사업에 스스로 참여해야 한다는 것과 자조를 통해 역량을 강화하기 위해 노력해야 한다는 것이다. 주민들의 자조와 참여, 그리고 사회복지사들의 교육지원과 후원 역할을 가장 핵심적인 전략으로 삼는다는 점에서 이 사업은 지역사회역량개발모델의 주요 내용과 일치한다.

있다. 지역주민의 역량이 강화된다고 해서 지역사회에 고착된 권력(힘) 구조가 곧장 긍정적인 방향으로 전환되기는 어렵다. 사회적 불평등이나 경제적 양극화 등은 체제적·구조적 문제이기 때문에 단순히 개인의 역량강화만으로는 해결할 수 없다. 이를 해소하기 위해서는 국가의 적극적인 대응과 주민의 대항운동이 필요하다.

셋째, 정부의 책임과 의무에 대한 분석이 결여되어있다. 지역사회문제의 원인을 분석하고 해결하는 과정에서 지역주민의 주체성을 강조하는 지역사회역량개발모델은 지역사회복지정책과 각종 사회복지사업에 대한 정부의 책임성을 약화시키고, 지역사회에서 발생하는 각종 문제를 개인이나 집단의 문제로 국한시킬 수 있다.

3. 지역주민참여활동모델

1) 지역주민참여활동모델의 특성

지역주민참여활동모델은 지역주민을 지역사회 변화와 발전의 주체로 보고, 이들이 자신의 생활 안정과 밀접한 연관이 있는 복지요구수립활동에 적극적으로 참여할 것을 강조하는 모델이다. 이 모델은 지역사회의 불균형적인 권력구조나 의사결정 구조를 개선하기 위한 주민들의 사회참여활동을 강조한다는 점에서 사회행동모델에 기초한다. 또한 지역주민들의 시민의식과 역량이 적극적인 참여활동의 전제라는 점에서 역량강화를 강조하는 지역사회역량개발모델의 영향을 받았다고 할 수 있다.

시민의식이란 지역주민이 스스로를 시민사회의 일원으로 인식하는 것을 의미한다. 지역주민참여활동모델은 지역주민을 시민으로, 지역사회를 시민사회로 바라보기에, 기본적으로 지역주민의 시민의식에 기초하는 실천모델이라고 할 수 있다. 여기서 시민사회는 정부와 시장, 시민조직이 균형을 이루는 자유사회를 뜻하며, 시민은 시민의식을 가지고 자신들의 지역사회에 참여하기 위해 노력하는 사람을 의미한다(Merida and Vobejda, 1996). 시민은 정부조직에 참여하여 활동할 수도 있고, 정부와 시장 사이를 중재하는 민간조직이나 자발적 조직 등에 참여할 수도 있다. 즉, 시민은 투표, 정당행동, 선거 출마, 사회운동, 기부, 자선활동 등 다양한 방식으로 지역사회에 개입하여 영향을 미치기 위해 노력한다.

이러한 지역사회참여활동은 지역주민 간의 상호 존중과 신뢰를 강조한다. 이러한 지점에서 지역주민참여모델은 사회자본론에 기초한다고 볼 수 있다. 동시에 지역주민의 삶에 영향을 주는 의사결정 구조의 변화와 복지요구수립을 위한 행동을 강조한다는 점에서 정치경제론의 영향을 받은 모델이라고 할 수도 있다.

앞서 이 모델은 지역사회역량개발모델의 영향을 받았다고 하였다. 다만 지역사회역량개발모델에서 강조하는 '참여'가 주민 개개인의 인식 개선을 통한 다소 수동적 의미의 참여라면, 지역주민참여활동모델은 주민들 자신이 시민사회의 시민이라는 주체적인 의식을 가지고 보다 적극적으로 참여하여 지역사회 변화를 이끄는 것을 강조한다. 이러한 측면에서 이 모델의 '참여'는 능동적·역동적 참여를 의미한다.

2) 지역주민참여활동모델의 내용

지역주민참여활동모델은 지역주민의 사회참여활동을 증진시켜 지역사회 문제를 해결하는 것을 강조한다. 지역사회문제는 그 지역 구성원이 가장 잘 알고 있으므로, 지역주민이 문제 해결 주체라는 인식을 고취시켜 지역사회에 영향을 주는 각종 제도와 정책 등에 지역주민의 의사를 반영함으로써 지역사회 문제를 해결하려는 실천모델이다. 따라서 이 모델의 직접적 활동가는 지역주민이며, 이들의 의사결정력과 지역사회문제에 대한 이해력이 주민참여의 수준을 결정짓는 주요한 기준이라고 할 수 있다.

이처럼 지역주민참여활동모델에서 지역주민은 단순히 사회복지서비스의 대상자나 이용자가 아니라, 자신들의 복지욕구를 해결하기 위해 사회복지를 직접적으로 요구하는 요구자이다. 그렇기에 이 모델에서는 사회적 보호 및 사회복지에 대한 권리의식과 시민의식이 매우 중요한 개념이다. 삶의 질을 위협하는 각종 차별, 배제, 소외 현상을 극복하기 위한 요구수립^{claim making}에 지역주민이 직접 나서려면, 자신의 복지와 지역사회의 변화를 책임지는 주체가 바로 자신이라는 권리의식과 시민의식이 필요하기 때문이다. 이때 요구수립의 정도, 즉 요구수립을 위해 조직된 힘의 정도는 지역사회복지제도와 정책, 그리고 지역사회복지사업 전반에 중요한 영향을 미치는 요인이다.

지역주민참여활동모델은 지역주민이 다양한 지역사회 조직에 참여하여 집단적으로 개입하는 것뿐만 아니라, 그 과정에서 민주적인 의사결정이 이루어져야 한다는 것을 강조한다. 또한 지역주민이나 서비스 대상자가 자신의 권리성과 시민성을 인식하고 증진하여 지역사회의 결정구조나 힘의 균형을 위한 각종 사업을 직접 기획하고 이에 참여하게 한다. 나아가 지역사회복지와 관련된 정책이나 제도에 지역주민의 의사가 반영될 수 있도록 압력을 행사하는 것역시 이 모델의 전략이 될 수 있다. 즉, 이 모델은 사회복지서비스를 직접적으로 제공받는 당사자인 지역주민 또는 서비스 대상자가 사회계획의 과정에 포함되어야 한다고 주장한다.

지역주민이나 서비스 대상자가 서비스를 제공하는 실천가나 사회복지사와 동등한 주체라고 한다면, 그들의 관점과 역할은 사회복지사가 지역사회복지프로그램이나 사회복지정책을 기획할 때 매우 유용할 수 있다. 따라서 사회복지사는 경험과 지식, 기술을 지닌 지역주민이나 서비스 대상자를 정책 기획과정에 참여시키기 위해 이들과 상호행동해야 한다. 결국 지역주민참여활동모델은 사회적 욕구를 해결하고 각종 위험을 극복할 수 있도록 하는 각종 제도 및 정책을 기획하고 제공하는 전 과정에서 지역주민 스스로 활동적인 역할을 수행하기를 권장한다.

지역주민이 정책의 기획과 결정, 자원 및 기회의 균등한 분배, 각종 사회적 차별과 배제, 소외를 시정하는 당사자가 되기 위해서는 지역주민들이 비전을 공유하고 상호 존중하며 신뢰하는 것이 무엇보다 중요하다. 차별받거나 소외당하거나 사회경제적으로 배제되지 않는 지역사회에 대해 대부분의 지역주민들이 동일한 생각과 꿈을 갖고(비전 공유), 이러한 비전을 실현하기 위해 서로 믿고(상호 신뢰), 개별적인 차이를 존중해야(상호 존중) 하는 것이다.

지역주민참여활동모델이 작동하기 위한 중요한 원칙으로는 민주적 의사결정, 복지에 대한 권리의식 및 시민의식 고양, 비전 공유와 상호 존중 및 신뢰, 적극적 요구수립활동이 있다.

■ 복지에 대한 권리의식 및 시민의식의 고양

복지에 대한 권리의식은 지역주민이 더 이상 사회복지사업의 수동적인 대상자나 클라이언트가 아니라는 의식을 일컫는다. 국가는 국민의 안정적이고 기본적인 삶을 보장해야 하며, 국민의 복지 향상을 위해 노력해야 한다. 따라서 지역사회 구성원은 삶을 위협하는 요소에 대해 국가에 책임을 물을 권리를 갖는다.

시민의식은 지역주민이 스스로를 시민사회 구성원으로 여기는 의식을 일컫는다. 여기서 시민사회란 공유된 이해, 목적, 가치를 둘러싼 강제되지 않은 집합행동의 장이자, 시민이 자발적 결사체를 구성하여 협력과 연대의 규범을 통해 공공의 가치를 생산하는 곳을 의미한다. 종합하면, 시민의식이라 함은 지역의 집단적 가치나 공공의 가치실현을 위해 구성원이 연대하고 협력해야 한다는 의식을 의미한다.

■ 비전 공유와 상호 존중 및 신뢰

비전 공유와 상호 존중 및 신뢰는 집합적 행동을 위한 기본 토대인 동시에 사회자본을 구성하는 요소이기도 하다. 지역사회의 변화와 발전은 한 사람의 힘으로 이루어질 수 없으며, 지역 구성원들이 집합적 행동을 실천할 때 가능하다. 이러한 집합적 행동을 하기 위해서는 구성원 사이에 바람직한 지역사회나 미래 지역사회에 대한 비전이 공유되어야 할 뿐 아니라, 서로의 차이를 인정하고 존중하며 상호 신뢰하는 사회자본이 밑바탕을 이루고 있어야 한다. 그런 점에서 신뢰를 강조하는 사회자본론은 지역주민참여활동모델의 매우 중요한 이론적 토대가 된다.

■ 민주적 의사결정

민주적 의사결정은 지역사회 업무를 공공조직이나 특정 집단 구성원이 일방적으로 결정하는 것이 아니라, 지역주민이 참여하여 양방향 의사소통을 통해 중요 사안을 함께 결정하고 처리하는 것을 의미한다.

■ 적극적 요구수립활동

요구수립활동은 허시먼(Hirschman, 1970)이 주장한 목소리^{voice}전략과 탈출^{exit}전략 중 목소리전략을 활용하는 것이다. 목소리전략과 지역사회 구성원들이 집단적인 목소리를 냄으로써 지역주민의 삶에 부정적인 영향을 미치는 요소를 제거하도록 압력을 행사하는 행동 또는 지역주민의 집단적 욕구를 해결하기 위해 필요한 사회복지사업이나 서비스 등을 요구하는 행동을 의미한다. 이 활동은 정치경제론에 입각한 권리 확보 투쟁이자 복지요구 투쟁이라 할 수 있다.

그림 7-1은 지역사회 변화를 위한 지역주민참여모델의 원칙과 과정을 나타낸다.

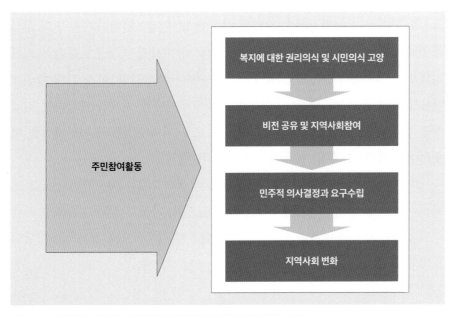

그림 7-1 지역사회 변화를 위한 지역주민참여활동모델의 원칙과 과정

지역주민참여활동모델

- 지역사회의 불균형적인 힘의 구조나 의사결정 구조를 개선하기 위한 주민들의
  사회참여활동과 지역주민들의 생활 안정과 밀접한 연관이 있는 복지요구수립활동을 강조
- 지역사회에 내재한 배제와 차별, 나아가 불균형 배분구조나 독점적 의사결정 구조를
  개선하기 위한 주민들의 적극적이고 능동적인 사회참여활동을 강조

3) 지역주민참여활동모델과 지역사회복지실천

지역주민참여활동모델은 지역사회의 배제 현상을 주민의 적극적인 사회참여를 통해 극복 또는 예방하고 지역사회를 변화시키고자 한다. 이 모델에 따르면 지역주민과 사회복지사는 실천 영역에서 다음과 같은 과업을 수행한다. 첫째, 지역사회에 영향을 미치는 힘(권력)을 지닌 집단이나 개인, 그리고 기존의 의사결정 구조를 변화 대상으로 지정하고, 이를 변화시키기 위해 적절한 변화전략을 사용한다. 둘째, 지역사회 주민에게 영향을 미치는 법률안이 어떻게 지역사회문제들과 연관되는지 분석한다. 셋째, 입법적 의사결정 과정을 감시하고 지역사회와 관련된 사안에 대해 정책결정자가 주민의 의사를 반영하도록 노력을 기울인다. 넷째, 힘이나 의사결정 구조로부터 배제된 지역주민이나 조직 구성원을 요구수립활동에 참여시킨다. 이를 위해 대중매체를 통해 선전하는 간접적인 방법이나 지역주민에게 교육을 제공하는 직접적인 방법을 활용할 수 있다. 이러한 방법으로 지역주민들의 시민의식을 비롯하여 정치적·경제적·사회적 의식을 고취시킨다.

따라서 주민참여활동모델에 가장 적합한 전략으로는 의사결정 구조를 변화시키기 위한 캠페인전략과 대항전략이 있으며, 가장 적합한 전술로는 지역주민들이 지역사회 변화를 위한 요구수립활동에 적극적으로 참여하는 수단인 로비와 교섭, 협상, 청원, 시위 등이 있다.

4) 사회복지사의 역할 및 지역주민참여활동모델의 한계

　지역주민참여활동모델의 성공적인 정착을 위해 사회복지사는 지역주민들이 지역사회문제 해결과 지역사회 변화의 주체가 바로 자신임을 인식하고 필요한 것을 직접 요구하는 요구수립활동에 적극적으로 참여할 수 있도록 노력해야 한다. 또한 사회복지사는 경험과 지식, 기술을 가지고 있는 지역주민을 사회서비스 사업 및 조직의 운영과 개발 과정에 참여시키기 위해 지역주민과 상호행동해야 한다. 이는 곧 지역주민참여활동모델이 사회복지프로그램이나 지역사회정책의 기획 과정에 주민들이 활동적인 역할을 수행할 수 있도록 자극해야 한다는 것을 의미한다. 그리고 이렇듯 지역주민들이 당사자로서 참여하기 위해서는 사회복지사와 지역주민 간의 상호 존중과 신뢰감 형성이 무엇보

| 더 알아보기 |

지역주민참여활동모델의 사례

지역주민참여활동모델은 다른 모델들에 비해 아직 활성화되지는 않았지만 지역에 따라 다양한 시도가 이루어지고 있다. 예를 들어 지역주민과 읍·면·동 복지 담당 공무원이 함께 복지사각지대에 있는 주민에게 찾아가 필요한 서비스를 제공하는 사업, 주민이 직접 공공기관(시·군·구 지자체)의 복지예산 작성에 참여하는 주민참여복지예산제도, 지역사회복지 관련 기관에서 지역주민 대표를 각종 위원회(운영위원회)에 참여시켜 그들의 의견을 반영하는 제도, 기관이 제공하는 사업에 주민들이 공동으로 참여할 수 있게 하는 제도 등은 모두 지역주민참여활동모델에 입각한 노력이라고 할 수 있다.

2017년 시민참여예산 한마당 총회. 주민참여예산의 이해와 정착, 그리고 활성화를 위한 이 행사에 많은 지역주민이 참여하였다. ⓒ 서울시 참여예산

다도 중요한 요소이다.

지역주민참여활동모델은 지역사회에 거주하면서 그 지역사회에 대해 가장 잘 아는 지역주민이 자기 지역의 문제를 직접 해결하도록 한다는 점에서 장점을 가지고 있다. 하지만 지역주민이 직접 지역사회 변화를 주도하기 위해서는 공동체 의식과 시민의식, 자기결정 능력과 요구수립 능력 등 광범위한 주민역량 건설이 전제되어야 한다는 점이 한계로 지적된다. 즉, 지역주민들의 역량이 결여되어있는 경우 이를 강화하는 데에 장시간의 노력이 소요된다. 특히 사회복지사는 지역주민의 역량을 강화하기 위하여, 그리고 지역주민의 참여를 활성화하기 위하여 후원자 및 지지자의 역할을 수행하여야 한다.

4. 지역사회옹호모델[2]

1) 지역사회옹호모델의 특성

지역사회옹호모델social advocacy model은 칸(Kahn, 1995)에 의해서 제시되고 로스만이 지역사회 개입의 새로운 모델로 명명하면서 등장하였다(Rothman, 2001, 2007). 칸은 지역사회를 변화시키기 위한 네 가지 방법으로 조직화, 동원, 서비스와 함께 옹호를 꼽아, 옹호를 지역사회 변화를 위한 중요한 방법으로 보았다(Kahn, 1995). 조직화 과정을 통해서 구성원은 집합적·개인적으로 역량을 강화한다. 동원 또는 결집은 소외된 사람들에게 자신의 삶과 지역사회의 조건을 변화시킬 수 있는 기회를 줌으로써 자신감을 부여한다. 서비스는 사람이 생존하고 발전하며 활동하기 위해 기본적으로 필요한 것들을 제공함으로써 지역사회를 변화시키려는 시도이다. 마지막으로 옹호는 차별과 배제와 억압을 겪

---

2   지역사회복지실천 영역에서 사회복지사가 활용하는 기술로서의 '옹호'는 이 책의 12장에서 보다 자세히
     다루었다.

는 사람들이 많다면 그 사회는 분명 문제가 있다는 전제로부터 사회의 변화를 요구하는 것이다(지은구·조성숙, 2010).

지역사회복지실천 영역에서 옹호활동은 사회행동과의 연속적인 과정으로 이해된다. 버가트(Burghardt, 1987)는 지역사회복지실천 영역에서 두 가지 전통을 강조했는데, 그중 하나가 클라이언트를 포함한 지역주민과 지역사회에 대한 옹호이고, 다른 하나는 계급에 기반을 둔 행동, 즉 투쟁이다. 바커(Barker, 1995)는 사회행동과 옹호활동의 전략들은 지역사회체계가 개인, 가족, 집단의 요구에 잘 응답하도록 만드는 데 초점을 두는 옹호와 구조적이고 사회적인 차원의 더 큰 변화를 목적으로 하는 사회행동이 함께하는 연속체를 나타낸다며, 옹호와 사회행동의 연속성을 강조하였다. 사회복지사들이 직접적 행동의 주체로 나서서 주민들을 대신하여 지원하고 지지하는 행동이 옹호라면, 사회행동은 사회복지사가 조직화를 통해 역량이 강화된 주민과 함께하는 행동이라는 차이점이 있지만, 옹호는 사회행동으로 발전할 수 있다는 점에서 둘은 연속된다고 할 수 있다.

일반적으로 옹호란 다른 대상의 권리를 대변하고 옹호하고 방어해주는 활동이며, 개인이나 커뮤니티를 역량강화(혹은 임파워먼트)하는 활동이다(Barker, 1995). 지역사회복지 분야에서 옹호는 "사회정의를 확보하고 유지하려는 목적으로, 하나 혹은 그 이상의 개인, 집단, 지역사회를 대신해 일련의 행동방침을 직접 대변하고 방어하고 개입하고 지지하거나 권고하는 행동"(Mickelson, 1995)이라고 정의된다. 정리하면, 옹호활동은 "지역사회 주민이 정당한 처우나 서비스를 받지 못하는 경우에 활용되며, 표적집단에 대해 강력한 영향력이나 압력을 행사하는 등 주민의 이익 혹은 권리를 위해 싸우거나 대변 및 방어하는 활동"(Rothman and Sager, 1998; 감정기 외, 2005)을 의미한다.

옹호활동은 사회복지사에게 주어진 책임의 일부로서, 역사적으로 사회복지직의 핵심활동이 되어왔다. 사회복지사는 개인, 가족, 집단, 조직, 나아가 지역사회 전체를 포함하는 클라이언트를 대신해 다양한 수준에서 옹호활동에 관여하게 된다(Mickelson, 1995). 이러한 활동은 사회복지직을 다른 인간봉사 영역의 전문직들과 구별해준다(Kaminiski and Walmsley, 1995). 최근에는 사회정의에 대한 사회복지사의 정치적인 역할이 강조됨에 따라 옹호활동이 갈수록 정교해지고 세련된 형태로 변화하고 있으며(Mickelson, 1995) 지역사회옹호모델에 입각할 때, 사회복지사는 지역주민들을 대변하는 옹호활동을 적절히 수행해야 한다. 옹호활동은 일반적으로 미시적 실천활동의 차원과 거시적 실천활동의 차원으로 구분할 수 있다. 사례 혹은 클라이언트 옹호^{case or client advocacy}는 미시적 차원의 옹호활동에 해당하고, 명분 혹은 계층 옹호^{cause or class advocacy}는 거시적 차원의 옹호활동에 해당한다(Kirst-Ashman and Hull, 2006; Mickelson, 1997). '사례 혹은 클라이언트 옹호'란 개별 사례나 한 사람의 지역주민, 또는 클라이언트를 대신해서 옹호하는 것을 의미한다. 사회복지 분야에서 사례 옹호는 사회복지사가 주민들이 필요로 하는 서비스, 자원, 자격을 가지도록 원조하는 것을 일컫는다(Friesen and Poertner, 1995). 사례 옹호는 주로 개인이나 가족 단위의 미시 혹은 중시적 차원의 실천과 관련이 있다(Kirst-Ashman and Hull, 2006). 사회복지사가 클라이언트를 대변하는 것은 곧 클라이언트로 하여금 스스로를 대변하고 옹호하도록 학습시키는 효과가 있다. 이런 점에서 사례 옹호는 임파워먼트 실천과 보조를 맞춘다. 사례 옹호의 대표적인 예로는 서비스 수혜 자격이 있는 개인이나 가족 혹은 소집단이 특정 기관으로부터 서비스를 받지 못하는 경우, 이를 해결하려고 노력하는 것을 들 수 있다.

'명분 혹은 계층 옹호'는 지역사회 주민 전체 또는 특정 집단을 대신하는 옹호활동으로, 특정 주민집단에 부정적인 영향을 미치는 이슈를 중심으로 사회복지정책을 통해 지역사회환경을 바꾸고자 하는 개입활동을 의미한다(Mickelson, 1995). 헵워스 등(Hepworth et al., 1997)은 계층 옹호를 "구체적인 계층이나 집단의 모든 사람에게 영향을 미치는 정책, 실천, 법을 변화시키기 위해 노력하는 것"이라고 정의한다. 자원, 재능, 기술 등과 같은 능력을 갖추지 못한 일련의 주민집단을 대신하는 계층 옹호활동은 특히 거시적 차원의 실천과 관련이 있다. 이러한 옹호활동은 특정한 또는 잠재적 주민이나 클라이언트 집단에 전체적으로 영향을 주는 것을 전제하므로 '계층 혹은 지역사회 옹호'라고도 한다.

미시적 차원이든 거시적 차원이든 옹호활동의 일차적 대상은 주로 개인에 해당하므로 모든 옹호활동은 사례 옹호로부터 시작되어야 한다(조휘일, 2003). 계층 옹호는 사례 옹호로부터 생겨나며, 다수의 주민이 같은 문제를 경험할 때

계층 옹호가 필요하게 되는 것이다(Kirst-Ashman and Hull, 2006). 그리고 이러한 거시 사회복지실천 영역에서의 계층 옹호가 발전된 형태가 바로 지역사회옹호모델이다.

2) 지역사회옹호모델의 내용

지역사회옹호모델은 지역사회를 갈등의 장이라고 본다. 갈등은 지속적으로 발생하며 피할 수 없기 때문에 갈등을 극복하기 위해서는 집단적 압력행동 또는 대응이 중요하다. 특히 이 모델은 지역주민이나 지역에 기반한 사회조직의 입장에서 공평과 사회정의를 촉진시키기 위한 문제 해결 방식을 택해야 하며, 가장 최선의 방식은 압력^{pressure}을 행사하는 것이라고 전제한다(Rothman, 2007). 즉, 지역사회 변화를 위해 압력을 행사하지 않으면 지역사회는 진공 상태에서 움직이지 않을 것이며, 그렇게 되면 사회정의와 공평도 담보될 수 없다는 것이다.

로스만(Rothman, 2001, 2007)은 압력을 통한 사회행동, 사회개혁 그리고 연대조직화가 지역사회 변화를 끌어낼 수 있다고 본다. 여기서 사회행동은 압력전술을 통해서, 사회개혁은 정책이나 제도 또는 프로그램의 기획을 통해서, 연대조직화는 연대성을 기초로 하는 조직 구성을 통해서 압력을 활용하는 방법을 의미한다.

(1) 사회행동을 통한 옹호

사회행동을 위한 옹호모델은 옹호의 목적이 가난하고 억압과 차별을 받으며 소외되고 배제된 지역주민들에게 혜택을 주는 것이며, 이러한 옹호활동의 핵심 도구에는 직접적 압력 행사가 포함된다고 전제한다. 예를 들어 불평등이나 불공정 등의 지역사회문제나 지역사회의 상황과 조건을 개선하고 수정하는 데에 영향력을 발휘할 수 있는 주요 정책결정가들이 변화에 반대하거나 주저할 수 있다. 이러한 상황에서 사회행동을 위한 옹호모델은 이들을 설득하기보다는 이들에게 압력을 행사하는 것이 지역사회의 변화나 지역주민들이 원하는

것을 얻기 위한 가장 확실하고도 필요한 방안이라고 믿는다.[3]

　　사회행동을 통한 옹호활동은 주로 연좌농성, 행진, 피케팅, 토론이나 성
토대회, 시민불복종, 대중집회와 같은 대항전술을 활용한다. 사회복지사들은
이러한 전술을 통해 배제되고 외곽화된 지역주민들이 정책결정에 참여할 수
있도록 하고, 자원과 힘의 재분배를 포함한 지역사회의 근본적인 변화를 통해
불평등 구조를 해소하고자 노력한다. 또한 로비활동과 입법개혁활동으로 압
력을 행사하기도 한다. 사회복지사들은 사회행동을 할 때 소득보장, 의료서비
스나 사회서비스, 주거복지 등 지역주민의 삶에 영향을 미치는 사회복지 전
영역에서 지역주민이 스스로 영향력을 만들고 이를 통제할 수 있도록 해야 하
며, 주민들 자신이 노동시장의 각종 고용 및 임금 차별에 저항하고 이를 철폐
하여 안정적인 생활을 영위하도록 도와야 한다.

(2) 사회개혁을 통한 옹호

　　사회개혁을 통한 옹호는 기존의 정치적·경제적·사회적 조건을 변화시키
기 위해 자료에 기반하여 사회개혁적인 정책이나 제도, 사업을 기획하거나 옹
호하거나 지지하는 활동을 함으로써 사회정의를 실현하고자 노력하는 것을 의
미한다. 이러한 점에서 사회개혁을 통한 옹호는 앞서 살핀 사회행동을 통한 옹
호와 구별된다. 사회개혁 옹호활동은 지역주민을 억압하고 그들의 삶에 부정
적인 영향을 주는 제도나 조건을 변화시키기 위해 개혁적 지식인이나 행동가,
사회복지사가 협력하여 노력하는 활동이다. 장애인등급제를 폐지하기 위해 청
원운동을 하거나 제도적 보완책을 제시하는 것, 국민기초생활보장제도의 부양
의무자 기준을 철폐하기 위해 자료에 기초하여 정확한 사실을 대중에게 알리
고 대안을 마련하는 것 등이 대표적 사례라고 할 수 있다. 사회개혁 옹호활동
은 정책분석가나 전문 자료분석가들이 수집하고 분석한 정확한 자료에 기초한
기획을 강조한다. 자료에 기반하여 문제 해결 방식을 도출한다는 측면에서 사
회계획모델의 특징을 일부 포함한다고 할 수 있다.

---

[3]　우리 사회에서 사회행동을 통한 옹호모델의 대표적인 예로는 2017년 무능하고 부패한 정권을 퇴진시킨
　　촛불시민운동을 들 수 있다.

(3) 연대조직화를 통한 옹호

인간의 존엄성과 복지의 권리를 위해 싸우는 것은 나 혼자가 아니라는 의식, 동일한 목적과 생각, 비전을 가진 사람들이 함께하고 있다는 의식은 연대성을 기반으로 한다. 연대는 조직을 강화하고 조직이 보다 쉽게 목적을 성취하게 한다. 조직에 참여한 모든 지역주민이 같은 조직 구성원이라는 집합의식, 즉 연대성을 가져야 지역사회의 조건을 변화시키는 조직화가 가능하다. 따라서 연대를 불러일으키는 것은 연대조직화를 통한 옹호의 기본적인 활동이다.

개념 정리

지역사회옹호모델
- 사회정의를 유지하려는 목적으로 하나 혹은 그 이상의 개인, 집단, 지역사회를 대신하여 일련의 행동방침을 직접 대변하고 방어하고 개입하고 지지하거나 권고하는 행동을 강조
- 압력을 통해 지역사회의 변화를 추구

---

3) 지역사회옹호모델과 지역사회복지실천

지역사회에 개입하여 실천활동을 전개하는 사회복지사들은 지역사회에 내재한 위험과 문제들을 적극적으로 해결하기 위해 노력한다. 지역사회옹호모델은 지역주민을 대변하여 직접행동에 나서는 사회복지사의 사회행동을 강조하지만, 단지 행동을 통한 변화만을 강조하는 것은 아니다. 즉, 기존의 질서나 억압구조에 대항하기 위한 다양한 전략과 함께 연대성에 기초한 집단의식을 고취시키기 위한 노력, 주민조직화를 위한 노력, 그리고 개혁적인 세력이나 법과 제도 또는 각종 사회서비스 사업이나 프로그램에 대한 지지와 옹호활동, 나아가 지역사회복지의 증진을 위한 직접적인 사회기획 또한 강조한다.

따라서 지역사회옹호모델에 가장 적합한 전략은 대중동원을 위한 대항전략과 지역주민을 대변 및 옹호하기 위한 캠페인전략이다. 전술로는 대중매체의 활용, 로비와 교섭 및 협상, 청원, 소송 등이 있다.

지역사회옹호모델의 사례

지역사회옹호모델은 사회복지사의 직접적 행동을 강조하는 모델로서, 주민조직화와 옹호 및 대항전략을 활용한다. 사회행동은 변화 대상에 대한 정치적 행동을 포함해 대중동원을 통한 직접적 압력을 행사하게 되는데, 가장 대표적인 예로는 장애인 인권이나 성소수자 권리를 옹호하는 활동, 또는 이들을 옹호하는 조직이나 단체를 설립하는 활동, 정부정책이나 제도를 개선·수립할 것을 압박하는 행동 등을 들 수 있다.

서울시와 서울시복지재단에서는 장애인의 지역사회통합을 위해 시민옹호활동가인 '옹심이(장애인의 권익을 옹호하는 마음을 나누는 사람들)'를 양성하여 재가 장애인과 연결하고 지역활동 및 지역사회환경 조사 등을 함께 하도록 지원한다. 이러한 활동을 지역사회옹호모델의 예로 볼 수 있다.

사회복지사의 정치적 행동의 사례도 있다. 2001년 서울시 사회복지사들은 사회복지시설에 대한 평가제도를 변경하기 위해 압력행동을 펼쳤다. 이들은 지역주민과 현장의 목소리를 외면한 채 발표된 평가제도에 반발했으며, 사회복지사들의 집단적인 사회행동은 결과적으로 서울시의 정책을 무산시켰다. 또 다른 예로는 2010년에 발생한 사회복지사 임금인상을 위한 요구투쟁과 2018년 지역아동센터 사회복지사 등의 처우개선을 위한 요구투쟁, 2019년 학교비정규직 교육복지사(학교사회복지사)들의 처우개선 요구투쟁 등이 있다.

서울복지재단에서 운영하는 옹심이는 발달장애인의 권익옹호를 위해 활동한다. ⓒ 서울장애인종합복지관

사회복지사들은 스스로를 직접 옹호하기 위해 정치적 행동에 나서기도 한다. 사진은 2019년 8월 보훈복지사들이 열악한 노동조건 개선과 보훈재가복지서비스의 개선을 위해 기자회견을 하고 있는 모습이다. ⓒ 공공운수노조 사회복지지부

4) 사회복지사의 역할과 지역사회옹호모델의 한계

지역사회옹호모델에서 사회복지사들은 지역주민들을 대신해 문제 해결을 위해 노력하는 대리인 역할뿐 아니라, 그들의 입장을 대변하고 옹호하는 대변인과 옹호자의 역할도 수행한다. 또한 조직화를 위해 노력하는 조직가와 문제 해결을 위해 조직원을 동원하는 선동가의 역할까지 담당한다.

지역사회옹호모델은 지역사회에 내재된 억압구조를 극복하고 지역사회를 변화시키기 위한 방안으로, 사회행동모델에 기초한 전략과 전술을 주로 활용한다. 그렇기 때문에 사회행동모델의 한계점을 공유한다. 즉 직접적 압력행동으로 인한 힘의 소진이나 대항전략에 대한 부담감 등이 한계로 지적될 수 있다. 또한 지역사회문제에 직접적인 피해를 받은 지역주민들이 스스로 행동하여 문제를 해결하도록 하기 위해서는 그들의 역량강화가 필요한데, 옹호활동만을 통해서는 역량을 강화하기 어렵다는 점 역시 한계로 지적된다(Kahn, 1995; Davis, 1991).

5. 지역사회행동모델

1) 지역사회행동모델의 특성

지역사회행동모델social action model은 지역사회에 내재한 불평등 구조에 주목한다. 인종차별이나 성차별은 대표적인 사회적 불평등이며, 계급이나 나이에 기반한 차별도 이에 해당한다. 사회적 불평등은 경제학, 정치학, 사회학 등에서도 중요한 주제이지만, 지역사회복지 영역에서도 중요하게 다뤄진다. 지역사회에는 여러 이유로 각종 차별 및 억압을 당하고 있는 구성원 및 집단들이 존재하기 때문이다. 특히 지역사회복지 영역에서는 자원 배분의 불평등에 주목한다. 지역사회행동모델은 소외된 사람들이 지역사회 조직에 참여하고 변화를 위해 행동해야 불평등한 자원 배분 문제가 해결될 수 있다고 주장한다.

지역사회행동모델은 사회행동을 통해 불평등 구조 및 권력관계를 변화시켜 자원 배분이 평등하게 이루어지도록 하는 것을 목표로 한다. 구조적 차별과 억압은 저절로 해소되지 않으며 사람들이 직접 목소리를 내야만, 즉 사회행동을 해야만 해결될 수 있다. 소외된 주민들이 지역사회 조직에 참여하고 항의하고 요구해야 지역사회 내에서 정당한 권리를 누리고, 정책결정 과정에 진입하며, 자원 분배에 있어서도 증가된 몫을 제공받을 수 있다. 안정적인 일자리, 최소한의 소득 보장, 공평한 건강 및 교육서비스를 보장받기 위해서, 그리고 그 결정과정에 접근하기 위해서는 배제된 구성원과 집단을 조직화해야 한다. 따라서 지역사회행동모델은 자원과 권력을 재할당하기 위해 지역사회 구성원들을 조직화하고 행동을 끌어내는 실천모델이라고 할 수 있다.

2) 지역사회행동모델의 내용

사회적 불평등이나 부정의에 주목하는 관점에서 보면 지역사회문제는 자원과 권력의 불평등한 분배를 유발하는 힘의 구조에 기인한다. 지역사회행동모델은 이런 구조적 문제를 해결하는 유일한 방법이 사회행동이라는 점을 강조한다. 사회행동에는 시위나 집회, 캠페인, 당국과의 협상 등이 있으며, 기존의 권력 질서나 자원 분배구조를 변화시키는 것을 목적으로 한다. 즉, 배제되고 소외된 사람들이 앞으로의 결정에 영향력을 행사하고 역할을 담당하게 하여 평등한 사회구조로 바꾸어나가는 것이 이 모델의 목적이다.

야콥센과 하이트캠프(Jacobsen and Heitkamp, 1995)에 따르면 지역사회행동모델이 바라보는 지역사회는 갈등, 힘, 특권을 통해 구조화되어 있으며, 정치경제적 힘을 지닌 소수집단에 의해 결정수립과 자원 통제가 이루어지는 체계이다. 기성의 권력구조 및 지배집단은 지역사회의 시설, 조직, 제도, 법안 그리고 각종 사업에 막강한 영향력을 행사함으로써 지역주민에게 직접적으로 영향을 미친다. 이처럼 지역주민의 삶의 질이 권력구조에 좌우되므로 불평등을 유지하고 재생산하는 구조와 차별과 억압을 행하는 기존 권력집단은 변화되어야 할 대상이며, 곧 사회행동의 표적이 된다. 이런 구조는 저절로 변화하거나 사라지지 않기 때문에 조직적 저항이 요구된다. 억압받은 이들의 조직적 저항을 통해 기존의 정책 및 결정구조가 바뀌면, 지역사회 주민들의 이익이 더 공평하고 폭넓게 반영될 수 있으며, 이는 궁극적으로 주민들의 삶의 질을 개선할 것이다.

개념 정리

지역사회행동모델
- 사회행동을 통해 지역사회에 내재해있는 자원과 힘의 불평등 구조 개선 및 재분배를 강조
- 불평등을 유지하고 재생산하는 구조는 저절로 변화하거나 사라지지 않으므로 조직적 저항이 요구됨

---

3) 지역사회행동모델과 지역사회복지실천

지역사회행동모델은 지역사회의 근본적인 변화가 주민, 사회복지사 및 행동가들의 직접적인 사회행동으로부터 나온다고 강조한다. 따라서 변화대상 혹은 표적에게 직접적인 영향을 주는 시위나 농성, 교섭 및 협상, 청원과 파업 등의 대항전략을 주로 활용한다. 대항전략이 성공하기 위해서는 주민들을 동원하는 것이 중요하다. 지역주민이나 서비스 이용자들을 동원하고 그들이 기성 권력집단에 대항하는 직접행동을 취하게 하려면 조직화가 전제되어야 한다(Jacobsen and Heitkamp, 1995). 달리 말하면, 이 모델에서 전략적으로 가장 중요한 것은 지역주민조직화이다. 루빈과 루빈(Rubin and Rubin, 2001)에 따르면 지역주민조직화는 지역주민 개개인과 그들이 살고 있는 지역을 위해 사회적 힘을 찾는 것이며, 공동의 문제를 해결하기 위해 사람들을 결집하는 것을 포함한다(지은구·조성숙, 2019).

지역사회행동모델에서는 과정과 과업이 모두 강조된다. 기존 힘의 구조

를 바꾸기 위한 행동은 주민조직화와 동원 같은 과정을 필요로 하고, 그 과정에 따라 세부적인 과업이 성취되기 때문이다. 예를 들어 사회행동을 위해 조직을 설립하려면 조직원이나 지역주민 또는 대중을 동원하는 과정이 있어야 하고, 이렇게 동원된 조직원이나 주민들의 대항전략과 전술을 통해 목적을 달성할 수 있다.

4) 사회복지사의 역할과 지역사회행동모델의 한계

지역사회행동모델에서 사회복지사는 주로 조직가이자 행동가로서의 역할을 수행하며 주민들의 사회행동을 촉진한다. 조직가로서의 사회복지사는 조직 내적으로는 구성원 간 원활한 의사결정을 위한 기술 습득 능력을 건설^{capacity building}하는 데 개입하며, 조직 외적으로는 직접적 행동을 수행하고, 대중 및 언론 매체와 소통하며, 사회조사 수행에 개입하기도 한다. 그런데 조직가로서의 사회복지사에게 가장 중요한 것은 자신이 직접 행동을 하는 것이 아니라 구성원들 스스로가 행동에 나설 수 있도록 돕고 지지하는 것이다. 즉, 사회복지사는 지역주민을 대신하고 대체하는 역할이 아니라 그들의 독립을 지원하는 역할을 해야 한다. 지역주민은 자신의 행동을 통해 변화가 실제로 일어나는 것을 체감함으로써 역량감을 증진하게 된다. 이것은 사회행동모델이 지역주민들의 역량을 강화시키는 임파워먼트와 관련있음을 나타낸다.

지역사회행동모델은 사회적 불평등과 차별로 인해 고통받고 있는 주민들을 도울 수 있으며, 사회구조적 변혁을 추구함으로써 문제를 근본적으로 해결하는 데에 기여할 수 있다. 이 모델은 정교한 정책적 해결법을 도출하기 위한 자원이 부족한 경우, 위험이나 위기에 대응할 시간이 부족한 경우, 차별이나 배제 등 사회문제에 대한 주민들의 인식 정도나 집단동질성이 강한 경우에 적극적으로 활용될 수 있는 실천모델이다. 하지만 다음과 같은 한계점이 있어, 실천현장에서 제한적으로 활용된다(지은구·조성숙, 2019).

첫째, 지역사회행동모델은 지나치게 많은 에너지를 필요로 하고 시간 소모적이며 때때로 과업에만 치중하여 과정을 등한시하는 경우가 있다(Netting et al., 2004, 1998).

둘째, 지역사회에서 일어나는 모든 상황이나 문제에 대해 저항 또는 대항 전략과 대항전술만을 사용하는 경우 나타나는 한계이다. 저항이나 대항전략은 협조, 캠페인전략, 캠페인전술 등을 모두 사용하였으나 문제 해결의 기미가 보 이지 않을 때 사용하는 것이 바람직하다. 대항전략은 조직이나 집단을 양극화 하여 기대하는 결과를 얻는 데 장애물로 작용하기도 한다.

셋째, 사회복지사, 조직가, 지역사회 주민이 대항과 같은 전략을 편하게 여 기지 않는 경우가 있다. 또한 대항전술은 너무 파괴적일 수 있으며, 이러한 급 속한 변화를 지역사회 또는 지역주민이 감당하지 못할 수도 있다.

넷째, 사회복지의 윤리적 논쟁을 불러일으킬 수 있다. 대항이 지역사회 주 민이나 조직가를 위험에 빠뜨릴 수 있기 때문이다. 또한 대항의 표적물이 반드 시 제거되어야 하기 때문에 표적물을 비하할 윤리적 위험성이 있다. 또한 어떤 법에 어긋나거나 긴박한 상황에서만 사용해야 하는 전술들도 있다. 그렇기 때 문에 이 모델을 사용할 경우 나타날 수 있는 모든 위험에 대해 사회복지사나 조직가가 완전히 인식하고 있어야 한다.

6. 지역사회계획모델

1) 지역사회계획모델의 특성

사회계획 social planning[4] 모델은 로스만(Rothman, 1967)이 제시한 세 가지 모델 중 하나로서 각종 지역사회문제에 대한 이성적 분석을 통한 합리적 해결을 지향한다. 지역사회계획모델은 "사회서비스와 정책의 발전, 확장, 그리고 조

---

[4] 'social planning'은 사회기획으로 번역되지만 지역사회복지현장에서 오랫동안 사회계획으로 번역되어 왔으므로 이 책도 이에 따른다.

정을 의미하며 지역에서 발생하는 문제를 이성적으로 해결하기 위한 하나의 실천방법"(Lauffer, 1981)이라고 정의할 수 있다. 이후 로스만(Rothman, 2001, 2007)은 사회계획모델이라는 명칭을 사회계획/정책$^{social\ planning\ \&\ policy}$모델로 수정하여 사회계획뿐만 아니라 정책개발의 측면도 함께 강조하였다. 그에 따르면 이 모델은 "정책분석가나 기획가 또는 전문적 식견을 가진 사회복지사 등이 지역사회환경이나 지역사회문제 등에 대한 객관적인 자료^{data}를 바탕으로 통계적 방법(SPSS나 SAS), 컴퓨터기술(PowerPoint나 Excel 등), 사회지표분석이나 추정, 추계 등을 활용하여 지역사회문제를 해결하려는 개입방법"이다. 또한 롱 등(Long et al., 2006)은 이 모델을 "사회복지정책이나 사회프로그램의 개발과 이의 성공적 실행을 통해서 지역사회를 강화하도록 하는 협조적 과정"이라고 정의하였다. 이를 통해 어떤 정의이든 지역사회계획모델의 지역사회문제에 대한 과학적이고 이성적이며 전문적인 기획력을 강조하고 있음을 알 수 있다.

이처럼 지역사회계획모델은 전문적 지식과 기술을 겸비한 전문가가 사회계획을 주도하는 전문가주의^{professionalism}를 지향한다. 직관이나 경험에 기반한 어림짐작이 아닌 이성적 분석력과 전문지식을 강조한다. 따라서 사회계획모델에서 사회복지사는 전문가여야 한다. 사회복지사는 사회문제를 분석할 수 있어야 하며 여러 자료를 활용하여 논리적인 방법으로 효과적인 해결책을 찾는 지식과 기술을 갖추고 있어야 한다.

2) 지역사회계획모델의 내용

지역사회계획모델은 지역사회에 산적해있는 문제 자체에 주목하고, 효율적이고 효과적인 계획을 세워 문제를 해결하는 것을 목표로 한다. 지역사회문제를 해결하기 위한 지역사회계획의 과정은 일반적으로 지역사회문제의 확인, 주민의 욕구사정, 사업의 목적 및 목표의 설정, 사업의 실행 그리고 사업평가 등의 여러 단계를 거친다. 이 각각의 단계가 곧 과업이 되며, 사회복지사업이나 프로그램을 기획하기 위해서는 위에서 말한 다양한 과업을 수행해야 한다. 즉,

지역사회계획모델은 지역사회개입에 있어 과정보다는 문제 해결이라는 과업이 강조되는 모델이라 할 수 있다. 이러한 과업 수행이 문제를 해결하는 과정과 비슷하다고 하여 지역사회계획모델은 문제해결모델이라고 불리기도 한다(Long et al., 2006; Hardina, 2002).

개 념 정 리

지역사회계획모델
- 사회복지사업이나 사회프로그램이 지역사회의 문제를 해결하거나 개선할 수 있다는 전제에 기초
- 기획을 통한 지역사회문제 해결을 강조
- 사회문제 해결이라는 과업 중심의 실천모델

---

3) 지역사회계획모델과 지역사회복지실천

지역사회계획모델은 모든 지역사회문제에는 반드시 해결책이 있다고 가정한다. 지역사회에 존재하는 모든 문제들, 예를 들어 실업, 빈곤, 가정 폭력, 청소년 비행과 같은 구체적인 문제들은 정책이나 프로그램을 통해서 해결하고 관리하며 예방할 수 있다고 전제하는 것이다. 따라서 이 모델에서는 정책을 기획하고 프로그램을 만들어 실천하는 것이 중요하다. 종합하면 지역사회계획모델은 "지역주민이나 지역 또는 사회의 욕구를 해결하기 위해 정책을 개발, 수정, 또는 변경한다든지 새로운 프로그램이나 서비스를 개발하거나 또는 기존의 프로그램이나 서비스를 개선하는 것을 통해서 지역사회문제를 해결하는 것을 강조하는 모델"(지은구·조성숙, 2019)이다.

지역사회계획모델은 주민들의 의식고취나 적극적 참여, 즉 지역주민들이 주체가 되어 역량을 증진하는 방향보다는 전문가들이 분석적 역량을 발휘하는 것을 강조한다. 전문가주의에 입각하여 전문적인 사회복지사들이 사업이나 프로그램을 보다 효과적·체계적으로 개발하고 전달할 수 있으며 자원 활용과 정책결정을 더 효율적으로 수행할 수 있다고 본다. 전문가(사회복지사, 정

책분석가, 기획가, 정부관료)들이 비전문가보다 문제를 더 잘 해결할 수 있으므로 그들이 주체가 되고, 지역주민은 문제 해결을 요청하고 혜택을 받는 이용자나 소비자의 입장이 된다. 이러한 점을 고려했을 때 지역사회계획모델에 적합한 전략은 지역사회문제에 대한 자료를 수집하고 분석하는 것을 통해 최선의

| 더 알아보기 |

지역사회계획모델의 사례

지역사회계획모델은 중앙 또는 지방정부조직의 정책과 제도 실행, 각종 복지 관련 사업 등에 대한 실행과 개발, 그리고 이러한 기존 정책이나 사업에 대한 수정·변경 등의 활동을 통해 지역사회를 변화시키기 위한 노력을 중시한다. 이 모델의 가장 대표적인 사업으로는 지역사회서비스 사업이 있으며, 구체적으로 아동청소년정서발달 지원서비스, 장애인보조기 렌탈서비스 등을 들 수 있다.

대부분의 지역사회(지방자치단체)는 정부가 재정을 지원하는 지역사회서비스 사업(특히, 지역자율형 사회서비스 사업)을 자체 개발하여 시행하고 있으며, 이에 대한 기획과 수정·변경을 통해 지역주민의 삶의 질을 개선하기 위해 노력하고 있다.

그리고 준공공조직에 포함되는 사회복지공동모금회나 민간기업에서 운영하는 아산사회복지재단 등에서도 공모를 통해 다양한 사회복지프로그램을 개발하고 재정을 지원하고 있다. 이들 재단에서 재정을 지원받아 지역사회에 대부분의 사업이나 프로그램은 대부분 지역사회계획모델의 사례에 해당한다.

지역사회서비스 지원사업의 하나로 진행하는 강원연구원의 2019 힐링 프로그램 ⓒ 강원연구원

아산사회복지재단에서 개최하는 사회복지프로그램 공모 포스터 ⓒ 아산사회복지재단

계획을 수립하기 위한 제휴전략과, 주민과 대중매체의 지지를 확보하기 위한 캠페인 전략이다.

4) 사회복지사의 역할과 지역사회계획모델의 한계

지역사회계획모델은 합리적인 분석을 통해 해결책을 발견할 수 있다고 가정하기 때문에 전문가의 역할을 강조한다. 이 모델에서 사회복지사는 문제 해결 과정에 개입하고 해결책을 제안할 수 있는 전문적 지식과 기술을 갖춘 지역사회기획가로 인식된다. 사회복지사는 지역사회를 변화시키고 문제를 해결하기 위해 계획을 수립하고 실행하며 또한 평가한다. 따라서 지역사회계획은 "전문가로서의 사회복지사에게 있어 가장 기본적이고 중요한 기능"(지은구·조성숙, 2019)이라고 할 수 있다.

기획가로서 사회복지사는 지역사회의 문제를 파악하기 위해 객관적인 자료를 수집하고, 논리적으로 해결법을 찾아내 제안서를 작성하며, 공식적인 조직을 활용해 실행을 추진한다. 이를 위해 사회복지사는 사회조사방법론, 사회복지프로그램 개발 및 평가 방법 등 숙련된 지식과 기술을 갖춰야 한다. 웨일과 갬블(Weil and Gamble, 1995)은 사회기획가가 갖추어야 할 기본 전문지식 또는 기술로서 조사방법, 욕구사정, 평가, 프로포절 개발, 그리고 자료분석 능력 등을 제시하였다.

지역사회계획모델은 합리성과 기술적 과정을 강조함으로써 문제 해결의 시작 단계에서부터 전문가의 적극적 참여가 가능하고, 구체적이고 체계적인 기획을 제시할 수 있다는 장점이 있다. 하지만 앞서 소개했던 실천모델들과 마찬가지로 지역사회계획모델 역시 아래와 같은 한계점을 내포하고 있다(지은구·조성숙, 2019).

첫째, 사회복지사가 가장 합리적인 사회프로그램을 개발하고 수정할 수 있는 전문가 또는 결정자라고 전제한다는 한계를 가진다. 사회복지사 역시 인간이므로 항상 옳은 것은 아니며 사회프로그램개발 또는 수정 과정에서 실수나 판단착오를 할 수도 있다. 따라서 사회복지사의 판단력이나 전문적 능력에만 의존하여 기획하는 것은 지역사회문제를 해결하는 최우선적인 방안이 아니며, 주민이나 이해당사자들이 문제 해결을 위한 방안을 찾기 위해 함께 노력하는 것도 중요하다.

둘째, 사회복지사(또는 기획가)가 지역사회문제 해결을 위한 충분한 시간과 자원을 확보할 것을 요구한다는 문제점을 갖고 있다. 프로그램을 개발하고 수정하는 사회복지사의 노력은 가용한 시간과 자원에 크게 의존한다. 이러한 것에 대한 고려 없이 즉, 충분한 사전준비 작업 없이 사회프로그램을 개발한다면 그 사회프로그램은 질이 낮을 가능성이 높고, 이를 수정하는 과정에서 오류가 발생할 수도 있다.

셋째, 사회프로그램을 개발하는 과정에서 주민들의 참여가 제한적이거나 아예 고려되지 않는다는 한계를 내포한다. 이 모델이 지향하는 전문가주의는 문제 해결을 위한 기획과정에서 비전문가인 지역주민들을 배제할 수 있다. 그러나 지역사회의 문제와 이를 해결하기 위해 필요한 것이 무엇인지 가장 잘 아는 당사자는 바로 지역주민들이다. 따라서 지역주민들이 배제된 사회프로그램은 그 영향력이나 효과성이 반감될 수 있다.

7. 지역사회연계모델

1) 지역사회연계모델의 특성

지역사회연계모델community liaison model 은 테일러와 로버츠(Taylor and Roberts, 1985)가 그들의 저서 『지역사회복지의 이론과 실천Theory and Practice of Community Social Work』에서 처음 제시한 모델이다. 켐프(Kemp, 1985)는 로스만의 세 가지 기본 모델인 지역사회개발모델, 사회계획모델, 사회행동모델과 함께 지역사회연계모델을 4대 모델로 칭하였다. 이후 웨일과 갬블(Weil and Gamble, 1995) 역시 지역사회연계모델을 "프로그램개발과 지역사회연계모델"이라고 지칭하며 이

모델의 중요성을 강조하였다.

지역사회연계모델은 어떤 한 명의 사회복지사나 어떤 한 조직도 지역사회 문제를 해결하는 데 완전한 주도권을 가질 수 없다는 전제에서 출발한다. 지역사회에는 매우 다양한 조직이 있으며, 각 조직은 자신들의 서비스 영역 안에서만 활동한다. 따라서 그 영역을 벗어나는 경우 다른 어떤 조직을 통해 어떠한 방식으로 어떤 서비스가 지역주민에게 제공되어야 하는지에 대한 적절한 대응방안을 가지고 있지 못하다. 예를 들어 지역자활센터에서 근무하는 사회복지사는 지역자활센터를 이용하는 저소득층 주민의 근로의욕 고취나 소득 안정을 위한 활동에 대부분의 시간을 보낸다. 그러므로 저소득층 주민들의 빈곤 탈출이나 근로보장을 위한 활동 이외의 영역에서는 지역사회자원의 범위나 능력에 대한 정보를 충분히 가지고 있지 못할 수 있다. 사회복지사는 모든 정보를 알고 모든 문제에 대해 해결방안을 낼 수 있는 슈퍼맨 같은 존재가 아니기 때문에, 자신이 잘 모르는 타 영역에서는 해당 영역에서 활동하는 사회복지사의 도움이 절대적으로 필요하다.

지역주민이 직면한 문제는 한 조직의 힘만으로는 해결될 수 없는 복잡하고 다면적인 속성을 가진다는 점 역시 지역사회연계모델의 기본 가정이다. 노숙인들이 직면한 욕구가 주거 안정에만 있다면 공공주택 제공이 노숙인 문제를 해결할 수 있는 완벽한 해결방안이 될 수 있다. 하지만 현대사회에서 노숙인의 사회적 욕구는 단지 주거문제에만 국한되지 않고 각종 정신건강 및 심리적 문제를 포함해, 고용 및 가족 문제까지 매우 복잡한 방식으로 나타난다. 따라서 주거복지 영역에서 활동하는 하나의 지역조직이 노숙인 문제를 완벽하고 적절하게 대응하는 것은 현실적으로 불가능하다.

결론적으로 지역주민들이 직면하고 있는 문제에 대처하려면 다양한 영역에서 여러 가지 해결방법이 필요하며, 이러한 다각적인 문제 해결을 위해서는 지역사회에 기반한 관련 조직과 사회복지사의 노력 및 상호 연계활동이 필요하다. 지역에서 활동하는 사회복지사와 조직이 자원과 정보를 공유하는 상호 협력관계를 형성할 때, 지역주민의 욕구에 대한 대응방안을 보다 효과적이고 효율적으로 실행할 수 있다. 따라서 지역사회연계모델의 핵심적인 주제어는 연계·협력 및 자원 조정이라고 할 수 있다.

2) 지역사회연계모델의 내용

지역사회연계모델은 사회네트워크이론으로부터 영향을 받은 실천모델이다. 이 모델에서 사회복지사 또는 실천가들은 지역사회문제를 통합적·효과적으로 해결하기 위해 서비스를 조정하고, 사회복지사와 사회복지조직 간의 협력관계를 체결하며, 파트너십을 맺는 일에 관심을 갖는다. 어떤 한 조직도 지역사회의 문제를 완벽하게 해결할 수 없으며, 전체 지역주민의 욕구 해결을 위한 다양한 서비스 자원을 가지고 있지 못한다고 가정하기 때문이다. 또한 조직 상호 간의 정보 부족으로 인해 발생하는 서비스 중복은 서비스의 효과를 저해하는 요인이 되므로 이를 방지하기 위한 노력 역시 이 모델의 주된 관심 영역이다.

다양한 유형의 사회복지기관은 자원을 주고받는 사회교환의 연속적인 과정에 관여되어있다. 이들 기관은 지역주민의 욕구를 해결할 수 있는 자원을 제공하기 위해 네트워크 구축, 파트너십 구성 또는 상호 협력활동 및 상호행동을 추구한다(Long et al., 2006). 따라서 지역사회연계모델은 '지역주민의 욕구를 해결하기 위해 지역사회 조직 간 협력과 협의, 조정 등을 통해 제한된 지역자원을 보다 효과적으로 활용함으로써 지역주민의 욕구를 해결하는 것을 강조하는 모델'이라고 할 수 있다.

파트너십 또는 협력 체결을 통한 지역사회문제의 해결은 지역사회연계모델의 가장 큰 실천전략이다. 사회복지사는 지역주민의 복합적인 욕구를 해결하기 위해 협력 네트워크를 구축하고, 네트워크 안에서 다양한 서비스가 제공될 수 있도록 활동해야 한다. 여러 서비스를 하나의 협력 네트워크를 통해 제공할 수 있는 통합적 사례관리실천은 이 모델의 가장 핵심적인 전략이다. 정보 공유 및 자원 조정과 협력을 위한 네트워크 또는 파트너십은 사회복지 영역의 비영리조직 간에, 공공조직(지자체)과 비영리 사회복지조직 간에, 그리고 보다 넓게는 민간영리기업과 비영리조직 및 공공조직 사이에서도 발생한다. 유럽의 민-사-공 파트너십[5]은 가장 대표적인 협력 네트워크 실천체계라고 볼 수 있으

---

5 민간영리기관, 주민조직 및 비영리 사회복지 관련 기관, 공공기관 등이 협력하여 지역주민들의 삶의 질 개선을 위해 노력하는 모델이다. 유럽에서는 PSPP(Public-Social-Private Partnership)라 명명하며, 이를 통해 다양한 사업을 전개하고 있다.

며, 우리나라의 경우에는 지역사회보장협의체가 대표적인 협력 시스템이다.

개념 정리 ▸

지역사회연계모델
- 통합적이고 효과적으로 지역사회문제를 해결하기 위해 사회복지사나 조직 간의 서비스 조정 및 협력을 강조
- 사회복지사와 사회복지조직 상호 간의 협력 네트워크, 파트너십 등을 강조

---

3) 지역사회연계모델과 지역사회복지실천

켐프(Kemp, 1995)에 따르면, 지역사회연계모델의 주요 활동은 지역사회 조직 간의 상호관계 구축, 자원의 공유, 개발과 동원, 그리고 지역사회환경의 변화에 부응하는 기관들의 목적과 프로그램, 서비스 기능의 재조정 등이다. 지역사회복지실천현장에서 연계와 협력은 필요한 자원이 고르게 배분되도록 유도하고 정보 교환을 통해 비효율적인 지출이나 비효과적인 서비스를 방지함으로써, 지역주민들에게 질 좋고 효과적인 서비스가 제공될 수 있도록 한다. 하지만 정보 교환과 자원 배분이 잘 이루어지려면 관련 기관 및 조직이 활발히 교류하고 신뢰를 형성해야 한다.

따라서 지역사회연계모델에 가장 적합한 전략으로는 연계활동을 위한 제휴전략과 연계에 대해 동의를 확보하기 위한 캠페인전략을 들 수 있다. 이러한 전략에는 합의전술, 연합계획 및 연합행동전술, 설득이나 교육 등과 같은 캠페인전술이 적합하다. 구체적으로는 협력적 네트워크 및 협력적 사례관리체계를 구축하기 위한 전략과 지역자원을 분석하고 개발 및 동원하는 자원개발전략 등이 활용될 수 있다.

이 모델에서 지역사회복지기관 등의 조직은 조직 간 서비스 조정, 지역사회 주민과의 관계 증진, 지역사회에 대한 조사 및 기부금 조성 등의 활동을 하게 된다. 조직에 소속된 사회복지사들은 연계사업 및 네트워크에 참여하며, 지역사회 주민들의 욕구를 확인하고 사정하며, 프로그램을 개발한다. 또한 사례

를 관리하고, 지역주민을 직접 지원하기도 한다. 개별 조직의 한계를 벗어나 종합적인 서비스를 제공하는 것을 지향하는 지역사회연계모델에서는 종합적인 협력 및 지원활동으로서 통합적 사례관리 또는 협력적 사례관리라는 실천방법을 사용한다. 테일러(Taylor, 1985)에 따르면 지역사회연계모델에서 의미하는 지역사회활동이란 사회복지 관련 조직에서 활동하는 사회복지사들이 협력적(또한 통합적) 사례관리 등을 포함하여 직접적 서비스를 책임지는 연계활동을 수행하는 것을 의미한다.

사회복지사는 협력 네트워크를 구축하여 지역주민들을 위한 상호 협력 프로그램을 개발할 때 변화를 경험할 수 있다. 이러한 협력 추진 과정에서는 각 조직의 상층지도부나 후원자들을 설득하고 이해시키는 것이 매우 중요하다. 타 조직과의 협력활동 같은 큰 결정은 조직의 공식적 의사표명에 따라 이루어지는 경우가 많은데, 이러한 결정이 주로 상층부에 의해 이루어지기 때문이다.

지역사회연계모델을 활용하여 지역사회문제를 효과적으로 해결하기 위해서는 다음과 같은 점들이 분명히 확인되어야 한다(Long et al., 2006; 지은구·조성숙, 2010).

① 지역사회복지기관, 지역주민 그리고 서비스 이용자들을 위한 연계활동의 잠재적 비용과 혜택에 대한 조사(예를 들어 비용-효과성 분석)
② 연계활동에서 중요한 역할을 수행할 수 있는 기관에 대한 조사
③ 협력활동이 가능한 잠재적 협력 파트너의 능력뿐만 아니라 협력 의도와 협력 수준에 대한 확인
④ 기관들 사이에 무엇을 교환할 것인가에 대한 명확한 이해
⑤ 협력활동에 대한 기관 상층지도부의 승인과 지원에 대한 보장
⑥ 회합을 주선하고 회합의 내용을 기록하며 회합에서 다른 참여자들과의 의사소통을 유지하여 협력을 관리할 수 있는 협력활동 주도자의 능력
⑦ 협력을 위한 협약서 등과 같은 관련 서류의 작성
⑧ 협력활동에서의 신뢰와 정직 그리고 열린 의사소통

4) 사회복지사의 역할과 지역사회연계모델의 한계

지역사회연계모델의 주요 목표는 지역주민을 위한 연계 및 협력서비스를 개발하고 시행하는 것이다. 이 과정에서 사회복지사는 조정가, 기획가, 제안가, 촉진가, 중개자, 네트워크 참여자 등의 역할을 수행한다. 협력과 조정을 통해 새로운 프로그램이 개발·시행되면 사회복지사는 프로그램이 안정적으로 운영되는지 파악하기 위해, 해당 프로그램이 의도했던 목적을 달성하고 있는지 확인하기 위해, 또한 지역사회환경의 변화에 대응하기 위해 감독가, 관리자, 평가자 등의 역할도 수행한다. 맥크로스키와 미잔(McCroskey and Meezan, 1992)은 지역사회연계모델에서 새로운 프로그램의 결과를 평가하기 위한 강력한 결과평가[outcome evaluation] 수단을 강조하였다.

지역사회연계모델은 지역사회에 내재해있는 힘의 불균형 구조나 자원의 불평등한 분배구조의 원인을 찾아 지역사회문제를 근본적으로 해결하기 위해 노력하는 것보다는, 힘의 균형적 사용을 위한 교환구조의 설립에 더 많은 관심을 갖는다. 즉, 지역사회 안에는 자원이 불공정하게 배분되어있음을 전제하되, 그 원인을 찾아 문제를 해결하기보다 협력을 통해 자원을 효과적으로 사용하여 문제를 극복하는 것을 강조한다. 따라서 이 모델은 지역사회문제의 근본적인 원인을 분석하고 해결방안을 지적하는 데에는 한계가 있다.

또한 지역사회연계모델은 지역사회에 기반한 공공/민간조직이 비전을 공유하고 상호 신뢰를 형성해 협력 파트너십을 결성함으로써 지역사회 및 지역사회 주민의 사회적 욕구에 공동으로 대처하여 지역사회복지실천을 수행할 수 있음을 강조한다. 하지만 모든 조직이 파트너로 협력할 수 있다는 기본 가정은 공공의 이익이나 사회적 가치실현이라는 공유된 목적이나 비전이 있어야 가능하며, 이를 위한 구체적인 합의나 사회적 조건 등이 필요하다. 이러한 점에서 지역사회연계모델은 조직들의 협력사업 동참 여부에 대해 지나치게 낙관적으로 전제한다는 한계를 가진다.

지역사회연계모델의 사례

지역사회연계모델에 바탕을 둔 지역사회복지사업은 현 지역사회에서 사회복지 관련 공공조직 및 비영리조직들 간에 이루어지고 있는 연계사업이나 협력 네트워크사업, 통합적 사례관리사업 등을 대부분 포함한다. 특히 지역종합사회복지관에서 수행하는 서비스 조정 및 자원과 서비스 연계를 위한 통합적 사례관리사업들은 지역사회연계모델에 기초하는 대표적인 사례라고 볼 수 있다.

민관 협력사업의 예로는 지역사회보장협의체의 사회복지 관련 민간조직들과 공공기관의 사회복지 담당자들이 함께 수행하는 대부분의 협력사업을 들 수 있다. 그리고 공공 사회복지 전달체계에서는 주민통합서비스 제공을 위한 '통합사례관리사업', 읍·면·동이 중심이 되어 지역의 병원·보건소, 복지기관, 지역주민 등과 협력하여 다양한 복지서비스를 제공하는 '복지허브화사업', '찾아가는 동주민센터사업' 등이 지역사회연계모델의 대표적인 사례이다.

이렇듯 지역주민들의 복잡하고 다양한 욕구를 해결하기 위하여 공공조직과 민간조직이 상호 연계하여 협력적·통합적 사례관리 서비스를 제공한다면, 서비스의 영향력과 효과성을 향상킬 수 있을 뿐 아니라 자원협력과 조정을 통해 서비스 제공의 시너지 효과를 기대할 수 있다.

외국에서 볼 수 있는 가장 이상적인 형태의 지역사회연계모형은 PSPP 또는 PPPP(Public-People-Private Partnership)로서, 이는 오스트리아와 같은 유럽에서 볼 수 있다. PSPP는 사회적 목적을 실현하기 위해 공공조직, 기업, 사회조직이 연합하는 것으로, 주로 주민 모두를 위한 공동재(common goods)나 사회복지 서비스를 제공하는 기능을 수행한다. PSPP의 원칙은 다음과 같다. 첫째, 지역사회의 혜택이나 복지 등을 충족시키기 위한 어젠다나 과업을 기획하고 실행한다. 둘째, 중장기적인 협력과 어젠다를 유지한다. 셋째, 적절한 결과를 위해 필요한 조건이나 자원을 기획하고 적절하게 운용한다(Fandel et al., 2012; Hearne, 2009; Wettenhall, 2003).

희망복지지원단 통합사례관리사업

지역 내 복합적이고 다양한 욕구를 가진 대상자(가구)에게 맞춤형 서비스를 연계·제공하여 안정적인 삶을 지원·지탱하고 빈곤을 예방합니다.

✓ **대상** 통합사례관리를 통해 탈빈곤·자활지원이 가능한 가구로 차상위 빈곤가구, 기초생활 수급자 중 신규 수급자, 기초수급 탈락자 등

✓ **내용** 복지·보건·고용 등 필요한 서비스(의료비, 생활지원비, 교육훈련비 등)를 통합적으로 연계·제공

✓ **신청** 읍면동 주민센터에 신청

✓ **문의** 보건복지상담센터(☎129)

희망복지자원단의 통합적 사례관리 사업은 지역사회연계모델의 대표적인 지역사업이다 © 보건복지부

8. 지역사회통합모델

1) 지역사회통합모델의 특성

1990년대 이후 복지국가, 특히 유럽 국가를 중심으로 시장 실패에 대한 국가적 대응이 한계에 이르렀다. 저성장에 따른 국가 재정문제를 해결하기 위해 연금 등의 사회복지제도를 축소하면서 실업자 급등, 빈익빈 부익부로 대변되는 소득의 양극화 확대, 사회경제적 불평등 심화 등의 문제가 심각해졌고, 이는 지역사회를 분열과 박탈로 이끌었다. 지역주민이 시장으로부터 지속적으로 배제되자 지역주민들의 안정적인 삶과 지역사회의 건강성이 극도로 피폐해졌다. 삶에 지친 지역사회 주민들의 국가정책 및 공공기관에 대한 불신은 지역주민이나 이웃 간 불신으로 이어졌고, 지역사회는 갈등의 장으로 급속하게 재편되었다. 특히 현대 자본주의 사회의 경쟁시장 중심의 가치와 개인주의 및 물질만능주의 사상은 지역사회 주민들의 연대와 공동체 의식에 깊은 상처를 주었으며, 지역주민 개개인들은 심각한 사회·병리적 현상을 경험하게 되었다.

실업, 정규직과 비정규직으로 구분되는 노동시장의 분절, 장기적 빈곤에 따른 소득불균형 및 양극화, 노인인구의 증가에 따른 돌봄문제, 의료비 지출 상승에 따른 경제적 부담, 고독 및 불안, 우울과 자살 등의 정신건강문제와 중독현상, 저출산, 여성과 장애인에 대한 차별, 사회불안감을 심화시키는 강력범죄 및 증오범죄, 개인이기주의와 집단이기주의 등이 심화·확산되었다. 이러한 사회현상은 모두 지역공동체 의식과 연대를 약화하고 불안감과 불신을 조장하며 지역사회배제와 분절을 심화시키고 있다. 하지만 이에 대한 국가의 대응은 지역주민들의 욕구 수준에 미치지 못하고, 비영리조직의 자발적 대응 역시 미흡한 실정이다.

지역사회복지의 측면에서 이를 극복하려면 공공성을 확대하기 위한 정부의 주도적 노력과 함께 지역주민의 공동체 의식 강화, 시민의식 고취, 상호 신뢰를 바탕으로 한 지역사회 조직들의 협력과 협동 등 지역사회통합을 위한 다면적인 노력이 필요하다. 국가 중심의 공공 부문에서 제한적으로 제공하는 사회복지 재화와 서비스, 비영리조직 중심으로 수행되는 자발적 지원과 원조활동 등으로는 지역주민의 사회적 욕구를 모두 해결하지 못하는 수준에 이르렀다. 이에 따라 지역주민의 자체적인 사회적 욕구 대응 시스템 도입의 필요성이 제기되고 있다. 즉, 제1부문인 국가 부분, 제2부문인 시장 부분, 제3부문인 사회적 경제조직과 시민의식에 기초한 지역주민의 자발적 풀뿌리조직 간의 통합된 지역사회보장 전달체계를 구축하고, 지역사회배제를 극복하기 위한 지역사회 이해관계자들이 모두 협력하여 통치하는 새로운 거버넌스^{new governance}를 구축하고 운영할 필요성이 제기되고 있다.

지역사회의 배제 및 각종 차별을 극복하고 사회통합을 실현하기 위해서는 정부, 비영리 및 자발적 부분, 시장 부분 그리고 지역주민 등이 새로운 거버넌스(새로운 협치기구 또는 새로운 지배구조)를 건립하고 이를 중심으로 연계·협력하며 지역사회복지사업을 시행해야 한다. 그러나 여기서 더 나아가 사회포용정책을 기획하고 수립, 결정하는 역할을 수행하는 것이 중요하다. 결국 사회통합 실현을 위한 공동의 신념과 신뢰를 바탕으로 하는 새로운 거버넌스의 정착이 지역사회통합모델의 핵심적인 어젠다라 할 수 있다.

2) 지역사회통합모델의 내용

지역사회통합모델에서 정부는 기본적으로 사회보장정책을 확대하는 방향으로 나아간다. 여기에 더해 국가 부문, 민간영리 부문, 제3부문 그리고 지역주민 중심의 자발적 풀뿌리조직이 주요 주체로서 협력한다. 이들은 상호 협력과 조정, 상호 이해, 비전 공유 등의 가치와 인식을 확산하기 위해 노력하며 이를 기반으로 새로운 지배구조, 즉 거버넌스를 구축한다. 지역사회통합모델은 이렇게 구축된 거버넌스를 통해 지역사회자원을 통합하고 배분하며, 지역주민의 사회적 욕구에 대응해 지역사회의 발전을 추구하는 모델이다. 여기서 '정부'란 중앙정부와 지방정부를 일컬으며, '민간영리 부문'은 시장 영역에서 활동하는 민간기업조직을 의미한다. '제3부문'은 협동조합이나 사회적 기업과 같은 사회적 경제조직 및 민간 비영리조직을 포함하는 개념이고, '주민 중심의 자발적 풀뿌리조직'은 지역주민이 시민사회의 시민이라는 인식에 기초하여 자발적으로 출범한 주민 중심의 자원봉사단체나 각종 지역사회활동을 위해 결성된 순수 주민조직화집단을 의미한다.

지역사회에 내재한 지역사회배제 메커니즘은 정부정책만으로는 극복하는 데 한계가 있으며 공공조직이나 비영리조직과의 연합활동으로도 충분하지 않다. 이러한 사회구조적인 문제를 해결하기 위해서는 국가가 공공성을 기반으로 한 사회보장정책을 확대·강화하고, 시장경제조직들이 사회적 책임의식을 가지고 이윤에 대한 사회반환을 실천하는 동시에 지역사회문제를 해결하기 위한 사회활동에 적극적으로 참여해야 한다. 이에 더해 지역주민이 참여의식과 문제 해결을 위한 주도력, 시민의식 등을 강화해야 한다. 따라서 지역사회통합모델을 위한 기본 전제는 사회보장정책의 강화, 지역 기반 풀뿌리조직의 구축, 지역주민의 사회참여활동과 인식 개선이다.

민간영리 부문에 속하는 대부분의 기업은 그 기업이 있는 지역사회 구성원의 소비를 통해 이윤을 창출한다. 기업활동의 목적인 이윤 추구와 자본 축적은 소비 능력이 없는 지역사회에서는 불가능하다. 따라서 소비의 주체인 사회구성원의 소비력을 보존하고 증대시키는 것이 필요한데, 이를 위해서는 지역사회에서 창출한 기업이윤을 해당 지역사회에 재투자해야 한다. 사회적 재생산이 가능한 소비구조를 만들기 위해 이윤을 다시 지역사회로 반환하는 사회책임경영이 필요한 것이다. 지역사회통합모델은 여기에서 한발 더 나아가 공공조직과 비영리조직 및 사회적 경제조직, 민간영리기업이 연계하여 통합적 대응시스템을 구축하고, 모든 지역사회정책의 결정과 집행을 새로운 거버넌스를 통하여 시행함으로써 지역주민의 사회적 욕구를 해결하고자 한다. 이렇듯 지역주민, 공공조직, 민간과 사회조직이 모두 참여하는 새로운 거버넌스는 단순히 협력사업을 전개하는 것이 목적이 아니며 모든 지역사회문제의 해결과 예방을 위한 정책을 수립·결정하고 시행하는 활동적인 지배구조이다.

지역사회배제를 넘어 지역사회통합으로 나아가기 위해서는 지역사회의 민-관 조직 간에 협조와 협력이 필수적이다. 일반적으로 거버넌스는 2000년대 이후부터 공공행정 영역에서 폭넓게 사용되는 용어로 "상이한 목적과 목표를 가진 다양한 행위주체들 사이에 협력과 응집력을 유지하는 것"(Pierre, 2000)과 관련이 있다. 따라서 거버넌스의 중요한 원칙으로 논의, 타협, 교섭 등을 들 수 있다. 특히 거버넌스는 정부의 각 부처에서 톱다운top-down 방식으로 정책을 결정하는 것이 아니라, 비영리조직 등의 비정부 부분과 협력하여 공동으로 결정하는 관계를 의미한다. 즉, 거버넌스에서는 정책을 결정하고 실행할 때 수평적 관계와 문제 해결 능력이 강조되는 것이다(Hajer van Tatenhove et al., 2004). 또한 피에르와 피터스(Pierre and Peters, 2000)가 거버넌스를 "상이한 구조들이 상호행동하는 역동적 과정"으로 묘사하였듯, 거버넌스는 기존의 일방적 · 독점적 통치에서 벗어나 다양한 이익집단이나 조직이 협력하여 통치하는 것을 강조한다. 정리하면 거버넌스는 협력하여 통치하는 구조라고 해석될 수 있다.

'새로운 거버넌스'는 상호행동하고 협력하여 통치하는 기존의 거버넌스의 경계를 뛰어넘는 구조이다. 과거 권위주의 시대에서처럼 정부가 일방적으로 정책을 결정하고 사회복지사업을 제공하는 권력을 독점하여 통치government를 하는 것이 아니라 지역사회의 모든 이해 관련 당사자들이 함께 참여하여 정책을 수립하고 결정하는, 즉 참여하고 협력하여 통치하는 협치governance의 기능이 강조된다.

거버넌스보다 '새로운 거버넌스'라는 용어를 사용하는 이유에 대해 라스쿰스과 르 갈레(Lascoumes and Le Galès, 2007)는 공공정책이 덜 위계적이고, 다양한 제공방식으로 조직화되어 있으며, 권력이 하나의 이익집단에 의해서 점유되지 않는다는 점을 강조하였다. 에리티에와 로즈(Héritier and Rhodes, 2011)는 새로운 거버넌스의 원칙으로 컨설트나 협의를 뛰어넘어 집합적 결정을 통한 공동 생산과 공동 행동을 실현할 것, 분야별로 민과 관의 네트워크들을 구축 · 운영할 것, 문제 해결적이고 효과적이며 효율적일 뿐 아니라 참여주체 간의 동의를 형성하는 성격을 가진 새로운 스타일의 탈-위계질서적 정책결정을 할 것을 제시하였다.

지역사회통합모델을 설명하는 이론적 배경으로는 정치경제론, 사회경제론, 사회네트워크이론, 사회자본론을 들 수 있다. 자본주의 경제체제에서 심화되는 소득불균형과 사회경제적 양극화는 지역주민을 고립시키는 지역사회배제 메커니즘의 본질이다. 따라서 시장의 문제를 해결하기 위해서는 정부의 개입과 사회복지정책을 통한 사회적 안전망 확충이 절대적으로 필요하다. 사회보장정책과 경제정책의 연관에 주목하는 정치경제론은 지역사회통합을 위한 정부정책의 방향을 불평등과 재분배 문제에 집중한다.

사회경제론은 여기서 한발 더 나아가 시장 중심의 전통적 경제이론으로는 점차 확대·재생산되고 있는 지역사회배제 문제를 해결하기 어렵고 지역사회의 발전과 지역주민들의 안정적인 삶을 담보할 수 없으므로, 공공조직과 시장 중심의 영리기업을 대신할 새로운 경제 주체를 중심으로 지역사회를 발전시켜야 한다고 강조한다. 특히 사회경제론이 지향하는 가치인 연대성과 상호호혜는 지역사회통합을 강조하는 지역사회통합모델의 가치와 일치한다.

사회자본론은 신뢰, 네트워크, 공유된 규범과 가치, 안전 그리고 사회참여와 같은 사회자본 구성요소를 강화함으로써 지역사회가 발전할 수 있다고 보았다. 이러한 사회자본은 지역사회통합을 위한 전제조건으로 작동할 수 있다. 즉, 사회자본론은 개인이나 집단의 상호행동이나 관계의 밀도와 양, 소명감에 대한 상호 감정, 공동의 가치나 규범에 근거하는 신뢰나 신념, 소속감, 사회의 내적 통합에 기초가 되는 연대와 같은 주제를 포함하므로(Jenson, 1998; McCracken, 1998; O'Connor, 1998; Woolley, 1998), 사회경제론과 함께 지역사회통합을 위한 근본적인 토대로 작동한다. 이처럼 사회경제론과 사회자본론은 모두 다양한 정책과 제도, 실천활동을 통해 지역사회통합을 위해 노력해야 함을 강조한다.

또한 지역사회통합모델이 작동하려면 신뢰를 기초로 하는 새로운 거버넌스를 운영할 수 있는 도구로서 네트워크가 필요하다. 그런 점에서 사회네트워크이론 역시 지역사회통합모델에 영향을 주었다고 할 수 있다.

위에서 살펴본 것처럼 정치경제론, 사회경제론, 사회네트워크이론, 사회자본론의 영향을 받은 지역사회통합모델은 사회적 배제의 원인을 사회구조적 측면에서 찾는다. 그리고 이를 해결하기 위해 정부의 역할 확대, 사회적 경제조직의 활성화, 민간과 공공의 협력활동을 중시한다. 또한 지역주민의 공동체 의식과 사회참여활동 등의 사회자본을 강화함으로써 지역사회의 복지 증진을 추구한다는 실천적 특징을 갖는다. 지역사회통합모델의 이러한 특징은 곧 이 모델이 지역사회포용과 사회자본으로서 역할을 할 수 있음을 의미한다.

지역사회통합모델 국가 부분과 민간영리 부분, 제3부문과 주민 풀뿌리조직이 주요 주체로서
협력하고, '새로운 거버넌스'를 구축하여 지역주민의 사회적 욕구에 대응해 지역사회의
발전을 추구

3) 지역사회통합모델과 지역사회복지실천

지역사회통합모델은 지역사회의 불평등·불균형 구조가 야기하는 지역사회배제 현상을 극복하려면 자원할당 및 분배구조를 개선하고 지역주민의 사회참여활동을 촉진하여 사회자본을 강화해야 한다고 본다. 이를 위해서는 정부조직과 민간기업조직, 주민 풀뿌리조직과 비영리조직을 포함한 모든 지역사회조직과 지역주민의 공동 노력이 필요하다고 강조한다. 따라서 이 모델에서 사회복지조직은 지역사회문제 해결에 대한 비전과 신념을 공유하고 신뢰를 구축하기 위해 노력해야 한다.

현실적으로 정부 및 영리기업조직의 인식 전환과 협조 없이는 사회적 기업이나 사회적 경제조직이 시장에서 생존하고 발전하기 쉽지 않다. 재벌의 지배구조나 시장독식에 대한 개선은 정부의 적극적인 시장 개입과 정책적 지원이 있어야 가능한 것도 사실이다. 따라서 지역주민과 비영리조직을 포함한 사회적 경제조직들은 정부에 지원과 지지를 요구할 뿐 아니라 기업에도 사회적 책임의식을 요구해야 한다. 또한 지역사회포용에 대한 책임의식과 소명감 강화를 위해 노력해야 한다. 지역주민은 시민의식에 기초한 행동, 즉 풀뿌리조직을 결성하고 사회참여활동을 해나가야 하며, 비영리조직과 사회적 경제조직은 지역사회 발전을 위해 주도적으로 행동할 필요가 있다. 지역사회통합모델을 활용해 지역사회의 질을 개선하기 위해서는 다음과 같은 구체적인 실천 노력이 필요하다.

① 지역사회 전체 구성원의 삶의 질과 지역사회의 질을 개선하기 위한 사회보장
   정책의 강화, 신뢰와 공유된 비전의 구축 등과 같은 사회자본의 향상

② 지역사회의 불평등 구조와 각종 차별 현상을 완화하고 극복하기 위해 반드시
해결해야 하는 지역사회 공동의 문제에 대한 공유된 인식의 확립

③ 정부의 사회복지서비스 공공성과 사회보장정책의 확대·강화

④ 지역사회문제의 해결 및 예방을 위한 모든 조직의 협력과 이를 위한 요구수
립, 나아가 공동의 의사결정 및 집행이 곧 지역사회의 질 개선을 가져온다는
인식하에 새로운 거버넌스 건설

이렇듯 지역사회의 신뢰를 구축하려는 사회복지사들의 활동과 연대, 지역
사회의 질 향상을 위한 사회보장정책의 강화와 요구수립 노력이 지역사회통합
모델의 주된 실천이라고 할 수 있다.

따라서 이 모델에 가장 적합한 전략은 공공조직, 사회적 조직(비영리조직
및 사회적 경제조직)과 주민풀뿌리조직이 협력하여 자원할당과 분배구조를 개
선하기 위해 지역주민을 조직화하는 전략과 공공성 확대를 요구하는 대항전략
이다. 이를 위해 동의 형성, 교육, 설득, 교섭 및 협상과 시위 등 제휴전술, 캠페
인전술, 대항전술 등이 모두 활용될 수 있다. 지역사회통합모델을 활용한 지역
사회복지실천의 과정을 그림으로 나타내면 그림 7-2와 같다.

지역사회통합모델은 공공조직, 민간기업, 비영리조직과 주민풀뿌리조직,
사회적 기업과 같은 사회적 경제조직이 지닌 각각의 한계를 극복하고 장점과

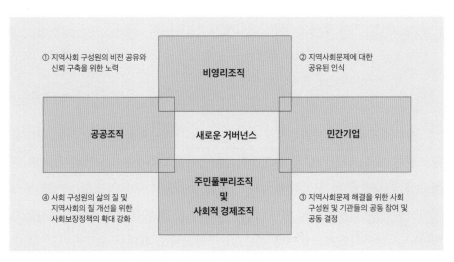

그림 7-2 지역사회통합모델을 활용한 지역사회복지실천 과정

특성을 살려 지역주민 중심의 자원분배 메커니즘을 창출하려 한다. 또한 이를 통해 사회적 경제시스템과 '새로운 거버넌스'를 구축해 지역사회의 각종 차별과 배제문제를 해결하기 위해 노력한다.

앞에서 설명했듯 새로운 거버넌스는 단순히 지역사회연계모델에서 강조하는 사회복지 관련 사업을 협력·조정하는 연계기구가 아니라, 지역사회복지정책 및 제도를 기획하고 수립하는 기구이자 서비스를 제공하고 정책을 결정하는 기구이다. 이처럼 특정 조직(정부나 시장)의 독점적 권한을 인정하지 않고 공동 기획·공동 결정을 기본으로 하는 새로운 거버넌스는 연대성을 중심축으로 하여 안정적이고 발전적인 지역사회를 건설하고자 한다. 따라서 민간비영리조직 및 공공조직만의 협력 네트워크를 강조하는 지역사회연계모델에 비해 참여 조직이 광범위하고 거버넌스에 결정 권한이 부여된다는 차이점이 있다.

챈 등(Chan et al., 2006)은 네트워크 및 정보기술의 시대에 증가하는 다양성과 인구이동은 새로운 사회적 분열을 가져올 수 있는데, 이를 극복하고 사회를 통합으로 이끌기 위해 새로운 거버넌스가 필요하다고 보았다. 이들은 사회통합의 새로운 거버넌스에는 다음과 같은 세 가지 요소가 포함되어야 한다고 제시하였다.

① 복지국가에서 전통적으로 강조하는 복지 및 경제정책과 함께 신뢰와 연대의 증진
② 결과^{outcome}와 함께 참여의 중요성에 대한 인식
③ 공공정책과 사회정책의 설계와 조정에 있어 주민을 포함해 이해관계자 모두가 참여하는 보다 전체적인 시각

결론적으로 지역사회통합모델은 공공조직의 사회적 안전망 역할 확대를 강조한다. 또한 민간기업과 사회조직, 주민자생조직(풀뿌리조직)의 참여와 정책수립 및 결정을 통한 권력과 힘의 균형을 강조하며, 궁극적으로는 이를 통해 지역사회를 발전시키고자 한다. 그런 점에서 이 모델은 지역주민참여활동모델이나 지역사회연계모델보다 한층 더 구체화되고 확대된 모델이라고 할 수 있다.

이렇듯 지역사회통합모델은 지역사회에서 정부를 포함하여 사회서비스를 제공하는 다양한 주체가 협력하는 새로운 거버넌스를 구축해 지역사회보호 시스템을 강화하고 지역사회문제를 해결하는 것을 중심축으로 하는 모델이다. 이 모델은 수직적 위계질서나 정부의 정보 독점, 톱다운 방식의 일방적 결정을 지양한다. 대신 수평적 권력과 공동 기획, 공동 생산, 공동 결정을 원칙으로 하는 새로운 거버넌스를 통해 제도와 정책을 수립·시행함으로써 지역사회보장의 기능적 측면을 전면적으로 보완하고 수정할 것을 강조한다. 이때 네트워크는 새로운 거버넌스를 운영하기 위한 하나의 도구로서 작동한다.

4) 사회복지사의 역할과 지역사회통합모델의 한계

사회복지사들은 공공조직, 민간기업, 비영리조직 등에 포진하여 각자의 영역에서 사회복지서비스를 제공한다. 정부조직의 사회복지전담공무원, 민간기업의 사회적 공헌팀이나 사회적 책임경영부서, 기업이 설립한 사회복지재단 등에서 근무하는 민간사회복지사, 그리고 의료법인이나 사회복지법인과 같은 비영리조직에서 근무하는 사회복지사는 모두 지역사회 주민의 사회적 위험에 대응하고 사회적 욕구를 해결한다는 목적을 공유하는 전문가집단이다.

지역사회통합모델을 수행할 때 사회복지사의 가장 기본적인 임무는 기존 지역사회보장제도와 사회복지사업의 문제점을 확인하고 수정하며 새로운 사업을 제공하는 것이다. 또한 사회복지사는 불평등을 초래하는 지역사회자원 배분구조와 의사결정 구조를 확인하고 개선방안을 모색해야 한다. 이 외에도 시민의식과 공동체 활동을 위해 지역사회 주민의 인식을 개선하는 활동 등이 필요하다. 특히 이 모델에서 사회복지사는 시장이 아닌 지역사회 주민 중심의 자원분배 및 자원할당시스템을 구축하여 구조적 문제를 해결하기 위해 노력해야 한다. 이를 위해 일차적으로 사회복지사는 지역사회의 불평등과 고용의 불안정 구조를 파악해야 하며, 이에 대한 지방 및 중앙정부조직의 대응방안과 그 문제점을 확인하고 수정을 요구해야 한다. 나아가 민간 비영리 영역-공공 영역-사적 기업 영역-주민 자발적 조직이 연대할 수 있는 사회복지사업을 개발하고 확대하는 방안을 찾아야 한다.

사회복지사는 지역주민이 스스로를 시민사회의 시민으로 인식할 수 있도록 돕는 각종 교육을 기획하고 수행하여 사회자본을 강화해야 한다. 구체적으로는 지역주민이나 기업, 공공기관을 상대로 지역사회 주민들이 공존할 때 지역사회가 발전할 수 있다는 사실을 교육하는 시스템을 개발하고 직접 실행하는 교육자의 역할을 수행함으로써, 신뢰, 사회참여, 네트워크 등의 사회자본을 강화하기 위해 노력해야 한다. 이러한 역할은 모두 사회복지사의 중요한 과업이자 실천전략이다.

종합하면, 사회복지사의 실천활동에는 다음과 같은 노력이 포함될 수 있다.

첫째, 주민 불평등을 초래하는 지역사회자원 배분구조 확인 및 문제점 개선을 위한 요구수립

둘째, 전체 지역사회복지 영역에서 각종 지역복지를 강화하기 위한 활동(예를 들어 기업이나 각종 사업체에서 지역사회 주민을 고용하게 하는 것 등)

셋째, 사회적 기업 및 마을기업, 생산협동조합의 설립지원 및 운영지원, 주민 중심의 일자리사업단 결성 및 운영지원

넷째, 지역사회자원 분배구조를 개선하기 위한 민-사-공 거버넌스 조직을 결성하고 운영에 참여

다섯째, 지역주민의 시민의식 및 사회자본을 향상시키기 위한 교육과 실천사업 전개, 주민조직화사업 참여 및 지원

지역사회통합모델에서 사회복지사의 역할은 교육자인 동시에, 포용적 지역사회복지정책이나 제도를 기획하는 기획자이고, 다양한 기관들 사이에서 협력사업이나 조직 결성을 주도하는 주도자이면서, 사업에 참여하고 조직을 설립하는 등 직접행동을 하는 행동가이다. 이처럼 지역사회통합모델을 수행할 때 요구되는 사회복지사의 역할은 매우 다양하다. 이러한 사회복지사의 다양한 역할 때문에 이 모델은 사회복지사의 기본 임무에 대한 역할이 혼재한다는 점, 지역사회운동가나 사회개혁가의 역할과 임무와 중복된다는 점 등의 문제가 나타날 수 있다는 한계를 지니고 있다.

지역사회통합모델의 사례

지역사회통합모델에 대한 정확한 실례는 아직 찾아보기 힘들지만 가장 유사한 사례로는 시카고의 BPNC(Brighton Park Neighbourhood Council)와 WRTP(Wisconsin Regional Training Partnership)가 있다.

1997년 탄생한 BPNC는 시카고 남서쪽에 위치하며 주로 라틴계 및 이민자 커뮤니티들을 위한 지역사회 기반의 풀뿌리조직이다. BPNC는 지역주민들에게 학교 및 교육 서비스와 프로그램을 제공함으로써 지역사회의 역량을 강화하기 위해 노력하며, 사회정의를 위한 조직화 캠페인을 하는 지역사회지도자들과 협력하기도 한다. 또한 이 조직은 지역사회와 주 및 연방 차원에서 변화가 일어나도록 노력하며, 특히 지역사회의 빈곤과 불평등의 근본 원인을 지역사회 역량강화를 통해 해결할 수 있다고 믿고 활동한다. BPNC와 협력하는 조직으로는 시카고시 정부 및 일리노이주 정부를 포함해 비영리조직, 시민사회조직, 영리조직 등 약 30개 이상이 있으며, 재정을 지원하는 조직도 영리조직 및 정부조직을 포함해 25개 이상이 있다.

1992년 조직된 WRTP는 지역사회의 노동 능력이 있는 저소득층 주민과 실업자, 저임금노동자 등의 자립 및 일자리 창출을 위해 민간재단의 기금으로 결성되었다. 특히 WRTP는 노동자가 중심이 되어 노동조합과 사용주가 노동자에게 동등한 기회를 제공하고 정책결정에 참여를 보장하며, 높은 임금을 유지하고, 생산성을 향상시키기 위해 공동 노력하는 것을 기본 목적으로 한다. 이 조직의 이사회에는 정부 관료 및 기업가, 민간 비영리조직의 사회복지사와 활동가가 참여하고 있다. WRTP는 미국 노동부의 재정지원을 받아 BIG STEP(Building Industry Group Skilled Trades Employment Program)과 사업협력을 하였으며, 두 조직은 2014년 통합되어 지금도 운영되고 있다.

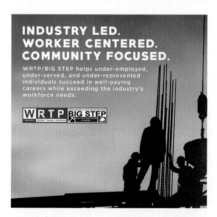

WRTP는 지역 취약계층의 자립과 일자리 창출을 위해 공공조직, 민간기업, 비영리조직 등이 협력하여 운영하는 단체이다. ⓒ WRTP/BIG STEP

9. 지역사회복지실천모델 종합

1) 지역사회복지실천모델비교

지역사회 변화를 위해 지역사회에 개입하는 사회복지사들은 행동을 수행하기에 앞서 개별 실천모델의 특성 및 다른 모델과의 차이점을 이해하고 있어야 한다. 표 7-1은 지역사회복지실천모델의 특징을 비교분석한 것이다. 분석기준은 몬드로스와 윌슨(Mondros and Wilson, 1994)이 제시한 지역사회복지실천모델의 8개 구성요소를 포함해 야콥센과 하이트캠프(Jacobsen and Heitkamp, 1995)와 하디나(Hardina, 2002)가 제시한 기준을 수정하여 9개로 구성하였다. 이는 지역사회 변화의 목적, 사회복지사의 역할, 지역주민의 역할, 변화되어야 하는 대상(표적), 전략 및 전술의 특징, 실천모델의 목적, 지역사회문제를 바라보는 시각, 권력(힘)구조에 대한 시각, 기본 전제(가정) 등이다.

2) 지역사회복지실천이론과 실천모델의 관계

정치경제론은 지역사회에 대한 사회경제적 분석을 바탕으로 지역사회행동모델 및 지역사회계획모델을 통해 지역사회 변화에 직접적인 영향을 미치는 이론이다. 지역사회옹호모델과 지역사회연계모델은 사회네트워크이론에서 강조하는 연계와 협력활동을 이론적 토대로 삼으며, 지역사회역량개발모델은 신뢰 및 사회적 임파워먼트 구축을 중시하는 사회자본론이 직접적인 영향을 준다. 지역주민참여활동모델은 지역주민 중심의 재분배구조 및 권력관계 재편을 핵심으로 하는 정치경제론과 사회경제론을 바탕으로 하고, 지역사회통합모델은 지역사회 이해관계집단의 공동협력과 노력을 강조하는 지역공동체주의론을 실천의 근거로 한다. 하지만 대부분의 모델은 정치경제론에서 지역공동체주의론에 이르기까지 다양한 이론들에 직·간접적으로 영향을 받는다.

지역사회에 개입한 사회복지사는 정치경제론적 시각에서 지역사회의 사회경제적 요인을 분석하여 차별과 배제 현상을 이해하고, 이를 해결하기 위해 거시적이고 사회구조적인 차원에서 지역사회의 자원 배분구조를 수정하는 지역사회행동이나 지역사회계획을 통한 실천방안을 찾을 수 있다. 또한 사회자본론에 기초하여 개인적·심리적 차원에서 지역사회 구성원들의 역량을 강화하는 지역사회역량강화모델을 활용할 수 있다. 나아가 이렇게 강화된 주민역량을 토대로 사회네트워크이론에 근거한 지역사회연계모델을 수행하여 조직간 협력과 조정 체계를 구축함으로써 문제 해결을 위해 노력할 수 있다.

3) 지역사회복지실천모델의 혼합과 사회복지사의 역할

지역사회복지실천모델은 사회복지사들이 지역사회에 개입하여 지역사회를 변화시키고 지역사회의 질과 지역주민의 삶의 질을 개선하기 위한 구체적인 방법을 제시해준다. 그러나 연구자들(Rothman, 2007, 2001, 1995; Bradshaw et al., 1994)이 지적했듯이 사회복지사가 특정한 하나의 실천모델만을 활용해 개입하는 경우는 드물다. 즉, 지역사회의 차별과 배제 현상을 시정하고 지역사회의 질과 지역주민의 삶의 조건을 개선하기 위해 사회복지사는 지역사회의 조건이나 상황에 적합한 여러 실천모델을 동시에 또는 순차적으로 활용할 수 있다. 예를 들어, 지역사회복지실천가들은 주민들의 역량과 참여의식을 강화하기 위한 프로그램에 교육자나 후원자로 참여하는 동시에, 지역주민의 욕구에 부응하는 사업을 계획하고 발전시키는 기획가의 역할을 할 수 있다. 또한 지역주민의 사회적 참여활동을 활성화하기 위해 조직화를 수행하는 조직가, 주민참여를 보장하는 조례를 제정하거나 사회복지 증진을 위한 보조금을 얻고자 정치적 행동에 나서는 행동가, 주민을 대변하여 지역사회의 위험요소들을 제거하기 위해 노력하는 옹호자로 활동할 수도 있다. 이는 결국 실천 과정에서 다양한 실천모델들이 상황에 맞게 선별적으로 사용될 수 있어야 하며, 여러 모델들이 적절하게 활용될 때에만 지역사회복지실천이 성공적으로 수행되고 지역과 지역주민들의 삶의 질이 개선될 수 있음을 의미한다.

표 7-1 9개 분석 기준에 따른 지역사회복지실천모델 비교

실천모델	1. 지역사회 변화의 목적	2. 사회복지사의 역할	3. 지역주민의 역할	4. 변화되어야 하는 대상(표적)	5. 전략 및 전술의 특징
지역사회 역량개발 모델	지역주민의 역량강화 및 역량 증진	촉매자 지지자 교육자 조정자 기회부여자	참여자	지역주민	• 지역주민들이 그들의 문제를 스스로 인식하고 해결하기 위한 전략 • 지역집단들과 이해집단들 사이에서의 의견일치(동의)를 위한 대화전술 강조
지역주민 참여활동 모델	지역사회에 영향을 주는 결정수립이나 각종 제도, 정책 등에 참여와 요구를 통한 지역사회 변화	후원자 지지자	시민 조직원 요구자	지역주민	기존의 의사결정 구조를 변화시키기 위한 전략과 지역주민들을 요구수립활동에 참여시키기 위한 교육, 로비와 교섭, 협상, 청원, 시위 등 전술
지역사회 옹호모델	공평과 사회정의의 실현	옹호자 조직가 대변인 선동가 동원가	소외되고 배제된 지역주민	사회불평등이나 부정의를 초래하는 기존 정책이나 제도 또는 사업	• 대중동원을 위한 대항전략과 지역주민을 대변 및 옹호하기 위한 캠페인 전략 • 지역주민들을 대변하는 옹호전략
지역사회 행동모델	힘의 불균형 구조 및 자원 배분구조 변화	조직가 행동가	억압의 피해자 조직 구성원	기존 힘의 구조, 재분배구조, 정책결정 구조나 정치체계	• 표적에 대항하는 행동을 취하기 위해 사람들을 조직화하고 이슈들을 구체화하는 전략 • 갈등 해결 또는 협상을 위한 직접적 행동
지역사회 계획모델	기존 사회정책이나 사회프로그램의 변화나 수정, 개선	전문가 기획가 행정가 자료분석가 문제 해결사 정책개발자	서비스 대상자	사회복지 전달체계나 프로그램	• 이성적 또는 합리적인 방식으로 문제 해결을 위해 문제에 대한 사실들을 취합하고 분석하는 전략 • 문제 해결을 위한 구체적인 기획안 강조
지역사회 연계모델	지역사회복지 조직 간의 상호 협력과 조정, 연계망 구축	참여자 조정자 촉진가 중개자 기획가	서비스 대상자	사회복지 전달체계	협력 네트워크체계 구축 및 지역자원 분석, 개발 및 동원전략
지역사회 통합모델	지역사회배제와 분절, 소외와 차별에 대한 대응	전문가 기획자 주도자 교육자 행동가	시민 조직원 행동가 참여자	민간영리기업, 공공조직 및 비영리민간조직과 지역주민	공공조직 그리고 사회적 조직(비영리조직 및 사회적 경제조직)과 주민풀뿌리조직의 자원할당 및 분배구조 수립 지역주민조직화전략과 사회통합을 위한 공공성 확대 요구수립을 위한 대항전략

6. 실천모델의 목적	7. 지역사회문제를 바라보는 시각	8. 권력(힘)구조에 대한 시각	9. 기본 전제(가정)
• 주민들의 자조를 강조하며 주민들의 역량과 지역사회역량 건설 • 과정 중심	무질서, 아노미, 개인적 일탈현상, 부적응, 주민 자체적 문제 해결 능력의 부재	기존의 권력구조를 인정하며 권력구조에 있는 구성원들을 모두 협조자로 인식	지역주민들은 공통의 관심을 인지하고 차이나 차별을 극복할 수 있다고 전제
• 지역주민들의 시민의식과 사회참여활동 증진을 통한 문제 해결을 강조 • 과정 중심	지역사회문제는 주민들의 무관심과 문제 해결을 위한 요구수립활동의 부재	지역사회의 권력은 주민으로부터 나오며 주민의 힘은 주민참여활동을 통해 극대화할 수 있음	지역주민들은 지역 전체 주민들의 이익을 위해 집합적 행동에 적극 참여할 수 있다고 전제
• 주민의 공평한 대접 및 사회정의 실현 • 과정과 과업 중심	사회부정의, 불균형, 불평등, 갈등의 장	권력구조는 수정되고 극복되어야 하는 변화대상	지역사회에는 기회의 불균형, 자원 배분의 불균형 등 불공평과 부정의가 존재한다고 전제
• 힘의 관계나 자원 배분구조의 변화 중시, 제도적 변화 추구 • 과정과 과업 중심	경제사회적 박탈, 불평등	• 소수 이익집단(지배 엘리트)은 변화되어야 하는 대상, 즉 표적임 • 권력구조는 극복되어야 하는 억압자	집단이나 조직 그리고 지역사회 구성원들에게는 쉽게 화해할 수 없는 갈등이 존재한다고 전제
• 지역사회에 드러난 사회문제들을 해결하는 것을 중시 • 과업 중심	지역사회에 드러난 각종 문제, 즉 빈곤, 일자리, 각종 중독, 폭력 및 건강, 주거 문제 등	• 사회복지사는 고용인 그리고 지역주민은 대상자(이용자) • 고용인과 이용자의 관계를 권력구조로 바라봄	지역사회갈등은 사회계획을 통해 해결될 수 있다고 전제
• 복잡하고 다면적인 지역주민들의 욕구를 조직 간 협력으로 해결하는 것을 강조 • 과정과 과업 중심	현 지역사회는 복잡하고 다면적인 속성으로 하나의 조직을 통한 완전한 문제 해결은 불가능	특정 조직이 권력구조를 독점할 수 없으며 이해 관련 조직들이 권력을 양분함	지역에 기반한 조직들은 지역사회 발전이라는 공동의 목적을 성취하기 원하고 노력한다고 전제
• 불균형적인 자원배분구조와 복잡하고 다면적인 지역주민들의 욕구를 통합적 시각으로 해결하기 위한 '새로운 거버넌스' 건립 강조 • 과정과 과업 중심	지역사회 주민의 불평등 및 불균형과 차별 등의 문제는 사회구조적인 요인으로 확대되고 있음	시장독점권력구조는 사회경제적 불평등을 양산하며 새로운 자원할당 시스템을 통한 권력의 분산이 필요	지역사회에는 불평등 및 불균형 구조가 존재하며 자원할당 및 분배구조 개선을 위한 주민의 요구와 지역사회 조직들과 지역주민들의 공동 노력이 지역사회문제를 해결할 수 있다고 전제

지역사회 변화를 위한 실천

대상, 원칙, 과정

이 장은 지역사회복지실천 방법론을 개괄한다. 7장에서 다룬 모델들은 이론적 모형으로서 향후 실천을 디자인하는 데 도움을 주지만 당장 해결해야 할 과업을 제시하지는 못한다. 사회복지사는 막상 지역사회현장에 다가섰을 때 어디서부터 무엇을 어떻게 해야 할지 곤혹스럽기 마련이다. 따라서 이 장에서는 사회복지사가 지역사회복지실천을 시작할 때 활용할 수 있는 공통된 지침을 제공하고자 한다. 이 지침은 사회복지사가 지역사회복지실천을 효과적으로 수행할 수 있도록 도와주는 세 가지 질문으로 구성되어 있다. 첫 번째 질문은 사회복지사가 변화시키고자 하는 대상에 대한 것이다. 변화의 대상이 지역사회라는 물리적 공간 자체인지, 그 공간 내에서 주민들이 공유하고 있는 신뢰 및 협동과 같은 규범인지, 아니면 특정한 문제를 발생시키고 있는 불평등한 권력관계인지를 확인해야 한다. 변화의 대상을 명확히 해야 지역사회복지실천의 목표를 세울 수 있기 때문이다. 두 번째 질문은 변화의 원칙에 대한 것이다. 지역사회복지실천이 여타 사회복지실천과 근본적으로 다른 고유한 원칙을 가지고 있다면, 그것은 역량강화를 통해 주민들과 함께 거시적 변화를 끌어내는 아래로부터의 변화 원칙이다. 사회복지사는 자신의 실천에 아래로부터의 변화 원칙을 어떻게 적용할 것인지 모색해야 한다. 세 번째는 변화의 과정에 관한 것이다. 지역사회복지실천은 사회복지사의 전문적인 실천방법 중 하나이며, 사회복지사는 대부분 자신만의 고유한 방법론을 가지고 있다. 이 장에서는 지역사회복지실천의 준비 과정, 전략과 전술 마련 과정, 구체적 실행 과정에서 사회복지사가 도출해야 할 구체적인 과업들을 제시하였다. 이러한 지역사회 변화의 대상, 원칙, 과정을 학습하고 실제 현장에서 스스로 답을 찾아감으로써, 사회복지사는 지역사회복지실천의 성공적인 토대를 마련할 수 있을 것이다.

1. 왜 지역사회 변화인가

오늘날 사회복지사는 매우 복잡하고 어려운 도전에 직면해있다. 빈곤과 불평등이라는 전통적인 사회문제는 나날이 심각해지고 있고, 고용불안, 고령화, 저출산, 각종 폭력과 기후변화 같은 새로운 위협요인이 빠르게 확산·심화되며 지역사회를 긴장시키고 있다. 지역사회문제는 이미 국가나 지역의 경계를 넘어 경제난민과 이주, 다문화 갈등, 범죄와 일탈, 환경 파괴, 먹거리 불안, 건강불평등, 성차별, 세대 간 갈등 등은 많은 지역사회에서 나타나는 보편적 위기이다. 이는 이러한 위기의 근원이 결코 지역사회 내부에 존재하는 것이 아님을 보여준다. 한편, 일부 지역사회가 처한 내부적 문제도 심각해지고 있다. 일례로 가까운 미래인 2040년에는 전국 지방 중소도시의 대부분이 인구가 절반으로 줄어들어 존립이 어려울 것으로 예측된다. 주민이 없는 지역사회에서는 병원과 학교 등의 공공시설을 운영할 수 없다. 아무리 분권이 강화되고 지방도시에 대한 과감한 공적 투자가 이루어진다 하더라도, 소멸 위기의 지방도시가 다시 활성화되기는 매우 어려울 것이다. 거시적인 시각으로 보면 지역사회 변화란 사회복지사가 해결할 수 있는 과업이 아닌 것처럼 보인다.

지역사회가 당면한 도전들은 그동안 지역사회를 발전시켜왔던 선택지들과 무관하지 않다. 빈곤지역이 생겨나고 유지되는 것은 성장이라는 명분으로 경제적 자원이 특정한 지역과 집단에 집중된 결과이며, 따라서 지역개발이 진행될수록 이 지역 주민의 삶은 더욱 소외되고 황폐화되어 왔다. 지역사회 소수자에 대한 차별적 처우는 다수자의 배타성과도 밀접히 연결되어있다. 수도권과 지방 간 혜택과 비용의 분배는 그다지 합리적이지 않았다. 예를 들어, 원자력발전과 화력발전의 혜택은 수도권의 도시민이 받지만 그로 인한 환경 피해는 발전소가 위치한 지방의 주민들에게 집중된다. 또한 한국 사회는 승자독식 경제를 토대로 급속한 경제발전을 이루었지만, 지역사회의 주민들은 저마다 생존을 위한 무한경쟁으로 내몰렸다. 1997년과 2008년 두 차례의 경제위기에서도 거품경제를 만들어낸 금융자본에 책임을 묻는 대신 지역사회 주민들의 허리띠를 졸라매는 선택을 함으로써 생존 경쟁은 더욱 치열해졌다. 도심지역의 재개발을 보아도, 안정적인 삶의 터전을 원하는 세입자들의 요구는 묵살당하고 토지 소유자들은 상업시설을 유치해 높은 지대地代를 추구한다. 이처럼 지역사회가 당면한 도전들은 정치적, 경제적, 사회적 이해관계 중 어느 하나를 선택한 결과이며, 지역사회 변화란 바로 이러한 선택을 되돌리는 과업을 일컫는다.

그렇다면 우리는 어떻게 선택을 바꿀 수 있을까? 사회복지사는 다양한 역할을 수행함으로써 이러한 변화, 곧 지역사회의 변화를 꾀할 수 있다. 지역사회복지실천모델이 제시한 바와 같이 사회복지사는 지역사회의 이해당사자들을 조직하고, 이를 기반으로 지역사회역량을 개발하며, 집합적 문제를 해결하는 효과적인 사회계획을 세우고, 정치사회적 행동을 통해 소수자의 권리를 옹호할 수 있다. 또한 풀뿌리조직화를 통해 시민의 권리를 복권하거나 상호부조 공동체를 건설할 수도 있으며, 나아가 국제적 협력을 모색할 수도 있다. 세계적 체인구조에서 발생하는 오늘날의 불평등 현상은 실천가들로 하여금 더 이상 지역의 경계 안에만 머무르지 않고 지역 간 연대를 통해 사회정의에 부합하는 제도를 만들고 사회구조적인 불평등에 대응할 수 있도록 토착 주민들의 역량을 강화할 것을 요구하고 있다.

위에서 상술한 역할은 전통적으로 사회복지사가 수행해온 과업과 크게 다르지 않다. 그러나 지역사회 변화를 위한 사회복지사의 실천은 임의적으로 이루어지는 것이 아니다. 이러한 지역사회 변화의 성공과 실패는 사회복지사의 역량에 좌우되기 때문이다. 따라서 이 장에서는 사회복지사가 전문성을 계발하기 위해 습득해야 할 지역사회복지실천의 방법론을 개괄한다. 즉, 무엇을 변화시켜야하고, 어떠한 원칙을 견지해야 하며, 그 구체적 과정은 어떻게 이루어지는가에 대해 다룰 것이다.

2. 지역사회 변화의 대상

지역사회를 바람직한 모습으로 변화시키기 위해서 사회복지사는 지역사회의 무엇을 바꿀 수 있는지부터 명확히 파악해야 한다. 이 책의 1장에서는 지역사회를 지역성을 기본적인 속성으로 하는 '지리적 커뮤니티' 혹은 '지역공동체'로서 '일정한 지역 범위 안에서 이루어진 생활공동체'라고 규정하였다. 이러한 지역사회를 구성하는 요소는 ① 지리적·기능적 공간, ② 공유된 규범, ③ 관계이다(Park, 1936; McDonough, 2001; Somerville, 2016). 이 세 가지 요소에 주목하여 사회복지사는 지역사회 공간을 어떻게 바꿀 것인지, 규범을 어떻게 변화시킬 것인지, 그리고 다양한 이해당사자들의 관계 조건을 어떻게 변화시킬 것인지 고민해야 한다.

이 세 가지 요소는 서로 연결되어있다. 상호작용을 통해 형성되는 관계는 특정한 공간 내에서 일어나고, 공유된 규범을 가지게 된다. 이때 공유된 규범은 공동체 구성원이라는 소속감, 즉 '우리'와 다른 공동체를 구별 짓는 공간적 범위와 집단적 정체성을 전제로 한다. 이처럼 지역사회는 단지 지리적 공간만을 의미하는 것이 아니라 정체성의 범위로서의 기능적 공동체까지 포괄하며, 오늘날에는 그 공간이 네트워크로 확장되고 있다.

또한 이 세 가지 지역사회 구성요소는 주민들의 삶에 폭넓은 영향을 미친다. 지역사회의 공간과 규범, 관계에 따라 사망률과 교육수준, 삶의 다양한 조건이 달라지며, 주민들이 사용하는 언어와 문화적 습성, 서로 신뢰하고 상호작용하는 방식에도 차이가 나타난다. 따라서 사회복지사는 이 구성요소들의 조건을 바꿀 방법을 고려할 수 있다. 이를테면 공간적 측면에서 유흥업소나 산업단지 유치로 거주환경 생태계가 파괴된 지역사회라면 어떻게 안전한 주거환경을 조성할 것인가를, 주민들이 다른 지역으로 이주하면서 공동화되고 있는 지역사회라면 어떻게 학교와 같은 기본 공공시설을 유지하게 할 것인가를 고민할 수 있다. 규범적 측면에서 타지에서 온 이주민들과 토착 주민들이 갈등하는 지역사회라면 호혜적 행위를 통해 사회통합을 이루는 프로그램을 실천하는 것이 필요하며, 관계적 측면에서 높은 임대료나 토지 수용으로 인하여 상인과 주민들이 쫓겨나는 지역사회라면 양자가 어떻게 동등한 위치에서 협상을 맺게 할 것인지에 관한 옹호전략을 세울 수 있다.

1) 지역사회 공간의 변화

지리학에서 지역사회 공간은 크게 체계적 접근과 내부구조적 접근으로 이해되어왔다(Greene and Pick, 2006). 첫째, 체계적 접근은 국가나 자본과 같은 상위체계가 지역사회마다 다른 공간적 특성을 만든다고 간주한다. 따라서 거시적 수준에서 경제적·사회적·정치적 프로세스를 중요하게 인식한다. 예를 들어 기술과 산업혁신은 도시체계를 질적으로 변화시켜왔다. 미국의 경우 범선-마차 시대(1790~1830년대)에는 대서양 연안과 이에 연결된 하천 연안의 항구도시들이 발달하였고, 기관차-레일 시대(1830~1920년대)에는 내륙에 철도가 건설되면서 석탄을 운송하는 도시에 인구가 모여들기 시작했으며, 자동차-항공 시대(1920년대~)에는 고속도로망이 건설되어 지방도시와 위성도시가 대도시권에 진입하기 시작하였다. 우리나라의 경우에도 서울을 비롯해 부산, 인천, 대전, 대구, 울산, 광주 등의 광역시가 교통 및 산업이 발달함에 따라 형성·확장되었다. 이러한 대도시에서는 많은 재화와 서비스를 공급하고 소비하기 때문에 큰 배후지를 필요로 한다. 따라서 이들 대도시 주변으로 많은 소규모 도시가 개발되었다.

이와 같은 도시체계는 세계적 차원에서도 살펴볼 수 있다. 예컨대 기업의 본사는 뉴욕과 런던 등 소수의 금융 대도시에 몰리고, 일자리를 창출하는 공장은 개발도상국의 도시에 집중되어있다. 그리고 이러한 공간적 분업에 따라 지역사회 삶의 성격이 결정된다. 이처럼 지역사회를 세계적 체인구조에서 파악하는 체계적 접근은 공간의 형성과 발달의 기본적인 조건들을 이해하는 데 도움이 된다.

둘째, 내부구조적 접근은 지역사회의 공간적 결과가 주민의 생활에 어떻게 영향을 미치는지에 초점을 둔다. 내부구조 연구에서는 도시 형태(도시 내 사물과 현상들의 공간 패턴), 도시 상호작용(다양한 사물과 현상을 통합하는 연계와 흐름), 도시 공간구조(도시 형태와 도시 상호작용을 시스템으로 작동하게 하는 조직적 연계)라는 개념을 사용한다. 특히 도시 공간구조는 지역사회 내에 학교나 복지시설이 몇 개나 분포하고 있는지, 이러한 시설들이 주민의 삶의 질에 유의미한 효과를 가져오는지, 그리고 주거공간과 소비공간의 분포가 일자리 감소와 같은 특정 사회문제와 어떻게 연계되는지를 설명한다.

예를 들면 낙후된 도심지역이 재개발되면서 지역주민이 중산층으로 대체되는 젠트리피케이션^{gentryfication}은 소비의 상승과 지대의 상승이 계층 간 주거지 분리를 가속화하는 현상을 설명한다(그림 8-1 참조). 대기오염의 피해가 철도변이나 도로변에 거주하는 빈곤층에 집중되는 현상도 도시 공간구조 측면에서 해석할 수 있다. 즉, 지역사회 불평등을 이해하기 위해서는 도시의 내부구조에

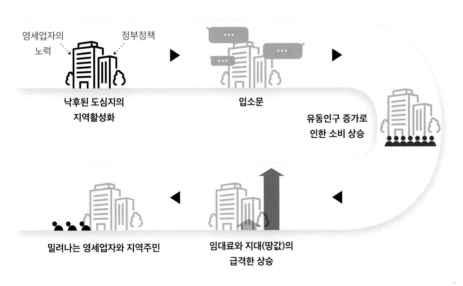

그림 8-1 젠트리피케이션 과정

대한 이해가 필요하다. 지역사회 내부구조 또한 경제, 인구, 사회의 변화와 밀접하게 연결되어있다. 산업과 생산요소, 직업, 노동력, 서비스 시장 등의 경제적 요인은 지역의 인구변화와 연관되고, 출생과 사망, 세대 구성과 같은 인구요인은 결혼과 가족, 여가, 교육, 돌봄, 라이프스타일 등 다양한 사회적 변화를 가져온다.

지역사회 변화는 이러한 도시 공간구조에 의도적으로 개입하는 실천을 통해 이루어진다. 지금까지 이를 지역사회개발community development이라 칭해왔는데, 지역사회개발은 지리적 영역을 대상으로 물적 기반과 경제적·사회적 제반 조건의 개선을 추구하는 다양한 활동을 일컫는다. 지역사회개발의 관점에서는 산업화와 도시화가 진행되면서 문제 지역problem area이 발생했다고 보고, 이러한 쇠퇴지역, 과밀지역, 우범지역 등에 산재해있는 문제를 해결하고자 한다. 예를 들어 주민들에게 경제적 기회를 제공하기 위해 공장과 훈련기관을 짓거나, 지역의 물리적 환경을 개선하기 위해 공원을 조성하거나 환경 개선 사업을 추진하고, 가족과 아동을 지원하기 위해 서비스기관을 조직하는 식으로 도시 공간구조에 개입한다.

지역사회개발은 공간을 어떻게 바라보는지, 개별 학문 분야에 따라 다양하게 방법론을 전개해왔다(Somerville, 2016). 그중에서 지역사회개발을 위한 초창기 사회복지사들의 활동은 급격한 산업화와 도시화의 혜택에서 소외당한 시민들의 삶에 주목하였다. 이들은 극심한 빈곤뿐만 아니라 열악한 노동환경, 주거지 슬럼화, 여성과 아동 착취, 폭력과 인권유린에 시달리고 있었다. 따라서 사회복지사들은 도시빈민을 원조하는 자선조직과 서비스조직을 만들어냈고, 생활환경을 개선하는 사업을 추진하였다. 인보관 운동을 통해 빈민의 자립역량을 강화하고, 보건활동을 통해 주민들의 건강을 돌보며, 기술 전수를 통해 경제적 기반을 만드는 활동들이 여기에 포함된다. 이러한 활동들은 이후 전문적 지역사회복지의 기초를 이루었다(Gamble and Weil, 2010). 지역사회개발은 사회복지 전문직이 오랫동안 헌신했던 사회정의를 증진하는 주요 방법론이었던 것이다.

'인간도시의 가치'를 담은 제인 제이콥스의 도시론

— 『미국 대도시의 죽음과 삶(Death and Life of Great American Cities)』(제인 제이콥스 지음 · 유
강은 옮김, 그린비, 2010)

1950년대 미국 뉴욕은 비약적인 성장으로 세계 도시로 성장했지만, 그 이면에서는 슬럼화와 범죄가 주요한 사회문제로 대두되고 있었다. 이에 부동산업자들과 토건족 중심의 도시계획가들은 '개발투자'를 통해 도시를 전면 개조하는 작업에 몰두하였다. 낙후된 건물과 슬럼을 철거하여 쇼핑센터를 유치하고, 중산층 주택단지를 건설하고, 보기 좋은 공원과 유휴시설들을 마련함으로써 새로운 도시화를 이루고자 했다. 그러나 이러한 변화는 오히려 도시의 사회적 · 경제적 활력을 저해하는 결과로 이어졌다. 공공주택은 슬럼보다 심한 비행과 파괴, 격리를 만들어냈고, 도시공간은 활기와 활력이 넘치는 공간이 아니라 답답하고 획일적인 공간이 되었다. 시민센터와 같은 시설은 부랑자만 찾는 곳이 되었으며, 공원은 이방인들만 산책하는 무의미한 곳으로 변질되었다.

이러한 도시 변화를 목격한 당시 뉴욕 『건축포럼(Architectural Forum)』의 부편집장 제인 제이콥스(Jane Jacobs)는 개발 중심 도시계획의 원칙과 목표를 전면으로 비판하였다. 그에게 도시란 오래된 건물과 북적이는 사람들이나 맘껏 뛰어노는 아이들처럼 평범한 것들이 보존되고 생기가 가득하며 다양성이 생명인 곳이다. 도시의 발전은 전문가 집단만이 공유하는 폐쇄적인 지식으로 이루어지는 것이 아니라, 그곳에 살고 있는 보통사람들이 이해할 수 있는 과정이어야 한다. 아무리 예쁜 잔디밭이 있다고 하더라도 정작 지역주민들이 이곳에서 커피 한 잔이나 신문 한 장 구할 수 없다면, 도시재개발은 지역공동체를 와해할 뿐이다.

제이콥스는 주민들의 상호작용과 일상적 접촉이 도시를 안전하게 만들고 사회자본을 형성하며, 차량보다는 보도, 오래된 건물, 작은 블록들이 도시에 다양성과 활기를 제공한다고 보았다. 그러면서 개발이란 현실의 질서를 무시하거나 억누름으로써 이루어지는 질서의 부정직한 가면이라고 비판하였다. 물론 토건족들은 죽음의 도시를 건설하는 개발 계획이 자신들의 이익으로 이어지므로 이러한 비판에 끊임없이 저항한다. 이 책은 1961년 출간과 동시에 지역사회개발 및 도시계획의 방향을 순식간에 바꾸어 놓았을 뿐 아니라, 지금까지도 관련 분야에서 주요하게 거론되는 베스트셀러이자 고전이다.

2) 지역사회 규범의 변화

사회 규범이란 사람들이 준수할 것으로 기대되는 행위 기준에 대한 합의를 의미한다. 이와 같은 행위 기준이 없다면 질서가 흔들리거나 붕괴하여 사회생활이 지속되기 어려울 것이다. 따라서 사회는 명문화된 법률뿐만 아니라 도덕, 종교, 관습과 같은 사회 규범을 만들어낸다. 지역사회도 마찬가지이다. 지역사회는 주민들에게 공동체적 생활을 유지하는 데에 필요한 바람직한 규범을 제시하고, 그에 입각하여 옳고 그른 것의 행위 기준을 강제하고 있다. 어떤 지역사회에서는 청소년의 흡연이나 음주, 연애 등에 대해서 엄격한 제재가 이루어지는 반면, 또 다른 지역사회에서는 이 모든 것이 청소년의 개인적인 자유로 인정되기도 한다.

지역사회 규범의 변화가 뒤따르지 않는 실천은 오래 지속되기 어렵다. 지역사회문제가 발생할 때, 모든 주민이 그 문제가 원만히 해결되기를 희망한다. 그러나 대다수 주민의 대응은 원인 제공자나 정부를 비판하는 수준에 그친다. 이때 비판을 넘어 변화를 이루기 위해서는 서로를 강제하는 행위 기준이 필요하다. 예컨대 아동학대를 목격하고 신고한 사람에 대해 긍정적인 사회적 반응이 없다면 주민들의 신고 행위는 지속적으로 이루어지지 않을 것이다. 반대로 금연 장소에서 흡연하는 이들에 대해 주위 사람들이 눈총이나 견제와 같은 부정적인 사회적 반응을 보이지 않는다면 이러한 행위는 갈수록 통제하기 어려워진다. 따라서 콜먼(Coleman, 1990)은 합리적 선택 이론에 따라 개인의 긍정행위는 증가시키고 부정행위는 감소시키는 데 사회 규범이 그 어떠한 조치보다 비용효과적이라고 보았다. 예를 들어 쓰레기 투기와 같은 지역사회 부정행위들을 벌금으로 해결하고자 한다면 감시 및 거래 비용이 높이 발생하지만, 사회 규범은 주민들의 자율적인 약속만으로도 부정행위들을 효율적으로 통제할 수 있다는 것이다.

그러나 지역사회 규범은 쉽게 형성되거나 변화되지 않는다. 개인의 이익을 극대화하려는 합리적 행위자들이 사회 규범을 준수하게 만드는 것도 쉽지 않다. 예를 들어 장애인특수학교나 복지시설을 설립할 때 이를 강력히 반대하는 지역주민들 때문에 공청회조차 무산되는 사례가 종종 발생한다. 부동산 가격 하락을 걱정하는 주민들에게는 이러한 비협조 행위가 합리적인 행위이기 때문이다.

따라서 주민들이 지역사회 변화 노력에 동참하고, 무임승차자나 비협력자가 되지 않는 조건이 무엇인지를 규명하는 것이 중요하다. 이때 사회복지사가 주목해야 할 지역사회 규범이 바로 신뢰와 호혜, 그리고 신뢰와 호혜를 배반하는 행위에 대한 제재(자치 규범)이다. 이 세 가지를 하나씩 구체적으로 살펴보자.

우선, 신뢰란 내가 배반하지 않는 한 상대도 배반하지 않을 것이라는 기대이다. 과거 농업사회에서는 주민들이 생산과 소비 생활을 모두 공유했기 때문에 개인이 다른 방식으로 행동하는 것은 거의 불가능했다. 이는 사회학자 에밀 뒤르켐Emile Durkheim이 설명한 기계적 연대에 가까운 신뢰이다. 그러나 오늘날 지역사회는 주민들의 신뢰를 끌어내기 매우 어려운 조건에 놓여있다. 시카고학파의 워스(Wirth, 1938)는 산업화된 도시가 주민들의 일차적 사회관계와 지역사회 규범을 약화시키고 있다고 보았다. 그는 도시성urbanism을 '도시에서 발생하는 독특한 생활양식의 집합적인 속성들'이라고 설명하면서, 도시성이 세 가지 변수, 즉 인구규모와 밀도, 이질성에 의해 결정된다고 주장하였다.[1]

따라서 현대사회에서 신뢰는 단순히 개인들이 심리적 믿음을 공유함으로써 형성되는 것이 아니라, 사회적 제도나 문화적 맥락 속에서 생겨나는 것으로 이해되어야 한다. 예를 들어, 사회복지사의 전문성에 대한 믿음은 자격제도가 사회적으로 공식화되면서 형성된 것이다. 다시 말해 제도를 기반으로 투명성과 공정성이 축적되어야 신뢰가 형성된다. 여기에 더해 공정한 이해관계와 정당한 분배, 합리적 절차들이 사회적 신뢰를 향상시킬 수 있다. 따라서 사회복지사가 복지시설과 서비스 운영의 투명성을 높이는 것도 주민의 지역사회 신뢰를 증진할 수 있는 좋은 방법이다.

---

1   도시성의 세 가지 변수에 대해 부연하자면 첫째, 도시는 시민이 직접 참여하는 회합을 갖기에는 인구규모가 커서 필연적으로 대의제가 발전하며, 간접적이고 이차적이며 단편적인 인간관계만 무성해진다. 둘째, 도시의 높은 인구밀도는 수많은 타인이 존재한다는 것을 의미하는데, 이는 감정적·정서적 연대를 공유하는 소수의 인간관계 대신 상호 경쟁 하며 개인이 소외되는 다수의 관계로 귀결된다. 셋째, 도시에는 여러 다양한 사람이 살기 때문에 상대주의적 관점과 상이성을 용인할 수밖에 없는데, 이러한 태도가 합리적으로 여겨지는 사회에서는 타인에 대한 일반화된 신뢰가 높지 않다는 것이다.

다음으로, 호혜 개념의 핵심은 권리와 의무이다. 호혜는 자신이 기여한 만큼 언젠가 보상받을 수 있다는 권리와 상대로부터 받은 혜택을 갚아야 할 의무를 동시에 인식함과 더불어, 이러한 권리와 의무는 상대방에게도 동일하게 적용되리라는 기대가 충족될 때 형성된다. 호혜가 지속되면 그만큼 지역사회의 결속력과 응집력이 강화된다.

과거 농업사회에서의 경제는 호혜의 원리에 기초해서 작동되는 경우가 많았다. 품앗이처럼, 자신이 소유한 기술로 할 수 있는 노동을 제공하면 상대방도 대칭성에 따라 노동을 제공하는 등가교환이 이루어졌던 것이다. 현대사회에서도 다양한 관례와 조직이 형성되면서 새로운 호혜의 조건이 마련되고 있다. 결혼식이나 장례식의 경우 축의금 및 조의금과 식사를 대접받는 것이 등가교환된다. 이처럼 집안의 애경사에 초대하고 초대되는 것은 호혜의 원리를 따르는 규범이다. 또한 현대의 공동육아나 상조회처럼 사회적 욕구를 기반으로 결속된 공동체에서는 근대적이고 합리적인 형태의 노동 교환이 발전하기도 한다. 공동육아 공동체에서 부모의 일일교사 활동은 부모가 반드시 수행해야 할 의무이자 모든 구성원에게 기대되는 행위이다. 피셔(Fisher, 1975)는 사회분화 과정에서 형성된 계층과 인종, 그리고 다양한 동류집단이 독특한 생활양식을 창출했으며, 이들이 각각 형성한 공동체는 느슨하지만 다양한 유대관계를 통해 지역사회의 새로운 호혜적 관계를 끊임없이 생산해내고 있다고 보았다. 이처럼 호혜는 각 개인과 결사체들이 상호적인 권리와 의무를 인식함으로써 확대된 지역사회 전체에 형성된다.

마지막으로, 자치 규범은 주민들이 집합행동[collective action]의 딜레마를 스스로 해결하기 위해 마련하는 제도적 장치이다. 집합행동은 둘 이상의 개인이 하나의 목적을 달성하기 위해 함께 노력하고 행동하는 것을 의미한다. 예를 들어 농촌에서는 작물을 경작하거나 수확할 때, 농산물을 팔기 위해 공동시설을 이용할 때 지역주민들은 혼자서는 해결할 수 없는 일들을 여럿이 함께 함으로써 공동의 목적을 달성하고자 한다. 이러한 집합행동과 관련된 규칙들이 바로 자치 규범이다. 오스트롬(Ostrom, 1990)은 자치 규범이 집합행동 문제를 해결할 수 있다고 보았다(더 알아보기 참조). 죄수의 딜레마[2] 상황을 생각해보자. 특정 조건에서 개인에게 주어진 최선의 선택이 공동체에는 최악의 결과를 가져올 수 있다.

예를 들어, 개인은 연료 효율이 좋은 디젤자동차를 선호하지만 모두가 디젤자동차를 운전하면 미세먼지 배기가스가 전체 구성원의 안전을 위협할 수 있다. 이처럼 집합행동에는 단기이익을 노리는 무임승차자가 있는데, 이들이 많아지면 집합행동에서 기대되는 혜택은 사라지게 된다. 그렇기에 개인의 이익보다는 공동체의 이익을 우선적으로 고려하는 규범이 필요한데, 이러한 행위 기준은 사회규범을 넘어 법률적 제재나 세금 등 공공의 개입을 필요로 하기도 한다. 그러나 이러한 개입이 지나치면 개인의 자유를 침해할 위험성이 있다. 따라서 지역사회

| 더 알아보기 |

오스트롬의 자치 규범 원리

미국의 정치학자인 엘리너 오스트롬(Elinor Ostrom)은 공유자원의 효율적인 관리를 위한 지역사회의 효과적인 자기통치와 자기조직화의 규범 원리를 다음과 같이 제시하였다. 그것은 ① 자원 이용자의 경계를 분명히 할 것, ② 자원의 이용(appropriation)과 공급(provision)에 대한 규칙을 지역의 사정과 일치시킬 것, ③ 자원체제의 운영규칙에 영향을 받는 개인들을 운영규칙의 수정 과정에 참여시킬 것, ④ 공유자원을 관리감독하는 이들이 그 자원의 이용 당사자가 되거나 타 이용자들에게 법적 책임을 지게 하는 권한을 가질 것, ⑤ 운영규칙을 위반한 사람들은 위반 상황이나 심각성에 따라 누진적 제재를 받게 할 것, ⑥ 이용자들 사이 혹은 이용자와 관리자 사이의 갈등을 해소하기 위해 적은 비용으로 신속히 접근할 수 있는 어떤 장소(arena)를 가질 것, ⑦ 이용자들이 스스로 제도를 만들 수 있는 권리를 가지며, 이 권리는 공동체 외부의 권력이나 통제에 의해 제한받지 않을 것, ⑧ 이용, 공급, 탐지, 시행, 갈등 해결, 그리고 통치활동을 다계층적 상하체제의 일부로 조직화할 것 등이다. 오스트롬이 제안한 이러한 자치 규범은 공유지의 비극이라는 집합행동의 딜레마를 해결하기 위해 마련한 일종의 제도적 장치이다.

엘리너 오스트롬(1933~2012)

2　'죄수의 딜레마'란 협력보다는 경쟁을 선택하는 심리를 의미하는 용어로, 서로 협력하면 모두에게 좋은 결론을 얻을 수 있음에도 서로를 불신하여 모두에게 나쁜 결과를 이끄는 상황을 나타내는 경제학의 게임이론에서 비롯되었다.

는 지역주민들이 형성해온 토착적 지식과 문화에 기초한 자치 규범을 통해 집합행동 문제들을 해결해왔다.

사회복지사들은 신뢰와 호혜, 그리고 자치 규범을 통해 지역사회 변화를 위한 다양한 집합행동을 조직할 수 있다. 우선 사회복지사들은 지역사회 규범에서 행위에 따르는 비용과 혜택을 명확하게 보여줄 수 있어야 한다. 비용에는 공동체로부터 비판을 받거나 사회적 관계맺음을 제한하는 것이 포함될 수 있는데, 이러한 합리적 처벌기제를 효과적으로 동원하여 지역사회 규범을 준수하게 해야 한다. 또한 협동의 가능성은 오히려 죄수의 딜레마 게임이 반복될 때 높아진다. 일회성의 행위에서는 비협조가 우월전략이 되지만, 지속적인 관계에서는 협조가 더 나은 선택으로 인식될 수 있다. 그러므로 반복(관계가 반복되는 상태, 즉 지속적인 협조)을 통해 최적의 혜택을 가져오는 선택이 사회 규범으로 귀결된다.

예를 들어 영국의 로치데일^{Rochdale}에서 시작된 협동조합운동은 국가와 시장의 간섭을 배제한 채 자율적으로 운영되는 조직인 협동조합의 조합원들이 상호부조의 원칙에 따라 생산과 소비를 협동으로 영위하는 활동을 일컫는다. 특히 미국에서 가장 주목받고 있는 지역사회복지실천 중 하나인 지역사회개발법인^{CDC: Community Development Corporations}도 자치적 활동이라 할 수 있다. 이 활동은 외부에 의한 개발이 아니라 지역사회 주민이 스스로 참여하는 비영리법인을 조직하고, 이 조직이 정부와 중간지원조직들의 지원을 받아 근린 단위의 거주지와 상업지구를 만드는 방식으로 낙후지역의 물리적·경제적·사회적 문제에 대응한다.

이러한 사례들 모두 제3자가 아닌 행위 당사자들이 스스로 행동하면서 형성된 신뢰, 호혜, 자치규범으로 주민의 행위 구속력을 높인 사례이다. 사회복지사는 조직화, 압력과 옹호, 역량강화모델 등을 활용해 지역사회의 변화를 이루려 하는데, 이러한 기술들은 모두 주민 행위자의 적극적인 참여를 전제로 한다. 사회복지사는 구성원의 신뢰와 호혜성의 규범을 형성하여 주민에게서 미처 발견하지 못했던 잠재된 에너지를 찾아내 극대화시켜 주민참여를 활성화시킬 수 있다.

지역사회 변화 사례 비교하기

• 관 주도로 이루어진 박정희의 새마을운동

새마을운동은 '잘 살아보세'라는 표어로 유명한 우리나라의 대표적인 지역사회개발사업이다. 5·16 쿠데타로 정권을 차지한 박정희는 정치적 정당성을 확보하기 위해 반공주의와 경제개발을 국가 운영의 주요 원칙으로 삼았으며, 새마을운동은 국민들을 국가주도 개발주의에 동참하게 하는 중요한 이벤트였다. 특히 1963년과 1967년 대통령선거에서 농촌 지역의 압도적 지지로 당선된 박정희는 이러한 지지 기반을 유지하기 위해 관 주도로 민간조직을 만들고자 했다. 이에 근면, 자조, 협동의 원칙 아래 누구나 열심히 일하면 잘살 수 있다는 개발 중심 정신개조사업이 시작되었고, 읍·면·동마다 새마을운동을 이끌 새마을지도자와 새마을부녀회가 만들어졌다. 새마을운동은 1969년 3만 5,000개 마을에 300여 포대의 시멘트를 무상으로 나누어주면서 시작되었으며, 1975년에는 도시와 공장으로도 확대되었고, 유신체제 이후 전 국민적 사회운동으로 확산되었다.

현재 새마을운동에 대한 평가는 엇갈린다. 새마을운동은 빈곤 탈피라는 시대적 과업에 민간이 대대적으로 동참한 성과는 분명했지만, 관 주도의 '완장 문화'가 만들어져 마을의 공동체적 유대가 파괴되었다. 강압적인 동원 또한 문제가 되었다. 특히 공장 새마을운동의 경우 '노동자를 가족처럼, 공장 일을 내 일처럼'이라는 구호 아래 강제된 어린 여공들의 장시간 노동이 국가발전을 위한 자발적 사회운동으로 포장되었다.

• 장일순의 지역공동체운동

생명사상가이자 한살림 운동의 설립자로 알려져 있는 장일순은 열성적인 지역사회 활동가이기도 하였다. 1928년 원주에서 태어난 장일순은 평생 지역사회 주민들이 그들의 삶의 터전에서 어떻게 잘살 수 있을지를 고민하고 실천하였다. 초기에는 지역 인재양성을 목표로 학교를 설립·운영하기 위해 노력하였고, 중기에는 평화운동과 민족운동, 반독재 민주화 투쟁 등 정치적 활동을, 그리고 말기에는 생명운동에 매진하는 삶을 살았다.

1960년대 장일순은 원주 지역의 농부와 광부들의 궁핍한 삶에 주목하였다. 1966년 신용협동조합을 설립하여 조합원에게 돈을 빌려주고 자립할 수 있도록 지원하였다. 1985년에는 도농 직거래조직인 원주소비자협동조합을, 1986년에는 한살림농산을 창립하였다. 장일순은 모든 과정에서 신뢰와 협동을 중점에 두었다. 원주는 다른 지역과 마찬가지로 한국전쟁 시기 수많은 민간인들이 살기 위해 이웃을 밀고하거나 희생되면서, 마을에는 서로 원수가 된 부모의 자녀들만이 남게 되었다. 이처럼 오랜 시간 쌓인 서로에 대한 원망과 불신을 해결한다는 것은 결코 쉽지 않은 일이었다.

장일순은 사회개발위원회와 가톨릭농민회 활동을 하면서 단순히 주민을 지원하는 것이 아니라, 주민 간 신뢰와 협동의 시스템을 구축하고자 하였다. 1972년 대규모 홍수가 발생하자, 천주교 원주교구는 독일가톨릭기관에서 구호기금을 원조받았다. 장일순은 이 기금으로 구호물품을 전달하는 대신, 마을 주민들이 협력하여 이 구호금을 어떻게 쓸 것인지 정하게 함으로써 농촌공동체 협동운동의 기틀을 다졌다. 장일순과 그를 따르는 활동가들은 수해를 당한 마을에서 생활하며 마을 복구 활동을 진행하였고, 매월 말 원주 시내에 모여 서로의 활동을 평가하고 더 나은 방법과 방향을 고민하였다. 특히 수재민 스스로가 다시 농사를 짓고 자립할 수 있도록 하는 데 중심을 두었으며, 복구 경비를 마을 단위로 신청받아 개인이 아닌 마을 전체의 변화를 통해 지역공동체 회복을 꾀했다. 이러한 활동은 17년간 이어졌고, 지금의 원주 지역 내 다양한 사회적 경제 생태계가 만들어지는 데 밑거름이 되었다.

장일순 선생은 지역사회 활동가로서 평생 공동체 운동에 헌신했다. 사진은 1989년 한살림 모임에서 장일순 선생의 모습이다. ⓒ 무위당 사람들

3) 지역사회 권력관계의 변화

지역사회의 주요한 의사결정은 누구에 의해서 이루어지는가? 사회복지사는 지역사회 권력구조에 개입하여 변화를 유도할 수 있어야 한다. 지역사회는 동일한 층위의 구성원들로 단일하게 구성된 공동체가 아니다. 지역사회는 서로 다른 계층적 지위와 권력의 소유자들이 혼재된 관계망을 형성하고 있다. 따라서 지역사회 변화를 위한 어떠한 실천도 권력의 불평등한 관계를 개선하지 않고는 성공적인 결과를 얻기 힘들다. 사회복지사는 우선 지역사회 권력관계가 야기하는 다양한 형태의 억압을 이해해야 한다. 억압은 나쁜 의도를 가진 권력자들에 의해서만 행사되는 것이 아니다. 억압은 선의의 집단에 의해서도, 제도적 제약에 의해서도, 규범이나 습관 또는 정책적 결과에 의해서도 만들어진다.

미국의 여성주의 학자인 영(Young, 1990)은 지역사회에서 억압은 크게 다음과 같은 다섯 가지 모습을 띠고 있다고 보았다.

① 착취^{exploitation}: 계급이나 성별 관계에서 나타나는 구조적 모순으로서, 타인의 노동을 공정하게 보상하지 않고 이득을 취하는 행위를 말한다.

② 주변화^{maginalization}: 특정 집단의 사람들을 사회적 지위나 자원에서 배제하는 행위이다. 이는 착취보다 억압적인 형태로 나타날 수 있는데, 예를 들어 장애인이나 여성에게는 좋은 일자리 기회조차 주어지지 않는 경우를 들 수 있다.

③ 무력^{powerlessness}: 지배집단에 종속되어 단순히 명령을 수행하는 위치에 머물면서, 그 반대의 관계는 성립되지 않는 경우이다. 의사결정에 참여할 수 없는 것이 아니라 참여 자체가 의미 없는 상태이다. 정치 영역에서는 투표권을 행사하지 않는 기권층도 이에 포함된다.

④ 문화적 제국주의$^{cultural imperialism}$: 지배집단의 문화를 그대로 받아들이고 인정하는 것을 말한다. 지배문화는 보편화의 과정을 거쳐 일종의 규범으로까지 발전하여 다른 문화를 억압할 수 있다.

⑤ 폭력^{violence}: 가장 명백하고 가시적인 형태의 억압이다. 폭력은 개인적 일탈이 아니라 사회구조적 성격을 띤다. 특정 사회에서 여성과 아동이 폭력의 대상이 된다는 것은 사회적 부정의가 체계적으로 작동되고 있음을 반영한다.

영은 이러한 억압의 다섯 가지 모습을 통해 지배와 피지배의 권력관계 양상을 제시하면서, 사회 부정의는 단지 분배의 문제가 아니라 삶에서 구조적·문화적·절차적 요소가 모두 작동한 결과임을 인식하게 해준다.

사회복지사는 지역사회 권력관계를 변화시키기 위해 다음 두 가지 방법을 사용할 수 있다(Rubin and Rubin, 2005). 첫째는 갈등 접근법이다. 이는 구체적으로 지역사회행동모델과 연결된다. 사회복지사는 항의나 시위 또는 집합적 대항을 통해 기존의 권력관계와 대립적 관계를 조성하고, 이를 통해 권력을 획득하는 것을 목적으로 한다. 이때 권력은 지배계급과 피지배계급을 구분하는 기준이므로 두 계급이 함께 공유할 수 없으며, 누가 더 많이 획득하느냐의 문제로 인식된다. 자본주의 사회뿐 아니라 역사의 전 과정에서 지배계급과 피지배계급의 이해관계는 항상 대립되어왔으며 서로 정반대에 위치해왔다. 따라서 권력은 결국 제로섬 게임이며, 실질적이고 즉각적인 개선을 쟁취함으로써 권력관계를 변화시킬 수 있다고 본다. 이를 위해서는 조직화와 옹호의 전략을 수행하여 적과 싸울 수 있는 동조자들을 결속하는 것이 중요하다.

둘째는 합의 접근법이다. 이는 기존의 권력관계 구조를 인정하되 주민, 정부, 기업 등 이해당사자들이 파트너십을 통해 각자 원하는 바를 쟁취하는 것을 목적으로 한다. 주로 지역사회계획모델, 지역사회연계모델, 지역사회통합모델에서 취하는 접근법이다. 합의 접근법은 현실적으로 지역사회를 발전시키는데에는 자원과 의사결정 권한이 있는 사람들의 협력이 중요함을 인정한다. 또한 권력은 한정된 것이 아니라 창조되고, 증진되고, 구성원들 사이에 공유될 수있다는 입장이다. 예를 들어, 지역사회에서 노인집단이 일자리를 획득하게 하려면 정부 또는 기업과 싸우는 방법보다 이들의 집단적 목소리가 협상 테이블에서 논의되고 정부나 기업으로부터 권리를 인정받는 방법이 더 유효하다. 지배계급도 특정한 영역에서는 상호 이해를 증진하는 데 중요한 파트너가 될 수있으며, 취약계층이 실질적인 변화로부터 혜택을 얻기 위해서는 권력을 가진이들과의 협력을 통해 스스로 권력을 키우는 것이 현실적이라고 본다.

지금까지 한국의 사회복지사들은 권력관계의 변화에 많은 관심을 기울이지 않았다. 사회복지사가 정치적 중립을 지키지 않으면 복지라는 인본주의 가치에 충돌하고 원조 행위의 순수한 의도에 위배된다는 인식이 강했기 때문이다. 이에 유독 한국의 사회복지사는 외국에 비하여 투표를 제외한 모든 정치참여 유형에서 매우 낮은 참여 수준을 보이고 있다. 주민운동조차 권력관계 변화에는 큰 역할을 하지 못하고 있다. 시민사회 조직도 지역사회의 소수자와 사회적 약자가 정책대안의 주체로 등장하지 못하고, 여전히 엘리트나 명망가를 중심으로 움직이고 있다. 앞서 설명한 갈등적 접근과 합의적 접근은 모두 지역사회 소외계층이 먼저 의사결정과 참여의 주체로 성장해야 한다고 강조하는 점에서는 큰 차이가 없다. 권력관계에서 갈등적 접근과 합의적 접근의 적용은 개별 문제의 성격에 따라 결정된다. 예를 들어 노동자도 사업주와 갈등만 하는것이 아니라 단체교섭이라는 제도를 기반으로 합의를 지향하되, 합의가 이루어지지 않는 경우에 파업과 같은 갈등전략으로 단체행동을 취하는 것이다. 따라서 사회복지사는 권력관계에서 억압이 행사되는 지점들을 파악하고, 억압에놓인 이들을 주체로 세우고 조직화하는 활동에 주목해야 한다. 지역사회는 주민, 시민, 노동자, 생활자 등 다양한 사회적 주체가 재생산되고 생활하는 구체

지역사회의 권력구조는 어떻게 이루어졌나
— 『지역사회 권력구조(Community Power Structure)』(플로이드 헌터 지음, 1953)

미국의 사회학자 플로이드 헌터(Floyd Hunter)는 엘리트 이론을 적용하여 지역사회의 권력구조를 분석하였다. 그는 미국 조지아주의 애틀랜타시를 분석 대상으로 하여 엘리트들의 상호평판도를 평가함으로써, 누가 지역사회 권력을 행사하는지 판단하게 하였다.

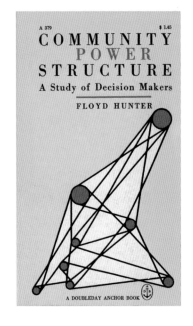

구체적으로 보면 지역사회의 권력후보자 명단 175명을 선별하여 순서를 매기고 이 명단에 있는 이들로부터 최고의 권력자 40명을 선택하게 하였다. 그 뒤, 연구 대상이 된 40명에게 10명의 최고 권력자를 선정하게 하고 득표순위에 따라 27명의 권력자를 선정하였다. 이를 통해 지역사회의 권력집단의 구조를 파악하고 이들이 어떠한 기능을 하는지 확인하였는데, 분석 결과는 한마디로 기업가에 해당하는 경제엘리트가 지역사회를 주도한다는 것이었다.

다음으로는 이 엘리트들이 권력을 어떻게 형성하고 정책 과정에 어떻게 영향력을 행사하는지 확인하였다. 그 결과 첫째, 권력은 부, 사회적 자원, 그리고 명성에 기인하고, 둘째, 개인의 권력은 집단, 파벌, 제도를 통해 구조화되어야 효과가 나타나며, 셋째, 권력은 사회 속에서 정책이라는 결과물로 구체화된다는 것이다.

종합하면 기업가와 같은 경제엘리트가 권력자이며, 이들은 파벌을 통해 상호관계를 유지하고 지역개발사업과 같은 정책 과정에 영향력을 행사하고 있었다.

헌터는 이들과는 별도로 32명의 흑인시민단, 그리고 사회복지 종사자 14명에게도 인터뷰를 통해 권력집단이 주민들의 삶에 미치는 영향력을 확인하였다. 실제로 일반 주민들은 자신의 삶에 영향을 주는 주요 정책들이 자신들의 의사와 상관없이 갑자기 만들어지는 것을 경험하고 있었다. 누가 만들었는지, 누가 지지하는지도 모르는 채 여러 정책들이 집행되었다. 단체장과 일반 주민 사이에 의사소통은 거의 이루어지지 않았다. 즉, 지역사회에는 민주주의가 작동되지 않았다. 선출직과 유권자는 선거 이외에는 접점이 거의 없었으며, 권력과 영향력을 행사하는 사람에게만 지역사회의 사회적 기능이 주어졌다.

적인 장이다(하승우, 2007). 구체적인 생활상의 욕구를 가진 주민들이 능동적인 시민으로 재탄생하는 과정을 거치는 곳 역시 지역사회이다.

3. 지역사회 변화의 원칙

지역사회 변화는 전문가에 의해서가 아니라 아래로부터의 실천을 통해 이루어져야 한다. 지역사회 구성원들이 당면한 문제를 스스로 찾고, 자율적이고 독립적으로 변화를 이끌어야 한다. 그러나 풀뿌리에 기초한 변화는 쉽지 않다. 아래로부터의 변화는 기존에 존재하는 권력관계나 사고방식의 본질적 변화를 요구하는 것이므로, 급진적 개혁을 동반할 수밖에 없다. 또한 아래로부터의 변화는 현재 사회복지의 지배적인 관점도 근본적으로 바뀌어야 한다는 것을 의미한다. 사회복지사가 견지해야 할 아래로부터의 지역사회 변화 원칙은 다음의 다섯 가지로 설명된다(Ife, 2002).

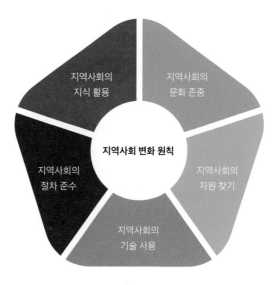

그림 8-2 지역사회 변화의 다섯 가지 원칙

1) 지역사회 지식을 활용하기

사회복지사는 전문직이지만 지역사회에 대해서 주민보다 더 잘 알 수는 없다. 따라서 지역사회 주민들과의 지식 공유는 사회복지실천의 중요한 원칙이다. 사회복지사는 학문과 실천의 보편적 지식을 제공하고, 지역사회 주민은 오랜 기간에 걸쳐 형성된 관습적 지식과 지혜를 제공해야 한다. 전문지식은 사회복지사의 결정만이 옳다는 착각을 가져오기 쉽다. 그러나 지역사회문제는 지역사회 주민들이 제일 잘 알고 있다. 이들은 문제의 배경 및 대책의 강점과 장점을 이해하고 있으며, 실천의 경험을 지니고 있다. 따라서 사회복지사는 주민들에게 지역사회문제와 욕구를 깨우쳐주는 것이 아니라 그들로부터 배워야 한다. 특히 변화를 위한 실천에서는 그들의 지식에 더 의존해야 한다. 사회복지사는 자신이 지역사회 변화 실천의 외부인임을 인지하고, 주민들에게 얻은 지식을 활용하여 실천을 계획해야 한다. 처음에는 지역사회 지식이 사회복지사를 위협하는 것으로 보일 수도 있지만, 사회복지사는 결국 전문지식만이 문제 해결에 유용한 지식은 아니라는 사실을 인정하게 될 것이다.

2) 지역사회 문화를 존중하기

사회복지사는 자신이 속한 문화가 주민들의 문화와 다를 수 있음을 인정해야 한다. 옳고 그름에 대한 판단, 성역할과 자녀양육 태도, 의사소통의 방식, 인권에 대한 인식 등에서 사회복지사는 지역사회 주민들과 충돌할 수 있다. 그러나 사회복지사는 자신이 속한 사회의 윤리 기준이 다른 사회의 윤리 기준보다 우월하다고 단정해서는 안 된다. 문화적 다양성은 인류에게 필수적이며, 집단과 사회의 교류, 혁신, 창조의 원천이다. 지역사회는 저마다 고유한 문화를 가지고 있으며, 여기서 문화란 한 집단을 다른 집단과 구별하는 정신적 · 물질적 · 지성적 · 감성적 특징으로 이루어진 복합체이다. 따라서 지역사회 변화의 목적은 그들의 고유한 문화를 인위적으로 바꾸는 것이 아니라, 해당 문화가 고유의 방식으로 변화 과정에 이끌리도록 하는 것이다.

그러나 지역사회 문화를 존중한다는 것이 인권이나 사회정의와 같은 보편적인 가치에 위배되는 관습까지 인정하는 것은 아니다. 문화적 상대주의와 보편주의의 경계에서, 사회복지사는 지역사회 문화가 고정적이거나 획일적인 단일체가 아니라는 점을 분명히 알아야 한다. 사회복지사는 지역사회의 경쟁하는 문화들 내에서 지역사회가 스스로 문화적 변동과 발전의 과정을 통해 보편적 가치를 지향하도록 지원해야 한다.

3) 지역사회 자원을 찾아내기

지역사회 변화는 자체적인 자원에 의지해야 한다. 다시 말해 지역사회 변화가 주체적으로 이루어지려면 외부자원에 대한 의존도를 최소화해야 한다. 최근 사회적 경제나 지역사회복지조직의 상당수는 정부의 지원금 없이는 운영이 어렵다. 그러나 외부자원에 의존하면 자율성과 주체성을 상실하게 될 수 있다. 정부보조금은 그에 상응하는 책임을 요구하기 때문에 지역사회 변화에서 주민들의 주체성이 위협받을 수 있는 것이다.

일부 협동조합이나 시민사회단체, 비영리조직들은 외부로부터의 보조금이나 지원 없이 지역사회 변화의 성과를 만들어냈다. 이러한 성공 사례들은 대부분 지역사회 내의 유용한 자원을 찾고 개발하여, 지역에서 산출된 자원을 지역 내에서 유통되도록 하는 활동이다. 대표적으로 레츠LETS: Local Exchange Trading System를 비롯한 지역화폐 운동은 정부가 발행하는 화폐자본 없이 지역주민들끼리 재화와 서비스를 주고받는 시스템으로, 지역사회 내에서만 활용되는 자원을

경기도에서 사용 중인 다양한 지역화폐 카드 ⓒ 경기도청

발굴한 사례이다. 이미 전 세계 수천여 곳에서 지역화폐를 이용하고 있으며, 국내에서도 성남시와 시흥시를 비롯하여 1백여 지방자치단체에서 지역화폐를 도입하고 있다. 모금활동 또한 지역사회자원을 찾아내는 대표적인 방법이다. 이 밖에 기술, 사람, 서비스조직들도 지역사회자원으로 고려할 수 있다.

4) 지역사회 기술을 사용하기

지역사회 기술의 활용은 지역사회 주민들의 능력을 고취시킨다. 반대로 사회복지사가 자신만이 전문적인 역할을 수행할 수 있다고 여기는 순간, 주민들은 무력화된다. 어떠한 지역사회에도 '쓸모없는 사람'은 없으며, 지역사회 변화 활동이 반드시 전문가를 요하는 것도 아니다. 협동조합이 그러하듯이, 지역주민들은 자기가 할 수 있는 일을 나누어 맡으면서 공동체의 부족한 부분을 메운다. 심지어는 단지 돌봄의 대상으로 여겨지는 노인과 아동들도 지역사회 내에서 다양한 역할을 수행할 수 있다.

따라서 사회복지사는 지역주민들이 보유한 기술의 목록을 작성해야 하고, 이렇게 작성한 풍부하고 광범위한 목록을 토대로 지역사회 변화에 필요한 역할과 그 역할을 수행할 사람을 적극적으로 찾아 나서야 한다. 예를 들면 지역사회에는 지역사회 변화에 적극적으로 참여할 의지가 있는 은퇴한 회계사, 변호사, 교사 등이 있다. 사회복지사가 이들과 협력한다면 굳이 비싼 비용으로 외부 전문가를 고용할 필요가 없다.

또한 지역사회 기술을 발굴하는 것만큼 기술의 공유도 중요하다. 변화의 성공 여부는 주민들의 기술이 공동체에 공유됨으로써 얼마나 적재적소에 잘 활용될 수 있는가에 달려있다.

5) 지역사회 절차를 준수하기

지역사회에는 주민들이 오랫동안 형성해 온 나름의 의사결정 절차가 존재한다. 지역사회 지식, 문화, 자원, 기술의 조건 아래 스스로 마련한 절차가 있는 것이다. 따라서 사회복지사는 자신이 경험한 성공 사례들을 다른 환경에 그대로 적용하는 오류를 범하지 말아야 한다. 한 복지관의 성공 사례가 다른 복지관에서도 동일하게 성과를 낼 확률은 높지 않다. 지난 수년 동안 서울의 성미산, 삼각산, 아차산 등의 공동육아조합에서 비롯된 마을공동체가 주목받으면서, 이 모델을 전국적으로 확산시키려는 노력이 있었다. 그러나 이들의 성공 사

아래로부터의 변화 원칙: 진안군 마을 만들기 10계명

전라북도 진안군에서는 지역의 농업·농촌을 발전시키기 위해 마을개발사업을 추진해왔다. 다음은 마을 만들기를 실천할 때 주민들이 염두에 두어야 할 10계명이다.

계명1. 내 자신 스스로 잘 알기(마을지도자의 철학 만들기)

계명2. 우리 마을 누구보다 잘 알기(마을 자원 분석)

계명3. 모임 일상적으로 자주 갖기(마을회의 조직)

계명4. 가까이에서 비싼 소득원 찾기(경제작목 발굴)

계명5. 새로운 사람을 찾고 불러 모으기(외부 인재 영입)

계명6. 꼼꼼히 기록하고 정리하기(철저한 기록관리)

계명7. 5년 앞 내다보며 고생하기(마을 공동의 협동훈련)

계명8. 마을발전계획 손수 만들기(입체적 마을종합계획 수립)

계명9. 구상을 실현할 수 있는 자원 찾기(행동계획 수립)

계명10. 선진지 경험에서 보고 배우기(시행착오 벤치마킹)

례는 십여 년간 조합원들이 형성해 온 관계와 규범에서 배태된 것으로서, 다른 지역에 단순 이식되기 어려웠다. 주민들의 직업, 생활시간, 연령대 등의 구성이 다르다면, 지역사회에서 주민들이 모이는 시간과 의사결정 방법도 당연히 달라져야 한다. 예를 들어, 어촌계는 저마다 한정된 어장의 자원을 공유하기 위해서 누가 배를 소유할 수 있고, 언제 조업을 할 수 있으며, 조업을 통해 얻은 수산물을 어떠한 방식으로 분류하고, 일거리와 소득을 어떻게 분배할 것인지를 결정해놓고 있다. 어촌계가 오랫동안 유지되어온 이유는 어촌계의 결정 방식과 내용이 그들의 환경에 가장 적합했기 때문이다.

따라서 사회복지사는 자신이 전문가로서 알고 있는 합리적인 절차를 주민들에게 강요해서는 안 된다. 의사결정의 장소와 시간, 형식, 그리고 일련의 절차에 있어 기존의 방법을 존중해야 하는 것이다. 즉, 사회복지사는 지역사회의 일반적인 의사결정 과정과 축적된 경험을 파악하고, 그 범위 내에서 변화 활동을 실천해야 한다.

4. 지역사회 변화의 과정

지역사회 변화의 대상과 원칙을 마련한 후 사회복지사는 실천에 돌입한다. 우선 개입할 문제를 선정하고 핵심적 과제를 파악하여 지역주민들에게 실질적으로 도움이 될 수 있는 실천활동을 선택해야 한다. 따라서 사회복지사는 효과적인 실천을 위한 단계별 과정을 숙지할 필요가 있다. 상당수의 지역사회복지론 교재가 참고하고 있는 변화 과정에 대한 설명은 하드캐슬 등(Hardcastle et al., 2011)이 제시하는 문제 해결모델의 다섯 단계로, 다음과 같다.

① 문제 인식과 변화욕구 설정 ② 정보수집
③ 지역사회사정과 전략 수립 ④ 개입과 변화 노력 실행
⑤ 평가와 종결

또한 케트너 등(Kettener et al., 1985)이 제시한 아홉 단계도 자주 인용된다. 그 내용은 다음과 같다.

① 변화기회 확인 ② 변화기회 분석
③ 목적과 목표 설정 ④ 변화 노력의 설계와 구조화
⑤ 자원 계획 ⑥ 변화 노력 실행
⑦ 변화 노력 모니터링 ⑧ 변화 노력 평가
⑨ 상황에 대한 재평가와 안정화

이와 유사하게 커스트-애시먼과 헐(Kirst-Ashman and Hull, 2006)은 지역사회 변화의 실천 과정을 준비하기와 실행하기로 나눈 뒤, 각각 단계적인 과정을 보다 자세하게 제시하고 있다. 여기서는 상기한 방법론을 종합하여 지역사회 변화의 과정을 크게 세 가지 단계, 즉 준비 과정, 전략과 전술 과정, 실행 과정으로 나누어서 설명하고자 한다.

1) 준비하기

(1) 문제 선정하기

지역사회 변화를 위한 실천의 첫 번째 단계는 문제 선정하기이다. 지역사회문제는 도처에서 파악될 수 있다. 사회복지사는 신문이나 방송 등의 미디어를 통해 아동방임이나 노인학대와 같은 문제의 심각성을 알게 되기도 하고, 함께 일하는 동료나 주민들에게 청소년 일탈과 관련한 문제를 접하거나 또는 복지서비스 이용자들로부터 부적절한 절차에 대한 불만을 듣기도 한다. 그러나 수많은 문제 중에 사회복지사가 지역사회 변화를 위해 개입해야 하는 문제들을 선정할 때는 보다 엄밀한 기준을 적용해야 한다. 모든 지역사회문제가 사회복지사의 시간과 노력을 투자할 만한 충분한 가치가 있거나 사회복지사의 개입으로 바람직한 결과를 가져올 수 있는 것은 아니기 때문이다. 사회복지사는 해당 문제가 주민들의 실질적인 삶의 개선을 가져오는 이슈인지, 당사자뿐 아니라 다른 주민들도 동의할 수 있는 이슈인지, 심각성이 충분히 인지되는 이슈인지, 주민들의 역량을 증진시키는지, 이해당사자들을 격렬히 분열시키는 것은 아닌지, 명확한 표적집단이 있는지와 같은 기준을 세우고 적합성을 검토하여 자신이 개입할 지역사회문제를 선정해야 한다. 사회복지사가 자신이 개입할 문제를 선정하기 위해 일반적으로 활용하는 체크리스트는 다음과 같다.

문제를 선정하는 일곱 가지 체크리스트

☐ 자신뿐 아니라 타인들도 적극적으로 나설 동기가 충분한 이슈인가?
☐ 지역사회로부터 광범위한 지지를 얻을 수 있는 이슈인가?
☐ 쉽게 이해되고, 발견되며, 미디어가 주목하는 이슈인가?
☐ 실질적인 변화를 달성할 수 있는 이슈인가?
☐ 실천의 결과와 관계없이 지속적으로 지지와 협력을 얻을 수 있는 이슈인가?
☐ 실천 과정에서 정치적 네트워크와 권력을 확보할 수 있는 이슈인가?
☐ 실천 과정에서 관련된 참여자들이 서로 연대하고 소속감을 느낄 수 있는 이슈인가?

사회복지사가 위와 같은 일곱 가지 기준을 통해 이슈를 검토하여 개입할 가치가 충분하다고 판단했다면, 그다음으로는 아래의 세 가지 단계를 진행해야 한다.

첫째, 개입할 문제의 개념을 명확하게 정의한다. 어떤 인구집단이나 서비스집단이 이 문제로 고통받고 있는지, 변화를 통해 어떠한 혜택을 받을 수 있는지, 그리고 이 문제의 원인인지 분석해야 한다. 또한 지금까지 이 문제가 해결되지 않고 지속되는 이유는 무엇인지, 이와 관련된 다른 사회시스템은 무엇인지를 파악해야 한다.

둘째, 발견된 지역사회문제들을 주민들의 욕구로 표현해야 한다. 주민들의 욕구로 표현된 사회문제여야 향후 사회복지사의 실천목표와 전략으로 구체화될 수 있다. 이를 위해서는 데이터 수집이 중요하다. 유사한 일에 종사하는 전문가들에게 자문을 구하거나 지역주민들과 인터뷰하여 그들의 요구를 파악해야 한다. 초기 단계에 규정된 주민욕구는 이후에 진행되는 욕구사정의 기본적인 틀이 된다.

셋째, 지역사회문제가 주민들의 욕구로 표현되었다면, 그 욕구들 중 무엇에 초점을 두어야 할지 정해야 한다. 예를 들어 장애인특수학교 설치와 관련해서 표출되는 욕구는 장애인학부모, 지역주민, 교육청, 토지수용자 등 각 이해집단마다 다양할 뿐 아니라 상충되기도 한다. 현실적으로 사회복지사가 표출된 모든 욕구에 대응할 수는 없다. 따라서 사회복지사는 지역사회 변화 원칙을 고려하여 어떤 집단의 욕구에 집중하여 문제를 해결할 것인지를 결정해야 한다. 즉, 사회복지사의 시간, 에너지, 자원을 어디에 얼마큼 투입할지 판단할 필요가 있다.

Problem	Reality	Establish	People	Assess	Risk	Evaluate
문제 선정하기	현실 파악하기	핵심 목표 세우기	인적자원 확인하기	비용과 혜택 사정하기	직업적·개인적 위험 계산하기	종합하여 결정하기

그림 8-3 준비하기(PREPARE)의 일곱 단계

(2) 현실 파악하기

이 단계에서는 사회복지사의 활동에 영향을 미치는 현실 조건인 거시적 환경, 사회복지사가 속한 조직적 환경, 그리고 개인적 역량을 파악해야 한다.

지역사회문제가 특정한 장소와 시간에서 발생하는 이유는 그러한 맥락과 조건이 이미 형성되어있기 때문이다. 따라서 문제를 해결하려면 그 문제가 발생한 맥락과 조건을 변화시켜야 하고, 맥락과 조건을 결정짓는 사회구조와 같은 거시적 환경변수들을 평가해야 한다. 예를 들어 역장분석^{force field analysis}과 같은 방법론을 통해서 내생적·외생적 변수들의 긍정적·부정적 힘의 크기들을 파악해야 한다.

이 외에도 지역사회 변화 과정에 영향을 줄 수 있는 요인으로 사회복지사 자신이 속한 기관의 역량과 자신의 강점과 약점을 동시에 평가해야 한다. 이는 다음의 다섯 가지 영역에서 진행되어야 한다.

첫째, 지역사회문제를 해결할 수 있는 자원이다. 사회복지사는 문제 해결에 어떠한 자원이 필요한지, 정부의 예산지원은 충분한지, 지역사회 외부의 다른 자원들을 사용할 수 있는지, 그리고 기관 차원에서 투입할 인력이 있는지, 추가적인 비용이 발생할 경우 이를 지불할 수 있는지 등을 평가해야 한다.

둘째, 문제 해결 행위와 관련한 제도나 법적 규제이다. 사회복지사가 문제 해결 행동을 취할 수 없게 만드는 제도적인 장애요인들이 존재하는 경우가 많다. 지역사회돌봄의 경우 사회복지사가 노인들의 욕구를 파악하고 이를 해결하려 해도, 서비스의 구체적 범위와 내용을 결정하는 요양 등급은 국민건강보험공단에서 판정하며 서비스 급여도 개별 제도에 의해 정해진다. 의료종사자와 요양보호사가 할 수 있는 서비스의 범위는 명확히 구분되어 서로 침범하지 못하며, 지역사회에서 사회복지사는 매우 일부분에서만 권한을 가지고 있다. 모금이나 서비스 연계의 경우도 관련 법과 기관 내 규정에 따라 이루어질 수밖에 없고, 개인정보보호와 같은 법적 장치는 사례관리 대상자에 대한 정보 교환이 효율적으로 이루어질 수 없는 조건이기도 하다.

셋째, 사회복지조직 내부의 정치적 환경이다. 사회복지사가 소속된 조직의 조직문화는 변화 실천에 있어 중요한 환경 요인이다. 따라서 사회복지사는 조직이 변화와 혁신을 원하는지, 아니면 사회복지사의 활동을 감시하고 위계적 명령체계로 작동하거나 사회복지사의 정치적 활동을 부정적으로 인식하는지 등을 평가해야 한다. 일부 사회복지기관은 법인조직에 의해 엄격한 위계구조를 가지고 있으며, 사회복지사의 변화와 혁신을 반기지 않는 조직문화를 보이곤 한다. 이러한 경우 소속된 조직의 문화를 바꾸는 것이 더 시급한 지역사회복지실천이 되기도 한다.

넷째, 사회복지조직 외부의 정치적 환경이다. 지난 수년간 서울시를 비롯한 여러 지역의 사회복지기관들은 마을지향복지, 주민공동체를 추구하는 쪽으로 기조가 변화하였다. 이는 긍정적으로 평가할 수도 있지만, 한편으로는 정치적 환경 변화에 따른 사회복지기관의 적응으로 볼 수도 있다. 마을공동체를 육성하는 예산과 지원이 증가하고 주민주도형 도시재생에 우호적인 사회문화적 흐름은 사회복지조직에 따라 기회가 되기도 하고 위협요인으로 작동하기도 한다.

다섯째, 사회복지사의 개인적 역량을 파악하는 것도 중요하다. 개인적 역량에는 동료와의 관계, 조직과의 관계, 문제에 대한 충분한 지식, 개인적 동기, 업무량과 업무시간, 스트레스 요인 등이 포함된다. 실천가로서 자신이 잘할 수 있는 활동이 성공할 확률도 높다.

(3) 핵심 목표 세우기

지역사회문제를 규명하고 현실적 조건을 파악한 후에는 지역사회복지실천의 핵심 목표를 설정해야 한다. 준비 단계에서 설정하는 핵심 목표란 지역사회 변화의 최종적인 지향점으로서, 향후 계획 수립을 위한 사업명이라 할 수 있다. 예를 들어 '이주민의 경제적 자립 지원하기', '여성이 안전한 귀갓길 만들기', '대학교 자취생의 주거권 보장하기' 등이 있다. 이를 바탕으로 추후에 구체적인 활동이 전개될 수 있다.

핵심 목표는 달성하고자 하는 지향점이자, 충족시키고자 하는 욕구가 되어야 한다. 따라서 핵심 목표는 규명된 지역사회문제가 해결된 상태를 표현하는 비전으로 제시되는 것이 일반적이며, 장기적인 관점에서 작성되어야 한다. 또한 핵심 목표는 보다 많은 사람에게 영향을 미치는 것일수록 좋으며, 다수가 이해하고 동의하기 쉽게 단순하고 간략한 형태의 문구로 제시되는 것이 바람직하다.

(4) 인적자원 확인하기

준비 단계에서 빠질 수 없는 과업은 지역사회복지실천에 동참할 사람들을 찾는 것이다. 이들은 조직 내부뿐만 아니라 외부 조직이나 다른 지역사회에서 확보할 수도 있다. 사회복지사는 우선 자신이 속한 사회복지조직에서 동료나 팀원 또는 슈퍼바이저나 기관장의 협력을 유도해야 한다. 조직 내부에서 충분한 자원이 확보되지 않으면 변화 실천을 지속하기 어렵다. 가능하면 지역사회복지실천을 전담할 팀이 조직되어야 하고, 슈퍼바이저나 기관장은 전략개발이나 자원동원에 도움이 되는 역할을 담당해야 한다.

외부 조직에서도 인적자원을 확보할 수 있다. 지역사회문제는 하나의 조직이 독자적으로 해결하기 어려운 문제들이 대부분이므로, 사회복지사는 지역사회 변화의 핵심 목표에 동의하는 다른 사회복지조직이나 공익단체 또는 공공기관에서 함께 활동할 인적자원을 파악해야 한다. 나아가 지역주민을 비롯한 비공식적 조직이나 타 지역에서 인적자원을 확보할 수 있다. 예를 들어 지역사회 환경보호활동의 경우 중·고등학생을 자원봉사자로 확보할 수도 있고, 외부의 환경단체로부터 전문적인 정보나 활동가를 지원받아 캠페인을 수행할 수도 있다.

(5) 예상되는 비용과 혜택 사정하기

지역사회복지실천은 기대되는 결과에 대한 비용과 혜택, 즉 기회비용을 확인해야 한다. 지역사회복지는 다양한 이해관계가 복잡하게 얽혀 있는 그물망과 같다. 따라서 사회복지사가 선택한 행동에는 대부분 비용이 발생한다는 사실을 명심해야 한다. 어떠한 분야에서든 변화는 이를 통해 혜택을 얻는 사람들에게는 호응을 얻지만 그 비용을 부담하는 사람들로부터는 저항에 부딪히곤 한다. 이는 사회복지조직 내에서도 마찬가지이다. 조직의 예산은 한정되어 있기 때문에 특정 활동을 수행함으로써 다른 활동을 수행하지 못하는 기회비용이 발생할 수 있는 것이다. 따라서 사회복지조직 내부에서도 선택에 대해 어떠한 비용이 발생할 것인지를 예상해야 한다. 예를 들어 발달장애인 부모들을 조직화하는 지역사회복지실천으로 인해 장애인 당사자에게 제공되는 서비스 인력과 사업비가 줄어들면, 기관의 관리자나 다른 동료들과의 관계가 악화될 수 있다. 발달장애인 부모들의 자조활동이 늘어날수록 이들에게 향후 더 많은 자원이 투입되어야 할 수도 있으므로 장기적인 비용도 고려해야 한다. 따라서 사회복지사는 기대되는 결과가 비용보다 혜택이 더 많을 것인지, 누가 혜택을 보고 누가 비용을 지불하게 될 것인지를 파악해야 한다.

(6) 직업적·개인적 위험 계산하기

지역사회복지실천은 종종 사회행동과 같은 급진적인 방법론도 사용한다. 이 경우 사회복지사뿐 아니라 참여하는 당사자들에게도 예상치 못한 위험이 발생하기도 한다. 이러한 위험은 금전적인 손해, 참여자에 대한 부정적 평판, 직종단체나 이익집단에서의 배제 등 여러 가지 형태로 나타난다.

특히 지역사회 권력구조를 바꾸는 급진적 활동이 실패할 때는 그 피해가 고스란히 참여자들에게 전가될 수 있다. 구조조정을 반대하면서 농성을 주도한 노동자들이 먼저 해고되거나 손해배상청구 소송에 휘말리는 경우가 대표적이다. 또한 사회복지기관도 지역사회의 기득권과 대립할 때 종종 위수탁 심사에서 탈락해 시설을 운영할 수 없게 되거나 각종 보조금 사업에 신청조차 하지 못하는 경우가 발생한다. 하지만 이러한 위험은 긍정적인 쪽으로 귀결되기도 한다. 도전적인 실천을 수행한 사회복지사의 높은 윤리의식과 책무성이 인정받을 수도 있으며, 권력구조 변화에 성공하는 경우 지역사회 차원에서 더 많은 혜택과 보상이 따를 수 있다.

(7) 종합하여 결정하기

준비 단계의 마지막 과업은 상기한 여섯 가지를 모두 검토한 후 종합적인 판단을 내리는 것이다. 다시 말해 '그래서 할 것인가, 말 것인가?'를 결정하는 것이다. 우선 지역사회복지실천을 통해 얻을 수 있는 장점과 단점, 옹호자와 반대자의 입장을 종합해야 한다. 부족한 예산과 역량 등 조직이나 개인의 현실적 조건, 일부 이해당사자의 잠재적 저항, 추가적인 비용, 그리고 개인적 위험은 모두 부정적인 것들이다. 그러나 궁극적으로 욕구를 충족하게 되는 주민들, 지역사회환경의 긍정적 변화, 개인의 성장, 잠재적 지원과 재정적인 혜택 등은 긍정적인 것들이다. 사회복지사는 언제나 이러한 요소들을 비교하여 선택함으로써 의사결정을 한다. 이때 의사결정은 대체로 세 가지 결론 중 하나로 내려진다. 첫째, 지역사회복지실천에 자신을 투입하고 헌신한다. 둘째, 시기가 적절하지 않다고 판단하고 다음 기회를 기다린다. 셋째, 성취할 수 있는 변화가 노력과 비용에 비해 현저히 낮다면 준비 단계에서 과감히 종결한다.

2) 전략과 전술 마련하기

준비 과정에서 개입 실천을 결정했다면, 다음 과정에서는 실천을 위한 전략과 전술을 마련해야 한다. 즉, 개입을 위한 구체적인 절차와 방법을 기획해야 한다. 이 과정은 경영학에서 흔히 전략기획이라 불리는데, 전략기획 방법론은 SWOT 분석(10장 참조)과 같이 조직 수준의 방법론을 사용할 수도 있고, 메커니즘 분석모델이나 이해관계자 관리법 등 행정 및 경영학적 방법론을 적용할 수도 있다. 지역사회복지실천에서 자주 이용하는 전략기획 방법은 VMOSA 프로세스로, 비전, 사명, 목표, 전략, 그리고 실천계획을 세우는 것이다.

비전은 지역사회 변화가 달성하고자 하는 궁극적인 이상형으로, '아이들

그림 8-4 전략기획 방법의 하나인 VMOSA 프로세스

이 건강한 동네', '모든 이들에게 평등한 교육의 기회' 등과 같이 희망적인 미래의 모습을 제시하는 것이다. 사명은 '우리는 무엇을 한다'라는 구체적인 행동 방향성을 제시하는 것이다. 이는 비전을 행동으로 전환하여 해당 조직의 존립 이유와 활동을 간략히 설명하는 성과 중심의 목적이다. 목표는 사명을 성취하기 위해 필요한 구체적인 과업들을 제시하는 것이다. 예를 들어 '노인빈곤을 해결한다'가 사명이라면, '2050년까지 노인 빈곤율을 10%대로 낮춘다'와 같은 측정 가능한 목표를 세워 조직의 수행 내용을 구체화할 수 있다. 전략은 목표를 어떻게 달성할지에 초점을 두는 방법론이다. 누구를 활용할지, 옹호전략을 취할지 아니면 사회계획 전략을 취할지, 누구와 협력할지 등 방법을 구체화하여 목표를 달성하고자 하는 계획이다. 마지막으로 실천계획은 실제 행동 내용을 뜻한다. 예를 들어 노후 주거환경을 개선하기 위해 주거 안전장치를 지원하고, 자원봉사자들에게 집수리를 부탁하고, 사회적 기업에 청소서비스를 연결하는 등의 구체적인 행동을 제시하는 것이다.

(1) 전략

전략strategy이란 장기적인 행동계획으로서 전술보다 상위 개념이다. 전략은 궁극적인 목적을 달성하기 위해서 취하는 행동, 가치, 이념, 방향성을 포괄하는 종합적인 계획이다.

워런(Warren, 1971)은 지역사회 변화를 위한 전략으로 제휴collaboration, 캠페인campaign, 대항confrontation을 제시하였다. 제휴전략은 목적을 성취하기 위해 연합행동에 대한 동의를 끌어낼 때 사용하며, 캠페인전략은 상대방이 어떤 것을 하도록 또는 상대편이 협상테이블로 나오도록 설득할 때 사용한다. 그리고 대항전략은 정책을 수용하도록 상대방에게 압력을 가할 때 사용한다. 제휴전략은 대체적으로 지역사회역량개발모델과 연관이 있으며, 캠페인전략은 사회계획모델과 지역사회역량개발모델과 지역사회행동모델 모두와 연관이 있고, 대항전략은 지역사회행동모델과 연관이 있다.

(2) 전술

전술tactics은 단기행동들로서 목적을 달성하기 위한 구체적인 수단이나 방법을 말하며, 전략의 하위 개념이다. 전략을 통해 수립된 계획을 실행하기 위해서는 반드시 행동을 위한 전술이 필요하다.

제휴전략에 해당하는 대표적인 전술은 연합, 협조, 동맹 등이다. 제휴를 위해서는 각 집단이나 조직들의 참여와 임파워먼트가 강조된다(Netting et al., 2017; Brager et al., 1987; Netting et al., 2004; Warren, 1971). 캠페인전략에 해당하는 전술은 집단들 사이의 입장 차이를 최소화하기 위해 사용된다(Rothman, 1995; Brager et al., 1987; Warren, 1971). 지역주민들이 어떤 안건에 대해 처음부터 모두 동의하기는 어렵지만 이들이 가지고 있는 생각의 차이를 줄이는 것은 가능하다. 대중매체 활용, 로비 및 동화, 설득, 교육 등의 전술이 이에 포함된다(Netting et al., 2017). 대항전략에 해당하는 전술은 대부분 사회행동 방법과 관련이 있다. 협상, 교섭, 시위, 파업, 시민불복종, 보이콧, 피케팅 등이 포함되며, 이러한 전술은 반대집단에 대항하기 위해 자주 사용된다(Netting et al., 2004; Bobo et al., 1991).

(3) 행동체계와 표적체계

행동체계와 표적체계라는 용어는 사회복지사가 지역사회 변화에 동참하는 주민들을 묘사할 때 자주 사용된다. 행동체계는 사회 변화를 추구하는 집단의 구성원을 말한다. 실천가, 조직가, 지역주민들, 지역조직 구성원, 그리고 다른 변화의 수혜자들이 행동체계의 구성원들이다. 표적체계는 변화가 이루어져야 하는 대상을 말한다. 대항전략에서는 표적체계를 주로 적이라고 표현하며, 캠페인전략에서 표적체계는 주요 정책결정가와 일반 대중(지역주민)이 되고, 제휴전략에서는 모든 정파와 집단이 표적체계가 된다.

행동체계와 표적체계의 관계는 전략과 전술을 선택할 때 일차적인 주요 관심사이다. 만약 행동체계와 표적체계가 변화에 동의하거나 또는 일치한다면 제휴전략을 사용해야 하며, 행동체계와 표적체계에 중복되는 부분이 있다면 캠페인전략을 사용해야 한다. 마지막으로 행동체계와 표적체계에 분명한 차이가 있고 합의가 일어날 수 없으며 대화조차 거의 없고 힘의 차이도 크다면 대항전략을 사용할 수 있다(Kahn, 1991; Brager et al., 1987; Warren, 1971).

전략과 전술, 그리고 행동체계와 표적체계의 관계를 정리하면 표 8-1과 같다.

표 8-1 지역사회 개입을 위한 전략과 전술, 행동체계와 표적체계의 관계

구분	제휴전략	캠페인전략	대항전략
전술	연합, 협조, 동맹	대중매체 활용, 로비 및 동화, 설득, 교육	협상, 교섭, 시위, 파업, 시민불복종, 보이콧, 피케팅
행동체계	지역주민	지지자, 협조적 파트너	지지자, 당사자, 지역주민
표적체계	파트너, 조력자, 협력자	역기능적 지역사회, 경제체계, 정책결정가	억압하는 조직, 정부정책 결정가, 기업 책임자, 사회·정치·경제적 엘리트집단의 구성원

출처: Netting et al.(2017: 312)의 Table 10-2를 재수정함.

사회복지사가 전략과 전술을 실천모델에 정확하게 일치시키기는 어렵다. 하디나(Hardina, 2000)에 따르면 사회복지사가 가장 선호하는 실천모델은 사회행동모델이지만 사용하는 전략은 대부분 제휴전략으로서, 이는 모델과 전략·전술의 불일치를 보여준다. 몬드로스와 윌슨(Mondros and Wilson, 1994)은 사회복지사들이 대부분 개인적 선호로 실천모델을 결정할 뿐 아니라 전략과 전술도 익숙한 방식을 계속해서 사용한다고 주장하였다. 또한 하디나(Hardina, 2000)는 사회복지사가 전략과 전술을 선택할 때, 문제를 처리하는 데 소요되는 시간을 중요하게 고려한다고 지적하였다. 예를 들어 대항전술은 실천가들이 문제를 극복할 수 있는 시간이 충분하지 않을 때, 주로 사용된다. 다시 말해, 유용한 자원이나 현실적 문제 상황이 아니라 사회복지사의 개인적인 이유에 따라서 전략과 전술 또는 실천모델이 선택됨으로써, 지역사회 변화 활동이 비효과적인 경우가 많다는 것이다(Hardina, 1997).

물론 사회복지사는 전략과 전술을 단계적으로 사용할 수 있다(Netting et al., 1998). 예를 들어 제휴전략은 낮은 강도의 행동으로 인식되는데, 이는 역량강화나 참여 등의 전술이 비교적 실행하기 쉽다는 것을 의미한다. 그러나 제휴전략이 실패한다면 사회복지사들은 좀 더 강도 높은 전략과 전술, 예컨대 캠페

인전략에 따른 설득, 교육, 로비, 대중매체 활용 등의 방법을 사용하게 되며, 이조차 실패로 끝난다면 대항전략에 따른 전술을 사용하게 된다.

3) 실행하기

사회복지사가 전략과 전술을 결정하면, 이제 실행 단계에 따른 과업을 수행해야 한다. 실행하기 단계는 변화 실천을 시작하고 추진하는 과정이다. 지역사회복지실천은 미시적 실천과는 다르다. 변화 과정에는 많은 사람과 체계가 포함되어있고, 지역사회의 다양한 조직과의 협력을 통해 진행된다. 따라서 조직화 과정이 요구되고, 의사결정자들에게 영향력도 행사해야 한다. 실행 단계는 고도로 복잡한 실천기술의 연속이다. 그러나 실행은 준비 단계와 달리 일반화되지 않은 특수한 조건에서 이루어지는 일련의 과정이며, 역설적이게도 바로 그렇기 때문에 사회복지사가 숙지해야 할 이론적인 절차는 단순하다. 즉, 현장에서 풀어야 할 숙제가 많은 것이다.

(1) 아이디어 정리하기

준비 단계에서 수집한 정보를 바탕으로 실행에 필요한 구체적인 아이디어를 모으는 과정이다. 이처럼 지역사회문제에 대한 새로운 관점이나 방법론을 모아놓는 것만으로 문제가 해결되기도 한다. 기존의 관행을 되돌아보고, 활동을 합리화하며, 재평가하는 기회가 되기 때문이다. 혁신적인 아이디어는 실패할 위

Idea	Muster	Assets	Goals	Implement	Neutralize	Evaluate
아이디어 정리하기	지원과 실행체계 조직하기	지역사회 자원 찾아내기	목표를 구체화하여 제시하기	계획 실행하기	저항 최소화하기	과업 평가하기

그림 8-5 실행하기(IMAGINE)의 일곱 단계

험이 높지만 반복된 경험을 통해 지속적으로 개선되기에 시도할 가치가 있다.

좋은 아이디어란 한순간에 떠오르는 것이 아니다. 오랫동안 문제에 집중하면서 충분히 숙성되어야 지역사회복지실천에 적합해진다. 또한 적합한 아이디어를 발굴하기 위해서는 참여 구성원이 많아야 한다. 많이 참여할수록 더 좋은 아이디어가 모인다.

(2) 지원과 실행체계 조직하기

아이디어가 모이면 협력할 사람들을 조직해야 한다. 지역사회복지실천을 혼자서 수행하는 경우는 거의 없다. 준비 단계에서 확인된 인적자원이 자율적으로 협력할 수 있는 적절한 방법을 고안해야 한다. 그리고 협력할 인적자원이 어떠한 변화체계에 속해있는지에 따라 변화 실행체계 전략을 세워야 한다. 이들을 클라이언트체계 또는 복지기관체계에 배치할 수도 있고, 목표체계와 집행체계에 나누어서 배치할 수도 있다. 목표체계에는 주로 전문가와 이해당사자들이, 집행체계에는 서비스 공급자와 지원자들이 배치되는 것이 좋다. 지역사회에서 신뢰받는 이들부터 조직하고, 이들이 지역사회에서 다른 참여자들을 모으는 방법도 바람직하다. 협력은 신뢰로부터 나온다.

(3) 지역사회자원 찾아내기

지역사회복지실천을 주도할 수행인력과 체계가 조직된 후에는 이들이 활동하면서 사용할 지역사회자원을 마련해야 한다. 이 자원들은 지역사회가 동원할 수 있는 유·무형의 자원이다. 사무공간이나 예산 같은 물리적 자원이 우선적으로 마련되어야 하지만, 의사결정 과정을 지원하거나 정보를 제공해줄 수 있는 다른 인적자원도 포함될 수 있다. 예를 들어 지역사회 학부모회나 상인회 등 비공식적 네트워크들은 우호적인 여론을 형성하는 데 도움을 줄 수 있으며, 신뢰받는 종교인이나 마을 어르신을 통해서도 지역사회의 자원들을 확보할 수 있다. 지역사회자원을 찾기 위해서는 자산지도^{asset map}의 방법론[3]을 활용하는 것이 바람직하다.

---

3   지역사회자원을 찾기 위한 자산사정에 대해서는 이 책의 10장 2절을 참고하기 바란다.

(4) 목표를 구체화하여 제시하기

인력과 자원을 마련한 후에는 과업의 목표를 구체적으로 제시해야 한다. 목표란 누가 언제 어떤 일을 실행해서 변화를 일으킬 것인지를 자세하게 규정한 것이다. 즉, 변화체계 내의 행위자별로 행동계획을 제시하는 것이다. 행위자들은 이 목표에 의거하여 매일 실행해야 하는 과업의 내용을 파악할 수 있다.

(5) 계획 실행하기

변화를 위한 행동계획을 실행하는 것은 프로젝트를 디자인하는 것과 같다. 계획 실행에서는 시작부터 종결까지 시간에 따른 과업들을 관리하는 것이 중요하다. 예를 들어 PERT^Program Evaluation and Review Technique는 과업을 시간이나 단계의 순서대로 보여주는 도구로, 월별 업무 과정이나 업무 흐름도와 유사하다.

실행 과정에서는 참여자 모두의 업무 과정이 설계되어야 한다. 또한 실제 행동이 원하는 방식으로 잘 이루어지고 있는지 모니터링하는 것이 중요하다. 모니터링에서 발견된 과정상의 문제는 즉각적으로 수정되어야 한다. 이 수정을 통해서 계획된 목표들이 충실히 이행되고 있는지 점검함으로써 지역사회 변화 실천의 과정을 평가할 수 있다.

(6) 저항 최소화하기

지역사회의 변화에 저항하는 이해당사자들이 있기 때문에 저항을 최소화하는 것은 실행 과정에서 빈번하게 요구되는 활동 내용이다. 변화의 장벽들은 개인 수준에도 조직 수준에도 존재한다. 이러한 장벽은 여러 곳에서 발생할 수 있다. 첫째, 비용에 대한 과잉집중이다. 일반적으로 조직의 관리자는 비용이 가장 중요하다는 생각을 가지고 있기 때문에 비용에 초점을 두지 않는 변화나 서비스 향상을 중요하게 여기지 않는다. 둘째, 새로운 혜택에 대한 이해 부족이다. 조직 변화는 긍정적이거나 부정적인 반응을 모두 유발할 수 있다. 이 경우 교육이나 홍보를 통해 지역사회 구성원들이 변화의 부정적인 면보다는 긍정적인 면을 더 많이 볼 수 있도록 해야 한다. 셋째, 협력과 조정 결여이다. 지역사회의 분열과 갈등은 변화에 필요한 협력과 조정을 불가능하게 한다. 이를 방지하기 위해서는 기존 체계와 새로운 체계의 이해관계자들이 양립할 수 있는 전략을 마련해야 한다. 넷째, 불확실성의 회피이다. 지역사회의 많은 구성원들은 변화가 야기하는 불확실성을 두려워한다. 따라서 구성원들이 변화의 진행 상황을 숙지하고, 변화가 그들의 업무에 미치는 영향을 이해할 수 있도록 의사소통을 지속해야 한다. 다섯째, 상실의 두려움이다. 지역사회 구성원들은 변화로 인해 자신의 권력과 지위, 심지어 직무가 없어지거나 감소하는 것을 두려워한다. 이러한 경우 변화를 조심스럽고 점진적으로 실행하는 것이 좋으며, 모든 구성원이 변화 과정에 가능한 깊이 관여해야 한다.

(7) 과업 평가하기

지역사회복지실천에서 평가는 항시 중요한 과업이다. 이 단계에서는 실천의 세부목표들이 충족되었는지를 평가하고, 그렇지 못하다면 평가 결과를 반영하여 새로운 실천을 모색해야 한다. 무엇이 잘못되었는지를 알아야 실패를 반복하지 않을 수 있기 때문이다.

지역사회문제의 발견과 분석

이 장에서는 지역사회문제와 그러한 문제의 발생 요인을 지역사회 연구방법 관점에서 다룬다. 이는 8장에서 지역사회 변화 과정 중 준비하기의 첫 번째 단계로 제시한 '문제 선정하기'에 해당하는데, 이 장에서는 더 나아가 문제의 요인을 구체적으로 분석해본다. 지역사회가 직면한 문제들은 수없이 많으며 복잡하게 연결되어있다. 그러나 과학적인 연구방법을 이용하면 아무리 복잡한 문제라도 보다 쉽게 본질에 접근할 수 있다. 따라서 지역사회의 사회·경제·정치·문화적 현실을 지역사회 내적·외적 관점에서 동시에 파악하여 지역사회문제의 본질을 규명하는 것은 효과적인 지역사회복지실천의 출발점이 된다.

사회과학 분야에서는 대부분 연구 주제에 대해 탐색[exploration], 기술[description], 설명[explanation]을 하는 방식으로 연구를 수행한다. 그렇기 때문에 선행연구를 유심히 살펴보면 지역사회문제의 현상, 그 현상의 구조, 문제의 원인 등을 알 수 있다. 사회복지사가 개별 연구자로서 이러한 탐색, 기술, 설명을 하기란 쉽지 않지만, 지역사회문제에 대한 각종 자료와 연구 결과물에는 쉽게 접근할 수 있다. 이 장은 사회복지사가 이러한 연구자료를 활용할 때 각 방법론에 따라 무엇을 어떻게 파악해야 하는지를 중심으로 서술하였다.

1. 지역사회문제에 대한 이해

　지역사회복지실천은 지역사회문제에 대응하는 실천이다. 그런데 무엇이 지역사회문제인가? 어떠한 이유에서 지역사회마다 삶의 질의 차이를 보이게 되는 것일까? 예를 들어 오늘날 개인의 건강 상태는 사는 지역에 따라 크게 차이가 난다. 건강불평등에 대한 수많은 연구는 연령과 성별이 같은 사람이라도 어느 지역에 사느냐에 따라 건강 상태에 큰 차이를 보인다고 보고한다. 예컨대 서울 강남의 어떤 동 주민들은 사망 확률이 서울 전체 평균의 절반에 불과한 반면, 그로부터 10km 떨어져 있는 어떤 동의 주민들은 사망 확률이 서울 전체 평균의 두 배에 달한다(김형용·최진무, 2014). 이러한 격차는 주민들의 성별이나 연령별 특성 때문이 아니라 지역사회환경이나 주민행동패턴, 그리고 지역문화와 같은 독립적인 지역사회 요인 때문에 나타나기도 한다.

　따라서 사회복지사가 지역사회문제를 발견하고 분석하기 위해서는 그동안 지역사회 연구들이 주목한 지역사회 요인을 주의 깊게 살펴야 한다. 여기에는 지역사회가 어떤 사람들로 구성되어있는지, 환경조건은 어떤 영향을 주고 있는지, 주민들의 복지서비스 접근성은 충분한지, 지역사회문제와 관련된 주민들의 독특한 행동이나 태도가 있는지, 주민들에게 주어진 자원과 기회는 얼마나 되는지 등이 포함된다. 사회복지사는 다양한 선행연구를 검토함으로써 자신이 개입하는 지역사회문제의 특성과 원인을 알 수 있다.

　이 장에서는 지역사회 연구방법론을 통해 지역사회문제들을 탐색하고자 한다. 여기에서 다루는 연구방법론은 설문조사나 사례연구 같은 조사연구 설계를 의미하는 것이 아니다. 사회복지사에게 중요한 것은 방법론 자체가 아니라 각 방법론이 주목하고 있는 지역사회의 요인들, 즉 지역사회문제의 변수들이다. 따라서 사회복지사에게는 다음과 같은 질문이 주어져야 한다. 지역사회의 인구적·사회경제적·문화적 맥락에서 비롯되는 지역사회문제를 파악하기 위해서, 동일한 조건에서도 서로 다른 지역사회 역량이 발현되는 이유를 찾기 위해서, 또는 주민들의 일상적 태도와 행동에서 발견되는 의미를 분석하기 위해서 어떠한 변수를 다룰 것인가? 이 질문에 답하기 위해 우선 거시적인 수준의 변수들을 다룬 다음, 지역사회의 집합적 역량 및 사회적 관계와 관련한 변수들을 다루고, 마지막으로 지역사회 주민들이 형성하는 미시적 상호작용과 그 의미에 관련된 변수를 살펴보고자 한다.

2. 지역사회를 분석단위로 하는 연구방법

지역사회를 분석단위로 하는 연구는 저마다 다른 수준과 차원의 요인들에 주목하고 있다. 대부분의 지역사회문제는 다양한 내적·외적 요인이 복합적으로 얽혀서 작동하지만, 동일한 문제라 하더라도 지역사회마다 시급히 개입되어야 할 수준과 차원이 다른 것도 사실이다. 예를 들어 빈곤문제가 있는 지역사회들도 그 원인과 특성이 다르게 분석될 수 있다. 그리고 이 분석에 따라 빈곤문제를 주민들의 인식 변화를 유도하거나 개인적 역량을 강화시켜 해결해야 하는지, 주민들의 집합적 역량을 고취시켜 경제활동이나 사회활동의 기회를 확보해서 해결해야 하는지, 지역사회 노동시장의 구조적 문제에 개입해서 해결해야 하는지 등 사회복지사의 변화 실천이 다르게 설계될 것이다. 따라서 다음에서는 지역사회 연구들이 주목한 거시수준, 중시수준, 미시수준의 변수들을 고찰하고자 한다.

1) 거시수준 접근법 : 지역사회지표 연구

(1) 지역사회지표의 개념

사회복지사가 지역사회문제를 가장 잘 파악할 수 있는 방법은 먼저 지역사회지표를 확인하는 것이다. 지역사회지표는 각 지역사회에서 일어나고 있는 변화의 실태를 파악할 수 있는 종합정보체계로, 국가 간, 지방정부 간, 도시 간 비교를 위해 작성한다. 즉, 지역사회지표란 정책가나 실천가의 의사결정을 돕기 위해 현재 동향^{trends}, 과거의 실재^{realities}, 미래의 방향^{direction}에 대한 정보를 제공하는 측정체계이다(통계청, 2013). 지역사회지표는 경제지표와 사회지표뿐 아니라 환경과 문화 등 다양한 영역에서 지역사회 삶의 질을 나타낸다. 이는 크게 객관적 지표와 주관적 지표로 나뉜다(Lyon, 1986).

■ 객관적 지표

객관적 지표에는 여러 가지가 있지만 경제활동인구, 생산, 물가, 소비, 임금, 금리, 고용 등의 경제지표와 빈곤율, 범죄율, 이혼율, 노인부양률, 1인가구율 등의 사회지표가 대표적이다. 이와 같은 경제지표와 사회지표는 서로 밀접한 관계에 있다. 성장과 고용을 나타내는 경제지표는 빈곤율이라는 사회지표의 핵심 원인이기도 하고, 1인가구율이라는 사회지표의 변화는 소비지수라는 경제지표 변화의 주된 원인이기도 하다.

이러한 객관적 지표들은 지역사회문제와 그 원인을 가늠하는 데 중요한 정보를 제공한다. 사회복지사는 객관적 지표들을 통해 지역사회문제의 구조를 이해하고, 이를 바탕으로 문제의 원인을 보다 정확히 파악할 수 있다. 예를 들어 최근 가장 심각한 지역사회문제 중 하나는 일자리, 다시 말해 고용이다. 그런데 고용률은 지역사회마다 큰 차이를 보인다. 산업이 활성화된 지역, 서비스업이 중심인 대도시, 그리고 공장이 문을 닫고 자본이 이탈하는 지역의 일자리 상황은 각각 매우 다르다. 그런데 고용과 관련된 지표들을 좀 더 자세히 살펴보면 이러한 고용률의 차이가 지역마다 다른 산업구조의 차이보다는 정책적으로 결정되는 입지요건의 차이에 기인한다는 설명이 더 설득력을 가지기도 한다(전병유, 2006). 즉, 정부와 기업이 지역사회에 사회간접자본이나 인적자본을 얼마나 투자했는지에 따라 지역의 고용 성과가 달라진다는 것이다. 이 경우 사회복지사는 "한때는 이 지역 공장들이 호황이었지만 이제는 한물간 산업이니까 동네가 낙후되는 것은 어쩔 수 없어!"라고 말하기보다 "어떻게 지역사회 입지요건을 향상시키고, 장기적으로 주민들의 숙련도와 직업역량을 높일 수 있을까?"처럼 문제 해결을 위한 질문으로 바꾸어서 고민할 필요가 있다. 지표에 대한 이해는 이렇듯 사회복지사의 문제 인식에 중요한 단초를 제공한다.

■ 주관적 지표

사회지표는 주로 지역사회 주민들의 삶의 질을 평가하는 지표들이다. 그리고 주민들의 삶의 질을 비교적 명확하게 파악하기 위해서는 주민들에게 직접 묻는 것만큼 좋은 방법은 없다. 직접 질문을 통해 얻을 수 있는 사회지표로는 주민들이 인식하는 사회서비스의 품질이나 사회복지시설에 대한 만족도, 신뢰도, 접근성 등이 대표적이다.

개인 및 가구 설문조사 방식으로 이루어지는 사회지표 조사는 많은 주관적 지표를 생산하고 있다. 통계청은 1977년부터 한국인의 삶의 질과 사회 변화를 반영하는 주관적 사회지표를 파악하기 위하여 '사회조사'를 실시하고 있다. 이 조사는 전 국민을 대상으로 하며, 복지, 사회참여, 문화, 여가, 소득, 소비, 노동, 가족, 교육, 보건, 안전, 환경 등 광범위한 항목으로 구성되어있고, 자신의 삶에 대한 주관적 인지 및 평가를 포함하고 있다. 사회복지사는 이 조사 결과를 활용하여 주민들이 지역사회의 생활 여건을 어떻게 생각하는지, 노후 준비는 어떻게 하는지, 장애인에 대한 인식은 어떠한지에 대한 정보뿐 아니라 이러한 인식이 해마다 어떻게 변화하고 있는지 확인할 수 있다.

그러나 전국을 대상으로 하는 사회조사를 통해서는 소규모 지역사회 주민들에 관한 정보를 얻기가 쉽지 않다. 따라서 지방정부별로 주관적 사회지표를 따로 조사하기도 한다. 예를 들어 서울시는 '서울서베이'라는 사회조사를 통해 서울시민의 생활조건을 매년 보고하고 있다.

개념 정리

객관적 지표 누가 측정하든지 동일한 측정값을 얻을 수 있는 지표로, 지역사회문제와 그 원인을 가늠하는 데 중요한 정보를 제공

주관적 지표 설문조사나 면접 등을 통해 생산되는 지표로, 지역사회 주민들의 삶의 질에 대한 평가뿐 아니라 지역사회복지에 대한 인식을 파악하는 데 주요한 정보를 제공

(2) 지역사회지표의 종류

사회복지사들이 활용할 수 있는 지역사회지표는 주로 국가와 지방자치단체, 공공기관, 그리고 국제기구에서 공표하는 지표들이다. 이러한 2차 자료들

은 주로 통계적 목적에서 작성되기 때문에 개별 주민들의 삶의 질을 각 부문별로 정확하게 조사한 것은 아니며 매우 한정된 조사항목으로 구성되어있다. 그러나 2차 자료들은 그 어떤 자료보다 신뢰성이 높고, 지역사회복지가 다루어야 할 핵심적인 사회보장지표들을 대부분 포함하고 있다. 따라서 사회복지사는 다음의 세 가지 자료들을 적극 활용해야 한다.

■ 통계청과 지방자치단체의 지방지표

우리나라 통계청은 2011년부터 국가통계포털 e-지방지표를 통해 광역자치단체 및 기초자치단체별 종합적 지역사회지표를 제공하고 있다. 아울러 각 지방자치단체들은 독자적으로 추가적인 사회조사를 실시하여, 저마다 관심이 있는 지방지표를 공표하고 있다. 따라서 사회복지사는 지역사회문제를 발견하기 위해 이 두 가지를 활용해야 한다.

우선 e-지방지표에서는 지역사회의 인구, 일자리 상황, 기반시설, 소득, 고용, 재정 및 행정서비스, 여가 및 문화, 사회보장, 보건 및 의료 등 17개 영역 150개 이상의 각종 지표를 제공한다. 예를 들어 사회복지 수요와 밀접한 지역사회지표로 고령인구 비율, 실업률, 자살률, 이혼율, 장애인 고용률, 사회복지시설 수, 노인여가복지시설 수, 기초생활보장수급자 수 등 다양한 사회복지 정보를 파악할 수 있다.

지방자치단체가 추가적으로 생산하는 지방지표는 그 항목이 동일하지는 않지만 공통적으로 사회적 관계, 신뢰, 삶의 만족도, 근로여건 만족도 등의 주관적 지표를 제공한다. 또한 자원봉사활동, 기부참여율, 만성질환 유병률, 음주율, 비만율까지 지역사회 삶의 질과 복지수준에 대한 다양한 영역의 정보를 확인할 수 있다.

통계청이 운영하는 국가통계포털 메인화면. 국내뿐 아니라 북한을 비롯한 다양한 국제 통계자료를 서비스하고 있다.

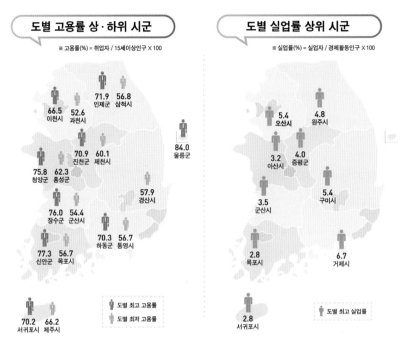

도별 고용률 상·하위 시군

※ 고용률(%) = 취업자 / 15세이상인구 × 100

71.9 56.8
인제군 삼척시

66.5 52.6
이천시 과천시

70.9 60.1
진천군 제천시

75.8 62.3
청양군 홍성군

84.0
울릉군

57.9
경산시

76.0 54.4
장수군 군산시

70.3 56.7
하동군 통영시

77.3 56.7
신안군 목포시

70.2 66.2
서귀포시 제주시

도별 최고 고용률
도별 최저 고용률

도별 실업률 상위 시군

※ 실업률(%) = 실업자 / 경제활동인구 × 100

5.4 4.8
오산시 원주시

3.2 4.0
아산시 증평군

5.4
구미시

3.5
군산시

2.8 6.7
목포시 거제시

2.8
서귀포시

도별 최고 실업률

통계청에서는 국가통계포털의 e-지방지표뿐 아니라 분기별 보도자료를 작성하여 언론사 등을 통해 다양한 자료를 공개하고 있다. 위 자료는 2019년 상반기 지역별고용조사 중 시군별 주요고용지표 집계 결과 일부이다. ⓒ 통계청

■ 지역사회보장지표

통계청과 지방자치단체의 지방지표가 지역사회의 일반적인 현황을 알려준다면, 지역사회보장지표는 지역사회 복지수준을 보다 구체적으로 확인할 수 있는 자료를 제공한다. 보건복지부는 각 지방자치단체의 복지수준을 평가하고 이를 참고하여 정책목표를 세우기 위해 지역사회보장지표를 개발해 적용하고 있다.[1] 지방자치단체는 사회복지와 관련된 사업들을 계획하고 집행할 때 주민들의 사회보장수준이 타 지역과 비교했을 때 열악하지 않도록 하기 위해 지역사회보장지표를 활용한다.

2018년 기준 지역사회보장지표는 아동돌봄, 성인돌봄, 보호안전, 건강, 교육, 고용, 주거, 문화여가, 환경, 삶의 질 등 10개 영역 225개 지표로 구성되어

---

1   한국의 모든 지방자치단체는 2005년부터 지역사회복지 계획을 수립하여 집행하고 있는데, 2015년에 시행된 「사회보장급여법」 제36조에서는 이 계획의 내용에 지역사회보장지표의 설정 및 목표를 포함할 것을 규정하고 있다.

있다. 예컨대 아동돌봄 영역의 지역사회보장
수준을 확인하기 위한 지표는 지역사회가 아
동돌봄에 얼마나 투자하고 있는지(국공립 어
린이집 설치율과 직장어린이집 설치율), 이러한
투자가 사회보장에 어떠한 결과로 나타나고
있으며(국공립 어린이집 이용 아동 비율과 보육
서비스 이용률), 지역사회에 어떠한 영향을 미
치고 있는지(나홀로 아동 비율, 돌봄서비스 이용
만족도) 등으로 구성되어있다.

충북 지역의 영역별 지역사회보장지표를 확인할 수 있는 충
북복지넷(www.043w.or.kr)의 메인화면.

보건복지부의 공통지표 외에도 지방자
치단체들은 자체적으로 사회보장수준을 비
교하기 위한 지표를 생산하고 있다. 대표적으로 서울시는 2012년 '서울시민복
지기준선'을 마련하여, 중앙정부가 아닌 지방정부가 자율적으로 복지의 최저
기준과 적정기준이라는 틀을 제시하였다. 서울시민복지기준선의 지표는 서울
시 사회보장에 대한 여건, 노력(변화), 성과로 구성되어있다. 지표 영역은 소득,
주거, 돌봄기준, 건강기준, 교육기준, 기반(인프라) 등 총 6개 영역이며, 31개
주요 사업별로 지표를 제시하고 있다. 예를 들어 방과후돌봄서비스의 공공성
강화라는 성과목표가 지역사회에 어떻게 나타나고 있는지 확인하기 위해서 지
역별 방과후아동돌봄률을 측정하고 있다. 이처럼 사회복지사는 지방자치단체
의 지역사회보장지표를 수시로 알아봄으로써 현재 당면한 지역사회문제를 파
악할 수 있다.

■ 지역사회지수

지역사회지표는 실업률이나 빈곤율과 같은 지역사회의 특정 현상을 통계
수치로 나타낸 것이다. 그런데 지표 중에서는 물가지수, 주가지수처럼 지수指數
로 끝나는 지표가 있다. 지수는 일반적으로 복합적인 특성을 파악하기 위해 기
준을 잡아 대상이 얼마나 증가 또는 감소했는지 알아보는 데 활용된다. 예컨대
물가지수는 식료품비라는 하나의 지표만으로는 파악할 수 없다. 가격조사 대
상 품목에는 통신비나 전기료, 교육비도 포함되어야 한다. 또한 기준연도와 올

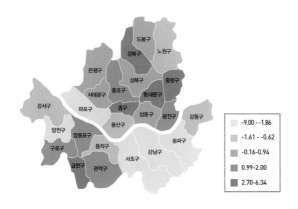

2015년 서울시 자치구별
지역박탈지수

『2018년 서울시 건강격차 모니터링』 보고서에 실린 자료에 의하면, 2015년 서초구, 강남구, 송파구, 양천구, 마포구는 지역박탈지수 값이 낮은 지역에 속했고, 금천구, 중랑구, 강북구, 중구, 동대문구는 지역박탈지수 값이 높은 지역에 속했다. 가장 낮은 지역박탈지수 값을 보인 서초구는 -9.0이었으며, 가장 높은 지역박탈지수 값을 보인 금천구는 5.34였다.

해를 비교해야 물가 변동의 특성을 파악할 수 있다.

지역사회의 사회경제지표 및 복지지표도 이렇듯 통합적인 수준에서 지수로 표시될 수 있다. 대표적으로 개인이나 가족 혹은 집단이 속해있는 지역사회 또는 국가가 상대적으로 얼마만큼 불이익한 상태에 있는지 그 정도를 측정하는 타운센드 지수$^{Townsend\ Index}$, 카스테어즈 지수$^{Carstairs\ Index}$ 등의 지역박탈지수[2]가 있다. 지역박탈지수는 지역사회의 사회경제 수준을 나타내는 중요한 지수로서, 소득과 교육, 고용과 실업, 사회참여, 주거, 건강과 장애, 교육서비스와 공공서비스 접근성 등의 지표들이 그 내용을 구성한다.

국내 지역박탈지수 연구들은 주로 객관적 사회지표를 사용하는데, 2013년 서울시의 지역박탈지수 연구에서는 교육수준, 공시지가, 노년부양비, 이혼가구율, 독거가구율, 임대가구 비율, 취약주택 비율, 노후주택 비율, 소형주택 비율이 사용되었고(김형용·최진무, 2012), 『2018년 서울시 건강격차 모니터링』 보고서에서 산출한 지역박탈지수에는 주거밀집도, 주택 소유 가구율, 승용차 보유율, 열악한 주거환경 가구 비율, 1인가구 비율, 여성가구주 비율, 비아파트 가구 비율, 노인인구 비율, 고졸 미만 교육수준 비율, 이혼·사별 비율, 낮은 사회계층 비율이 사용되었다(서울시, 2019).

따라서 사회복지사는 자신이 활동하는 지역사회가 얼마나 살기 좋은지 혹

2   지역박탈지수는 지역의 빈곤 수준과 더불어, 다양한 종류의 자원 결핍 수준을 가늠케 하는 지표이다. 해당 지역의 지역박탈지수가 양(+)의 값이면 평균보다 박탈 정도가 심한 것이고, 음(-)의 값이면 평균보다 양호한 것이다.

은 열악한지 파악하고자 할 경우 빈곤한 이들이 얼마나 많은지, 누가 어떠한 주택에 살고 있는지, 주민들의 교육수준은 어떠한지 등 개별적인 지역사회지표를 조사할 수도 있지만, 수많은 지역사회지표를 하나하나 살펴보기 어렵다면 앞서 언급한 통합지수를 활용하여 지역사회에 대한 전반적인 평가를 내릴 수 있다.

(3) 지역사회지표의 활용

사회복지사는 지역사회지표를 다음의 세 가지 방식으로 활용한다. 첫째, 지역사회의 현황을 파악하기 위해 활용한다. 둘째, 지역사회문제와 관련된 원인이나 요인을 분석하기 위해 활용한다. 셋째, 향후 지역사회의 변화를 예측하기 위해 활용한다(Lyon, 1999). 이 세 방식의 활용은 순차적으로 이루어진다.

먼저 사회복지사는 지역사회지표를 통해 주민들의 사회경제 수준과 사회활동 양상 등 지역사회의 삶을 전반적으로 이해해야 한다. 그러나 이러한 기술적 분석만으로는 지역사회문제를 발견하기에 충분하지 않다. 예를 들어 국민기초생활수급자가 5%라는 결과 그 자체로 문제의 심각성을 평가하기는 어렵다. 이 지표는 다른 연도 혹은 다른 지표와의 비교를 통해서 평가되어야 한다. 국민기초생활수급자 수의 변화 추세는 나아지고 있는지, 빈곤율 대비 수급자 수는 타당한지, 노인부양률은 수급률과 어떤 연관이 있는지 등이 비교·평가되어야 한다. 무엇보다 이를 통해 왜 이러한 현황에 도달하였는지를 분석해야 한다. 즉, 원인과 결과를 질문하는 단계에 이르러야만 지역사회문제를 잘 이해할 수 있다. 나아가 지역사회지표를 활용하여 지역사회 삶의 질이 어디로 향하는지를 찾아야 한다. 지역사회지표를 통해 지역사회 구조의 변화를 해석하면, 사회 변화를 예측할 수 있다. 사회복지사는 예측된 요인들을 통제하거나 강화하는 방식으로 주민들의 삶의 질을 높일 수 있는 사회복지실천 개입을 결정해야 한다.

최근 우리 사회의 심각한 지역사회문제로 대두되고 있는 자살을 사례로 살펴보자. 자살은 주로 사회적 요인으로 설명된다. 즉, 노인빈곤, 이혼과 이로 인한 가족관계의 단절, 저학력과 불안정한 직업 등의 요인과 깊은 관련이 있다. 따라서 이와 관련된 지역사회지표의 추이를 확인하면 누구를 대상으로 어떤 실천이 필요한지를 가늠할 수 있다. 윤명숙·최명민(2012)은 지역사회의 자살을 보건복지자원과 연관하여 설명했는데, 전국 229개 시·군·구의 지역사회지표를 비교한 결과 노인인구가 많은 지역일수록 자살률이 높은 반면 노인복지기관과 정신의료기관이 있는 지역사회는 자살률이 낮았다. 이러한 연구 결과에 기반하여 사회복지사는 노인인구에 집중한 지역사회복지실천을 수행하고, 복지기관의 전문적 서비스와 보건 및 복지의 네트워크를 강화하여 자살예방활동을 펼쳐야 한다는 정책 방향을 제시할 수 있다.

2) 중시수준 접근법 : 동네효과 연구

(1) 동네효과의 개념과 연구 대상

사회복지사가 '이 지역 주민들은 왜 다르게 행동할까?'라는 의문이 들 때, 그러한 의문에 대한 답을 찾기 위해 사용할 수 있는 가장 적절한 연구방법 중 하나가 동네효과neighborhood effect 연구이다. 동네효과 연구는 지역사회와 개인이 연결되는 지점에 관심을 두고, 개인이 거주하는 생태적 공간단위인 동네가 구성원들의 행위와 사고에 끼치는 영향을 분석한다. 샘슨 등(Sampson et al., 2002)은 이를 '사회적 과정'을 파악하는 방법론으로 소개하였다.

오늘날 주민들은 동네에 대한 소속감이 거의 없을 뿐 아니라 수시로 이동하기 때문에 동네라는 개념이 중요하지 않을 수도 있다. 그러나 현대의 사회현상 대부분은 여전히 특정한 공간적 패턴을 보인다. 예컨대 우리나라의 선거정치를 보면 자신의 이해를 대변할 정치인을 뽑을 때 계급, 성별 경험, 교육수준, 직업 지위 등 그 어떤 요소보다도 개인이 거주하는 '지역'이 가장 큰 영향을 끼친다. 이는 개인의 선호보다 그가 살고 있는 지역의 다수 의견이 개인의 결정에 더 큰 영향력을 미친다는 것을 보여준다. 이는 지역주민들이 서로 자주 만나다 보니 동일한 의식과 태도를 형성한 결과일 수도 있으며, 혼자만 튀고 싶지 않아 다른 사람들의 인식과 태도를 따라하면서 나타난 현상일 수도 있다. 혹은 가치관이나 사회경제적 지위 등 사회적 조건이 유사한 사람들끼리 동일한 지역에 모여 살게 되면서 지역주민들의 성향이 유사해진 것일 수도 있다.

이 외에도 여타 많은 이유로 사회 구성원들은 특정 동네만의 의식과 태도를 공유한다. 이러한 동질화 현상은 그 지역사회의 사적 네트워크를 강화시키기도 하며, 동네 주민들끼리 하나의 생활세계를 공유하고 함께 노동하며 여가시간을 보내고 집단적인 이해를 추구하면서 암묵적인 합의를 만들어내기도 한다. 따라서 동네효과 연구는 주민들이 집합적으로 형성하는 분위기 또는 역량이 그들의 삶에 큰 영향력을 지니고 있다고 본다.

(2) 동네효과의 구성요인

동네효과를 다루는 연구들은 건강과 범죄와 같은 지역사회문제와 관련된 잠재적인 인과 경로에 관한 광범위한 합의에 이르렀는데(Brooks-Gunn et al., 1997; Galster, 2010; Sampson, 2008), 이는 다음과 같은 요인들의 메커니즘으로 설명할 수 있다.

■ 사회적 상호작용

동네효과가 작동되는 과정에서 사회복지사는 주민들 간의 상호작용을 살펴보아야 한다. 동네효과 연구에서는 대체로 다음의 일곱 가지 사회적 상호작용 과정을 분석한다.

첫째, 사회적 전염이다. 주민들이 보이는 행동, 열망 및 태도는 이웃과의 접촉을 통해 형성되거나 바뀔 수 있는데, 이러한 변화가 지역사회에 어떻게 전염되는지 살펴보아야 한다. 둘째, 집단적 사회화이다. 주민들이 이웃의 롤모델이나 사회적 압력에 의해 준수하고 있는 지역사회 규범을 파악함으로써 지역사회문제의 양상을 살펴보는 것이 필요하다. 셋째, 사회네트워크이다. 개인은 이웃을 통해 전달되는 다양한 종류의 정보와 자원에 영향을 받을 수 있으므로 네트워크가 어떻게 형성되어있는지 살펴보아야 한다. 넷째, 사회적 응집력과 통제이다. 응집력이 강한 지역사회에서는 주민의 행동과 심리에 대한 집단적 통제력이 훨씬 강하게 나타난다. 다섯째, 경쟁이다. 지역사회자원은 한정되어 있으므로 지역주민들은 이를 두고 경쟁하게 된다. 따라서 지역사회자원의 양은 주민들 관계에 영향을 미친다. 여섯째, 상대적 박탈이다. 불평등이 심한 지역사회일수록 상대적인 열등감에 따른 사회적 문제들이 발생한다. 일곱째, 부모 매개이다. 지역사회는 부모의 신체적·정신적 건강, 스트레스 대처 기술, 행동 및 물질적 자원에 영향을 미칠 수 있고, 이는 결과적으로 자녀를 양육하는 태도에 영향을 준다.

■ 집단적 규범과 행동: 집합적 효능감

사회복지사가 동네효과 연구를 통해 규명해야 할 변수는 무엇보다 집합적 효능감이다. 지역사회는 구성원들이 일반적으로 공유하는 규범을 가지고 있다. 부모와 아이의 신뢰가 아동발달에 긍정적인 효과를 지니는 것과 같이, 지역사회 구성원들의 상호 신뢰는 집합적 역량을 강화시킨다. 반대로 서로에게 무관심한 지역사회에서는 일탈이 빈번하고, 이는 사회통제의 붕괴로 이어진다. 따라서 다양한 자발적 단체나 집단 등에 참여하여 형성되는 신뢰와 공식적/비공식적 네트워크는 주민들의 행동에 상당한 영향을 미친다. 이러한 관행이 일상적으로 시행되는 지역사회에서 개인들은 규범을 어기는 행동을 덜 하게 되고, 이웃 간의 협력이 활발하게 이루어지는 것이다.

이처럼 이웃을 불신하거나 두려워하지 않고 집합적 효능감이 높은 지역사회에서는 공동으로 문제를 해결하고자 나설 가능성이 더욱 커진다. 노인빈곤, 아동학대나 성매매 등 지역사회문제들에 대한 적극적인 제재, 공공복지 인프라를 증대시키는 투자, 상호부조와 협동조합 가입 등이 집합적 효능감의 효과로 나타날 수 있다. 따라서 지역사회문제의 원인을 규명하고 해결하기 위해서는 구성원들의 규범과 행동을 분석하고 이에 대한 적절한 실천이 요구된다.

안산시 상록구 성포동 주민자치위원회가 인근 초등학교 학생들과 함께 교통안전 캠페인을 전개하는 모습. 이러한 자발적 단체 활동은 집합적 효능감을 높여 지역 구성원이 지역사회문제에 공동으로 대응하게 한다. ⓒ 안산시마을만들기지원센터

■ 동네 수준의 환경적·지리적·제도적 요인

지역사회의 환경적·지리적·제도적 요인은 지역사회지표만으로는 파악될 수 없다. 먼저 환경적 요인은 주민들의 생활에 직접적인 영향을 줄 수 있는 자연적 혹은 인공적인 요인들을 말한다. 사회복지사는 이러한 환경 요인과 주민들의 삶 간의 인과관계를 정교히 분석할 필요가 있다. 예를 들어 소음, 쓰레기, 공원과 공공시설 같은 동네의 물리적 조건은 주민들의 심리적 안정성에 영향을 준다. 대중교통 소음이 심할수록 주민들은 스트레스를 받고 이웃과의 상호작용에 방해를 받는다. 쓰레기로 인한 독성 노출도 주요한 지역사회문제이다. 미세먼지처럼 건강에 해로운 공해는 지역사회 삶의 질을 결정하는 절대적 요인이다. 폭력에 대한 노출도 있다. 주민들은 동네에 범죄가 발생하게 되면 부정적인 심리적 반응을 겪는다. 이는 자신이 사건과 직접적으로 연관된 피해자나 희생자가 아닌 경우라도 마찬가지이다.

두 번째로 지리적 요인은 주민들이 생활하는 공간들 간의 거리적 측면을 말한다. 예를 들어 도시에서 노인은 자신이 보유한 기술에 적합한 취업 기회를 찾기 어렵고 다른 지역으로 쉽게 이동할 수도 없기 때문에 고용 기회가 더욱 제한적이다. 반대로 농촌에서 노인들은 소일거리를 비교적 쉽게 찾을 수 있지만 문화와 여가를 향유할 기회는 적다. 이러한 지리적 요인으로 말미암아 특정 사회문제가 발생하기도 한다. 도시에서 계층에 따른 주거지 분리로 집단적 따돌림을 겪는 경우나, 농산어촌의 장애인 이동권 문제 등이 그 예이다.

마지막으로 제도적 요인으로 인한 동네효과를 살펴볼 필요가 있다. 일부 농어촌 지방자치단체에서는 재정적 어려움으로 인해 공공서비스를 충분히 제공할 수 없고, 이는 교육이나 여가 등을 누릴 기회를 축소하는 결과를 가져온다. 또한 자선단체, 보육시설, 학교와 같은 공공 인프라에 대한 지역사회의 투자도 동네마다 차이가 있다. 이러한 제도적 요인들은 주민들의 특정 행동을 장려하거나 저해할 수 있는데, 이를테면 초등학교 앞에 학원이 많은 동네와 오락실이 많은 동네에는 아동·청소년 문화가 다르게 형성된다.

사회복지사가 동네효과 연구에서 주목할 지점은 동네가 개인의 삶에 끼치는 영향이다. 예컨대 빈곤한 지역사회에서는 청소년의 학업 중단이나 일탈 비율이 높은데, 그 이유를 단지 개인의 가난에서만 찾아서는 안 된다. 오랫동안 지속되고 악화된 동네주민들의 관계가 매개적인 요인이 될 수도 있다. 빈곤한 지역사회라 하더라도 주민들 간의 상호 감시를 통해 청소년들의 일탈을 막아 내는 경우가 있는 것이다.

이러한 동네효과 연구들은 사회자본론과 접목되면서 연구의 적용 분야가 급속도로 확장되어왔다. 연구자들은 동네의 거주안정성이 높고, 구성원들의 사회경제적 지위가 높으며, 사회통제나 집합적 효능감이 높은 지역사회일수록 개인의 건강, 안전, 삶의 질, 경제적 기회, 가족유지, 아동발달에 긍정적 효과가 있음을 일관되게 보고하고 있다(Jencks and Mayer, 1990).

(3) 동네효과의 활용

동네효과 연구는 사회복지사가 지역사회문제의 원인을 찾을 때 분석단위로서 동네의 중요성을 일깨워준다. 지역사회는 생태학적으로 여러 층위를 가진 개념이다. 일반적으로 시·군·구와 읍·면·동을 지역사회로 인식하기 쉬우나, 이보다 작은 범위인 동네가 개인의 상호작용에 가장 큰 영향력을 미친다. 따라서 사회복지사는 동네와 지역사회문제의 관계를 분석해야 한다.

먼저 사회복지사는 지역사회가 집합적 사회화 과정을 통해 어떻게 주민들의 삶에 영향을 주는지 살펴보아야 한다. 그러기 위해서는 사회자본, 집합적 효능감, 무질서와 같은 사회적 관계 요인에 관심을 가져야 한다. 윌슨(Wilson, 1987)이 사회해체이론에서 주장하듯이 지역사회의 빈곤은 그 자체적 속성보다는 사회적 관계에서 고립, 소외, 역할상실, 일탈, 규범의 쇠퇴를 가져오며, 빈곤은 이러한 사회적 매개 과정을 통해 사회문제로 발현된다. 따라서 사회복지사는 주민들의 사회적 관계에 주목하여 신뢰, 참여, 응집력, 네트워크, 결사체 등을 조사함으로써, 사회구조에 속한 개인들의 특정 행위를 촉진시키는 구조로서 동네 요인을 분석해야 한다.

동네효과 연구방법은 관찰과 서베이^{survey}가 주를 이룬다. 관찰이란 예컨대 동네별로 쓰레기 무단배출, 낙서, 빈집, 유해환경, 무질서 등이 관찰된 빈도수로 측정하는 방법이다. 서베이는 주민들의 상호작용, 규범, 신뢰 등을 측정하기 위해 동네 수준에서 표본조사를 하는 방법이다. 동네효과는 이러한 관찰 자료와 서베이 자료를 수합해 종합적으로 분석한다.

국내에서도 동네효과 연구가 활발히 진행되고 있다. 동네 무질서는 주민들의 자아존중감과 자기효능감에 부정적 영향을 준다는 연구(곽현근, 2008b)에서부터, 동네 무질서가 정신장애인의 지역사회참여와 서비스 이용에 영향을 준다는 연구(민소영, 2015)도 있다. 이렇듯 사회복지사가 동네효과를 통해 지역

| 더 알아보기 |

'깨진 유리창 이론'과 다양한 동네효과
: 무질서 개선이 주민들의 관계를 증진한다

'깨진 유리창 이론(broken window theory)'은 범죄학에서 매우 유명한 이론일 뿐 아니라, 다양한 영역의 사례에도 폭넓게 적용된다. 깨진 유리창 하나를 방치하면 그곳을 중심으로 무질서와 범죄가 증가한다는 이 이론은 기업이 고객의 사소한 불만을 무시했을 때 어떠한 결과가 초래되는지, 조직에서 무임승차하는 직원을 적절히 관리하지 못했을 때 어떻게 다른 성실한 직원까지 나태해지는지, 쓰레기를 무단투기하는 이기적 행위자 한 명이 어떻게 지역공동체를 해체시키는지 등의 사례를 통해 다양하게 설명되고 있다.

반면, 깨진 유리창을 적절히 관리한다면 그 반대의 효과도 가능하다. 지난 수년간 서울 중구에서는 골목 환경 개선사업을 벌였다. 그 결과 "덕지덕지 붙어있는 전단지와 굴러다니는 쓰레기로 골목의 골칫덩어리였던 전봇대가 매력 덩어리로 재탄생했어요", "골목 곳곳에 세워져 있던 풍선형 입간판이 없어져 동네가 한결 말끔해지고 지나다니기 편해졌어요"와 같은 반응이 나타났다. 이어 지역 청소년들이 앞장서서 골목에 캐릭터와 넝쿨식물을 활용한 화단을 설치하고, 어르신들이 골목환경지킴이에 동참하는 등 자발적인 지역공동체활동이 증가하였다. 이러한 활동으로 인해 서울 중구는 2017년 대한민국 미래경영대상에서 지자체 대상을 받았다.

무질서에 질서를 부여하는 환경 개선만으로도 동네가 변화하는 것이 곧 동네효과이다. 사진은 서울 신내동의 후미졌던 골목길 구간을 안전한 골목길로 조성한 모습이다. ⓒ 중랑방송

사회문제의 메커니즘을 파악한다면, 이에 개입하는 실천을 모색할 수 있을 것이다. 지역사회참여를 촉진하는 동네 어른들의 취미여가 활동을 강화하거나, 마을 공간의 이용 규칙을 만들어 주민 모두가 자유롭게 이용할 수 있도록 환경을 개선하는 것만으로도 집단과 개인들의 행동이 달라질 수 있다.

3) 미시수준 접근법: 지역사회 현장연구

(1) 지역사회 현장연구의 개념

사회현상이나 문제를 이해하는 데 현장을 직접 경험하는 것만큼 좋은 방법은 없다. 신문이나 보고서에서 습득한 지식과 달리, 현장은 생생한 목소리와 시각을 통해 진짜 문제가 무엇인지를 알 수 있는 기회를 제공한다. 이것이 바로 현장의 사회복지사들이 정책결정자나 기획가들보다 구체적인 실천 지혜를 가지고 있는 이유이기도 하다. 이들은 주민들과 대화하고 변화 활동에 참여해 온 경험이 있기 때문에 지역사회문제의 핵심이 무엇인지 쉽게 설명할 수 있다. 사실 지역사회문제를 파악하는 데에는 매우 오랜 시간과 노력이 요구된다. 흔히 독거노인을 지역사회문제로만 보곤 하지만, 노인들과 이야기를 나누다 보면 그들의 경험과 태도로부터 삶의 진리를 터득하는 경우도 많다. 사회복지사들은 지역사회 현장경험을 통해 문제에 대한 총체적인 인식을 가지도록 노력해야 한다. 이처럼 내부자의 관점에서 장시간 주민들과 관계를 유지하면서 지역사회를 이해하는 것이 현장연구^{field study}이다.

현장연구는 특정 문화 또는 집단의 관점에서 그들의 관습과 태도, 행동을 기술하고 설명하는 연구방법론이다(Hardcastle, 2011). 민속지학이나 현상학 또는 근거이론을 이론적 바탕으로 하며, 참여관찰 자료조사방법이 강조된다. 또한 현장연구는 연구자가 해당 지역사회의 일부가 되어 특정한 역할을 담당할 것을 요구하기도 한다. 연구자의 참여는 객관적 관찰자의 위치부터 지역사회의 일원이자 직접적인 행동가의 위치까지 다양하게 이루어질 수 있다. 따라서 연구자가 주민들과 상호작용하면서 발생하는 상황적 맥락 또한 현장연구의 중요한 연구 과제이다.

현장연구를 통해 파악해야 하는 연구 대상에는 여러 가지가 있다. 여기에는 지역사회 규범, 지역적 지식, 정치적 현실, 종교, 경제적 상황, 세계관 등이 포함된다. 현장연구 방법론을 사용하는 사회복지사는 지역사회 주민들의 일상적인 행동에서 이러한 내용들을 파악할 수 있어야 한다. 예를 들면 지역사회에서 일반적으로 통용되는 행동과 언어를 찾는 것이다. 지역사회마다 인사하는 방법, 칭찬이나 모욕을 주는 방법, 타인에 대한 태도, 복지기관을 이용하는 태도 등이 매우 다르게 나타난다. 사회복지사는 현장연구를 통해 종교활동이 지역사회 관계에 미치는 영향력을 파악할 수도 있고, 지역사회자원과 권력이 누구의 이익을 위해 비공식적으로 동원되는지 알 수도 있으며, 지역사회의 공공시설이 어린이들에게 어떤 의미인지 깨달을 수도 있다. 사회복지사는 이러한 현장연구를 통해 현실을 총체적으로 이해하기 위해 노력해야 한다.

(2) 현장연구의 연구방법

지역사회 현장연구는 주민의 관점과 세계관을 통해 그 지역사회에 대한 자료를 수집하고 해석하는 것이다. 즉, 지역사회의 내부자가 되어 주민들의 관점에서 문화와 관습, 행동을 기술하고 설명한다. 사회복지사가 발견해야 하는 내용도 이와 다르지 않다.

현장연구를 수행하는 사회복지사는 우선 지역사회의 일상과 문화를 파악해야 한다. 지역사회 주민들의 행동 중에는 그 내부에서는 자연스럽게 받아들여지거나 정상이라고 간주되지만 외부인의 시각에서는 당연하지 않은 행동들도 많다. 지역사회 내부의 문화를 이해하기 위해서는 그들만의 관행이 만들어지는 현상을 있는 그대로 관찰하고 파악해야 한다. 예컨대 도시지역과 농어촌 지역에서는 남녀의 성역할에 대한 인식과 기대가 다르게 나타난다. 이에 관해 직장과 가사노동, 육아에서 남녀의 기대역할을 살펴봄으로써 개인들에게 주어진 선택지의 맥락을 파악할 수 있다. 행동이나 신호에 있어서도 지역사회마다 받아들이는 의미가 다른데, 지역마다 아침 인사말이 다른 것을 보면 쉽게 이해할 수 있다. 또한 대부분의 지역사회는 수용할 수 없는 행동의 범위가 나름대로 정해져 있고, 규범을 어긴 개인이나 집단에게는 공식적인 방식으로 처벌을 가한다.

이렇듯 현장연구는 일상생활 현상의 모습으로부터 본래의 의미를 끌어내고자 한다는 점에서 이른바 현상학phenomenology적 사고와 유사하다. 현상학적 사고에서는 내부자 관점이 매우 중요하며 내부자의 지향성, 즉 내부자가 사물을 인식하는 주관성을 파악하고자 한다. 지역사회 문화와 현상을 이해할 때에도 구성원들의 의식을 있는 그대로 포착함으로써 지역사회문제의 주관적 의미를 파악해야 한다.

현장연구에서는 사회복지사의 두 가지 역할, 즉 관찰자와 참여자의 역할이 적절히 균형을 이루어야 한다. 그러나 어떠한 단계에서도 균형을 유지하기란 쉽지 않다. 사회복지사는 자신이 개입되어있는 지역사회문제 그 자체보다는 실천의 과정과 결과에 우선적으로 관심을 갖게 된다. 지역사회는 통제된 실험환경이 아니기 때문에 변화 과정에 초점을 두게 되는 것이다. 그러나 참여자의 위치에만 머물면 지역사회의 독자적인 변화 체계를 파악하기 어렵다. 따라서 사회복지사는 관찰자로서의 객관성을 놓치지 않도록 항시 주의해야 한다.

(3) 현장연구의 활용

현장연구는 빈민, 소수자, 이민자 등 지역사회 내의 하위문화 연구에 자주 사용되는 방법론이다. 예를 들어 빈민들의 생활상을 서술하기 위해 현장을 방문하고 심층인터뷰와 참여관찰을 실시함으로써 이들에 대한 심층적인 이해를 얻는 것이다. 이러한 방식은 언론미디어가 자주 활용하는 방식이기도 하다. 저임금노동의 작업환경과 노동현장을 생생하게 보도하는 취재기사가 그러한 예이다. 현장연구는 사회복지 영역에서도 종종 활용된다. 김진미·서정화(2006)는 거리 노숙인에 대한 현장연구를 통해 노숙인들의 유대관계가 어떻게 유지되는지를 살피면서 새로운 고향의 의미, 인정받기 위한 대체집단의 의미, 구별을 통한 자기 정체감 유지의 의미를 확인하였다. 이 연구는 노숙인들이 노숙이라는 극단적 빈곤 상태에서도 생존과 자기 존재감을 위한 동맹자원을 획득하고 있음을 밝힘으로써, 그들이 생존자원의 결핍과 함께 왜곡된 관계로 인한 정체성의 모순을 겪고 있으며, 바로 이 지점에 사회복지사들이 개입해야 한다고 제언하고 있다.

현장연구를 통해 살펴본 빈곤과 싸우는 3세대 이야기
—『사당동 더하기 25: 가난에 대한 스물다섯 해의 기록』(조은 지음, 또하나의문화, 2012)

동국대 사회학과 조은 교수는 1986년 동료 교수 및 대학원생 연구원들과 함께 유니세프의 연구용역으로 사당동 재개발지역 연구를 시작하였다. 이때의 연구성과는 보고서 「도시 무허가 정착지의 성격과 생활실태」(1987)와 단행본 『도시 빈민의 삶과 공간』(1992)으로 출간되었으며, 이는 2001년 영상다큐 <한 가족의 이야기가 아니다>로 제작되었다. 저자는 당시 만난 한 철거민 가족을 22년간 추적 관찰하고 인터뷰하여 2009년 <사당동 더하기 22>라는 영상다큐를 제작하였으며, 2012년에는 '가난에 대한 스물다섯 해의 기록'이라는 부제를 단 『사당동 더하기 25』를 펴냈다. 저자는 현재 <사당동 더하기 30> 영상다큐를 편집하고 있다. 1986년에 만난 철거민 가족을 30년이 넘은 지금까지도 추적 관찰하고 기록하며 현장연구를 지속해오고 있는 것이다.

> 누나와 형의 신용 상태를 물었더니 주저 없이 "우리 가족은 모두 신용불량자죠. 우리 집은 다 불량이야"라고 말했다. 그나마 자기 식구 중 아버지가 유일하게 100만 원을 카드로 빌릴 수 있어 '완전 불량자'는 아니지만 "불량자는 불량자죠"라고 말했다. 자기는 건강 보험료 300만 원 밀린 것 빼면 큰 빚은 없고 한 3년 지나면 카드도 만들고 대출도 받을 수 있어서 그나마 자기가 "좀 사는 거죠"라면서 그의 입에서 "중산층 같아요"라는 말이 튀어나왔다. 내가 놀라서 "중산층?" 하고 되물었다. '중산층'이라는 단어가 아주 생소한 단어처럼 나를 당황하게 했다.
>
> — 본문 11쪽 중에서

저자는 현장연구를 통해 불량 주거지란 슬럼이 아니라 그저 열심히 살아가는 사람들의 동네라는 것을 알았지만, 동시에 두 개의 다른 세상을 확인할 수 있었다. 이 현장 앞에서 저자는 자신과 다른 세상에 사는 이들의 언어를 이해하고, 영상과 글을 통해 빈곤의 대물림 양상을 재현하였다. 특히 3대에 걸친 가족 구성원들의 구체적인 삶과 생활을 통해 가난을 포위한 사회구조가 가족의 일상에 어떻게 침투되고 있는지를 생생하게 보여주었다. 이 연구는 연구자가 연구대상과 자신을 분리하지 않고 상호 침투함으로써 미시적 생활세계를 포착한 대표적인 현장연구로 인정받고 있다.

지역사회 권력구조 연구는 현장연구가 이루어지는 대표적인 분야이다. 지역사회문제는 일부 집단의 이익을 위하여 다른 집단이 희생됨으로써 발생하기 때문에 모든 주민들에게 동일하게 나타나지 않는다. 일반적으로 지역사회는 소수가 막강한 권력을 가지고 있고 다수의 주민은 일부의 권력만 소유하며, 어떠한 종류의 권력도 소유하지 못한 소외된 집단도 있다. 그 결과, 지역사회문제는 주민이 속한 계층이나 사회적 위치에 따라 차등적으로 나타난다. 따라서 지역사회 변화 실천이 소외된 집단에게 권력을 재분배하는 과정이라면, 누구의 권력을 누구에게 나누어야 하는지 분석해야 한다. 현장연구는 이러한 지역사회 권력의 불평등한 분배를 파악하기 위해 활용된다.

지역사회 권력구조 연구들은 지역사회에서 행사되는 권력이란 무엇이며 그 종류에는 어떠한 것들이 있는지부터 규명한다. 프렌치와 레이븐(French and Raven, 1968)은 권력을 "다른 사람의 의사와 상관없이 그 사람을 일정한 방식으로 행동하게 만드는 능력"으로 정의 내리면서, 권력의 유형을 다음과 같이 다섯 가지로 구분하고 있다.

① **강압적 권력**: 타인이 자신과 대립할 때 제재를 가하여 자신의 지시에 따르도록 하는 권력을 말한다. 주로 처벌이나 억압의 방식을 사용한다.

② **보상적 권력**: 물질적 후원이나 지원, 칭찬, 서비스 제공 등을 통해 자신이 원하는 대로 타인이 행동하도록 유도하는 권력을 말한다.

③ **합법적 권력**: 권위와 지위 또는 대중으로부터의 인정을 통해 형성되는 권력으로, 주로 의사결정에 사용되며 지속적이고 강력하다는 특성을 지닌다.

④ **전문성 권력**: 특정 분야에 있어 경험과 지식이 탁월하다는 인정에서 비롯된 권력으로, 의사 국가시험이나 변호사 시험 등 주로 자격공인제도를 통해 획득된 배타적 권력을 행사한다.

⑤ **준거적 권력**: 집단 구성원들이 존경하거나 그의 인정을 원할 때 만들어지는 권력으로, 집단의 구성원들과 강력한 대인관계를 유지하는 리더에게 부여된다. 지시나 통제보다는 협력이 중요한 조직에서 나타나며, 연예인 또는 종교 지도자가 대표적 예이다(감정기 외, 2005).

현장에서 적용하는 지역사회 권력구조를 분석하는 방법론은 크게 세 가지이다. 첫째, 지위법이다. 이는 미국의 사회학자 라이트 밀스Wright Mills가 그의 저서 『파워 엘리트The Power Elite』(1956)에서 사용한 방법으로, 최고의 권력을 행사하는 사람들은 주요한 사회제도의 수장들이라는 전제하에 국가권력의 특정한 지위를 소지한 사람들의 리스트를 작성하고 이들의 영향력을 분석하는 방법이다. 미국에서는 그러한 사람들을 군부, 기업, 정부의 고위층으로 '한 사회의 중요한 지배적 제도 내에서 최고의 지위를 점유하여 정책결정을 담당하고 있는 사람들'로 정의한다. 지위법은 사회권력의 상층부에 있는 이들이 어떠한 관계를 맺고 있으며 어떻게 강한 응집력을 형성하여 통합성을 유지하는지를 분석한다.

둘째, 평판법이다. 이는 플로이드 헌터가 그의 저서 『지역사회 권력구조』(1953)에서 사용한 방법으로, 엘리트는 서로의 평가를 통해서 파악된다는 전제에서 출발한다.[3] 즉, 지역사회를 누구보다 잘 알고 있는 사람들에게 권력자를 판정하게 하여 후보를 선정하고, 그 후보들의 투표를 통해 누가 권력자인지 선별한 뒤, 이들 간의 네트워크를 소시오그램sociogram으로 그리는 방법이다.

셋째, 의사결정법이다. 이는 미국의 정치학자 로버트 달Robert Dahl이 그의 저서 『누가 지배하는가?Who Governs?』(1961)에서 사용한 방법으로, 공공정책 과정의 의사결정자를 찾는 방법이다. 과거에는 귀족, 대기업가, 민족집단 리더 등이 공공정책 과정의 의사결정자였지만, 현대 이후에는 정치적 지도자가 이 과정을 지배하며 이익집단과 유권자가 그 로비의 배경 세력이라고 보았다(박대식, 2004).

사회복지사는 이러한 지역사회 권력구조 분석을 통해 복지자원의 배분과 결정에 영향력이 있는 정치지도자나 기업집단 또는 행정가를 파악함으로써, 협력이나 협상의 대상 또는 견제해야 할 정치행정 엘리트를 판단하고 지역사회 지도력 변화전략을 세울 수 있다.

---

3 플로이드 헌터의 『지역사회 권력구조』에 대해서는 이 책 8장 2절의 '더 알아보기'를 참고하기 바란다.

지역사회 연구방법
- 지역사회지표: 정책가나 실천가의 의사결정을 돕기 위해 현재 동향, 과거의 실재, 미래의 방향에 대한 정보를 제공하는 측정체계로, 거시수준 접근법에서 주로 활용됨
- 동네효과 연구: 지역사회와 개인이 연결되는 지점에 관심을 두고, 개인이 거주하는 생태적 공간단위인 동네가 구성원들의 행위와 사고에 끼치는 영향을 분석하는 것으로, 중시수준 접근법에서 주로 활용됨
- 지역사회 현장연구: 내부자의 관점에서 장시간 주민들과 관계를 유지하면서 지역사회를 이해하는 것으로, 미시수준 접근법에서 주로 활용됨

3. 지역사회문제의 발견과 분석 종합

지역사회에서 주민 개개인이 겪는 복지문제들은 모두 해당 지역사회만의 특수한 조건 속에서 발생한다. 개인의 소득이나 건강, 소외는 지역사회의 빈곤, 건강, 교육, 돌봄, 주거, 사회참여, 계층화 등과 결코 무관하지 않다. 그렇기에 지역사회 변화에 관심을 두는 사회복지사는 지역사회 맥락을 고려하여 개입할 지점을 찾아야 한다.

그런데 거시적 지역사회지표만을 고려하다 보면 지역사회문제들은 사회복지사가 어찌할 수 없는 문제라고 여겨질 수 있다. 지역사회의 인구 구성을 바꾸거나 경제지표를 개선하는 것은 사회복지사가 할 수 있는 일의 통상적인 범위를 넘어서기 때문이다. 이렇듯 지역사회문제를 지역사회지표로만 접근하면 지역사회를 변화시킨다는 것은 매우 어려운 일이 된다.

그렇다면 사회복지사는 지역사회의 무엇을 변화시킬 수 있을까? 지역사회 연구들은 지역사회의 삶을 단순히 사회·경제지표에 의해 결정되는 종속변수로만 다루어오지 않았다. 지역사회는 다양한 사회문제의 원인이 되는 요소와 함께, 해결에 접근할 수 있는 요소도 내포하고 있다. 여기에서는 지역사회를 다양한 요소들의 체결로서 파악한 몇몇 연구들을 살펴보고자 한다.

아동발달의 생태체계모형

(Bronfenbrenner, 1979)

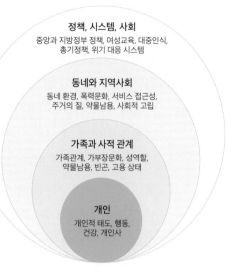

가정폭력의 생태체계모형

(Beyer et al., 2015)

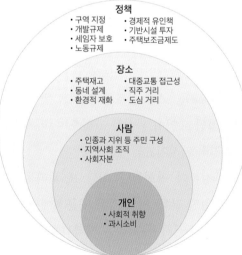

젠트리피케이션의 사회생태모형

(Rigolon and Németh, 2019)

건강의 결정 요인 생태체계모형

(Dahlgren and Whitehead, 1991)

그림 9-1 지역사회복지의 사회생태모형

그림 9-1 중 아동발달의 생태체계모형(Bronfenbrenner, 1979)은 인간이 살아가는 사회문화적 생태환경을 체계적으로 구조화한 것이다. 이는 개인수준 복지의 사회적 결정 요인들을 계층적으로 설명한다고 볼 수 있다. 이 모형처럼 개인이 속한 사회적 맥락은 다층적이며 각 계층은 상호작용하며 서로 영향을 미친다. 즉, 여기서 지역사회란 개인에게 영향을 미치는 외부의 다양한 사회적 결정 요인이자 그 영향을 완화하는 요인이기도 하다.

이 모형은 그림 9-1의 다른 모형에서 볼 수 있듯 가정폭력, 젠트리피케이션, 건강 등 여러 사회문제 영역에도 적용될 수 있다. 이 중에서 건강의 결정 요인 생태체계모형(Dahlgren and Whitehead, 1991)을 자세히 살펴보자. 이 모형에 따르면 개인의 건강은 유전적·생물학적인 요인뿐만 아니라 다층적인 환경적 요인에도 영향을 받는다. 개인수준 복지의 중심에는 성별이나 연령, 인종, 질병의 유무와 같은 개인의 유전적·생물학적 특성이 있고, 첫 번째 층에는 개인의 식생활과 운동 같은 습관, 행동, 생활양식 등 삶의 기회에 긍정적 또는 부정적 영향을 미치는 요인이 위치하고 있다. 두 번째 층에는 외적 요인이 있다. 여기에는 지역사회 차원에서 상호적 지원을 제공하는 친구와 이웃, 가족 같은 사회관계와 지역사회 네트워크가 포함된다. 개인수준 복지에 대한 지역사회의 중요성은 여러 연구에서 증명되어왔는데, 사회적 지지나 정서적 지원, 즉 개인 간 상호작용이 형성되는 소규모 집단 네트워크는 개인의 스트레스나 정신건강에 큰 영향을 미친다. 세 번째 층에는 주거, 교육, 교통, 근로환경, 의료 및 사회적 돌봄서비스 등 보다 물리적이고 구조적인 요인이 위치하고 있으며, 마지막 층에는 총체적인 사회경제적, 문화적, 환경적 거시지표들이 포함된다.

이러한 생태체계모형은 아동발달, 가정폭력, 정신건강, 일탈, 또래 따돌림 등 개인수준의 문제뿐 아니라 가족 기능, 집단 갈등, 지역 격차의 문제에도 적용될 수 있다. 다시 말해 아동의 일탈행위나 주거지 분리 같은 지역사회문제는 가구·개인 취향과 같은 미시적 체계, 부모의 고용지위나 또래집단과 같은 보다 큰 체계, 주택정책이나 인구구조와 같은 거시적 체계가 함께 영향을 주고받는다. 사회복지사는 이와 같이 여러 층위에 존재하는 지역사회 변수들을 살펴봄으로써 지역사회문제를 발견하고 그 원인을 분석할 수 있어야 한다. 이는 효과적인 지역사회복지실천의 출발점이다.

지역사회사정

9장이 지역사회 및 지역사회문제에 대한 거시적 차원의 이해를 겨냥한 연구
방법론 중심의 논의였다면, 이 장은 그러한 문제를 해결하기 위한 실천적 개입
활동을 염두에 둔 좀 더 구체적인 차원의 작업에 초점을 두었다. 지역사회사정
을 다루는 이 장은 9장에서 논의된 바들을 기초로 삼되, 거기서 한발 더 나아
가 실천 지향적인 활동에 관하여 검토할 것이다.

이 장에서는 지역사회사정의 뜻과 이를 행하는 이유, 사정의 영역, 원칙과
절차, 방법과 기술 등을 차례로 살펴본다. 지역사회복지실천현장에서의 쓰임
새를 고려하여 되도록 다양한 견해와 방법을 제시하며, 이해를 돕고자 예를 들
어 설명하기도 한다. 실천가로서 사회복지사는 현장의 필요에 맞춰 이 내용들
을 적절히 취사선택해야 할 것이다. 또한 여기에서 깊이 있게 다루지 못한 내
용을 자주적으로 보충해서 활용해야 한다.

1. 지역사회사정의 개념과 의의

지역사회복지실천에서 지역사회사정의 의미는 그 초점에 따라 조금씩 다르게 표현된다. 그럼에도 지역사회사정이 실천적 개입의 필요성과 방향을 결정할 근거를 마련하기 위한 기초적인 과정으로서 의미를 지닌다는 점에 대해서는 큰 이견이 없는 것으로 보인다(지은구, 2003; 김종일, 2006; 백종만 외, 2015).[1] 먼저 검토가 필요한 지점은 '사정査定, assess'한다는 말의 의미와 사정이 이루어지는 영역에 관한 설명이다.

사정의 뜻에 대한 조금씩 다른 표현들을 보면, 정보의 수집(김종일, 2006) 혹은 다양한 상황의 확인identifying으로 기술되는 예가 있는가 하면(Smathers and Lobb, 2014), 상황의 확인을 위한 자료의 수집(Jordan, 2013)으로 묘사되는 예도 있다. 이와는 달리 현실 상황에 대한 평가, 기대되는 상황에 관한 판단, 그리고 개입 우선순위 결정을 위해 현실과 기대치의 차이를 비교하는 일을 포함하는 일련의 작업으로 보기도 한다(Butterfoss, 2007; Smathers and Lobb, 2014에서 재인용). 이 밖에 사정을 클라이언트에 관한 정보의 수집뿐 아니라 분석까지 포함하는 것으로 보는 시각(Crisp et al., 2003)도 참고할 만하다. 결국 사정이란 '사실에 관한 정보나 자료를 수집하는 일뿐 아니라, 실천적 개입의 근거를 마련하기 위해 그러한 정보나 자료를 분석하고 전문적 판단을 내리는 일'까지를 포함하는 과정으로 이해할 수 있다.

이와 같은 지역사회사정이 지역사회복지실천에서 지니는 의미는 무엇일까? 지역사회사정의 효과 내지 편익에 대한 두 가지 설명은 이러한 의문에 대한 답을 찾는 데 도움이 된다. 첫 번째로 CCF NRC[2]는 지역사회사정의 효과들

---

1 사정이 개입의 성과에 대한 평가를 포함한 실천의 모든 과정에서 이루어지는 것으로 파악되기도 하나(Badger, 2015), 여기서는 초기 단계의 사정(initial assessment)에 초점을 두고 논의를 진행하고자 한다.

2 CCF(Compassion Capital Fund)는 미국의 보건복지부가 관장하는 기금으로, 미국 내 NPO들의 저소득층 서비스 활동을 지원한다. 그 산하의 CCF NRC(National Resource Center)는 CCF 지원을 받는 조직에 훈련과 기술지원을 제공하는 센터이다.

을 다음과 같이 제시한다(CCF NRC, 2010).

① 지역사회의 욕구, 욕구 발생의 원인, 욕구 대응이 필요한 이유 등의 이해에 도움이 된다.

② 욕구가 지역사회의 삶에 끼치는 전반적인 영향에 대해 지역사회 구성원들이 공유할 기회가 된다.

③ 지역사회의 다양한 구성원이 욕구와 자산 및 지역사회 대응방법 등에 관한 논의에 동참함으로써 지역사회의 참여도를 높일 수 있다.

④ 지역사회의 강점과 약점을 확인하게 된다.

⑤ 지역사회 구성원의 삶의 질 향상에 활용될 지역사회의 현존 자원을 파악할 수 있다.

⑥ 지역사회에 결여된 자산이 무엇인지 파악하게 된다.

⑦ 지역사회의 자산에 스스로 기여할 수 있는 바에 대한 지역사회 구성원의 인식을 높인다.

⑧ 지역사회복지 조직체들이 지역사회의 욕구들에 관한 정보를 활용하여 서비스 전달의 우선순위를 정할 수 있다.

⑨ 지역사회 욕구에 부응하기 위해 취할 조치와 가용 자산을 활용하는 방법에 대한 결정을 뒷받침할 자료를 제공한다.

⑩ 자료들을 활용하여 전략적 기획, 우선순위 설정, 프로그램 성과목표 설정, 프로그램 개선방안 마련 등을 꾀할 수 있다.

이러한 효과들은 지역사회 구성원이 지역사회사정의 과정에 참여한다는 점을 전제로 하고 있음에 주목할 필요가 있다. 두 번째로 케이티 헤븐[Catie Heaven]은 지역사회사정의 효과들을 다음과 같이 제시하고 있다(Heaven, 2018).[3]

---

3 헤븐의 글이 실린「Community Tool Box」는 미국 캔자스대학의 지역사회 보건·개발 센터가 건강한 지역사회 구축과 사회 변화를 위해 활동하는 사람들이 널리 활용할 수 있도록 온라인(ctb.ku.edu)으로 제공하는 지역사회활동 지침서이다. 현재 스페인어, 아랍어 등의 번역본이 제공되고 있으며, 전 세계 230개 이상의 나라에서 접속한 기록이 있다고 한다.

① 지역사회의 욕구와 자원뿐 아니라 문화와 사회구조 등을 포함한 폭넓은 영역에 대해 보다 깊이 이해할 수 있게 된다.

② 지역사회 구성원들로 하여금 지역사회의 욕구를 알고 거기에 대응하는 방법은 물론, 지역사회의 자원을 알고 그것을 활용하는 방법을 찾고자 하는 동기를 자극한다.

③ 프로그램이나 지역사회체계 발전을 위한 노력의 우선순위를 결정하는 데에 도움이 된다.

④ 활동 진행 중에 예상하지 못했던 난관에 부딪힐 가능성을 줄여준다.

지역사회사정의 의의에 대한 이 두 가지 설명은 기술 형식의 차이에도 불구하고 내용의 대부분이 사실상 중복되고 있음을 알 수 있다. 종합하면, 지역사회사정은 지역사회의 제반 상황에 대한 깊이 있는 이해를 돕고, 지역사회의 주체적 관심과 참여도를 제고하며, 목적 지향적 개입활동의 방향을 설정하고, 활동의 성취도를 높이는 데 유익한 조건을 만들어준다.

2. 지역사회사정의 영역

지역사회사정이 이루어지는 영역은 어떻게 구분할 수 있을까? 사정 영역을 설명하는 몇 가지 상이한 예를 들어보자. 먼저 지역사회의 상황, 문제, 욕구, 자원(김종일, 2006)이나 강점, 자산, 욕구, 문제(Smathers and Lobb, 2014), 혹은 욕구, 위험, 자산, 강점, 역량(Badger, 2015) 등과 같이 여러 가지 영역을 나열하는 경우가 있다. 아니면 욕구와 자산 혹은 문제와 강점 등과 같이 두 가지 대비되는 개념으로 압축하여 설명하기도 한다(CCF NRC, 2010; Jordan, 2013; Heaven, 2018). 사정의 영역에 대하여 이처럼 다양한 시각이 존재하지만 간명한 이해를 위해서는 사정의 영역을 두 가지로 수렴시켜 파악하는 것이 좋은데, 하나는 해결을 요하는 문제나 욕구의 영역이고 다른 하나는 해결에 도움이 되는 강점이나 자산의 영역이다. 요컨대 지역사회사정의 영역은 크게 욕구[needs]사정과 자산[assets]사정으로 대별해서 다룰 수 있다.

　욕구사정이든 자산사정이든 사정에 착수하기 전에는 사정을 해야 하는 이유와 목적을 분명히 해야 하며, 사정에 참여할 사람의 범위, 사정을 실시할 시점, 필요한 정보의 내용과 출처, 사정의 절차와 방법, 소요경비 등에 이르기까지 사전에 세밀한 계획을 세워야 한다. 아래 체크리스트는 사정을 준비하는 과정에서 점검할 필요가 있는 주요 사항을 제시한 것이다. 현장의 사회복지사는 이를 참고하여 사정에 착수할 수 있다. 사정의 일반적 원칙과 절차 및 방법에 대해서는 뒤에서 좀 더 자세히 다루고자 한다.

욕구 및 자산사정 체크리스트(Heaven, 2018)

1. 사정작업 참여 범위에 다음의 사람들이 포함되어있는지 확인함.
   ① 문제나 욕구를 지닌 당사자 집단　② 서비스 제공자　③ 공무원
   ④ 영향력 있는 인사　⑤ 추진사업 관련 종사자나 이해관계자
   ⑥ 지역사회활동가　⑦ 추진사업 관련 기업체

2. 사정계획을 수립할 때 다음 사항들이 검토 및 결정되었는지 확인함.
   ① 사정작업 참여자 폭　② 결과 평가의 기준과 절차　③ 사정의 목적
   ④ 이용 가능한 기존 자료　⑤ 추가로 수집해야 할 정보　⑥ 정보수집 방법
   ⑦ 정보수집 담당자　⑧ 정보수집 대상자　⑨ 정보수집 대상자 접근방법
   ⑩ 자료분석 담당자와 분석방법
   ⑪ 자료수집과 분석에 관한 훈련의 필요성 및 방법
   ⑫ 사정결과 보고 및 발표 방법　⑬ 세부 사정 과제별 담당자
   ⑭ 사정 추진일정　⑮ 사정계획의 발표, 피드백 및 수정 절차

　이제 욕구사정과 자산사정에 대해 구체적으로 살펴보자. 먼저 욕구사정에서 욕구란 현재 상태[what is]와 바람직한 상태[what should be] 사이의 격차[gap]를 의미한다(Altschuld and Watkins, 2014). 이런 욕구는 지역사회문제와 밀접히 결부되는데, 특정 개인이나 집단이 인식하는 것일 수도 있고 지역사회 전체가 공통으

로 인식하는 것일 수도 있다. 여기에는 소득이나 식품 혹은 시설이나 장비 등을 향상시키거나 보강하는 일과 같이 구체적인 형태를 띠는 것이 있는가 하면, 지역사회의 역량을 향상시키거나 인식을 변화시키는 일과 같이 추상적인 성격을 지니는 것도 포함될 수 있다. 욕구의 유형은 일반적으로 다음과 같이 구분할 수 있다.

욕구의 유형(Bradshaw, 1972)

1. 욕구 규정의 기준에 따른 분류
   ① 인지된[felt] 욕구: 사람들이 필요하다고 느끼는 것
   ② 표출된[expressed] 욕구: '수요'에 가까운 개념으로, 사람들의 추구행동으로 드러난 욕구
   ③ 상대적[comparative] 욕구: 다른 지역사회와 비교해서 결여되었다고 판단되는 것
   ④ 규범적[normative] 욕구: 전문적 판단이나 객관적 기준에 의해 규정되는 욕구

2. 욕구 발생의 영역에 따른 일반적 분류
   ① 물리적[physical] 욕구: 주거를 포함한 생활환경의 안전, 편의, 접근성 등에 관한 욕구
   ② 경제적[economic] 욕구: 소득, 직업 등을 중심으로 한 물질적인 욕구
   ③ 관계적[relationship] 욕구: 사회집단 간 관계, 개인 간 관계 등에 관한 욕구
   ④ 개별적[individual] 욕구: 개별 사회 구성원의 심신의 건강과 관련된 욕구

욕구사정은 이러한 욕구들을 파악하고 분석하여 판단하는 일을 일컫는다. 욕구사정이 필요한 이유는 단순하다. 지역사회복지실천을 통해 이루거나 도달해야 할 목표를 세우는 데 근거를 제공하는 것이 바로 이 욕구사정이기 때문이다.

욕구사정이 지역사회의 결핍[deficits]에 초점을 둔다면, 자산사정은 지역사회의 강점[strengths]에 역점을 둔다는 점에서 이 둘은 대조된다. 자산은 종종 자원[resources]으로 표현되기도 한다(Heaven, 2018). 자산은 욕구 충족 혹은 삶의 질 향상에 활용될 수 있는 지역사회의 다양한 긍정적 요소를 아우르는 개념이다. 자

산에는 사람, 조직체, 건물, 설비, 자금, 법규 등과 같이 구체적이거나 유형^{有形}의 것들이 있는가 하면, 주민의 지식과 역량 및 노하우, 파트너십, 경험, 커뮤니티 의식 및 신뢰 등과 같이 추상적이거나 무형^{無形}의 것들도 있다. 또한 자산은 그것이 어디에 속해있는지에 따라 다음과 같이 개인에 속한 자산, 제도에 속한 자산, 비공식 조직체에 속한 자산 등으로 구분할 수도 있다.

지역사회자산의 구성요소(Beaulieu, 2002)

1. **개별 구성원**
   ① 개인이 보유하고 있는 기술
   ② 지역사회활동 참여 경험과 참여 의향
   ③ 영리사업을 하고 있는 사람의 사업 상황
   ④ 성명과 연락처 등의 사적 정보

2. **제도(KEEPRA)**
   ① **친족관계**^{kinship}: 가족 내 문제 해결의 양식 등
   ② **경제**^{economic}: 지역사회 내 재화와 서비스의 생산, 분배, 소비 양식.
   ③ **교육**^{education}: 학교교육의 상황
   ④ **정치**^{political}: 정치 및 행정 상황
   ⑤ **종교**^{religious}: 종교단체의 활동
   ⑥ **결사체**^{associations}: 서비스조직, 사회단체 등

3. **비공식 조직체**
   : 봉사단체, 지역축제 관련 단체, 상부상조단체, 지역 지킴이, 동호인 모임 등

자산사정이 필요한 첫 번째 이유는 불충분한 외부자원에 대한 의존도를 최대한 낮춰야 하기 때문이다. 또한 내부의 자산은 주민 스스로 통제가 용이하다는 장점이 있다. 나아가 자산사정은 욕구충족을 위하여 지역사회가 추진할 수 있는 프로그램 등을 판단할 근거를 제공하며, 주민들에게 자부심과 목표 성취에 대한 자신감을 갖게 하는 조건이 되기도 한다(Berkowitz and Wadud, 2018). 사회복지사는 지역사회자산을 사정하기 전 다음과 같은 사항을 검토할 수 있다.

지역사회자산 사정 전 검토 사항(Berkowitz and Wadud, 2018)

1. 사정하고자 하는 지역사회의 범위 설정 2. 사정작업 조력자 파악

3. 예상 소요기간과 할애 가능기간 파악 4. 재원 충당 가능성 파악

5. 자산사정 결과 활용 계획

개념 정리

욕구사정 다양한 욕구들을 파악하고 분석하여 판단하는 일로, 지역사회복지실천을 통해
    이루거나 도달해야 할 목표를 세우는 데 근거를 제공
자산사정 지역사회의 자산, 즉 욕구의 충족 혹은 삶의 질 향상에 활용될 수 있는 다양한 긍정적
    요소들을 파악하고 분석하여 판단하는 일

3. 지역사회사정의 일반 원칙

지역사회사정을 할 때 지켜야 할 일반적인 원칙에는 여러 가지가 있다. 여기서는 이에 관한 주장 두 가지를 소개한다. 하나는 미국의 오하이오주립대학교 연구소 오하이오라인Ohioline의 스매더스와 로브(Smathers and Lobb, 2014)가 제시한 세 가지 원칙이다. 이 원칙은 첫째, 지역사회 거주민을 그들의 삶터인 지역사회에 대한 최고의 전문가로 여긴다. 둘째, 모든 지역주민은 지역사회에 기여할 기술, 능력, 수완 등을 가지고 있다고 본다. 셋째, 강한 지역사회란 그 구성원들이 지닌 수완과 자원을 바탕으로 구축된다고 믿는다. 이 세 원칙은 모두 지역사회 구성원, 곧 주민의 역량에 대한 신뢰를 전제로 한다.

다른 하나는 멀로이(Mulroy, 2015)가 제시한 전통적인 욕구사정 원칙에 새로운 커뮤니티 만들기 운동community building movement 모델의 일부 원칙을 더한 다섯 가지 원칙이다. 이 원칙은 첫째, 다양한 지역사회 구성원의 참여에 가치를 부여

한다. 특히 배제되거나 불이익을 당한 사람들의 관점과 경험에 귀를 기울일 필요가 있다. 둘째, 여러 연구방법을 활용한다. 양적인 방법과 질적인 방법에는 각각 장단점이 있으므로, 이들을 균형 있게 활용하는 것이 중요하다. 셋째, 사정의 기술적 측면(연구 질문, 설문조사, 지표의 선택, 초점집단 등)에 관한 설계, 자료의 수집 및 분석, 해법 모색 등의 과정에서 주민의 참여를 독려한다. 넷째, 사정은 현실적이어야 한다. 문제 해결을 기대하는 대부분의 지역사회 구성원은 구체적인 의사결정과 지역사회 질의 향상을 위해 직접 활용할 수 있는 지식을 원한다. 따라서 지나치게 거시적이거나 학술적인 사정은 실행 가능성이 없다고 여길 수 있다. 다섯째, 지역사회의 자산을 확충하려는 활동의 흔적을 확인하고 면밀히 살피는 것이 좋다. 멀로이(Mulroy, 2015)는 이 다섯 가지 원칙을 지키면 이후 지역자원을 통제할 수 있게 됨으로써 주민의 역량을 제고하고 지역사회를 강화할 수 있게 된다고 보았다.

지역사회사정의 원칙에 관한 위의 두 가지 주장은 지역사회 주민의 역량을 신뢰하고 이들의 참여에 역점을 둔다는 점에서 공통점이 있다. 아울러 이러한 원칙들은 지역사회사정이 실천적 개입을 염두에 둔 사실 확인의 과정이며, 지역사회의 욕구뿐 아니라 자산까지도 사정의 범주에 포함한다는 것을 보여준다.

4. 지역사회사정의 절차

지역사회사정을 진행하는 절차 혹은 단계의 구분 방식은 그것이 이루어지는 영역에 따라, 혹은 그것을 기술하는 사람이 어디에 역점을 두는가에 따라 다를 수 있다. 여기서는 단계를 구분하는 몇 가지 상이한 방식을 예거해보고자 한다. 이 중 어떤 것을 준거로 삼을 것인가는 지역사회의 구체적인 상황과 지역사회사정의 목적 등을 고려하여 정한다.

먼저 스매더스와 로브(Smathers and Lobb, 2014)는 사정의 절차를 '사정 전-사정-사정 후'의 세 단계로 구분한다. 첫째로 사정 전 단계에서는 사정의 대상, 이미 밝혀져 있는 지역사회의 욕구 및 자산, 수집되어야 할 자료, 자료수집의 주체와 방법, 자료분석의 주체와 방법 등을 검토할 것을 권한다. 또한 사정은 지역사회 구성원으로부터 출발하므로, 사정 전 단계에서 이들로 하여금 자신의 자산에 대해 스스로 사정하고, 가장 중요하게 다루어야 할 이슈를 파악하도록 해야 한다. 둘째로 사정 단계는 다음과 같은 세부적인 절차로 진행된다.

① 사정의 목적purpose과 범주scope를 결정하고, 실행 가능한 범위에서 앞으로 다루게 될 쟁점들의 우선순위를 정한다.
② 사정의 목표goals와 세부목표objectives를 규정한다.
③ 자료수집의 구체적인 방법을 선택한다.
④ 자료수집에 필요한 측정도구instruments와 절차 등을 선택하거나 설계한다.
⑤ 예비조사pilot test를 실시한다.
⑥ 시간계획을 세우고 사정을 위한 예산을 확보한다.
⑦ 자료를 수집한다.
⑧ 자료를 분석한다.
⑨ 자료분석 결과 보고서를 작성하여 배포한다.
⑩ 사정의 장점과 가치를 평가한다. 원만히 진행되었던 점, 부딪쳤던 문제점, 좀 더 잘 할 수 있었던 점 등에 대해 점검한다.

셋째로 스매더스와 로브는 사정 후 단계에 대해서는 별도로 설명하지 않지만, 사정 단계 말미의 ⑨와 ⑩을 사정 후 단계로 이해할 수 있다.

다음으로는 CCF NRC(2010)가 제시한 여섯 단계를 살펴본다(그림 10-1). 첫째, 사정 범위 설정 단계에서는 사정하고자 하는 지역사회의 쟁점, 영향을 받는 지역사회 구성원, 사정의 지리적 범주, 풀어야 할 핵심 의문, 포함하려는 세부항목의 수준 등을 정한다. 둘째, 사정 주체 결정 단계에서는 사정의 전 과정을 사회복지사가 독자적으로 진행할 것인지, 지역사회의 파트너들과 협력할 것인지를 결정한다. 셋째, 자료수집 단계에서는 투입 가능한 시간과 자원의 정도 및 필요한 자료의 우선순위를 고려하여 수집·분석하고자 하는 자료의 양과 자료수집 방법을 결정한다. 넷째, 주요 발견사항key findings 선정 단계에서는 수집

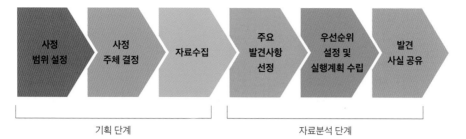

그림 10-1 CCF NRC의 지역사회사정 여섯 단계

된 지역사회 욕구와 자산 관련 자료들을 분석하여 핵심으로 삼을 만한 결과들을 파악한다. 그리고 이들을 강점strengths, 결점gaps, 기회opportunities, 도전과제challenges 등의 카테고리로 나누어 정리한다. 다섯째, 우선순위 설정 및 실행계획 수립 단계에서는 사정 결과를 바탕으로 관련 쟁점들의 우선순위를 정하며, 사정 이후 과정에서 지침이 될 실행계획을 세운다. 여섯째, 발견 사실 공유 단계에서는 사정을 통해 알게 된 사실을 다른 이들과 공유하고 수립된 계획을 전파한다. 회의를 개최하거나 대중매체용 보도자료를 낼 수도 있다. 보고서는 한 페이지짜리 요약본을 제공하고 전문은 홈페이지 등에 게시하여 접근성을 높이는 것이 좋다. 이 여섯 단계 가운데 전반의 세 단계는 기획의 과정으로서 반복하여 수행하는 것이 가능하다. 후반의 세 단계는 지역사회사정 자료의 분석에 초점을 둔다.

　　마지막으로 멀로이(Mulroy, 2015)는 지역사회사정을 할 때에 사회복지사 윤리강령까지 염두에 둘 필요가 있음을 강조하면서, 다음과 같은 여섯 단계를 제안하였다.

　　① 증거evidence 검토
　　② 지역적 지식local knowledge 4 사정
　　③ 자료수집 방법 선정
　　④ 자료수집을 위한 연구수행

4　　지역적 지식이란 특정 지역에서 오랜 기간 거주하며 누적된 경험을 바탕으로 구축되고 검증된 지식을 가리킨다. 이는 지역의 문화나 환경을 반영하며, 지역사회 관계와 제도 및 지역사회복지실천 등에 투영된다. 또한 지속적으로 발전·변화하는 특성을 지닌다. 지역의 고유한 환경 및 생활양식을 반영한 발효식품을 만드는 노하우나 지식이 그 예가 될 수 있다.

⑤ 수집한 자료분석

⑥ 결과 보고

멀로이는 각 단계별 역점 사항이나 과제를 구분하여 설명하기보다는 사정 과정에서 일반적으로 고려해야 하는 네 가지 사항을 강조한다. 첫째, 욕구 및 자산사정의 방향을 정할 때에는 관련 이론과 선행연구들을 참조한다. 둘째, 분석의 단위를 분명히 정한다. 셋째, 다양한 연구방법과 지역사회 지표들을 활용한다. 넷째, 지역주민들과 사회복지기관 종사자들을 자료수집 과정에 참여시키고 그 결과를 이들과 공유한다.

이상의 세 가지 관점을 종합하면, 사정의 전반적인 과정은 '사정의 범주와 주체 등의 획정–자료의 수집과 분석–결과의 보고 및 공유'의 흐름으로 진행된다고 이해할 수 있다. 단계별 세세한 작업의 내용은 사정작업의 참여자들이 잡아 나가면 될 것이다. 또한 앞서 사정의 일반원칙을 다루면서 언급했듯, 사정의 전 과정에 있어 지역사회가 참여할 여지를 넓히고 가급적 다양한 자료원과 수집 방법을 활용하는 것이 바람직하다. 이어지는 5절에서는 자료의 수집과 분석 단계에서 유용하게 활용할 수 있는 방법과 기술들을 간략히 살펴본다.

5. 지역사회사정의 방법과 기술

1) 2차 자료 활용법

2차 자료 활용법은 지역사회사정의 초기 단계에서 가장 일반적으로 활용되는 자료수집 방법이다. 이는 사정하고자 하는 지역사회에 대하여 이미 생산되고 분석된 문헌자료나 조사자료를 활용하는 방법이다. 이와 같은 자료들은 보통 특정한 장소나 웹사이트에 아카이브archive 형식으로 정리·보존되어 있으므로 해당 자료의 소재지에 직접 찾아가거나 인터넷 검색을 통해 입수할 수 있다. 기존의 자료를 활용하는 것은 자료 생산에 드는 시간과 비용을 줄인다는 장점이 있지만, 다른 사람이나 기관의 목적에 의해 생산되고 분석된 결과물이라는 점에서 제한적인 의미만을 지니기도 한다. 타인에 의해 걸러지거나 해석된 정보일 수 있기 때문이다. 필요한 정보를 모두 갖추지 못했거나 사정하고자 하는 현재의 시점이 아닌 과거의 정보를 얻을 수 있을 뿐이라는 한계도 있다.

2차 자료의 예로는 연구보고서나 논문 등의 형식으로 작성된 문헌자료가 있다. 이런 자료는 지역사회가 봉착할 수 있는 문제들에 대한 정보뿐 아니라 이에 관한 전문적인 견해들을 포함하고 있기에 지역사회 상황 분석을 위한 기초 자료로 활용할 수 있다. 이와 같은 문헌자료로부터 주장이나 자료 등을 인용할 때는 출처와 작성 시기를 정확히 밝히는 것이 중요하다. 저작권 보호라는 법적·윤리적 차원의 이유 때문이기도 하지만, 인용된 내용의 책임 소재를 밝히고 신뢰성 판단의 근거를 제시하기 위한 것이기도 하다.

연구보고서나 논문과 같은 문헌자료 외에 유용하게 활용할 수 있는 자료로는 공공기관이나 사회단체 등에 의해 생산되고 정리·분석된 사회지표를 들 수 있다.[5] 이 밖에 공공기관이 생산하여 원자료 raw data 를 공개하고 있는 다양한 조사자료 역시 지역사회사정에 활용될 수 있다. 이러한 조사자료들 가운데 지역사회사정과 관련하여 특히 주목할 만한 것은 종단적 longitudinal 혹은 시계열 time series 조사자료이다. 종단적 조사란 조사 대상자의 상황이 시간의 흐름에 따라 변화해가는 양상을 주기적으로 추적한 것으로, 추세(경향)조사 trend studies, 패널조사 panel studies, 코호트조사 cohort studies 등이 포함된다. 추세(경향)조사는 조사 대상자들의 일반적인 특성이 시간에 따라 변하는 경향을 보려는 것으로서, 인구추이조사나 특정 인구집단에 대한 주기적인 생활실태조사 등이 그 예가 된다. 패널조사는 특정한 범주에 속하는 사람들 중 일부를 조사 대상으로 선정하여 이들을 추적하며 일정한 간격으로 반복 조사하는 것이다. 추세(경향)조사와 패널조사는 특정 인구집단을 대상으로 한 주기적인 조사라는 공통점이 있지만 자료 수집 방법에는 차이가 있다. 전자는 조사의 표본이 계속 바뀌는 반면, 후자는

---

5 이러한 사회지표의 의의와 유형 및 활용법에 대해서는 9장에서 자세히 다룬 바 있다.

원칙적으로 바뀌지 않는다. 코호트조사는 특정 세대의 시간에 따른 변화를 조사하는 것이다. 예컨대 베이비 붐 세대의 처지나 행동 등이 세월에 따라 어떻게 변화하는지 알고 싶다면 코호트조사를 실시한다.

국내에서 생산되는 종단적 조사자료들 중에는 정부가 법적 근거를 마련하여 정기적으로 실시하고 생산하는 실태조사자료가 있는데, 이 자료들은 지역사회사정을 위한 기초자료로 활용할 가치가 높다. 현재 사회복지 관련 정부 부처를 통해 정기적으로 발표되는 실태조사 가운데 보건복지부와 여성가족부가 주관하는 대표적인 조사들을 나열하면 표 10-1과 같이 정리할 수 있다. 이러한 자료들은 조사 대상 인구층의 문제나 욕구 등에 관한 추이를 종단적으로 파악

표 10-1 사회복지 관련 실태조사 사례

소관 부처	실태조사명	법적 근거	조사 주기(년)	개시 연도
보건 복지부	기초생활보장 실태조사	국민기초생활보장법	3	2015
	노인 실태조사	노인복지법	3	2008
	장애인 실태조사	장애인복지법	5→3	1980
	아동종합 실태조사	아동복지법	5	2008
	보육 실태조사	영유아보육법	5→3	2004
	국민보건의료 실태조사	보건의료기본법	5	2006
	정신질환 실태조사	정신보건법	5	2001
	노숙인 등의 실태조사	노숙인 등의 복지 및 자립지원에 관한 법률	5	2016
	사회서비스수요공급 실태조사	-	2	2009
여성 가족부	청소년종합 실태조사	청소년기본법	3	2011
	청소년 매체이용 및 유해환경 실태조사	청소년보호법	2	2016
	가족 실태조사	건강가정기본법	5	2005
	한부모가족 실태조사	한부모가족지원법	3	2012
	경력단절여성 등의 경제활동 실태조사	경력단절여성 등 경제활동촉진법	3	2013
	전국다문화가족 실태조사	다문화가족지원법	3	2009
	가정폭력 실태조사	가정폭력방지 및 피해자보호 등에 관한 법률	3	2007
	성폭력 실태조사	성폭력방지 및 피해자보호 등에 관한 법률	3	2007

출처: 보건복지부 및 여성가족부 홈페이지

하거나 횡단적으로 비교하는 데 활용할 수 있다는 점에서 매우 유용하다.

패널조사자료는 주요 국책연구기관에서 매년 혹은 격년 주기로 생산한다. 이 자료들은 사회복지의 주된 대상이 되는 인구집단에 속한 개인을 자료수집 단위로 삼고 있으며, 종단적 · 횡단적 비교분석에 유용하게 활용될 수 있다. 지역사회사정에 활용 가능한 주요 패널자료는 표 10-2와 같다. 이러한 조사자료들은 대부분 데이터베이스로 구축되어있어 자료생산기관의 협조를 구하는 소정의 절차를 거친다면 인터넷 등을 통해 원자료를 제공받을 수 있다.

각종 디지털 정보가 넘쳐나는 오늘날에는 이른바 빅데이터^{big data}도 지역사회사정에 활용될 여지가 크다. 빅데이터란 그 종류나 규모가 너무나 다양하고 방대하며 생산 속도가 매우 빨라서 기존의 도구나 방법으로 저장, 수집, 분석하는 것이 어려운 정형 및 비정형 데이터들을 가리키는 말이다. 이러한 데이터에는 수치화된 데이터뿐 아니라 문자와 영상 형태의 데이터도 있다. 빅데이터를 효과적으로 활용하면 지역사회의 상황을 이해하는 것을 넘어, 주변 상황의 변

표 10-2 사회복지 관련 패널조사 사례

연구기관	패널명	시작 연도	조사 주기	원표본 수
국민연금연구원	국민노후보장패널 05패널	2005	격년	5,110가구
	국민노후보장패널 13패널	2013	격년	5,010가구
육아정책연구소	한국아동패널	2008	매년	2,150가구
한국고용정보원	한국청년패널 1차 프로젝트	2001	매년	5,956명
	한국청년패널 2차 프로젝트	2007	매년	10,206명
	한국고령화연구패널	2006	격년	10,000명
한국노동연구원	한국노동패널	1998	매년	6,700가구
한국보건사회연구원	한국의료패널	2008	매년	8,000가구
	한국복지패널	2006	매년	7,000가구
한국여성정책연구원	한국여성가족패널	2007	격년	9,068가구
한국장애인고용공단	장애인고용패널	2008	매년	5,092명
한국청소년정책연구원	한국아동청소년패널	2010	매년	7,061명

출처: 각 연구기관 홈페이지

화와 그것이 지역사회에 미칠 영향을 예측하는 것도 가능하다. 심지어 위치정보나 SNS 반응 등을 종합적으로 결합하면 사람들의 행동과 생각 및 의식까지도 분석하거나 예측할 수 있다.

2) 주민의견 수렴법

(1) 서베이

서베이survey는 설문지를 이용하여 지역사회 및 응답자에 관한 일차적인 자료를 획득하는 가장 일반적인 방법으로, 통상 '설문조사'라 불린다. 설문지는 조사 목적에 따라 내용이 구성되며, 구조화된structured 형태를 띤다. 구조화되었다는 것은 응답자에게 묻고자 하는 질문들의 내용과 형식 및 순서, 응답방식 등이 미리 정교하게 구성되어있다는 것을 뜻한다. 연구 목적에 따라서는 선행 연구에서 개발되어 신뢰도 및 타당도 검정을 거친 척도를 활용할 수도 있다.

자료수집 방법으로는 개별면접, 전화면접, 우편이나 전자우편, 혹은 인터넷까지 폭넓게 활용할 수 있다. 서베이에서는 설문지의 내용이나 형식은 물론이고, 조사의 범위나 규모에 따라서 조사 결과가 달라질 수 있으므로 여러 가지를 고려한 세심한 설계가 요구된다. 서베이는 오류를 최소화하는 정밀한 조사 설계와 자료수집이 이루어질 경우 지역사회 상황을 객관적이고 타당성 있게 파악할 수 있다. 그러나 시간과 비용이 많이 소요되며, 조사 과정에서 응답자들의 기대감을 자극할 우려가 있는 등의 단점도 있다.

(2) 면접법

여기서 말하는 면접이란 서베이에서 실시하는 설문조사 형식의 면접이 아닌, '심층면접' 혹은 '질적 면접'이라 부르는 면접을 일컫는다. 이러한 면접은 조사자가 일정한 목적을 가지고 진행한다. 면접의 형식은 비공식적이며, 반구조화된semi-structured 혹은 느슨하게 구조화된loosely structured 형태를 띤다.

면접에서는 심층적 수준에서 대화가 이루어지기 때문에 서베이와 같은 실증적 성격의 조사에서는 포착할 수 없는, 민감한 상황에 대한 정보와 비언어적

메시지 및 내면적 반응 등을 포착할 수 있다. 그러나 조사자가 이러한 정보들을 효과적으로 끌어내고 문제나 욕구를 적절히 사정하려면 피면접자의 선택, 면접의 진행, 면접 결과의 정리와 해석 등에서 치밀함, 민감성, 순발력과 같은 능력을 갖추어야 한다. 그뿐만 아니라 면접자나 피면접자가 편견으로 사실을 왜곡하여 인식하는 일이 없도록 주의할 필요가 있다.

면접법은 피면접자와 1대1로 진행되는 개인면접법과 특정 집단을 대상으로 집단상황을 활용하며 진행되는 집단면접법으로 구분할 수 있다. 지역사회 사정에서는 대개 집단면접법이 더 많이 활용된다.

집단면접의 대표적인 예가 초점집단면접^{FGI: focus group interview}이다. 초점집단면접은 소수의 응답자들로 인위적으로 구성된 초점집단을 대상으로 한다. 여기서 면접 진행자는 자연스러운 분위기에서 대화를 이끌어가며 관심 주제에 대한 지역사회의 태도나 견해 등의 심층적 정보를 수집한다. 초점집단면접은 독립적인 사정의 방법으로 활용할 수도 있고, 다른 질적 및 양적 사정에 보조적인 방법으로 활용할 수도 있다(Morgan/김성재 외 역, 2007).

초점집단은 다루고자 하는 주제에 대한 욕구나 관심 혹은 경험이 있는 사람 10명 내외로 구성하는 것이 적당하며, 보통은 연령이나 사회경제적 지위 등에서 동질성을 띤 사람들로 구성한다. 이질성이 클 경우 주제에서 벗어난 논쟁이 발생할 가능성이 높으며, 이러한 논쟁은 목적 달성에 방해가 되기 때문이다. 면접을 위한 질문은 보통 비구조화된 형식을 띠며, 진행 시간은 1~3시간 정도가 적절하다. 또한 면접 진행 과정은 참가자의 양해를 얻어 녹음이나 녹화를 하는 것이 바람직하다. 면접 진행자는 주제에 대한 이해도가 높으며, 경험과 의사소통 능력이 풍부하고, 이야기 진행의 흐름을 잘 파악하고 조정할 수 있어야 한다(Maurer, 2002).

초점집단면접은 다음과 같은 장점이 있다. 첫째, 피면접자가 다른 사람의 이야기를 듣는 과정에서 개별면접에서는 생각해낼 수 없는 창의적인 아이디어를 표출할 수 있어 다양하고 풍부한 정보를 얻는 데 도움이 된다. 둘째, 서베이나 관찰 등을 통해서는 알아낼 수 없는 미묘한 내면적 반응이나 비언어적으로 표현되는 반응 및 집단 내 상호작용 등을 포착할 수 있다. 셋째, 참여관찰과 같은 방법에 비해 짧은 기간에 적은 비용으로 실시할 수 있다.

반면 다음과 같은 단점도 있다. 첫째, 소수의 집단으로부터 수집된 정보로 지역사회 전반의 상황을 판단할 수는 없으므로 활용이 제한적이다. 둘째, 면접 진행 과정부터 수집된 정보의 해석 과정까지, 연구 책임자나 면접 진행자의 의도나 주관적 관점이 개입될 여지가 크다. 셋째, 인위적으로 조성된 상황에서 면접이 진행되기 때문에 참여자들의 생각과 행동이 자연스러운 상태에서 관찰된 것과 다를 수 있다(Berkowitz, 2019; Rotary International, 2018).

(3) 주민 회합

지역사회사정을 위해 다수 주민의 의견을 청취하고 수렴하는 방법에는 여러 가지가 있으며, 대표적인 예로는 지역사회포럼 community forum, 타운홀 미팅 town hall meeting, 라운드테이블 roundtable 등을 들 수 있다.

지역사회포럼은 지역사회 구성원들이 가진 가치나 태도 혹은 견해 등을 직접 청취함으로써 지역사회의 욕구와 자산에 관한 정보 또는 자료를 수집하는 방법으로, 공중포럼 public forum 으로도 불린다. 지역사회포럼은 지역사회사정의 후속 작업을 위한 근거를 마련하는 첫걸음으로 활용되는 것이 일반적이다. 이 방법은 특정한 이슈를 중심으로 진행될 수도 있고, 다양한 문제를 발굴하고 그 해결방안을 찾기 위해 실시될 수도 있다. 지역사회에 대한 통찰력을 얻을 수 있을 뿐 아니라 향후 개입활동에 협조를 구할 만한 지역주민을 파악하는 기회로도 활용할 수 있다는 점에서 가치가 있다.

지역사회포럼의 장점은 다음과 같다. 첫째, 포럼이 시작되기 전까지는 수집될 정보의 내용을 결정하거나 예측할 수 없으므로 자유로운 의견 도출이 가능하다. 둘째, 개별적인 조사에서는 얻기 힘든 지역사회 분위기를 파악할 수 있다. 셋째, 서베이에 비해 비용이 적게 든다. 반면 단점으로는 첫째, 수집되는 자료가 지나치게 광범위하거나 반대로 지나치게 편협할 수 있다. 둘째, 주민의 참석 여부를 통제할 수 없으므로 조사의 대표성 확보가 어렵다(Francisco and Schultz, 2018).

타운홀 미팅은 오래전부터 미국의 선출직 관료나 지방의회 의원이 타운홀, 즉 청사에 주민을 초청하여 주요 현안에 대한 의견을 듣는 참여 민주주의 방식의 비공식적 행사로 활용되어 왔다. 요즈음은 장소와 무관하게 주민 다수의 의견을 청취하고 수렴하는 공개 토론회 형식을 일컫는 용어로 쓰인다. 혹은 'e-타운홀 미팅'이라 하여 인터넷이나 SNS를 통해 의견을 수렴하기도 한다. 타운홀 미팅은 원래 정치적·행정적 목적에서 시작되었으나 사회복지사의 실천적 개입을 위한 지역사회사정의 방법으로도 활용할 수 있다.

라운드테이블은 서로 다른 의견을 가진 소수의 정치인이나 전문가들이 둥근 테이블에 둘러앉아 토론을 벌이는 것을 가리키는 용어로 쓰여왔다. 그러나 최근에는 지역사회 현안에 관한 전문가들의 공개토론이나 주민들의 의견을 폭넓게 청취하는 방법을 가리키는 용어로도 쓰이고 있다. 주민 의견을 청취하는 라운드테이블의 경우 넓은 집회 공간에 참석한 주민들이 관심사에 따라 둥글게 둘러앉아 의견을 교환하고, 논의된 바를 전체 집회 참가자들과 공유하는 방식으로 진행된다. 또한 타운홀 미팅처럼 정치적·행정적 쟁점을 다루기 위해 많이 활용되나, 실천적 개입을 위한 사정의 과정에서 지역사회 현안에 관한 정보수집의 방편으로도 활용된다. 보통 '라운드테이블'로 약칭되기도 하고 '라운드테이블' 뒤에 회합을 뜻하는 '미팅', '포럼', '컨퍼런스(conference)' 등을 붙여 부르기도 한다.

이러한 다양한 형식의 주민 회합에 참여할 기회는 지역사회의 모든 사람에게 개방되는 것이 바람직하다. 또한 회합의 목적을 효과적으로 달성하려면 진행자가 능숙한 수완을 갖추어야 한다. 다양한 사람의 의견을 듣고 대표성을 띤 견해를 확보하기 위해서는 장소를 달리하여 여러 차례 진행할 수도 있다.

장소와 시간을 정할 때는 참가자의 접근성과 편의를 고려해야 하며, 필요시에는 교통수단을 지원할 수도 있다. 또한 회합의 실시 계획이 여러 매체와 경로를 통해 사전에 충분히 고지되어야 하며, 개별적인 접촉을 통하여 참여를 독려하는 노력도 필요하다. 행사장에서는 가벼운

문화도시로 나가야 할 방향에 대해 문화·예술단체 회원과 서귀포시민들이 고민하는 자리가 열렸다. 사진은 '2019 문화도시 시민 라운드 테이블' 모습이다. ⓒ 제주일보

다과를 제공하는 것도 권할 만하다. 참가자들끼리 어우러지고 친숙해지는 분위기를 만드는 효과가 있기 때문이다.

참가자 수에 특별히 제한을 두지는 않으나, 지역사회포럼은 30~40명 선이 적절하다. 참가자 수가 그보다 많으면 소그룹으로 나누어 진행하는 것이 좋다. 회합의 모든 절차가 끝난 후에는 논의 결과를 요약하여 참가자들에게 감사의 글과 함께 통지하여 지속적인 관심을 유도한다(Francisco and Schultz, 2018).

(4) 주요 정보 제공자 조사

주요 정보 제공자key informants 조사는 지역문제에 대한 정보를 가장 적절히 파악하고 있다고 여겨지는 지역사회 주요 인사들을 대상으로 조사를 실시하는 방법이다. 주요 정보 제공자의 범주에는 이슈별 이해관계자 외에 서비스 제공자, 지역사회 지도자, 선출직 공무원, 사회단체의 장 등 다양한 부류의 사람들이 포함될 수 있다(North Dakota Department of Health 홈페이지). 이러한 사람들은 지역사회 내의 여러 조직체와 연관되어 있어서, 자신이 가진 정보를 제공할 뿐만 아니라 다른 정보 출처를 연결해줄 수도 있다.

조사 대상자를 선정할 때에는 지역사회 내 다양한 집단과 기관을 대표할 만하며 조사 쟁점에 관한 식견이 깊은 사람을 망라하되, 지역사회 사정에 밝은 주변 사람으로부터 자문을 받는 것이 좋다. 주요 정보 제공자를 얼마나 선정할지는 지역사회 규모나 조사 주제에 따라 다르므로 절대적으로 좋은 수치란 없다. 그렇기에 처음부터 인원을 크게 잡지 않고 조사를 진행하는 과정에서 눈덩이snowball 방식으로 대상자를 확대해가는 것이 바람직하다(Maurer, 2002).

조사 실시 방법으로는 포럼이나 서베이 혹은 심층면접 등이 모두 가능하며, 초점집단면접이나 델파이법을 적용할 수도 있다. 서베이의 경우 인쇄된 설문지를 사용할 수도 있고, 전화나 인터넷을 활용할 수도 있다. 일반적으로는 심층면접이나 초점집단면접과 같은 면접 방식이 많이 채택된다.

주요 정보 제공자 조사는 지역사회복지실천의 과정 전반에 걸쳐 실행될 수 있다. 다만 주민들에 대한 조사를 본격적으로 설계하기 전 미리 정보를 수집하는 데 도움이 되기 때문에 초기 사정 단계에서 그 중요성이 특히 더 부각

된다. 또한 주민조사가 끝난 후 조사 결과의 의미를 분석하거나 해석하고자 할 때에도 활용될 수 있다.

비교적 비용이 적게 든다는 점과 다른 방법보다 질적으로 심도 있는 사정이 가능하다는 점이 이 방법의 장점이다. 반면에 주요 정보 제공자와 조사자의 사적인 관계가 수집되는 정보에 영향을 끼칠 수 있고, 주요 정보 제공자 개인의 주관이 부각될 우려가 있으며, 지역문제에 대한 식견이 있으나 외부에 잘 알려지지 않은 인물이 조사 대상에서 누락될 가능성이 있고, 지역사회 상황에 대한 간접적이며 보완적인 자료수집에 그칠 수 있다는 등의 단점도 있다(US-AID, 1996).

(5) 명목집단 기법

명목집단 기법^{nominal group technique}은 중요한 이슈들이 너무 많아서 그중 어느 것을 선택해야 할지 결정하기 어려운 상황에서 활용하기 좋다. 명목집단 기법은 '필요 이상의 토의^{undue deliberation}' 없이 모든 참여자들이 자신의 의사를 개진할 수 있게 함으로써 이슈들 사이에 우선순위를 정한다. 명목집단 기법은 대개 다음과 같은 진행 단계를 거친다(North Dakota Department of Health 홈페이지).

① 논의 과제가 집단에 구두 및 서면의 형태로 제시된다.
② 각 참가자는 집단 전체와 공유하고자 하는 사항을 나열하여 작성한다. 각 항목은 구체적이어야 하며, 간략히 기술된다.
③ 참가자들이 돌아가며 한 항목씩 발표하고, 발표된 사항들을 큰 종이에 일련번호와 함께 기록한다. 준비한 내용이 모두 발표될 때까지 이 과정을 계속한다. 이렇게 돌아가며 하나씩 발표하는 것은 각 참가자들에게 동등한 참여를 보장하고, 중복되는 의견을 취합하기 위함이다.
④ 기록 후에는 부연설명을 요청하여 들을 수 있다. 조사자는 토론이 격화되지 않도록 하며, 토론으로 합의를 끌어낼 필요도 없다.
⑤ 각 참가자가 자신이 가장 중요하다고 생각하는 항목을 진행자가 요청하는 개수만큼 기록한다.
⑥ 집계 결과가 지나치게 분산되면, ④~⑤를 반복할 수 있다.

⑦ 우선순위가 높은 항목들을 선별하여 이를 중심으로 향후 일의 추진 방향을 결정한다.

(6) 델파이법

델파이법[Delphi Method]은 특정한 주제에 대해 전문가 집단의 견해를 도출하고 이를 종합하여 집단적으로 판단하고자 할 때 유용한 방법이다. 대면적인 회합이 없는 상태에서 집단적인 상호작용 효과를 얻고자 할 때, 혹은 반대 견해를 가진 사람들이 직접적으로 맞대응함으로써 의견 수렴이 어려워지는 상황을 피하고자 할 때 사용한다. 이 방법은 추정하려는 문제에 대한 정확한 정보가 없을 때에는 다수의 판단이 소수의 판단보다 정확하다는 계량적 객관성의 원리와 민주적 의사결정의 원리에 논리적 근거를 두고 있다(이종성, 2006).

의견 수렴에 참가하는 전문가를 보통 패널[panel]이라고 부르는데, 패널의 수는 10~15명이 적당하다. 델파이법은 패널들이 대면접촉을 하지 않은 상태로 의사소통을 하는 효과를 끌어내기 위해 독특한 방식으로 소통하고 의견을 수렴한다. 첫째, 대면 회합이 아닌 우편이나 전자우편의 방법으로 의견 수집과 피드백을 반복하여 의견을 수렴한다. 둘째, 패널들의 응답을 통계적으로 처리한다. 셋째, 패널들 사이에 상호 익명성을 유지한다. 즉, 패널 간 의사소통이 구술 언어가 아닌 문서를 통해 조사자를 거쳐 간접적으로 이루어지는 것이 특징이다. 델파이법의 일반적인 절차를 요약하여 설명하면 다음과 같다.

① 관심 주제에 관한 전문적 견해를 가진 적정 수의 패널을 정한다.
② 해당 주제에 관한 패널들의 1차 의견을 수집한다. 이때에는 개방형 질문지를 사용할 수도 있다.
③ 패널들의 1차 의견을 정리하고 피드백하여 2차 의견을 수집한다. 이 단계부터 질문지는 점점 구조화된 폐쇄형으로 발전한다.
④ 의견이 수렴되었다고 판단될 때까지 의견 수집과 정리 및 피드백의 과정을 반복한다.

각 단계에서 수집된 패널들의 의견을 정리할 때에는 의견이 집중되거나 분산된 정도를 통계적으로 처리한다. 그리고 그 결과를 각 패널에게 피드백하여 다음 질문지에서 자신의 견해를 수정할지를 결정하는 데 참고하게 한다.

이 방법은 다음과 같은 장점이 있다. 첫째, 참여 패널들의 익명성이 보장되어 각자 자유로이 의견을 개진할 수 있으므로 시류편승 효과bandwagon effect나 후광효과halo effect를 최소화할 수 있다. 둘째, 규칙적인 피드백을 통해 패널 간 견해 차이를 수렴할 수 있다. 셋째, 의견 수렴을 위해 따로 시간과 장소를 정하여 모이지 않아도 되므로 목적을 효과적으로 달성할 수 있다. 반면, 패널의 선정과 응답 내용의 정리 및 추가 질문서 작성 등에 치밀함이 요구되며, 패널들이 거듭되는 조사에도 이탈하지 않도록 관리하는 일에도 힘을 기울여야 한다는 어려움도 있다.

(7) 브레인스토밍과 브레인라이팅

브레인스토밍brainstorming은 집단을 활용하여 창의적 발상을 끌어내는 방법이다. 집단 구성원들이 자발적이고 자연스러운 환경에서 특정 주제에 관한 아이디어들을 제시하고, 이를 통해 해당 주제에 관한 해답을 찾고자 할 때 활용된다. '브레인스토밍'이라는 용어는 1930년에 알렉스 오즈번Alex Osborn이 『상상력의 응용Applied Imagination』이라는 책에서 사용한 이래로 널리 쓰이게 되었다고 알려져 있다. 현재까지도 여기에서 파생된 숱한 방법들이 개발되고 활용되고 있다. 브레인스토밍의 가장 보편적인 진행 절차는 대략 다음과 같다.

① 준비 단계에서는 자유롭고 편안한 분위기를 조성하면서 모임의 목적과 진행 방법을 설명한다. 참가자들이 많을 경우 10명 내외의 소그룹으로 나눈다.
② 아이디어를 쏟아내는 단계에서는 모든 참가자가 자유롭게 아이디어를 발표하게 하고, 진행자는 참가자들이 그것을 볼 수 있게 적절한 형태로 시각화한다. 이때 중요한 것은 다른 사람의 아이디어를 비판하지 않는다는 것이며, 질보다 양을 중시한다는 점이다.
③ 아이디어 정리 단계에서는 제시된 아이디어들을 참가자들과 함께 분류한다.
④ 최종 아이디어 결정 단계에서는 각각의 아이디어에 대한 참가자들의 개별적 평가를 수렴하여 최종 아이디어를 정한다.

말로써 아이디어를 모으는 브레인스토밍과 달리, 브레인라이팅[brainwriting]은 글로써 아이디어를 모으는 방법이다. 모든 참여자에게 자신의 생각이나 견해를 표현할 기회가 공평하게 주어지므로, 집단 구성원들이 적극적으로 참여할 수 있다. 브레인라이팅은 참여자들이 자신의 생각을 자유롭게 작성해서 다른 사람의 의견에 덧붙이고, 그 결과를 공유하는 과정을 거쳐 결과를 수렴하는 방식으로 진행된다. 이렇게 하면 주어진 주제에 대한 참여자들의 공감대가 넓어져 다수가 공감할 만한 문제 해결책을 모색할 수 있다.

현장에서는 개인별 의견을 덧붙일 때 포스트잇을 활용하여 의견을 수렴하는 방식으로 브레인라이팅을 실시하는데, 그 절차는 다음과 같다(방연주·안영삼 편, 2017).

① 진행자가 논의할 시간과 공간의 범위를 정한다.
② 각 참여자에게 3~5장씩 포스트잇을 나눠준다.
③ 지역사회의 문제점, 변화가 필요한 사항 등을 각자 포스트잇에 기록하게 한다.
④ 작성한 포스트잇을 모아서 비슷한 내용끼리 분류한다.
⑤ 분류한 결과를 모두가 볼 수 있게 벽면에 게시하여 공유하고 의견을 교환한다.
⑥ 진행자는 참가자들에게 3~5개의 투표용 스티커를 나눠주어 각자 공감하는 의견에 그것을 붙이게 하고, 스티커 수에 따라 최종안을 결정한다.

(8) 참여실행조사

참여실행조사[PAR: Participatory Action Research]는 조사와 실행이 사람들을 대상으로 혹은 사람들을 위해서 이루어지기보다는 그들과 함께 이루어져야 한다는 원칙을 근간으로 하는 지역사회사정의 한 방법이다. 즉, 전문적인 조사자가 특정 조직체를 연구하고 변화시키려는 과정에서 해당 조직체의 구성원들과 전적으로 협력하는 것을 말한다. 그래서 참여실행조사는 참여자들이 조사 전문가인 조력자와 협력하여 지역사회문제 규명, 조사방법 개발, 자료수집, 결과분석 등을 함께하는 형태를 띤다. 이는 사회를 변화시키려는 집합적 노력을 하는 가운데 그 사회를 파악하려 한다는 점에서, 단순히 인간의 행동과 인식을 관찰하고 탐구하는 것과는 구분된다. 요컨대 참여실행조사 실천가들은 '참여', '실행', '조사연구'라는 세 가지 기본요소를 통합하기 위해 협력관계를 조성하는 역할을 한다(Chevalier and Buckles, 2013).

참여실행조사에서 참여자들은 실천가들과 조사와 분석 과정을 함께할 뿐 아니라 문제 해결방법을 모색하고, 조사 결과가 실현되도록 재원을 마련하며, 입법 혹은 정부의 조치를 끌어내기 위한 옹호활동도 한다. 이를 통해 궁극적으로는 지역사회의 억압을 경감시키고 서비스의 질을 향상시키고자 한다.

이러한 특성 때문에 참여실행조사를 조사의 한 방법^{method}이라기보다는 실천적 접근법^{approach}으로 이해하는 관점도 있다. 이 관점에서는 참여실행조사의 핵심 요소들을 다음과 같이 정리한다. 첫째, 변화에 초점을 둔다. 둘째, 상황 의존적^{context-specific}이다. 셋째, 협조^{collaboration}를 강조한다. 넷째, 조사, 실행, 반추^{reflection} 등을 반복한다. 다섯째, 참여자의 역량을 신뢰한다. 여섯째, 참여자의 집합적 노력과 실행을 통해 지식이 창출된다. 일곱째, 자유로운 사유를 존중한다. 여덟째, 조사의 한 '방법'이라기보다는 양적 및 질적 방법을 포함한 다양한 방법을 아우르는 조사의 한 '경향'이다. 아홉째, 개별적 혹은 집단적 변화가 이루어지면 성공한 것으로 간주한다(Wordpress, 2008).

참여실행조사에서는 다양한 자료수집 방법을 활용할 수 있다. 서베이, 참여관찰, 면접, 지도 그리기, 도해^{diagramming}, 집단활동 및 집단토론 등이 그 예이다. 조사방법을 양적 방법과 질적 방법으로 구분하는 시각을 적용한다면 둘을 포괄한다고 볼 수 있겠으나, 참여자들이 지각하는 바를 조사 실시 및 자료분석과 결부시킨다는 점, 지배문화의 외곽에 있는 연구 대상 집단의 경험과 문화를 이해할 수 있게 해준다는 점에서 통상 질적 연구의 하나로 여겨진다.

참여실행조사는 조사 과정 내지 프로그램에 대한 참여자의 주체적 인식을 증대시킬 뿐 아니라 수집된 자료의 활용 가능성을 높인다. 나아가 이후에 선택될 프로그램이나 개입활동이 주민의 욕구를 충족시키는 데 기여할 가능성을 높이며, 참여자들의 전반적인 역량을 강화하는 등의 긍정적인 효과를 가져올 수 있다. 다만 참여자들 사이에 불신과 갈등이 야기될 수 있고, 목표·사명·추진방법 등에 대한 합의를 이루는 데 오랜 기간이 소요될 수 있으며, 조사자와 참여자가 조사방법·자료수집·분석 등에 관한 훈련을 해야 하고, 조사 과정의 집행과 조정, 과업수행 후속 조치 등이 요구된다는 단점도 있다. 또한 이상의 모든 일을 하기 위한 비용과 조직기구가 필요하고 현실적으로 적용할 수 있는 조사 결과를 만들어내야 한다는 등의 부담 요인도 있다. 참여실행조사를 성공적으로 해내기 위해서는 조사자가 대인관계를 조정하는 기술, 문화적 안목 cultural competency, 집단 내 조정과 합의를 조성하는 능력, 일반적인 조사 분석의 기술, 서비스 전달체계와 지역사회의 과정, 힘, 정치·경제체제 등에 관한 지식 등을 갖추어야 한다(MacDonald, 2012).

3) 상황정보 활용법

기존의 자료를 분석하거나 지역사회 구성원들을 접촉하는 방법 외에, 지역사회가 처한 객관적인 상황에 관한 정보와 자료를 다양한 수단을 통해 직접 수집하고 분석하는 방법도 지역사회사정에서 유용하게 활용할 수 있다. 여기서는 이렇게 입수되는 정보를 상황정보 situational informations 로 명명한다. 이러한 정보들은 지역사회의 문제와 욕구를 좌우하는 맥락적 요인이 될 수도 있고, 지역사회의 자산의 일부로 기능할 수도 있다. 상황정보 활용법으로 분류될 수 있는 사정 방법으로는 다음과 같은 것들이 있다.

(1) 관찰법

관찰법 observational method 이란 지역사회에서 발생하는 사건과 이에 대한 구성원들의 반응 등에 대한 정보를 목격한 그대로 기록하고 분석함으로써 사회현상에 대한 체계적인 지식을 얻는 방법이다. 관찰법은 관찰 대상이 되는 현상이나 사람에 개입하지 않는다는 것이 중요한 특징이다.

관찰법의 가장 큰 장점은 조사 대상자의 상황이나 반응을 있는 그대로 포착할 수 있고, 조사에 비협조적이거나 표현 능력이 부족한 조사 대상자에 대한 정보수집이 용이하다는 것이다. 반면 적용이 불가능한 집단이 존재할 수 있고, 관찰자가 객관성을 잃을 우려가 있으며, 한 번 발생한 사건은 똑같이 반복되지 않기에 관찰로 얻은 정보의 표준화가 어렵고, 시간과 노력이 많이 들며, 동시에 여러 장면을 관찰하는 것이 불가능하고, 대상자의 내면적 상황이나 과거의 사실에 대한 정보수집이 어렵다는 제한점이 있다(김석용, 2012). 관찰법은 탐색적 조사의 형태, 다른 자료수집 방법에 대한 보완적 방법, 설명적 연구를 위한 주요 자료수집 방법 등으로 이용될 수 있다.

관찰법은 그 용도나 실시방법에 따라 다양하게 분류된다. 첫째, 관찰 대상과 관찰방법 및 기록방법 등을 명확히 세워 실시하는 '구조화된 관찰'과 그렇지 않은 '비구조화된 관찰'로 구분할 수 있다. 전자는 관찰자에 따른 편의[bias] 발생의 여지를 줄여 자료의 신뢰성이 높다는 장점이 있고, 후자는 관찰자의 판단을 중시하기 때문에 탐색적 연구에 적합하다. 둘째, 관찰 대상자들의 일상생활에 참여하는 '참여관찰'과 아웃사이더로서 관찰하는 '비참여관찰' 및 이 둘을 절충한 '준참여관찰'로 구분할 수 있다. 셋째, 연구자의 신분과 연구 사실의 공개 여부에 따라 '비공개적 관찰'과 '공개적 관찰'로 나눌 수 있다. 연구 사실을 숨기는 비공개적 관찰의 경우 관찰 대상자가 관찰되고 있다는 사실을 모르기 때문에 보다 자연스러운 상태에서 관찰이 이루어질 수 있다. 넷째, 관찰 환경의 인위적 조작 여부에 따라 '자연적 관찰법'과 '인위적 관찰법'으로 구분할 수 있다. 전자는 자연스러운 상태에서 사실을 파악할 수 있다는 장점이 있는 반면에, 관찰하려는 상황이 발생하기까지 기다려야 하므로 시간이나 비용이 많이 들고 간혹 중요한 장면을 놓칠 수도 있다는 단점이 있다. 후자는 실험적인 상황에서 피험자의 반응을 관측하는 방법이기 때문에 지역사회사정에서 활용될 여지가 적다. 이 밖에 특정 행동이 일어나는 시점에 하는 '직접관찰'과 사후에 유추 가능한 모습을 관찰하는 '간접관찰'로 구분하기도 한다.

관찰법의 다양한 유형 중 지역사회사정에 적용하기에 가장 유용한 참여관찰에 대해 자세히 살펴보고자 한다. 참여관찰은 사정하려는 지역사회의 일상에 직접 뛰어들어 연구자 자신을 연구의 도구로 활용한다. 연구자는 자연스러운 상태에서 관찰하되, 분명한 목적의식을 지니고 조사를 진행해야 한다.

참여관찰은 앞서 언급한 관찰법의 일반적인 장점에 더하여 다음과 같은 유용성을 지닌다. 첫째, 지역사회 구성원의 삶에 총체적 시각으로 접근하여 다양한 자료를 획득할 수 있다. 둘째, 충분한 시간적 여유를 가지고 관찰이 진행되어 주민의 경계심이 풀리고 서로 친숙해질 경우, 지역사회 구성원의 부자연스러운 반응행동이 줄어들기 때문에 원하는 정보나 자료를 얻는 데 유리하다. 셋째, 지역주민의 언어로 질문할 수 있기에 보다 많은 심층적 자료를 수집할 수 있다. 넷째, 이러한 효과들을 통해서 지역사회의 문화 등에 대한 통찰력 있는 이해가 가능해진다. 다섯째, 지역사회 내에서 제도와 기관이 작동하는 형태와 이에 대한 구성원의 반응 등을 심층적으로 파악할 수 있다. 다만 이러한 장점들을 잘 살리기 위해서는 관찰 대상인 지역사회 구성원과의 라포^{rapport} 형성 및 의사소통 기술, 분명한 목표의식, 메모 및 기록 습관과 기억력, 어린아이와 같은 천진한 탐구심, 편견 배제 및 주민과의 거리 유지 같은 기술적인 요건에 유념해야 한다(윤택림, 2013).

(2) 사회네트워크 분석

사회네트워크 분석$^{social\ network\ analysis}$은 개별 분석단위의 행위보다는 이들 사이의 관계를 파악하는 데 초점을 둔다. 따라서 속성형 변수(남성인가 여성인가, 강한가 약한가 등)보다는 관계형 변수(구성원 사이에 소통이 이루어지는 양상, 재화나 정보가 이전되는 양상 등)를 중심으로 분석이 이루어지며, 지역사회 구성원 사이의 관계에서 나타나는 지속성^{durability}, 상호성^{reciprocity}, 강도^{intensity}, 밀도^{density}, 도달성^{reachability}, 중심성^{centrality} 등이 분석의 주요한 관심사가 된다(김영종, 2007). 이러한 분석방법은 관계적 인간관$^{relational\ concept\ of\ man}$에 입각하여, 인간행위와 이에 대한 사회구조의 영향을 설명하려는 사회네트워크이론(김용학, 2004)[6]에 바탕을 두고 있다.

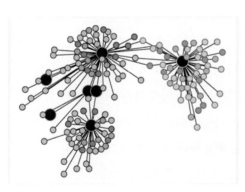

사회네트워크 분석 결과를 제시하는 일반적인 형식. 이를 통해 구성인자들 사이의 관계와 역학을 시각적으로 파악할 수 있다.

사회네트워크 분석은 구성인자들 사이의 관계 파악을 통해 관계역학을 이해할 수 있다는 장점이 있다. 이런 이해를 바탕으로 지역사회 전체 혹은 각 구성인자들의 변화를 위한 처방, 실천, 결과 평가 등이 용이하게 이루어질 수 있다. 단점은 구성인자들 사

---

6   김용학(2004)에서는 '사회 연결망 이론'이라 쓰고 있으나, 여기에서는 이 책의 3장에서 사용하는 용어와
     통일성을 유지하기 위해 '사회네트워크이론'으로 표기하였다.

이의 관계에 관한 타당성 있는 자료수집이 어렵다는 점이다. 아무리 조사도구를 엄밀하게 구성한다 하더라도 지역사회 내의 복잡한 관계를 정밀하게 포착해내기란 쉽지 않다. 또한 사회관계성의 형태morphology 혹은 사회적 연결의 패턴patterns of social linkages을 도식화하여 분석할 때 자료수집의 범위가 지나치게 넓어지면 분석 결과가 너무 복잡하게 구현되어 이를 해석하는 것이 어려워지기도 한다(김용학, 2004; 김영종, 2007).

(3) 역장분석

역장분석force field analysis은 지역사회의 변화를 겨냥하면서, 이에 영향을 미칠 만한 세력들 사이에 힘이 작용하는 형태를 도식화하여 분석하려는 시도이다. 이것은 사회과학과 물리학을 결합하려 했던 쿠르트 레빈Kurt Lewin의 변화관리모델change management model7을 바탕으로 발전된 것으로 알려져 있다(Connelly, 2017). 역장분석은 ① 욕구, ② 목표, ③ 변화제약세력RF: Restraining Forces against Change, ④ 변화

변화추진세력 DF	점수		변화제약세력 RF	점수
도 단위 협의회의 관심과 지원	3	□□군 사회복지협의회 설립을 통한 민간 부문 사회복지 역량 결집	참여 가능한 단체의 수적 기반 취약성	4
지자체의 재정 지원 의사	5		부족한 조직화 및 동원 경험	3
일부 단체의 적극적 관심	4		소수 유력 인사의 부정적 태도	3
■■■	2		▲▲▲	2
□□□	2		△△△	1
계	16		계	13

그림 10-2 역장분석표의 예

---

7   레빈은 변화관리모델에서 성공적인 변화가 이루어지는 경로를 ① Unfreeze(해빙), ② Change(변화), ③ Freeze(결빙) 혹은 Refreeze(재결빙) 등의 세 단계로 구분하여 제시한 바 있다. 역장분석은 해빙 단계에서 이루어진다. 이 모델은 변화 단계를 과도하게 단순화했다는 비판을 받기도 하지만, 여전히 많은 사람들에 의해 인용 혹은 적용되고 있다.

추진세력 DF: Driving Forces for Change, ⑤ 행동주체 actor 등의 5개 요소를 중심으로 지역사회의 변화 조건을 도식화함으로써, 조직체 혹은 개인의 환경 가운데 무엇이 변화될 필요가 있는지를 이해하는 데 유용한 전략적 도구이다. 역장분석을 진행하는 절차를 요약하면 다음과 같다.

① 변화의 목표 혹은 비전을 정하여 표의 중앙에 기입한다. 현재의 상태와 욕구 등을 함께 기입할 수도 있다.
② 변화추진세력과 변화제약세력을 표의 양측에 구분하여 각각 나열한다.
③ 변화추진세력과 변화제약세력에 속한 각 세부 세력들의 강도를 평가하여 개별 점수를 기입한다. 점수 부여 방식은 임의로 정한다.
④ 이렇게 작성된 표를 변화추진팀이 공유하고 이에 대해 토론하여 지역사회 변화를 위한 전략 수립에 반영한다.

역장분석은 변화의 목표와 욕구, 변화에 긍정적이거나 부정적으로 작용하는 세력들의 구성과 강도 등을 한눈에 파악할 수 있다는 장점이 있지만, 변화추진세력 및 변화제약세력에 대한 평가가 주관적으로 이루어질 수 있다는 단점이 있다. 그리고 모델을 적용하기 어려운 상황들이 있어서 활용 범위가 그다지 넓지 않다는 한계도 있다.

(4) SWOT 분석

SWOT 분석은 지역사회가 어떠한 목적 지향적 활동을 할 때 작용할 수 있는 내부적 강점 strengths과 약점 weaknesses, 그리고 외부환경의 긍정적 기회요인 opportunities과 부정적 위협요인 threats을 파악하는 전략적 계획 수립 기법이다. SWOT 분석은 당초에는 사업체나 산업현장에서 주로 활용했던 방식인데, 차츰 다양한 사회활동 영역에까지 확산되었다.

지역사회복지실천의 상황에서 내부적 강점과 약점을 파악할 때 검토될 수 있는 요인들로는 지역사회의 인적자원, 물리적 조건, 재정상황, 현행 프로그램과 기구, 지역사회 구성원들의 경험과 역량 및 의식 등을 들 수 있다. 그리고 외부적 기회요인과 위협요인을 파악할 때는 경제상황, 재정지원 여건, 인구의 동태와 구조, 물리적 조건, 법과 제도, 영향을 미칠 만한 각종 사건, 지역사회복지 실천현장 및 지역문화의 향후 동향 등이 주된 분석요소가 될 수 있다. 이와 같은 분석 작업은 포럼이나 공청회 혹은 인터뷰 등을 거쳐서 수집된 정보를 바탕으로 이루어진다.

SWOT 분석은 목적 달성을 위한 후속활동에 대해 결정을 내릴 때, 또는 실현 가능성 등을 판단하고 대응수단을 모색할 때 참고가 될 유익한 정보를 제공한다는 점에서 의미가 있다. 이 분석틀은 지역사회복지실천의 상황에서 지역사회와 지역사회 내의 조직체들 및 외부 사회환경 등이 사회서비스 제공이나 사회 변화 노력의 성패 여부에 작용할 긍정적 및 부정적 요인들을 밝히는 데 도움이 될 일차적 자료로서 의미를 지닌다. 따라서 사회복지사와 지역사회 구성원들은 SWOT 분석을 하고 그 결과를 함께 검토하는 방식으로 프로그램 발전이나 조직화 전략 이행에 관한 목표를 설정할 수 있다. 또한 지역사회 변화추진기관은 변화를 위한 전략을 수립할 때 고려할 일련의 권고사항을 SWOT 분석 결과에서 도출해낼 수 있다(그림 10-3 참조).

사회복지실천 영역에서 SWOT 분석은 목적달성 가능성을 가늠하고 실현 가능한 목표와 후속 절차들을 설정하는 데 도움이 된다. 이를 통해 실천가들은

		내부 요인	
		강점(S)	약점(W)
		▪ 사회복지사의 높아진 역량 ▪ 축적된 운영 노하우 ▪ 기관에 대한 높은 신뢰도	▪ 불충분한 재정 ▪ 효율적이지 못한 업무체계 ▪ 열악한 종사자 처우
외 부 요 인	기회(O)	공세전략(SO)	강화전략(WO)
	▪ 정부의 적극적 정책 의지 ▪ 높아진 사회적 관심 ▪ 지역사회의 수요 잠재력	▪ 사업수행 역량 진작 ▪ 사업 영역 확대 ▪ 사업의 지속 가능성 제고	▪ 기관의 법적 지위 강화 ▪ 양질의 서비스 환경 확보 ▪ 업무수행 체계 정비
	위협(T)	개발전략(ST)	회피전략(WT)
	▪ 미약한 커뮤니티 의식 ▪ 불안정한 경제상황 ▪ 도정 책임자의 소극적 시각	▪ 부문 간 파트너십 강화 ▪ 서비스 사각지대 해소 ▪ 도정 기조 전환 캠페인	▪ 커뮤니티 의식 회복 주민교육 ▪ 고비용 사업의 저비용 전환 ▪ 종사자 처우개선책 모색

그림 10-3 SWOT 분석 및 변화전략 수립의 예

장기적인 비전을 세울 수 있고, 지역사회의 지속 가능한 변화를 실질적이고 효율적으로 일궈낼 수 있다. 반면 SWOT 분석이 소수의 사람들에 의해 깊이 없이 졸속으로 이루어질 경우, 지역사회의 상황을 잘못 그려내어 실천의 방향을 오도할 수도 있다. 또한 이것이 자칫 기존의 목표 등을 방어하는 방편이 되어 보다 치밀한 사정을 가로막는 명분이 되거나, 지역사회의 복지 증진보다 조직체의 관심사를 우선시하게 되는 원인으로 작용할 수도 있다. 이런 이유들로 인해 SWOT 분석의 실효성을 의심하여 외면하는 경우도 있다.

(5) 답사법

답사법踏査法은 조사자가 시각적 수단을 활용하여 실시할 수 있는 간략한 지역사회사정 방법의 하나이다. 답사법이란 지역사회를 돌아보며 그 전반적인 외형적 특성을 관찰하여 기록하는 방법이다. 넓은 지역을 관찰하려면 차량으로 돌아봐야 하기 때문에 영어로 'windshield survey'라고 부른다. 하지만 지역이 넓지 않거나, 자동차 접근이 마땅치 않거나, 좀 더 자세한 관찰이 필요하다면 걸어서 조사하는 방법을 택할 수 있으며, 이 경우 영어로 'walking survey'라고 표현한다.

차량을 이용하건 걸어서 하건, 답사법의 핵심은 지역사회의 외형적 특성을 전반적으로 파악한다는 점이다. 지역사회에 관한 시각적 정보수집에 역점을 두기에 시각적 사정visual assessment이라고 불리기도 한다. 답사법은 카메라를 주요한 정보 채집 도구로 활용한다.

'windshield survey'의 'windshield'는 자동차의 앞유리를 뜻한다. 자동차를 타고 지역을 돌아보면서 차창을 통해 관찰되는 지역사회 상황정보를 수집하는 방법임을 표현한 것이다.

이 방법은 지역사회의 전반적인 특성과 함께 세부적인 특성을 손쉽고 빠르게 파악하는 데 유용하다. 지역사회 여러 구역들의 상이한 특성이 잘 대비되기 때문에 초점을 둘 곳을 결정하는 데에도 도움이 된다. 또한 실천가가 지역사회에 대한 모종의 '느낌'을 가질 수 있게 해준다. 답사법의 조사대상은 목적에 따라 다르겠지만, 대략 다음과 같은 것들이 중심이 된다(Rabinowitz, 2019a).

① 주택들의 상태

② 도로나 교량 및 가로등 등의 기반시설 상황

③ 산업 및 상업 시설들의 분포와 가동 상황

④ 공원과 같은 공공장소의 분포와 상태

⑤ 옥외행사의 양상

⑥ 구역별 소음이나 분진 수준

⑦ 교통 상황

⑧ 관공서나 학교 혹은 사회복지기관 등 공공성을 띤 건물들의 위치와 상태

⑨ 배회하는 노숙인과 같이 그 밖에 관찰되는 특성 등

조사자는 이들 각각의 현재 수준뿐 아니라, 기대되거나 필요한 수준에 미치지 못하는 정도까지 파악할 필요가 있다. 답사법은 형식에 구애받지 않는 자료수집 방법을 사용하지만 체계적이고 객관적인 자료수집 절차를 준비하면 그만큼 더 효과적으로 자료수집을 할 수 있다. 또한 지역사회의 참여 아래 실시하면 여러 면에서 유익하다. 답사법은 개입의 초기만이 아니라 개입활동이 진행되는 중에도 수시로 이루어질 수 있다.

(6) 지역사회지도 만들기

지역사회지도 만들기 또는 커뮤니티 매핑^{community mapping}이란 대중참여적 지리정보체계^{PPGIS: Public Participatory Geographic Information Systems}로도 불리며, 지역사회의 이슈들을 규명, 이해, 분석, 공지하기 위해 지도 만들기 기술을 활용하는 방법이다. 참여자들이 개별적으로 혹은 집단적으로 지역사회의 지도를 그리고, 여기에 중요하다고 여기는 지점^{points of interest}과 거기에 얼마나 자주 가는지를 표기하는 방식으로 실시된다. 1차 지도가 작성되면, 사정 팀원 중 한 사람이 작성된 지도에 대한 의견 교환을 인도하고, 다른 한 사람은 그 내용을 기록한다. 이렇게 진행되는 지역사회지도 만들기는 지역사회 내에서 벌어지는 일들에 대해 스토리텔링하는 도구로도 활용될 수 있다. 이 방법은 지역사회 구성원들이 별다른 형식을 갖추지 않은 모임의 형태로도 실시할 수 있는가 하면, 이해관계자들^{stake-holders}의 모임 형태로도 실시할 수도 있다.

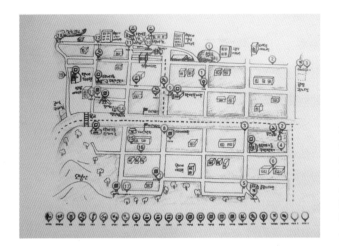

지역주민들이 참여해 함께 만든 지역사회지도는 지역사회의 구체적인 현실을 파악하고 개선시키는 데 활용할 수 있다. 사진은 부산의 반여동여성회가 지역을 둘러보고 그린 마을안전지도이다. ⓒ 반여동여성회

작업 소요시간은 1시간 내지 1시간 반 정도, 참여자는 20명 이내가 바람직하다. 지역사회 구성원이 다양할 경우 모임을 여러 개로 구분하는 것이 좋다. 지역사회지도 만들기가 진행되는 동안 지역사회 구성원들은 현장 자료를 수집하는 역할을 한다. 이는 참여자들의 다양한 시각이 반영되는 동시에 비용과 시간이 크게 소요되지 않는 방법이다. 이때 수집된 자료들은 지역사회의 구체적인 현실을 개선시키는 데 활용할 수 있다. 또한 지역사회지도 만들기를 통해 관심 요충지[hot spot]를 알 수 있기 때문에 개입의 표적을 설정하는 데에도 유익하다(커뮤니티매핑센터 홈페이지).

지역사회지도 만들기는 다음과 같은 긍정적 효과를 지닌다. 첫째, 지역사회 주민들이 참여하여 지도를 만드는 과정에서 지역에 관심을 갖게 된다. 둘째, 지역사회 주민들이 지역사회의 사업을 발굴하고 제안하는 계기가 된다. 셋째, 지역사회 주민들이 지도 주제에 따라 정보를 찾아내는 과정에서 지역문제와 이슈가 더 크게 공론될 수 있다. 넷째, 지역사회 주민들이 만들어낸 지도는 지역사회의 기본계획, 사업계획, 세부계획 수립 등에 바로바로 활용할 수 있다. 다섯째, '커뮤니티 매핑 워크숍'이나 온라인 혹은 모바일 앱을 통해 지역주민들이 의견을 적극적으로 교환하는 장을 만들 수 있다(Rotary International, 2018).

(7) 지리정보체계

지리정보체계[Geographic Information System](이하 GIS)는 모든 유형의 지리적 자료

들을 수집, 저장, 조작, 분석, 관리, 제시하기 위해 설계된 종합적인 정보처리시스템이다. GIS의 핵심 어휘는 '지리'이다. 이것은 공간적 정보를 제공하는 것이 GIS의 주된 특성임을 나타낸다. 다시 말해 GIS는 정보나 자료를 공간적 환경에 시각화하여 나타내고, 이를 지도상의 위치로 조회할 수 있도록 한 것이다. 과거에는 수동 작업으로 지도상에 특정한 정보를 표시하는 방식을 취했지만, 요즈음은 모든 지역 정보를 디지털로 처리하고 저장하며 제공하고 있다. GIS는 2차원의 평면적인 정보뿐 아니라, 3차원의 입체적인 정보를 제공할 수도 있다(오규식·정승현, 2013).

GIS를 구축하기 위해서는 자료의 입력과 처리 및 출력에 필요한 하드웨어와 소프트웨어, 공간 및 형상물에 관한 데이터 등이 필수적이다. 이렇게 구축된 GIS는 시스템 내의 모든 자료들이 인적 및 물적자원을 비롯한 지표면의 형상들을 다룰 수 있다는 점과, 지리적 위치관계를 갖고 있는 공간자료와 속성자료를 연관시키면 더욱 유용한 정보와 지식을 창출할 수 있다는 점이 특징이자 장점이다(이희연, 2004).

나아가 GIS는 문제 해결과 의사결정의 과정에서 유용한 도구로 활용할 수도 있다. GIS가 제공하는 지역적·공간적 자료를 분석함으로써 어떤 특성의 소재지 및 다른 특성들과의 관계, 어떤 특성이 가장 많이 분포하는 곳과 가장 적게 분포하는 곳, 주어진 공간 내에서 어떤 특성이 밀집한 정도, 관심 대상 지역 AOI: Area Of Interest 내에서 벌어지고 있는 일, 어떤 특성이나 현상의 부근에서 일어나고 있는 일, 특정 지역이 시기에 따라 변화되어온 방법과 경로 등을 파악할 수 있기 때문이다(Rabinowitz, 2019b).

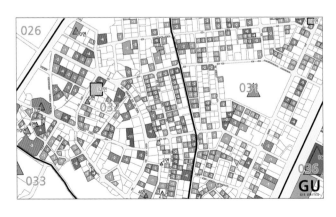

주차 및 안전안심 정책개발을 위한 서울시 도봉구청의 GIS 정책지도이다. ⓒ GIS United/ 도봉구청

지역사회사정의 방법과 기술

- 2차 자료 활용법: 지역사회사정의 초기 단계에서 가장 일반적으로 활용되는 자료수집 방법으로, 이미 생산되고 분석된 문헌자료나 조사자료를 활용하는 방법
- 주민의견 수렴법: 서베이, 면접법, 주민 회합, 주요 정보 제공자 조사, 명목집단 기법, 델파이법, 브레인스토밍과 브레인라이팅, 참여실행조사 등 다양한 수단으로 주민의견을 모으는 방법
- 상황정보 활용법: 관찰법, 사회네트워크 분석, 역장분석, SWOT 분석, 답사법, 지역사회지도 만들기, GIS 등을 통해 지역사회가 처한 객관적인 상황에 관한 정보와 자료를 직접 수집하고 분석하는 방법

제 4 부

지역사회복지실천의 기술

주민 임파워먼트와 조직화

우리나라의 복지현장에서는 2000년대 들어서야 주민조직화에 대한 구체적인 논의와 실천이 이루어졌다. 그 이전까지 사회복지실천은 저소득계층을 지원하는 데 초점을 두었고, 사회복지사가 중심이 되어 문제를 분석하고 프로그램을 제공했다. 즉, 주민은 문제 해결의 주체가 아닌 대상이었다. 이에 따라 지역사회복지실천현장은 점차 시혜적인 서비스의 한계, 자원 부족, 서비스 대상자의 의존성 심화 등에 대한 위기의식을 느끼게 되었다. 동시에 빈곤이나 사회부적응 문제를 개인의 문제를 넘어 제도와 환경의 문제로 보는 인식이 진지하게 검토되었으며, 주민 임파워먼트와 조직화의 중요성이 확산되었다.

이제 사회복지사는 지역사회사정 등을 통해 파악된 지역사회문제를 주민 임파워먼트와 조직화를 활용해 해결하는 전략과 방법을 습득해야 한다. 그동안 문제 해결의 주체가 사회복지사였다면, 이 장에서는 주민이 문제 해결의 당사자임을 인식하여 지역 주민들을 조직하고 지역사회 변화를 이끌어가는 과정과 방법에 대해 탐색한다. 그리고 이를 위해 사회복지사가 갖추어야 할 역량과 역할에 대해 소개한다.

1. 임파워먼트의 개념과 주요 단계

1) 임파워먼트의 개념

지역사회복지실천에서 주민 임파워먼트는 매우 중요한 개념으로 다루어 진다. 일반적으로 임파워먼트는 개인이나 집단이 상대적으로 무기력한 상태에서 힘을 가진 상태로 이동해나가는 것이며(이용표, 1999), 개인과 가족, 지역사회가 개인적·대인 관계적·정치적 힘을 증가시켜 그들이 스스로의 상황을 개선하기 위한 행동에 나설 수 있도록 하는 과정이라고 정의할 수 있다(Gutier-rez, 1994).

무기력한 상태란 무엇인가? 그것은 자신이 무엇인가를 할 수 있는 존재라고 인식하지 못하는 상태를 말한다. "이 나이에 무엇을 할 수 있나?", "우리가 한다고 해서 뭐가 바뀌나?", "우리 처지에 무얼 할 수 있나? 그냥 있는 대로 살면 되지."라는 말은 무기력함을 표현한 것이다. 그렇다면 힘을 가진 상태로 이동한다는 것은 무엇인가? 이는 자신의 상황이나 처지와는 상관없이, 힘을 모으면 무엇이든 바꿀 수 있다는 마음가짐으로 활동에 임하는 상태로 나아가는 것이라고 할 수 있다. 즉, 임파워먼트란 주민이 지역 변화를 주도할 힘, 특히 주체적으로 활동할 수 있는 힘을 가지게 되는 것을 일컫는다. 그 힘은 주민들이 가진 공동의 인식을 모으고 주민 간의 협력과 연대를 통해서 나타난다. 표 11-1에서 볼 수 있듯, 예이크와 레빈(Yeich and Levine, 1992; 유동철·홍재봉, 2016에서

표 11-1 임파워먼트의 개념

구분	심리적 측면	사회적 측면
개인적인 단계	자기효능감, 자아존중감, 동기화	비판적인 의식
집단적인 단계	집단 응집력의 발달	사회행동을 위한 자원 획득
사회적인 단계	사회행동에 참여, 사회적 이슈에 대한 의식화	사회구조의 변화

재인용)은 임파워먼트의 개념을 개인적인 단계, 집단적인 단계, 사회적인 단계로 구분하여 다층적으로 설명하고 있다.

먼저 개인적인 단계에서의 임파워먼트란 심리적으로 무기력함을 느끼던 개인이 스스로 무엇인가를 할 수 있는 존재임을 인식하게 되는 것을 가리킨다. 이런 인식은 자아존중감 형성과 함께 무엇인가를 하고자 하는 동기를 유발하고, 이를 실현하려고 시도해보게 만든다. 이런 시도는 그 자체로 의미가 있다. 그러나 이러한 시도에 대해 우리 사회가 그다지 포용적이지 않은 현실에 직면하면 비판적 의식이 생기게 된다. 즉, '그다지 포용적이지 않은 현실'이 자신의 능력 부족이나 결함에서 기인하는 것이 아니라 불합리한 사회 구조에서 오는 것임을 인식하게 되는 것이다.

집단적인 단계에서는 심리적으로 집단 응집력이 발달하게 된다. 앞서 언급했듯이 뭔가를 해보고자 하는 개인은 불합리한 사회 구조에 직면했을 때 이를 해결하기 위해 비슷한 동기를 가진 사람들과 협력하고자 한다. 이때 비슷한 인식을 가진 사람들 사이에 비판적 사고가 집단화된다. 이와 더불어 당면한 문제를 해결하기 위해 자신들이 가진 자원을 모으고 필요한 자원을 획득하고자 한다.

임파워먼트가 사회적인 단계에서 들어서면, 이전 단계에서 생긴 집단 응집력과 자신들이 만들어낸 자원을 기반으로 사회행동에 참여하게 된다. 그리고 이러한 참여 경험은 다양한 사회적 이슈에 대해 관심을 가지게 만든다. 이처럼 의식의 성장을 통해 전개되는 행동은 사회구조의 변화에도 영향을 준다.

개념 정리

임파워먼트
- 개인이나 집단이 상대적으로 무기력한 상태에서 힘을 가진 상태로 나아가는 것
- 개인적·대인 관계적·정치적 힘을 증가시켜 개인과 가족, 지역사회가 자신의 상황을 개선하기 위한 행동에 나설 수 있도록 하는 과정

부산시 해운대구 반송동 산업폐기물 매립장 반대운동 사례

주민 임파워먼트가 얼마나 중요한지를 보여주는 사례 중 하나로 산업폐기물 매립장 설치를 막아낸 부산시 해운대구 반송2동 이야기를 들 수 있다. 부산시는 시 외곽에 위치한 이 지역에 1984년에 화장장을 설치했고, 1990년에는 산업폐기물 매립장을 설치하려고 했다. 주민들은 힘을 합쳐 이를 저지했는데, 2001년 2월에 부산시는 또 다시 건설폐기물 매립장을 이곳에 설치하려고 했다. 이에 주민들은 대규모 매립장 조성 계획에 대한 문제점을 면밀히 조사하고, 석면 등의 발암물질이 얼마나 위험한지를 반송동 마을신문을 통해서 지역주민들에게 적극적으로 알렸다. 거리집회를 비롯해 반대서명, 투쟁위원회 조직 및 기동환경감시단 운영, 평화행진 등 다양한 활동을 통해 결국 부산시의 매립장 설치계획을 무산시켰다.

2001년 건설폐기물 처리시설 반대운동을 펼쳤던 반송동 주민들은 2011년에 인근 지역 사등골에 건설폐기물 처리시설이 세워지려 하자 이에 반대하는 운동에도 적극 나섰다.
ⓒ 매드놉 블로그

2) 임파워먼트의 필요성

사회가 언제나 합리적으로만 작동하는 것은 아니다. 보다 강한 세력이 상대적으로 약한 대상을 사회구조 안에서 배제하기도 한다. 결국 힘을 가지지 못하면 사회적인 부조리나 배제 현상에서 피해를 입거나 어려움을 겪을 수 있다. 지역사회 내에서도 주민들이 힘을 가지지 못하면 변화하는 사회환경에서 자신들의 권리를 침해받을 수 있다.

따라서 지역사회에 거주하는 주민은 결집된 힘을 가져야 한다. 힘이 있을 때 주민들은 자신의 권리를 보호할 수 있다. 역량을 가진 주민들은 지역의 현안에 대해 대책과 해결방안을 스스로 모색하고, 필요하면 자신들의 자원을 동

원하여 문제를 해결한다. 이렇듯 주민들은 지역문제에 관심을 갖고 문제 해결의 주체로서 활동에 꾸준히 참여해야 한다. 하지만 무기력에 빠져 지역의 문제가 자신에게 미칠 영향을 외면하는 주민들도 있다.

그런데 지역사회의 부조리한 제도나 문제를 외면할 때, 주민 자신에게는 아무런 피해가 생기지 않을까? 만약 이러한 문제를 해결하기 위해 주민 스스로 참여와 활동을 하지 않는다면 주민들은 또 다른 사회적 위험에 직면하게 될 수 있다.

3) 임파워먼트의 단계와 주민조직화

임파워먼트는 단계적으로 일어난다. 첫 번째 단계는 여러 사람들이 비슷한 문제를 가지고 있다는 사실을 인식하게 되면서 나타나고, 두 번째 단계는 행동을 위한 조직을 건설하면서 나타나며, 세 번째 단계는 변화를 추구하는 과정에서 나타난다(Rubin and Rubin, 2008: 13). 이와 같은 과정은 주민조직화의 개념과도 연결되어있다. 첫 번째 단계는 주민의 의식화와 관련이 있고, 두 번째 단계는 주민들이 협력하고 활동에 참여하는 세력화와 관련이 있다. 세 번째 단계는 주민들의 실제 활동 역량이 습득되어 주민이 주체화되는 것과 관련이 있다. 이를 도식화하면 그림 11-1과 같다.

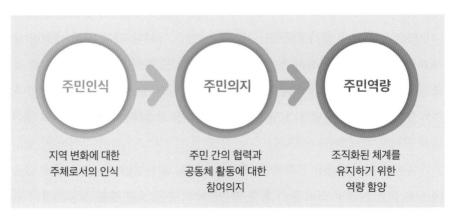

그림 11-1 주민의 임파워먼트 단계

우선, '주민인식'이란 지역이 가진 문제의 당사자이자 변화의 주체는 바로 주민 자신임을 인식하는 것을 말한다. 일상에서 자신이 지역 변화의 주체라고 인식하며 살아가는 주민은 많지 않다. 그러나 임파워먼트된 주민은 자신이 지역 변화의 주체임을 인식하고 스스로 해야 할 일을 찾는다.

다음으로 '주민의지'란 지역 변화의 주체가 자신임을 인식한 주민이 그 문제를 스스로 해결하겠다는 의지를 표출하며 지역활동에 적극적으로 참여하는 것을 말한다. 만약 이와 관련한 지역활동을 추진하는 주체가 없을 경우, 함께할 수 있는 사람들이 모여서 체계화된 힘을 만들어가게 된다. 이렇듯 주민이 의지를 가지고 참여해야만 더 큰 힘을 얻을 수 있다.

그런데 주민들이 의지를 가졌다고 하더라도 주민들이 지역의 문제를 스스로 해결할 능력을 미리 확보하지 못한 경우가 많다. 의지를 가진 사람들이 모이면 그 자체로 세력이 되지만, 문제 해결이라는 실제적인 성과를 만들어내기 위해서는 역량을 가져야 한다. 이러한 '주민역량'이란 주민들이 지역의 문제를 해결하기 위해 활동을 계획하고 자원을 동원하여 그 성과를 이루어내는 능력을 말한다. 그런데 여기에서 언급하는 역량은 'power'가 아니라 'capacity'를 의미한다. 즉, 의지를 가진 주민들이 조직을 만들고 체계화된 힘[power]을 갖게 되었다면, 이제 조직을 운영하는 것은 물론 지역사회문제를 발견하고 문제를 해결해나가기 위한 역량[capacity]이 필요한 것이다. 이 단계에서 사회복지사는 주민의 역량을 키워야 하는데, 이를 '역량건설[capacity building]'이라 한다. 하지만 사회복지사가 자신의 지식과 기술, 자원동원 능력을 활용하는 데만 초점을 맞추다 보면, 주민들이 여기에만 의지하게 될 수도 있다. 이 경우 주민들의 실제적인 임파워먼트는 실패하고 주민의 조직된 힘을 형성하기도 어렵다. 따라서 사회복지사는 주민들이 자신의 경험과 지식, 변화에 대한 의지를 발휘하고 지역자산을 잘 활용할 수 있는 역량을 기르도록 도와야 한다. 사회복지사는 자신의 역량만 활용하기보다는 주민의 역량을 키워서 지역사회의 임파워먼트가 실제적으로 이루어질 수 있도록 해야 한다.

2. 주민조직화의 개념과 원리[1]

1) 주민조직화의 개념

주민조직화에 대한 개념은 매우 다양하게 정의되고 있다. 루빈과 루빈(Rubin and Rubin, 1986: 3)은 주민조직화를 "사람들이 공유하는 문제를 위해 함께 투쟁하고 자신의 삶에 영향을 주는 결정에 대해 이야기할 힘을 길러 스스로 결정할 수 있게 이끄는 것"이라고 정의하였다. 서울시복지재단(2005: 20)은 이에 대해 "주민조직화 및 교육 등을 통해 주민들의 노력과 역량을 결집하고, 주민참여를 통해 지역문제 해결과 주민공동체 의식을 형성하도록 유도·지원하는 사업 영역"이라고 하였다. 또한 보건복지부(2015)는 사회복지관의 3대 기능 중 하나인 지역조직화 기능을 설명하면서 "주민이 지역사회문제에 스스로 참여하고 공동체 의식을 갖도록 주민조직의 육성을 지원하고, 이러한 주민협력 강화에 필요한 주민의식을 높이기 위한 교육을 실시하는 사업"으로 정의하고 있다.

서울시복지재단이나 보건복지부는 사회복지관의 기능이라는 주로 사업적인 관점에서 주민조직화의 개념을 정리했지만, 이 책에서는 지역사회복지실천 현장에서의 사업적인 개념을 넘어서서 주민조직화의 본질적인 면을 중심으로 개념을 정의한다. 즉, 주민조직화란 '지역의 문제를 인식하고 해당 문제를 해결해야 하는 주체가 바로 주민 자신임을 인식하는 사람들을 모으고, 이들과 함께 체계화된 힘을 가진 주민조직을 세워, 주민 스스로 지역사회문제를 해결하는 조직적인 활동을 전개하는 것'으로 정의한다.

---

1   이 절은 한국주민운동정보교육원의 『주민운동의 힘, 조직화: CO 방법론』(2010)의 주민운동총론 내용과 부산주민운동교육원의 주민조직가 교육훈련 과정의 강의 내용을 정리한 것이다.

2) 주민조직화의 원리

주민조직화는 첫째, 지역 변화의 주체는 주민 자신이라고 인식하는 주민을 모으는 것, 둘째, 체계화된 힘을 가진 주민조직을 세우는 것, 셋째, 개인 삶의 변화와 지역사회 변화를 위한 활동을 통해 조직을 강화하는 것이라는 세 가지 원리를 가지고 있다. 이 세 가지 원리를 구체적으로 살펴보자.

■ 주민만남

지역의 문제 해결을 위한 활동은 주민이 해야 한다. 그런데 그 지역에 사는 주민이라고 해서 모두가 참여하는 것은 아니다. 주민조직화는 지역에 살고 있는 사람들 중에 '지역 변화의 주체는 주민 자신이라고 인식하는 주민'을 모아서 활동해야 한다. 그래서 조직화가 전개되려면 지역에 살고 있는 주민들 가운데 이런 의식을 가진 사람을 찾아야 한다. 이들을 찾는 가장 확실한 방법은 주민을 직접 만나는 것이다. 만나지 않고서는 주민의 생각과 의식을 알 수 없기 때문에 사회복지사는 지역주민들을 끊임없이 만나야 한다.

그런데 사회복지사가 발품을 팔며 주민을 만나고 찾아보아도 그런 의식을 가지고 사는 주민들은 흔하지 않다. 대부분의 사람들은 지역에 대해 관심이 부족하고, 지역의 문제에 대해서도 자신의 문제라고 인식하지 않고 별생각 없이 살아가는 경향이 많다. 이런 상황에 처했을 때 사회복지사는 막막함을 느끼고, 주민조직화를 포기하거나 회의적인 시각을 갖게 되기도 한다. 그러나 어느 지역에서든 이런 의식을 가지고 살아가는 사람들이 드물지만 존재한다는 사실을 잊지 말아야 한다.

■ 주민조직

지역사회 변화를 위해서는 주민의식을 가진 주민들을 모아 체계화된 힘을 가진 주민조직을 세워야 한다. 이는 힘을 가지기 위함이기도 하지만, 활동을 지속하기 위함이기도 하다. 지역에는 지역에 대한 관심을 가지고 자기만의 방법으로 활동을 해본 경험이 있는 사람들이 일부 존재한다. 이렇게 혼자서 활동하던 사람들은 변화되지 않는 주민들의 모습이나 해결되지 않는 지역문제로 인해 이미 활동을 포기했거나 회의적인 시각을 갖게 된 경우가 허다하다. 의지를 가졌더라도 지속적인 활동을 해나가려면 어려운 과정을 함께 극복할 수 있는 사람들이 있어야 한다. 또한 힘을 효율적으로 활용하기 위해서는 체계적인 조직이 필요하다. 주민조직을 세울 때에는 그 조직을 이끌어갈 리더가 필수적이다. 따라서 사회복지사의 중요한 과업 중 하나는 바로 좋은 리더를 세우는 것이다. 또한 사람들이 좋은 리더가 될 수 있도록 양성해야 한다.

■ 주민활동

주민조직화는 체계화된 주민조직을 통해 조직적인 활동을 전개해나가야 한다. 지역 변화의 주체로 양성된 주민은 자신의 삶의 변화를 이루기 위한 활동과 지역사회의 변화를 추구하는 활동을 함께 전개해야 한다. 지역의 변화만을 위한 활동을 하다 보면 그것을 자신의 주체적인 활동이라고 인식하기보다는 지역사회에 기여하는 자원봉사로 인식할 가능성이 높다. 이처럼 지역문제 해결을 위한 활동이 자기 삶의 변화와 연결되지 않고 단순히 자원봉사를 한다는 의식 수준에 머무르게 되면 이 활동은 지속되기 어렵다. 자원봉사에서는 자신을 주체가 아니라 다른 사람에게 도움을 주는 보조자로 인식하기 쉽고, 이는 곧 자원봉사를 할 수 있는 여건이 되지 않으면 언제든 활동을 중단할 수 있다는 생각으로 이어지기 때문이다. 반대로, 개인적인 문제나 관심에 관련된 활동에만 머물러서도 안 된다. 이 경우 활동이 동아리 수준에서 진행되거나 주민 자신의 이해관계에만 집착하게 되어 조직이 이익집단으로 변질될 우려가 있다. 따라서 활동을 오래 지속하려면 주민 자신이 가진 관심사와 지역의 변화 방향이 합치

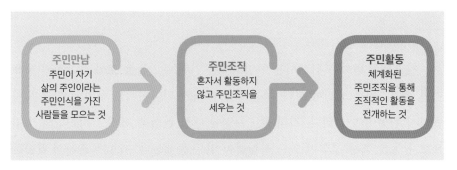

그림 11-2 주민조직화의 세 가지 원리

되는 활동을 통해서 지역사회의 다른 단체나 주민들의 호응을 받아 주민조직을 강화해나가야 한다.

3) 주민조직화의 유형

사회복지기관에서는 주민조직화에 부담을 가질 수 있다. 주민조직화처럼 지역의 문제 해결과 변화라는 관점에서 추진되는 실천은 때로 행정기관이나 지역 내 기업 등과 부딪히곤 하기 때문이다. 보조금을 지원하고 관리·감독하는 행정기관에서는 사회복지기관이 지역의 문제를 들추어내서 주민들이 이를 해결하도록 촉진하는 것을 주민과 행정기관의 갈등상황을 조장하는 것으로 인식할 수 있다. 그래서 일부 사회복지기관은 주민조직화를 단순히 자원봉사의 또 다른 형태, 즉 지역사회에서 대인봉사를 수행하는 정도로만 여긴다. 이와 같은 오해는 주민조직화의 유형을 명확히 이해하지 못해서 비롯된 결과이므로 이를 분명히 할 필요가 있다.

주민조직화의 첫 번째 유형은 주민의 삶을 위협하는 지역의 당면과제를 중심으로 그 문제의 당사자인 주민을 조직하는 것이다. 당면과제란 유해환경, 통학로 안전과 같은 문제부터 정부의 제도나 정책으로 야기된 생계의 위협, 인권 문제까지 다양할 수 있다. 이러한 당면과제를 중심에 놓고 이 문제를 해결하기 위해 주민을 모으고 활동을 전개하는 것이다. 과거에 철거를 당하게 된 주민들이 생활에 위협을 받게 되자 이에 대처하기 위해 투쟁한 것이나, 산업폐기물처리장 등이 지역사회에 들어오게 되었을 때 이를 조직적으로 반대하기 위해 주민을 결집하여 투쟁한 것이 그 예이다. 지금까지는 이와 같은 문제를 복지 이슈라고 생각하지 않았기 때문에 사회복지기관이 조직화에 소극적이었던 경향이 있다.

주민조직화의 두 번째 유형은 일상과제를 중심으로 조직화하는 것이다. 일상과제란 주민이 살아가면서 겪게 되는 일상적인 관심사나 욕구로, 교육, 건강의료, 자활·자립, 지역문화 등과 관련된 욕구를 말한다. 이러한 욕구를 스스로 다루기 위해 마을 만들기, 일자리 만들기, 지역교육공동체 만들기 등의 활동을 전개할 수 있다. 서울의 성미산마을이나 부산의 대천마을교육공동체처럼, 아이들의 교육문제를 해결하거나 더 좋은 교육 여건을 만들기 위해 공동육아를 하거나 작은도서관을 만든 것은 일상과제를 중심으로 주민을 조직한 실제적인 예가 된다. 사회복지기관도 시설 내에서 작은도서관, 방과후공부방, 자활사업 등을 해왔지만, 주민들이 주체가 되어 사업을 전개하기보다는 사회복지기관에서 프로그램을 계획하고 이에 참여할 주민을 모집하는 데 머물렀기 때문에 주민조직화로 연결되지 않았다.

주민조직화의 세 번째 유형은 전략적 지역개발을 위한 조직화이다. 이는 지역을 보다 근본적으로 변화시키기 위해 활동하는 것으로, 제도 및 정책 개발 등을 실천하는 과정에서 주민을 결집시킨다. 지역의제운동이나 지역네트워크 활동, 지역주민 연대활동 등이 그 예이다. 사회복지 분야에서 지역의제운동의 대표적 사례로는 부산의 사회복지직능단체들이 네트워크를 형성하여 만든 부산광역시사회복지협의회의 활동을 들 수 있다. 부산광역시사회복지협의회에서는 2012년부터 선거 때마다 사회복지 분야의 주요 의제를 발굴하고 이를 공

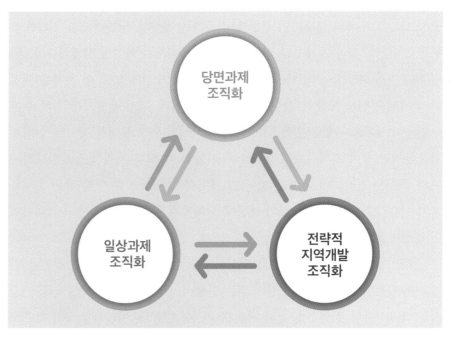

그림 11-3 주민조직화의 유형과 상호 관계

약으로 준비하여 각 당별로 제안해왔으며, 2014년 지방선거부터는 '복지부산 요구대회'라는 행사를 대규모로 열어 시장 후보자를 초청하여 요구한 의제에 대한 의견 표명과 공약 수락 여부 등을 발표하게 하였다.

이 세 가지 주민조직화의 유형은 상호 순환한다. 당면과제를 중심으로 조직화한다고 하더라도 그 이슈가 해결되고 나면 주민조직활동을 멈추는 것이 아니라 지역의 일상과제로 이슈를 전환하기도 한다. 반대로 지역의 일상과제를 중심으로 주민조직활동을 진행하다가 그 지역에 이슈가 발생할 경우에는 이를 해결하기 위해 활동을 확대하기도 한다. 또한 지역의제운동을 시작으로 기관 간 네트워크 활동을 전개하다가 지역 내 당면과제가 발견되면 당면과제 조직화로 전환할 수도 있다. 이렇듯 조직화는 어떤 유형에서 시작하든지 지역 상황에 따라 상호 순환한다.

개념 정리

주민조직화
- 지역 변화의 주체가 자신이라고 인식하는 주민들을 모으고, 체계화된 힘을 가진 주민조직을 세워, 주민으로 하여금 스스로 조직적인 활동을 전개하게 하는 것
- 지역의 당면과제, 주민들의 일상과제, 그리고 전략적 지역개발을 중심으로 조직화하는 세 가지 유형이 있으며, 이 세 가지 주민조직화 유형은 상호 순환함

4) 주민조직화의 주체

(1) 주민

당연한 말이지만 주민조직화의 가장 중요한 주체는 주민이다. 주민 없는 주민조직화는 의미가 없다. 자신에게 당면한 문제를 주민 스스로 해결해나가는 것이 주민조직화의 핵심 가치이다. 그러나 지역사회에 거주하는 주민들은 지역의 문제나 이슈를 인식하지 못하고 그저 현재의 삶에 적응하면서 살아가는 경우가 많다. 사회적 약자인 주민에게 그러한 경향이 더 많이 나타나며, 배운 것이 없고 가난하며 권력을 가진 사람을 가까이 두지 못했기 때문에 스스로

힘이 없다고 여기기도 한다. 또한 어떤 지역문제에 대해 인식한다 하더라도 나서서 활동할 여유가 없는 경우가 많다.

하지만 주민이 자신의 삶과 지역의 현실을 올바르게 인식하고 지역을 변화시키는 경험을 하게 되면, 지역 변화의 주체로서 꾸준히 활동하게 된다. 주민은 잠재력과 가능성이 있고, 그동안 축적된 지혜와 경험이 있으며, 변화에 대한 의지나 더 나은 삶에 대한 희망도 가지고 있다. 이를 지역사회 역량으로 결집시키면 주민들은 주민의식을 가지고 지역 변화의 주체로 나서게 된다. 그래서 사회복지사에게는 이런 주민을 찾고 무기력한 주민들의 주민의식을 고취하여, 그들이 스스로 주체로 나설 수 있도록 개입하는 역할이 요구된다.

(2) 주민리더

주민조직화에 있어 핵심적인 주체는 주민리더이다. 주민리더는 주민을 조직하고 주민조직을 이끄는 역할을 한다. 누가 주민리더를 맡는가에 따라 조직의 성패가 좌우될 만큼 주민리더는 매우 중요하다. 주민리더가 없다면 주민조직의 결속력과 지속성을 담보할 수 없고, 주민활동의 목표를 달성하기 어렵다.

현장에서는 사회복지사가 주민조직을 이끌어가는 경우가 많다. 그러나 주민리더는 주민들 중에서 나와야 한다. 주민리더는 그 스스로가 지역문제의 당사자인 주민의 일원이기 때문에 주민의 처지와 사정을 가장 잘 알고 있고, 주민들의 마음과 생각을 모아 주민조직의 힘을 만들어갈 수 있다.

그런데 사회복지사가 성과를 빨리 도출하기 위해 충분히 숙고하지 않고 주민리더를 발탁하는 경향이 있다. 주민조직화 초기에는 지역 내 대표 격이 되는 사람이나 일을 잘할 것 같은 사람을 선택하여 주민리더로 선출하기도 한다. 적극적으로 참여하는 주민을 찾기도 어려운데 주민리더를 찾는 일은 더욱 어렵다는 인식이 이런 함정에 빠지게 만든다. 주민리더는 주민조직화 과정에서 새롭게 발굴되기도 하고, 교육과 훈련을 통해서 성장하기도 한다. 민주적 지도력이 있는 주민리더가 조직을 이끌어야 주민조직이 활성화되기 때문에 주민리더의 선출은 신중하게 접근해야 한다. 또 주민리더 혼자서는 주민조직화의 활동목표를 이루어내기도 조직을 운영하기도 어렵다. 따라서 사회복지사는 많은 지역주민이 지도력을 가진 리더로 성장할 수 있도록 도와야 한다.

(3) 주민조직가

주민조직가는 주민리더와 함께 주민을 조직하고, 주민 스스로 지역을 변화시켜 나가도록 개입하는 역할을 한다. 주민조직가의 가장 중요한 역할은 주민리더를 찾아내고 이들이 민주적인 지도력을 갖출 수 있도록 돕는 것이다. 주민조직가는 주민들 속에서 활동하며 주민이 움직이도록 돕는다. 하지만 주민조직가는 주민리더가 아니며, 주민조직가가 주민조직을 움직이거나 리더로서의 역할을 하는 것을 경계해야 한다. 초기에는 주민들의 역량이 미흡하기 때문에 사회복지사가 담당하는 주민조직가의 역할 비중이 크지만, 이후에 주민리더가 발굴되고 성장하면 주민리더의 역할이 점차 증가한다. 사회복지사는 주민조직가로서 주민리더가 주민조직을 움직여갈 수 있도록 도와야 한다.

3. 주민조직화의 과정[2]

주민조직화의 과정은 다양하게 제시되어왔다. 이 책에서는 사회복지현장에서 가장 많이 적용하고 있는 한국주민운동교육원의 주민조직화 과정을 중심으로 소개한다. 주민조직화는 대체로 '예비 단계-실천전략 수립 단계-조직화 단계-조직 건설 단계'의 과정을 거친다.

1) 예비 단계

10장에서 언급한 지역사회사정은 지역사회에서 일어나는 문제와 그 원인 분석, 주민들이 가진 인식과 지역자원 등에 대한 것을 사정한다. 그 후에 사회

---

[2]　이 절은 한국주민운동교육원과 부산주민운동교육원의 주민조직가 교육훈련 과정의 내용과, 부산복지개발원에서 발간한 『사회복지관 주민조직화 매뉴얼』의 내용을 정리하여 기술하였다.

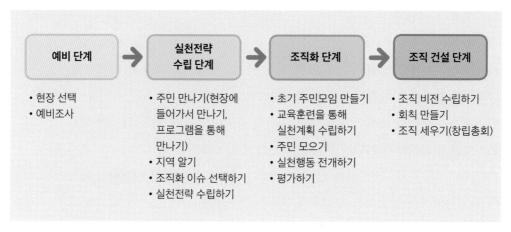

예비 단계
• 현장 선택
• 예비조사

실천전략
수립 단계
• 주민 만나기(현장에
  들어가서 만나기,
  프로그램을 통해
  만나기)
• 지역 알기
• 조직화 이슈 선택하기
• 실천전략 수립하기

조직화 단계
• 초기 주민모임 만들기
• 교육훈련을 통해
  실천계획 수립하기
• 주민 모으기
• 실천행동 전개하기
• 평가하기

조직 건설 단계
• 조직 비전 수립하기
• 회칙 만들기
• 조직 세우기(창립총회)

그림 11-4 주민조직화의 과정

복지사는 어디에서 어떤 활동을 전개할 것인지를 선택하게 된다. 따라서 지역
사회사정도 조직화 과정에서는 준비 단계에 포함된다. 지역사회사정에서 드러
난 문제는 주민조직화 과정에서 매우 중요한 활동 기반이 된다.

(1) 현장 선택

주민조직화는 사회복지사가 어느 지역(현장)에서 주민을 조직할 것인가를
선택하는 것에서부터 시작된다. 단순히 사회복지사가 근무한다는 이유로 복지
기관의 관할 지역을 선택한다면 이후의 진행 과정도 막연해질 수밖에 없다. 따
라서 사회복지사는 조직화 현장을 선택한 이유와 목적, 대상 등에 대해서 사전
에 충분히 검토해야 한다.

주민조직화의 현장 선택은 세 가지로 분류된다. 첫 번째는 지리적인 의미
로, 특정 지역에 들어가서 그 지역문제를 해결하기 위한 주민조직을 만들고자
하는 것이다. 특정한 문제가 드러남에 따라 주민조직의 활동이 필요하다고 판
단되는 지역, 특정한 집단(예: 다문화가정, 노인, 새터민 등)이 밀집되어있는 지역
등 다양한 사유로 '특정 지역'을 조직화 현장으로 선택할 수 있다.

두 번째는 기존의 주민조직을 선택하는 것이다. 원래 활동해왔던 주민조직
에 문제가 생겨 제 역할을 수행하지 못할 때나 새로운 활동을 통해 활력을 불러
일으킬 수 있도록 방향을 재정립하고 도약할 필요가 있을 때, 사회복지사는 기존

의 주민조직을 조직화 현장으로 선택하여 조직이 유지되고 성장하도록 촉진할 수 있다.

세 번째는 특정한 문제에 대응하기 위한 지역 내 단체 간의 네트워크 형성을 목표로 지역의 각 조직을 조직화의 대상으로 선택하는 것이다. 하나의 주민조직으로는 해결하기 어렵다고 판단되는 문제가 발생하면 지역 내 다른 단체들과의 협력이나 연대가 필요하다. 이런 상황에서 사회복지사는 지역 내 다양한 단체들 간의 네트워크를 만들어내기 위해 각 조직들을 조직화 현장으로 선택한다.

(2) 예비조사

예비조사는 사회복지사가 선택한 현장에 대해 본격적인 활동을 시작하기에 앞서 시행하는 기본 조사를 의미한다. 지역사회사정에서 기본적인 내용을 다루었지만, 사회복지사는 선택한 현장의 특성이나 문제를 좀 더 상세히 확인해야 한다. 이를 위해 동주민센터나 공식적인 기관에서 파악한 각종 현황자료, 지역에 관한 다양한 언론기사, 행정기관에 접수된 민원사항 등을 포괄적으로 조사해야 한다. 이러한 예비조사를 통해 사회복지사는 자신이 선택한 지역(현장)에 대한 기본적인 이해를 갖추는 것은 물론, 조직화의 목표를 보다 명확히 세울 수 있으며 이후 주민을 만날 때 활용할 대화거리를 만들 수 있다.

예비조사에는 동주민센터나 구청 등에서 제공하는 통계자료 검색을 포함하여 그 지역을 이해할 수 있는 문헌조사, 주요한 정보를 줄 수 있는 사람들과의 개인면접, 지역 내 단체들의 회의 참석, 특정한 문제에 대한 의견을 묻는 서베이, 초점집단면접 등 다양한 방법이 동원된다. 직접 지역을 둘러보면서 지역환경을 파악하는 답사법도 예비조사에서는 필수적이다. 이때는 지역 내 주거환경 및 상태, 주민들의 모임 장소와 시간, 생활편의시설 및 복지시설 등을 확인하여 지역의 특성을 파악한다. 이 과정에서 마주치게 되는 주민들과의 비공식적인 대화도 예비조사의 범주에 포함된다. 이들에게 직접 말을 걸어 지역현황을 파악하기도 하고, 지역 정보에 밝은 주요 정보 제공자를 소개받기도 한다. 이 과정이 충실히 이루어지면 다음 단계인 실천전략 수립을 원활히 할 수 있는 밑바탕이 된다.

2) 실천전략 수립 단계

실천전략 수립 단계는 주민 만나기와 지역 알기를 통해 주민이 해결하기 원하는 지역 이슈를 확인하고, 이를 실행할 전략을 수립하는 것을 목적으로 한다. 이 단계에서는 먼저 예비조사를 통해 사전에 알게 된 지역의 이슈와 자원을 중심으로 주민 만나기 계획을 수립하고, 당사자인 주민을 직접 만나 지역을 둘러보면서 사전에 조사된 내용이 주민의 삶에 어떤 영향을 미치는지 확인한다. 다음으로, 이렇게 확인된 문제를 해결하기 위해서는 우선적으로 조직화할 이슈를 선택하고 이를 실행하기 위한 실천전략을 수립해야 한다. 그런데 사회복지사가 준비하는 실천전략이 구체적이고 실현 가능하지 않으면 주민들의 참여 동기가 떨어지므로, 실천전략을 수립할 때는 실제성과 구체성을 검토해야 한다.

(1) 주민 만나기

주민 만나기의 핵심목표는 주민과 지역을 실제적으로 알아가는 데 있다. 사회복지사는 지역사회사정과 예비조사 등을 통해 알게 된 사실이 실제 주민들의 삶에 어떻게 영향을 미치는지, 그 사실에 대해 주민들은 어떤 인식과 태도를 가지고 있는지를 확인한다. 그리고 이 과정에서 주민과의 관계를 확장하고, 의지를 가지고 활동에 참여할 주민을 찾는다.

사회복지사는 주민을 만나기 위해 자신이 선택한 현장에 무작정 들어가기도 하지만, 주민들은 낯선 사회복지사를 잘 만나주지 않거나 만난다 해도 마음을 열고 자기 생각을 잘 이야기하기 어려워한다. 따라서 사회복지사는 때로 프로그램을 열어서 주민들의 참여를 유도하고, 여기에 참여한 주민을 만나는 방식을 택하기도 한다.

한국주민운동정보교육원(2010)에서도 주민조직화의 경로를 크게 두 가지로 이야기하고 있는데, 하나는 발굴된 이슈를 중심으로 주민을 직접 만나며 조직하는 것이고, 다른 하나는 전략적인 접근 차원에서 조직화 프로그램을 실시하여 주민을 조직하는 것이다.

■ 현장에 들어가서 주민 만나기

주민조직화는 주민을 만나는 과정에서 이루어진다. 주민을 만나지 않으면 주민조직화는 그 자체로 중단된 것이라 할 만큼 주민 만나기는 매우 중요한 과정이다. 또한 주민 만나기는 특정한 단계에서만 하는 것이 아니라 전 과정에서 지속되어야 한다. 주민조직화는 주민과의 관계를 통해 실행되는 관계 노동임을 잊어서는 안 된다.

주민 만나기는 주민의 생각이나 관심사를 파악하는 것뿐 아니라, 주민과의 유대관계를 형성하는 데에도 목적이 있다. 주민과 사회복지사 사이에 형성된 신뢰와 유대감의 깊이에 따라 대화의 내용이 달라지기 때문이다. 관계 형성은 기술적인 능력만으로 이루어지는 것이 아니며, 주민에 대한 관심과 애정이 수반되어야 한다. 주민을 조사나 사업의 대상으로만 인식하면 주민들도 사회복지사와의 관계를 형식적인 것으로 설정할 가능성이 높다.

사회복지사는 주민 만나기를 시작하기 전에 예비조사 단계에서 파악한 지역의 현황은 물론, 주민의 생각을 확인하기 위해 만나야 할 대상의 리스트와 질문거리를 준비해야 한다. 아무런 준비 없이 주민을 만나러 지역으로 들어가면 실제로 누구를 만나야 할지, 만나서 무슨 이야기를 해야 할지 혼란을 겪게 된다. 낯선 사회복지사가 접근해올 때 호의적으로 대하는 주민은 소수에 불과하다. 따라서 사회복지사가 이와 같은 상황에 자주 직면한다면 조직화 현장을 선택하고 준비해온 과정을 되돌아보고, 주민 만나기의 대상과 질문 등을 다시 정리해야 한다.

■ 프로그램을 통해 주민 만나기

주민들을 만나거나 접근하기 어려울 때는 프로그램을 운영하여 여기에 참여하는 주민을 만남의 대상으로 삼을 수 있다. 사회복지사는 예비조사를 통해 자신이 선택한 현장의 문제나 주민의 욕구를 분석하고, 주민이 관심을 보이거나 참여할 만한 프로그램을 계획하여 주민을 모은다. 또는 주민자치대학과 같이 지역에 관심을 가진 일반주민을 대상으로 교육을 실시하여, 여기에 참여한 주민들을 만나 관계를 형성하는 방식을 취하기도 한다. 주민 만나기는 어떤 방식을 취하더라도 상관없다. 주민을 만나는 모든 자리와 계기를 관계 형성의 기

사회복지사는 지역의 주민을 만나기 위해 주민들이 관심을 가질 만한 프로그램을 실시할 수 있다. ⓒ 모라·덕포마을교육공동체

회로 삼아 주민과 더 적극적으로 대화하고 질문하려는 사회복지사의 노력이 요구된다.

이 단계에서 사회복지사가 구상하는 조직화 프로그램은 참여자의 욕구 해결이나 지역사회문제 해결에 초점을 두기보다는, 주민을 만나 유대관계를 형성하고 추가적으로 제기되는 주민욕구나 생각을 확인하기 위한 수단이 되어야 한다. 프로그램의 보다 근원적인 목적은 주민들과 관계를 만들고, 지역에서 해결해야 할 문제를 발견하거나 주체의식을 가진 사람들을 발굴하는 것이다.

(2) 지역 알기

지역 알기는 크게 두 가지 경로로 이루어진다. 첫 번째 경로는 사회복지사가 현장에 들어가서 주민을 만나면서 지역을 파악하는 것이다. 조직화 현장에 살고 있는 주민을 만나서 지역의 상황과 그에 대한 생각을 듣고, 그들의 경험과 이를 통해 쌓인 지혜를 확인하며, 그들이 가진 역량을 파악하는 것이다. 이렇게 주민 만남으로 알게 된 사실을 토대로 예비조사의 결과를 수정·보완한다. 두 번째 경로는 지역주민들을 교육하면서 지역을 파악하는 것이다. 주민을 대상으로 공동체 교육이나 워크숍 등을 실행하면서 주민이 지역에 대해 가지고 있는 생각과 인식을 알아보고 해결방안 등을 도출하는 것이다. 이 과정에서 주도적인 활동을 하는 사람이 발굴되기도 한다.

사회복지사는 주민과의 접촉점을 찾기 위해 지역의 물리적 환경을 파악하고 지역을 알아야 한다. 대체로 사회복지기관은 지역의 공공시설, 여가문화시설, 교육시설 등과 같은 편의시설을 이미 파악하고 있다. 여기에 더해 주민들이 모이는 공간, 놀이공간, 운동이나 휴식을 위한 녹지공간 등에 대해서도 파악해야 한다. 그리고 이렇게 파악된 공간을 구석구석 다니면서 많은 주민들을 만나 관계를 형성해야 한다.

나아가 사회복지사는 주민들과 함께 지역을 살펴보고 그 활동의 결과를 주민들과 공유하는 계기를 마련해야 한다. 많은 사회복지기관이 지역에 대해 조사하고 분석하지만 그 결과를 주민들과 공유하지 않고 기관의 사업계획에만 반영하는 경향이 있다. 사회복지사가 지역주민을 만나고 지역에 대해 알게 된 내용은 주민들에게 지역에 대한 관심과 조직화 활동에 대한 의지를 불러일으키는 데 유용하기 때문에, 이를 주민들과 공유하는 것이 중요하다.

(3) 조직화 이슈 선택하기

사회복지사는 주민 만나기, 지역 알기의 내용을 정리하여 주민들과 함께 해결해야 할 문제들의 목록을 작성한다. 그다음, 해당 지역이 가진 자산과 강점, 해결하고자 하는 주민들의 의지를 검토하여 실제 주민들이 참여할 만한 문제를 우선순위별로 정리한다.

사회복지사가 지역 알기를 통해 접한 다양한 문제 중에서 주민들의 관심이 크고 참여가 용이한 문제들을 1차로 정리한다. 그중 주민들이 기꺼이 활동에 참여할 수 있고 주도적으로 움직일 수 있는 문제를 조직화의 이슈로 선택한다. 이때 주민의 관심이 높다는 이유로 해결하기 어려운 심각한 문제부터 선택하는 것은 지양해야 한다. 이 경우 주민들의 관심을 끌 수는 있으나 주민 자신의 일이 아니라 사회복지사가 해결해줄 문제라고 인식할 수 있기 때문이다. 또 해결하기 어려운 문제를 선택하게 되면 성공하기도 어렵고 시간도 많이 걸리므로 사회복지사와 주민 모두가 지칠 가능성이 높다. 이처럼 조직화 활동 초기에 주민 수준에서 해결하기 어렵고 많은 시간과 노력을 기울여야 하는 이슈를 선택한다면 주민들은 참여와 활동을 주저하게 된다. 따라서 이슈를 선택할 때는 단순히 지역 내에서 일어난 심각한 문제인지가 아니라, 주민들이 쉽게 참여할 수 있고 성취가 가능한 문제인지를 기준으로 삼아야 한다. 그 이유는 작은 성공의 경험이 자신감을 불러일으켜 사회복지사와 주민들이 이후 활동으로 나아가는 발판이 될 수 있기 때문이다.

(4) 실천전략 수립하기

조직화의 실천전략 수립은 지역의 다양한 문제 중에서 구체적이며 해결 가능한 것을 이슈로 선택한 뒤, 이에 대한 계획을 세우는 것을 말한다. 앞서 언급하였듯이 초기의 작은 성공 경험은 주민에게 활동에 대한 신뢰를 심어주기 때문에 어떤 조직화 이슈를 선택하는가는 매우 중요하다. 적절한 이슈 선택과 더불어, 성공 가능성이 높은 조직화 실천전략은 주민의 활발한 참여를 유도하고 자신감과 조직에 대한 소속감을 가지게 할 수 있다.

그림 11-5는 조직화 실천전략을 구상하는 데 활용할 수 있는 양식이다. 상세히 살펴보면, 사회복지사는 지역 알기를 통해 드러난 문제와 그 원인을 구체적으로 파악하여 기입한다. 그리고 해당 문제를 방치할 경우 주민이나 지역에 미치게 될 영향을 확인하고 해결 대안을 구체적으로 제시한다. 또한 이 대안을 실행하기 위해 지역에서 활용할 수 있는 자원에는 어떤 것이 있는지, 이 문제에 관심을 가지고 주도적으로 참여할 수 있는 주민들이 누구인지 명시한다.

이렇게 문제별로 실천전략을 구상하고 나면, 주민들은 가장 적극적으로 참여할 수 있는 것을 기준으로 문제들의 우선순위를 정한다. 모든 문제를 처음부터 한꺼번에 해결할 수는 없다. 주민들과 함께 우선적으로 할 수 있는 일을 정하여 그 문제를 해결하기 위해 참여할 만한 주민들을 모으고 계획을 공유할 준비를 해야 한다. 하나의 문제가 해결되면 다음 순위에 있는 문제를 해결하기 위해서 활동을 확대해간다.

사회복지사는 조직화 실천전략을 구성할 때 다음과 같은 사항을 검토해야 한다. 첫째, 조직화 가능성이다. 이는 실천전략이 한 개인에 의존하지 않고 주민들이 힘과 생각을 모으고 결집할 수 있는를 검토하는 것이다. 둘째 지속 가능성이다. 이는 실천전략이 주민들의 일회적 활동을 지원하거나 단순한 요구를

문제 (욕구)	왜 문제인가?	주민(지역)에게 어떤 영향을 주는가?	해결 대안은 무엇인가?	활용 가능한 자원은 있는가?	주도적으로 참여할 용의가 있는 사람은 누구인가?
(문제 인식)	(원인 분석)	(문제 성찰)	(목표)	(자원 확인)	(지도자 발굴)

그림 11-5 조직화 실천전략 구상하기

출처: 한국주민운동정보교육원, 『주민운동 교육훈련 트레이너 매뉴얼』(2010)

관철하는 데 그치는 것이 아니라, 지속적인 활동으로 나아가게 할 수 있는지를 검토하는 것이다. 셋째, 의식화 가능성이다. 이는 실천전략을 이행하는 과정에서 주민들의 힘을 모으고 스스로 할 수 있다는 인식을 심어줄 수 있는가를 검토하는 것이다. 넷째, 연대 가능성이다. 사회복지사가 선택한 이슈와 해결방안은 특정 지역주민의 이익에만 국한되어서는 안 된다. 이는 다른 주민들의 공감을 불러일으키기도 어렵고 협력을 얻기도 어렵다. 실천전략이 지역의 다양한 조직과 협력하고 연대할 수 있는, 공익을 위한 일인지를 반드시 검토해야 한다.

3) 조직화 단계

(1) 초기 주민모임 만들기

사회복지사는 조직화 준비 단계에서 만난 주민들 중에 조직화 실천전략에 동의하거나 적극적으로 참여할 의사를 가진 사람을 다시 만나고 그들을 중심으로 모임을 만들어야 한다. 모임의 규모는 그리 크지 않아도 된다. 대략 5명 이상이면 가능하고, 이들을 중심으로 구체적인 활동계획을 수립한다. 그들에게 사회복지사가 구상한 조직화 실천전략을 제시하고 주민들의 의견을 반영한다. 이처럼 주민 스스로 의견을 개진하는 과정을 통해 조직화 활동계획을 주민 자신의 계획으로 전환할 수 있게 한다.

사회복지사가 준비한 조직화 실천전략의 내용이 구체적이지 못하거나 주민이 생각하는 것과 차이가 클 경우에는 이후의 과정이 원활하게 진행되지 않을 수 있다. 이런 문제에 직면하면 주민 만나기나 지역 알기를 다시 수행하면서 조직화의 이슈를 재확인하는 절차를 거쳐야 한다. 또한 초기 주민모임에서 조직화 실천전략을 구체화할 때는 주민들과 함께 추가로 지역에 대한 조사나 별도의 교육을 실행하는 것이 좋다. 이 과정에서 주민들은 지역문제에 대해 실질적으로 인식하게 되고, 그에 따른 실행전략을 수립하면서 역량을 키울 수 있으며, 사회복지사는 잠재적인 주민리더를 발굴할 수 있다.

초기 주민모임은 실제 주민조직이라고 할 수는 없다. 이 단계의 주민모임은 사회복지사가 계획한 실천전략을 함께 수행해가는 모임이며, 주도성을 가지고 움직일 가능성이 있는 상태이다. 이들을 중심으로 실제적인 활동을 펼쳐 갈 조직을 만들기 때문에 초기 주민모임은 일종의 준비위원회 내지는 추진위원회 성격이 더 크다고 볼 수 있다.

(2) 교육훈련을 통해 실천계획 수립하기

주민교육은 앞서 세운 조직화 실천전략을 더욱 구체화하고 실천계획을 수립하기 위해 실행한다. 교육의 방향은 실천계획을 주민의 참여와 역량으로 실행할 수 있도록 안내하는 것이다. 주민교육은 주민조직화에서 매우 중요한 활동이다. 대부분의 주민들은 교육에 참여하는 것을 좋아하지 않기 때문에 사회복지사는 교육을 주저하거나 생략하는 경우가 있다. 하지만 주민조직은 교육과 훈련을 통해서 세워진다. 교육 과정에서 사람들은 생각을 공유하고 방향을 함께 설정할 수 있기 때문에 주민교육은 주민조직을 세우는 데 필수적이다.[3]

(3) 주민 모으기

초기 주민모임을 만드는 단계는 사회복지사가 주민을 만나면서 의지를 보이는 사람을 모으는 것이지만, 주민 모으기 단계는 '주민이 주민을 모으는 것'이다. 즉, 주민의 활동이 본격적으로 시작되는 단계로, 주민이 이 활동을 주도적으로 하려면 활동에 대한 기본적인 개념을 명확히 이해하고 추구하는 바를 인지해야 한다. 사회복지사는 주민들과 함께 계획을 수립하고 교육과 훈련을 통해 주민들의 목적의식과 방향성에 공감대를 형성함으로써 이를 돕는다.

주민 모으기는 주민조직의 회원을 모을 수도 있고, 활동에 참여할 사람들을 모을 수도 있다. 어떤 주민을 모으든 다른 주민에게 참여를 요청하기 위해서는 주민조직에 대한 이해와 활동방향, 계획이 명확해야 한다. 막연히 좋은 일을 한다는 것만으로는 동기를 유발하는 데 한계가 있다. 따라서 이 단계에서 사회복지사는 활동의 이유와 목적, 근본적으로 추구하는 방향성을 정확하게 전달할 수 있도록 준비하여, 주민들이 주민조직의 방향과 활동에 대해 명확하게 이해할 수 있게 해야 한다. 주민들은 자신과 상관없다고 생각되면 참여의

---

3   주민 교육훈련에 대한 구체적인 방법은 4절 주민조직화 실천방법에서 별도로 다룬다.

동기가 생기지 않으므로 그 참여의 대상과 활동의 방법을 구체적으로 제시해야 하는 것이다.

(4) 실천행동 전개하기

초기 주민모임이 주민을 모으면 구체적인 실천행동을 전개한다. 초기 주민모임에 참여한 사람들이 새롭게 참여하는 주민들에게 취지와 목적, 활동의 내용을 설명하고, 구체적인 실행방식을 확정하여 전개하는 것이다. 이 과정에서 초기 주민모임은 추진위원회로 전환되기도 한다. 사회복지사는 주민이 직접 기획하고 그에 따른 실천행동을 전개하는 과정에서 주민의 가능성을 확인하고 주민의식을 성장시킬 수 있다.

그런데 사회복지사가 활동 성과에 급급하면 주민의 성장 기회를 놓칠 수 있다. 따라서 사회복지사는 다음과 같은 상황을 염두에 두어야 한다. 첫째, 기획과 집행 과정에서 주민이 배제된 것은 아닌지 점검해야 한다. 주민은 기획과 실천, 평가 등 모든 과정에서 주체가 되어야 한다. 프로그램 초기에 참여한 주민이나 사회복지사의 아이디어로만 실천 행동을 기획하면 나머지 주민들은 프로그램의 대상자로 전락하게 될 가능성이 높다.

둘째, 주민을 동원하고 있는 것은 아닌지 점검한다. 실적을 염두에 두면 자칫 주민을 프로그램의 동원 대상으로 여기게 되고, 많은 주민이 참여해야만 성공이라고 착각하기 쉽다. 사람을 모으기 위한 프로그램의 경우 일회적으로는 성공을 거둘 수 있으나 향후 주민의 주도성을 기대하기는 어렵다.

셋째, 외부의 프로그램을 섣부르게 도입하는 것은 아닌지 돌아본다. 때로 다른 지역이나 기관에서 반응이 좋았던 프로그램을 그대로 도입하려는 경향이 나타난다. 이는 이미 검증되었다고 믿기 때문이다. 하지만 아무리 좋은 프로그램이라도 원래 하고자 했던 조직화 활동의 방향에 맞는지, 그리고 이를 통해 주민의 의식성장을 끌어낼 수 있는지를 점검하지 않으면 프로그램을 도입하더라도 실패할 가능성이 높다.

(5) 평가하기

실천행동이 마무리되면 그에 따른 평가를 진행해야 한다. 평가는 매우 중요한 교육 수단이다. 사회복지사는 활동에 대한 평가를 통해 주민들의 생각이 어떻게 성장했는지를 확인할 필요가 있다. 평가는 향후의 실천행동을 개선하는 과정에 주민이 주도적으로 참여할 수 있는 기회가 된다. 그리고 참여한 주민들의 노고를 격려하고 유대감과 연대감을 강화할 수 있다.

주민조직화 차원에서 실행되는 모든 활동은 평가의 대상이므로 사회복지사는 각 활동에 대해서 반드시 평가를 수행해야 한다. 평가의 주요한 내용은 이 활동을 통해서 주민은 무엇을 얻게 되었고, 어떤 의식의 변화를 가져왔는지에 대한 것이다. 또한 부족했던 점, 보충해야 할 사항, 그리고 향후 나아갈 방향 등을 점검해야 한다.

그런데 평가를 사회복지사 혼자서 하는 것은 큰 의미가 없다. 활동에 대해 주민들과 함께 평가해야 한다. 공동의 평가를 통해 주민들은 생각을 정리하고, 다른 사람의 생각을 들으면서 인식을 공유하고 성장할 수 있다. 나아가 평가

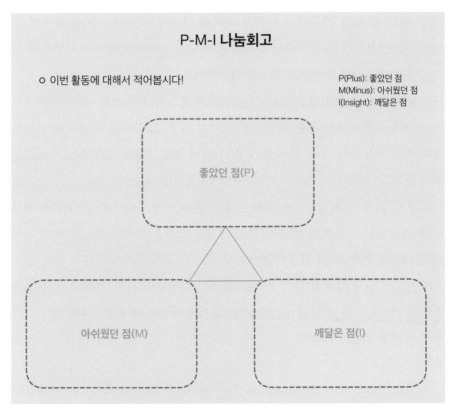

그림 11-6 P-M-I 나눔회고 예시

과정을 반복하면서 사회복지사와 주민은 주민조직을 세울 수 있는 인식과 역량을 키우게 된다. 간단한 평가의 도구로 P-M-I 나눔회고(그림 11-6 참조)를 활용할 수 있다.

4) 조직 건설 단계

초기에 추진해왔던 조직화 활동이 일정한 기간 지속되다가 새로운 활동으로 확대되지 않으면, 초기의 활동이 그 조직의 목적으로 굳어지거나 단순히 봉사활동을 수행하는 모임 정도로 인식될 가능성이 높다. 이 경우 주민들은 굳이 주민조직을 세워야 할 필요성을 느끼지 못하고 사회복지사가 수행하는 프로그램의 참여자 내지는 봉사자에 머물게 된다. 따라서 사회복지사는 실천행동에 대한 평가와 아울러 새로운 활동을 추진하여 활동 범위를 확대하면서 주민들이 조직의 필요성을 인식하도록 유도해야 한다. 이를 위해 조직체계를 갖춘 주민조직 건설을 준비하고 시행한다.

(1) 조직 비전 수립하기

주민조직을 세우기 위해서는 먼저 주민조직이 추구하는 비전을 정립해야 한다. 이 단계에서는 '주민조직화 과정에서 실행했던 활동의 내용, 그 진행 과정과 성과, 활동에 대해 참여자들이 느낀 점 등을 점검하는 평가'가 아니라, '주민조직화의 전 과정에서 실행된 일련의 과정 전체를 점검하고, 그 활동에 참여한 주민들이 받아들이는 활동의 가치를 확인'한다. 사회복지사는 비전워크숍을 열어 이 논의를 주민들과 함께 진행해야 한다. 즉, 주민들이 그동안의 활동에 대한 가치를 공유

사회복지사는 주민조직을 세우기 전에 비전워크숍을 열어 주민조직에 관해 주민 스스로 결정하도록 도와야 한다. 사진은 마을 교육공동체를 추구하는 부산시 금정구 서동 '거꾸로놀이터'의 비전워크숍 활동 전경이다. ⓒ 금정구종합사회복지관

하고, 주민조직의 방향과 목적 그리고 사업 내용을 스스로 결정하고 추진할 수 있도록 도와야 한다.

비전워크숍에서는 주로 우리가 왜 이 활동을 하는지, 이 활동으로 주민과 지역이 어떻게 변화되기를 바라는지 등에 대한 질문과 대답을 나눈다. 비전은 충분한 시간을 가지고 논의해야 하고, 가급적 회원 모두가 논의 과정에 참여하는 것이 좋다. 주민조직의 비전은 조직화의 활동이 전개되면서 주민이 감당할 수 있는 수준으로 조정되거나 보완될 수 있고, 조직의 진단이나 컨설팅, 평가 등을 반영하여 수정되기도 한다.

(2) 회칙 만들기

주민조직을 세우려면 비전 외에 일정한 체계와 요건을 갖추어야 한다. 그 체계와 요건을 명시한 것이 바로 회칙이다. 회칙에는 주민조직의 목적은 물론, 사업 내용, 조직체계, 의사결정의 절차(회의), 회원의 조건과 임원진 구성, 재정 확보 및 운영과 관련한 사항 등이 포함되어있다.

사회복지사는 다음 단계인 창립총회 전에 주민들과 함께 회칙을 준비해야 한다. 회칙에는 그동안 수행해왔던 활동에 대한 평가뿐만 아니라, 조직 비전을 수립하면서 제시되었던 주민들의 의견이 반영되어야 한다. 또한 회칙은 주민조직을 운영하는 주민들 간의 약속이기에, 주민들이 성실히 지킬 수 있는 내용이 담겨야 한다. 회칙이 명목상 존재하는 것이 아니라 주민 자신의 것으로 받아들여지려면, 사회복지사가 주민들과 함께 이해하기 쉽도록 작성해야 하며 때로는 주민이 직접 선택한 단어를 사용할 수도 있다.

주민들이 회칙 작성을 어려워해서 사회복지사가 직접 회칙을 작성하는 경우가 종종 있다. 하지만 사회복지사가 초안을 작성하더라도 전체 내용은 주민과 함께 논의해야 하며, 그 과정에서 회칙의 중요성을 지속해서 일깨워줘야 한다. 처음부터 완벽한 회칙은 없기 때문에 지나치게 형식적이고 세련된 문구로 작성할 필요는 없으며, 주민조직의 성장에 따라 회칙은 지속적으로 수정될 수 있음을 인지해야 한다.

주민조직 회칙의 사례

살맛 나는 동네 ○○! ○○지기 회칙

제1장 총칙

제1조 (명칭) 본 단체는 "○○지기"라 칭한다.

제2조 (소재지) 본 단체의 소재지는 ○○동에 둔다.

제3조 (목적) 본 단체는 주민, 회원 간 소통과 화합을 통해 주민의식이 함양되고, 살맛
나는 동네 ○○! 마을 만들기와 회원과 주민들의 권익과 발전에 기여함을 목적으로
한다.

제4조 (사업) 본 단체는 제3조의 목적을 달성하기 위하여 다음의 사업을 한다.

    1. 사회복지 및 봉사사업에 관한 사항

    2. 회원 상호 간 친목도모에 관한 사항

    3. 살맛 나는 동네 ○○! 마을 만들기 발전에 관한 사항

    4. 기타 목적사업을 수행하기 위한 각종 사항

제2장 회원

제5조 (회원자격) 본 단체의 회원은 ○○동 거주자로서 본 단체의 설립 취지에 동의하
는 자로서, 소정의 입회 절차를 완료한 자로 구성한다.

제6조 (회원의 종류) 본 단체의 기능을 원활하게 하기 위해 다음과 같은 회원을 둔다.

    1. 정회원: 마을을 만들고 관심을 가지고 참여하는 회원

    2. 준회원: 정회원은 아니지만 목적사업에 일부 참여하는 회원

    3. 후원회원: 직접 활동을 하지는 않지만 후원으로 도움을 주는 회원

    4. 명예회원: 회원은 아니지만 본 단체의 활동을 도와줄 수 있어서 별도로 위촉
      한 회원

제7조 (회원의 권리와 의무) 회원은 다음 각 항의 권리와 의무를 갖는다.

    1. 회칙 엄수 의무

    2. 회원의 품위 유지 의무

    3. 단체 운영에 참여할 권리

    4. 기타 회칙에 규정된 권리

    5. 회의 및 행사, 교육, 봉사 등에 참여 의무

    6. 결의 사항 이행 의무

    7. 회비 납부의 의무

제8조 (자격상실) 본 단체의 회원은 다음 각 호에 해당될 때는 회원자격을 자동 상실
한다.

1. 본인의 탈퇴 및 사망, 시설입소, 타 지역 이사, 건강문제 등 활동을 하지 못할 때

2. 정당한 사유 없이 2개월 이상 회원 의무사항을 이행하지 않을 때

3. 회원으로서 품위를 손상시키거나 본 단체 및 회원을 비방하여 분위기를 훼손시킬 때

제3장 임원

제9조 (임원의 종류와 정수) 본 단체는 회장 1인, 총무 1인, 서기 1인, 감사 2인으로 구성하며, 임원의 종류와 인원은 총회를 통해 증감할 수 있다.

제10조 (임원의 임기) 임원의 임기는 다음 각 호와 같다.

1. 임원의 임기는 1년으로 하되 연임할 수 있다.

2. 임원은 임기가 만료된 경우에도 후임자가 취임하기까지는 그 직무를 수행하여야 한다.

3. 임원 중 결원이 생긴 때에는 1개월 이내 선임하여야 하며, 임기가 만료되는 임원의 후임자는 임기만료 1개월 이내에 선임하여야 한다.

제11조 (임원의 선출 및 해임 방법) 임원의 선출 및 해임은 총회에서 하며 그 방법은 다음 각 호와 같다.

1. 회장 및 감사: 회원의 추천을 받아 출석회원 2/3 이상 찬성으로 선출 및 해임

2. 총무 및 서기: 회장 및 회원의 추천을 받아 출석회원 2/3 이상 찬성으로 선출 및 해임

제12조 (임원의 직무) 본 단체 임원의 직무는 다음 각 호와 같다.

1. 회장은 대내외적으로 본 단체를 대표하며 단체 업무를 총괄한다.

2. 총무는 회장을 보좌하며 회장 유고 시 그 직무를 대행한다. 회장의 지시를 받아 재정관리, 금전출납, 통장관리, 서류취급, 회의관계, 사무 등을 담당한다.

3. 감사는 본 단체의 재산회계 및 운영사항에 대한 감사를 수행하며, 부당한 점을 발견했을 때 시정을 요구한다.

4. 서기는 회의의 기록은 물론 제 규정 등을 관리한다.

제4장 주민회의

제13조 (주민회의 운영) 본 회의 회의 운영은 다음 각 호와 같다.

1. 정기총회는 회원으로 구성하며, 매년 1회 1월에 한다.

2. 정기총회, 임시총회, 월례회는 회장이 필요하다고 인정하는 때 또는 회원 1/3 이상의 요구가 있을 때 소집한다.

3. 정기총회 및 임시총회 시 재적 회원 과반수 이상의 출석으로 구성하며 출석회원 2/3 이상으로 다음 사항을 결의한다.

  - 회칙의 제정 및 개정

  - 임원의 선임

- 사업보고 및 결산
- 사업계획 및 예산
- 기타 본 단체의 목적달성을 위한 주요 사항
- 기타 본 단체의 존립에 관한 주요 사항
4. 총회의 기록은 회의록을 작성하여야 하며, 회장과 총무 이외 회원이 사실 확인 후 서명하여 보관한다.
5. 월례회는 매월 1회, 첫째 주 목요일로 하며, 회원 상호 간 친목 증진과 봉사에 관한 정보 교환, 각종 목적사업에 관한 의견을 논한다.
6. 회의의 세부적인 규칙은 별도로 정한다.

제5장 회계

제14조 (재정) 본 단체의 회계연도는 원만한 운영을 위하여 매년 1월 1일부터 12월 31일까지로 하며, 재정 수입의 내용은 다음과 같다.
1. 보조금(공모사업 등)
2. 회비
3. 후원금
4. 수익금
5. 기타 잡수입

제15조 (재정 운영) 본 단체는 재정의 원만한 운영을 위하여 다음과 같이 원칙을 정한다.
1. 회비사항이 결정된 후 회원들의 동의하에 사용 목적에 따라 운영한다.
2. 단체의 운영비는 영리 목적으로 사용되지 않는다.
3. 본 단체의 당해연도 사업실적 및 세입/세출의 결산은 총회 개최 7일 전까지 감사를 받아야 한다.

<보칙>

제16조 (자연 재산의 귀속) 본 단체를 해산할 때 국비, 도비, 시비 등의 보조금을 제외한 잔여 재산은 본래 취지에 가장 가까운 목적을 가진 법인이나 단체에 기증한다.

(3) 조직 세우기(창립총회)

창립총회는 주민조직의 목적과 사업, 임원 및 회원, 운영과 관련한 회칙을 공식화하는 절차이다. 창립총회를 통해 회칙을 결정하고 회칙에 명시된 절차에 의해 주민조직을 이끌어갈 임원진, 즉 리더를 공식적으로 선출한다. 사회복

창립총회는 주민조직을 공식적으로 세우는 자리일 뿐 아니라 주민리더를 선출하는 자리이기도 하다. 사진은 부산민주시민교육네트워크의 창립총회 모습이다. ⓒ 부산민주시민교육네트워크

지사는 회칙을 준비하는 것만큼이나 신중하게 리더를 선출하기 위한 준비를 해야 한다. '맡은 역할을 성실하게 수행하며 독단적이지 않고 주민조직이 추구하는 바를 명확히 이해하며 활동할 수 있는 사람'과 같이, 주민리더에 대한 기준을 주민들과 함께 정하고 그에 맞는 사람이 후보로 나설 수 있도록 해야 한다. 그런 사람들이 실질적인 주민리더로서 역할을 할 수 있도록 권위를 인정하는 공식적인 자리가 바로 총회이다.

주민리더를 선출할 때는 리더의 자질과 능력을 기준으로 삼아서는 안 된다. 보통 조직화 활동의 초기에는 언변이 좋고 추진력이 있는 사람이 눈에 띄지만, 실제 주민조직의 운영에서는 조직의 방향과 비전을 내면화하고, 주민을 사랑하는 마음을 가진 사람이 주민리더로 더 적합하다. 사회복지사는 주민들이 좋은 주민리더를 알아보는 눈을 가질 수 있도록 이끌어주어야 한다.

조직 세우기는 주민조직의 처음 시작인 창립총회에서 끝나는 것이 아니다. 창립총회 이후 주민조직은 정기총회를 열어 회칙을 수정하거나 임원을 새롭게 선출해야 한다. 따라서 사회복지사는 이미 만들어진 조직도 조직 세우기 절차를 정기적으로 반복할 수 있도록 해야 한다.

4. 주민조직화 실천방법

1) 주민대화기술

주민과의 대화가 멈추는 순간 주민조직화도 멈춘다고 할 수 있을 만큼 주

민대화는 주민조직화의 과정에서 활용되는 가장 중요한 실천기술이다. 사회복지사는 주민과 만나고 대화하면서 주민의 삶과 지역의 문제를 주민 스스로 깨달을 수 있도록 유도한다. 주민대화 자체가 일종의 교육이며 변화에 대한 실천 동기를 불러일으키는 의식화의 과정이다. 그렇기에 사회복지사는 주민과 만날 때 그들의 인식을 잘 끌어낼 수 있는 질문을 준비해야 한다.

주민 대화는 사회복지사가 가진 정보를 주민에게 전달하고 설득하는 것을 넘어서서 주민들로 하여금 그들이 처한 지역의 문제를 스스로 인식하게 돕는 것이다. 따라서 사회복지사는 주민과의 만남에서 질문을 던지고, 그 질문을

| 더 알아보기 |

주민대화의 실천 사례

주민대화의 목적은 대화를 통해서 주민의 생각을 성장하게 하는 것이다. 즉, 단순히 친밀감을 형성하는 것을 넘어 주민으로 하여금 자신이 처한 현실을 자각하게 하는 것이다. 이런 자각을 불러일으키는 것이 바로 주민대화이며, 주민대화는 그 자체가 교육이기도 하다. 사회복지사는 적절한 질문을 통해 주민을 대화 속으로 초대해야 한다. 아래는 주민대화의 한 사례이다.

사회복지사 : 도시락 반찬이 왜 형편없어요?
노동자 : 가난하기 때문에.
사회복지사 : 왜 가난해요?
노동자 : 게을러서 가난해.
사회복지사 : 정말 게으른가요?
노동자 : 아니 우리는 게으르지 않아. 우리는 정말 열심히 일하고 있어. 그러나 가난해.
사회복지사 : 왜요?
노동자 : 월급을 적게 주기 때문에 가난해.
사회복지사 : 왜 월급을 적게 주나요? 부지런히 일해도 가난하다면 이유가 뭔가요? 누가 우리를 가난하게 만들었나요? 우리를 어떻게 가난하게 만들었나요?

출처: 허병섭, 『스스로 말하게 하라』(1983) 중 "노동자와의 대화"에 실린 내용을 재구성(한국주민운동교육원, 『스스로 여는 가능성』(2014)에서 재인용).

통해 주민들이 자신의 생각을 표현할 수 있도록 촉진해야 한다. 처음부터 지역이 가진 문제를 포괄적으로 확인하는 질문을 던지면, 주민은 무엇을 대답해야 할지 난감해할 수 있다. 또는 그 문제를 해결해야 할 주체가 자신이라는 것을 인식하지 못한 채, 누군가 해주길 바랐던 민원사항을 쏟아내거나 사회복지사가 무엇을 해줄 수 있는지 되물을 수도 있다. 따라서 사회복지사는 지역이 가진 포괄적인 문제를 파악하는 것에 집중하기보다는 주민의 생활에 밀착된 관심사와 주민이 하고 싶은 욕구를 중심으로 대화를 유도해야 한다. 주민이 자신의 작은 관심사나 바람, 욕구를 이야기하도록 유도하면 주민에게 좀 더 편안하게 접근할 수 있다.

2) 주민교육

앞서 언급했듯이, 주민은 교육과 훈련을 통해서 조직되고 성장하므로 주민조직화 실천에서 주민교육은 매우 중요하게 다뤄져야 한다. 만약 교육과 훈련이 없다면 어떻게 될까? 주민조직화 활동의 목적과 방향을 각자의 입장에서 이해하고 받아들이게 되어 갈등을 겪을 수 있다. 교육은 그 단어 자체로 재미 없다는 인상을 주기 때문에 주민들은 교육에 참여하는 데 소극적인 경향을 보이기도 한다. 그렇다 하더라도 주민의 의식성장과 역량강화를 목표로 하는 주민조직화에서 주민교육을 소홀히 해서는 안 된다. 김이배·홍재봉(2015)은 주민교육의 중요성에 대해 다음과 같이 제시했다.

주민교육의 핵심은 주민이 자기 삶의 주인은 바로 자신이며 자신에게 주어진 환경은 자신과 주민의 힘으로 변화시킬 수 있다는 의식을 가지게 하는 데 있다. 그러기 위해서 자신을 둘러싼 마을 환경, 주민관계, 이를 움직여가는 현재의 제도를 인식하고, 자신과 주민의 힘으로 할 수 있는 일들은 무엇인지를 스스로 찾아보는 계기를 마련해 주어야 한다.
　　이후 조직화 활동은 다양한 형태의 다양한 분야로 활동이 확대되기 때문에 마을조직가는 그 활동을 잘 수행하기 위한 역량강화 교육, 주민조직을 움직여가기 위한 주민지도자(주민리더) 교육, 주민조직의 운영과 관련된 교육 등을 필수적으로 준비해야 한다.

무엇보다도 중요한 주민교육은 주민이 주민조직의 리더로 성장하도록 교육하고 훈련하는 주민리더 교육이다. 주민조직화 초기에는 적은 인원이 참여하기 때문에 이 시기에 진행되는 교육은 전체 주민교육이고, 그 내용에는 주민지도력을 신장할 수 있는 내용도 포함되어있다. 그러나 이것만으로는 주민리더 교육을 충분히 했다고 하기 어렵다. 주민조직이 세워진 이후에는 주민리더, 즉 임원을 대상으로 별도로 교육을 기획하여 진행해야 한다. 전체 교육에서는 임원으로서 겪는 고충을 이야기하고 이를 해소할 수 있는 방법을 모색하기 어렵기 때문이다. 또한 리더로서 조직을 민주적으로 이끌어가기 위한 회의진행, 의견수렴기술, 조직운영과 관련한 사항은 일반회원과 분리하여 논의해야 효과적이다.

주민의 활동 능력을 키우는 교육은 그 당시 주민들의 욕구와 관심사에 따라 다양하게 전개될 수 있다. 예를 들어 주민들이 지역축제를 개최하려고 준비한다면, 지역축제에 관한 사항을 별도로 교육하여 주민이 자체적으로 행사를 준비할 수 있는 능력을 갖추도록 해야 한다. 이와 같이 사회복지사는 조직화 활동이 전개되는 양상에 따라 그 활동을 잘할 수 있는 역량을 높이기 위한 주민교육도 함께 기획해야 한다. 어떤 교육이든 주민교육을 할 때는 조직화 활동이 추구하는 목적과 방향에 대해 주민들이 인지할 수 있도록 하는 것이 중요하다. 그렇지 않으면 주민들은 교육에서 제공하는 내용에만 집중하게 된다.

사회복지사는 주민교육의 다양한 방식도 고려해야 한다. 교육이라고 하면 강의와 같은 집체 교육을 먼저 떠올린다. 하지만 교육은 선진지 견학, 워크숍 등 다양한 형태

주민지도자 양성 과정을 통해 주민리더가 주민조직을 잘 이끌어갈 수 있도록 교육하는 모습이다. 주민리더 교육은 조직화 과정에서 가장 중요하게 다루어지는 교육 중 하나이다. ⓒ 부산주민운동교육원

로 전개될 수 있다. 사회복지사가 주민을 만나서 묻고 답하는 대화도 그 자체로 교육이 될 수 있다. 또한 회의나 평가를 통해 의견을 주고받고, 활동에 대해 느낀 점과 활동 결과의 시사점, 개선방향 등을 이야기하는 것도 중요한 교육의 기회가 된다. 함께 책을 읽는 모임, 일상에서 일어나는 사건을 두고 생각을 나누는 집담회 등도 교육으로 활용될 수 있다. 사회복지사는 조직화 과정에서 진행되는 모든 활동이 주민의 생각을 키워주고 지역과 자신을 인식하게 하는 교육의 기회임을 명심해야 한다.

3) 주민조직회의

사회복지사는 회의가 민주적으로 운영될 수 있도록 성실히 준비해야 한다. 회의는 주민들의 의견을 모으고, 의사결정을 하고, 그에 따른 실천계획을 수립하는 공식적인 자리이다. 회의를 통해 주민은 자신의 생각을 표현하고 다른 사람들의 생각을 들으면서 민주적인 의사결정을 배운다. 또한 지역에 관한 다양한 정보와 자료, 몰랐던 사실 등을 접하고 학습한다. 나아가 회의를 통해 공식적인 역할과 책임을 부여받음으로써 활동의 주체로 성장한다. 사회복지사는 이러한 주민조직회의를 매우 중요하게 여겨야 하며, 단순히 모여서 이야기하는 수준을 넘어서도록 회의의 형식과 절차를 세우고 그에 따라 회의를 진행해야 한다.

사회복지사가 신경 써서 회의를 준비하는 만큼 회의는 많은 성과를 낼 수 있다. 회의자료와 장소는 물론, 회의의 분위기를 이완시키기 위한 간식이나 식사 등도 미리 준비해야 한다. 많은 주민들이 회의에 많이 참여하고 적극적으로 의견을 개진할 수 있도록 사전에 회의내용을 공지하고, 회의에 부득이하게 참석하지 못하는 주민들에게는 미리 연락해서 주요 안건에 대한 의견을 받아 회의에서 전달해야 한다. 사회복지사나 임원들이 회의 준비에 들이는 노력과 정성에 따라 주민이 느끼는 회의에 대한 소중함, 조직에 대한 소속감 등이 달라질 수 있다.

회의를 소홀히 생각하면, 임원이나 특정인 중심으로 의사를 결정할 가능

회의에 반드시 포함되어야 할 사항	회의 분위기를 이완시키기 위해 필요한 것
• 지난 회의 결과 확인 • 지난 회의 이후 활동상황 / 진행상황 • 활동계획 • 전달사항(정보 제공) • 기타 안건(활동계획에서 빠진 것) • 회계 보고 • 회원 동정 • 다음 회의 일정 • 역할 분담	• 살아온 이야기 / 잡담 • 아이스브레이킹(마음 열기) • 중간 휴식 / 먹거리 • 식사 / 뒤풀이

그림 11-7 주민조직회의에서 다루어야 할 목록

성이 높고 그로 인해 갈등이 불거질 수도 있다. 특히 정해진 날짜에 회의를 개최하고, 회의 일시와 장소를 사전에 충분히 공지하는 것이 중요하다. 임의로 일정을 변경하거나 회의 정보를 미리 주지 않으면, 주민들은 점차 회의에 소극적이거나 방관적인 태도로 임하게 된다. 사회복지사는 임원들에게 회의의 중요성을 일깨워주고, 함께 회의를 준비하고 진행계획을 세우며, 회의결과도 공유해야 한다.

4) 갈등관리

주민 사이의 갈등은 주민조직화의 전 과정에서 지속적이고 필연적으로 발생한다. 초창기에는 사회복지사가 활동을 주도하므로 큰 갈등이 나타나지 않을 수 있다. 그러나 점차 주민이 주체로서 참여하여 자체적인 활동을 전개하게 되면 갈등은 다양한 형태로 발생한다. 사회복지사가 갈등에 직면했을 때는 이를 회피해서도, 섣불리 해결하려 해서도 안 된다. 회피와 성급함은 오히려 갈등을 증폭시킬 수 있기 때문에 갈등을 관리한다는 태도를 취하는 것이 좋다. 다시 말해, 갈등상황이 발생하게 된 원인을 점검하고 그와 같은 상황이 재발하지 않도록 원칙과 규칙을 정함으로써 갈등상황을 조직의 성장 기회로 삼아야 한다.

초기에 추진했던 조직화 활동은 완벽할 수 없으며, 시행착오를 겪는 것은 자연스러운 일이다. 사회복지사는 조직 내에 갈등이 일어나는 것 자체를 문제로 인식할 필요는 없으나, 갈등이 보이지 않는다고 안도하거나 관리를 소홀히 하면 안 된다. 갈등은 어디에나 존재하기 때문이다. 즉 조직 내 갈등도 잘 다루고 관리한다면 활동의 새로운 동력이 될 수 있다. 그러나 갈등을 방치하면 조직운영에 큰 위협이 되기 때문에 사회복지사는 갈등이 일어나는 원인을 점검하고 문제를 파악하며 대안을 모색해야 한다.

갈등은 주민조직에 속한 주민들이 보다 좋은 방향으로 활동하고자 하는 의지가 있을 때 발생하는 것이기도 하다. 따라서 이와 같은 의지를 주민조직을 운영함에 있어 긍정적인 영향을 줄 수 있는 에너지로 활용하면서, 주민들의 의지가 충돌하여 갈등으로 비화되지 않도록 노력해야 한다. 갈등은 주민들 간의 성향, 말투, 스타일 등이 발단이 되어 나타나기도 하지만, 실제 주민조직 내에서의 큰 갈등은 주민조직에 대한 인식의 차이에서 비롯되는 경우가 대부분이다. 주민조직을 바라보는 시각에 따라 임원 간, 임원과 회원 간, 그리고 회원 간에 갈등하는 경우가 많다. 이와 같은 갈등은 주민조직의 규모가 작고 활동의 내용이 많지 않은 초창기보다는, 주민조직의 규모가 확대되고 활동이 늘어나면서 주민조직에 대한 인식에 이견이 생기고 주민들의 의지와 역량이 커질 때 발생한다. 회원들이 추구하는 바가 다르고 새로운 회원들이 내놓는 생각들이 혼재되면서 어떠한 방향으로 활동을 전개해야 하는지 혼란스러울 때 갈등은 커지게 된다.

사회복지사는 주민리더와 함께 주민조직이 추구하는 목적과 방향을 정기적으로 점검하고, 주민들이 가진 생각을 모아서 활동 내용에 반영해야 주민조직의 갈등을 관리할 수 있다. 갈등은 원칙이 불분명하여 각자 자기 생각대로 소통하다가 발생하는 경우가 많다. 따라서 사회복지사는 주민조직의 목적을 기준으로 두고 회의나 교육을 통해서 원칙을 세우며, 주민들끼리 활발하게 소통할 수 있도록 해야 한다.

5. 주민 임파워먼트와 조직화를 위한 사회복지사의 역할

로스만의 지역사회계획모델은 과학적 분석 과정으로부터 도출된 합리적인 계획과 이에 근거하여 이루어지는 통제된 변화를 추구한다. 실제 사회복지 현장에서 사회복지사는 이와 같은 활동과 실천유형을 선호하는 경향이 있다. 즉, 문제에 노출된 사람들을 위한 프로그램을 기획하고 실행하는 활동에 큰 비중을 두는 것이다. 이 경우 사회복지사는 전문가로서의 역할, 프로그램의 주도자 및 제공자로서의 역할이 중시된다.

그런데 이처럼 사회복지사는 그저 지역주민에게 서비스를 제공해주는 사람이며, 지역주민들은 서비스를 이용하는 대상일 뿐이라고 인식하는 것은 바람직하지 않다. 지역주민들이 자신의 어려움이 어디에서 기인하며 이를 해결하기 위해 무엇을 해야 하는지 알지 못한 채, 사회복지사가 제공하는 프로그램에만 의존하는 경향이 커질 수 있기 때문이다. 그렇게 되면 프로그램을 통해 특정한 지역사회문제가 해결될 수는 있지만, 실제로 프로그램 참여자의 주도성은 사라지는 결과를 초래할 수 있다. 다시 말해 이러한 활동 위주의 실천은 주민의 역량을 감소시키고 주민을 무기력한 존재로 전락시킬 위험이 있다.

따라서 사회복지사는 주민을 대상화하는 프로그램을 경계해야 한다. 주민 임파워먼트를 위해서는 주민들이 자신의 의지와 능력을 인식할 수 있게 돕고, 주민들의 조직된 힘을 만들고, 이를 기반으로 활동을 전개할 수 있는 주민조직을 세우며, 이러한 조직을 통해 지역사회문제를 해결할 수 있도록 역량을 길러주고, 조직의 지속적인 활동을 촉진하는 촉진가 및 조직가의 역할을 사회복지사가 담당해야 한다. 주민 임파워먼트와 조직화를 위한 사회복지사의 역할을 좀 더 구체적으로 정리하면 다음과 같다.

첫째, 사회복지사는 지역주민들의 삶을 이해하고 지역의 현안을 파악하기 위해 많은 주민을 만나고 많은 대화를 나누어야 한다. 사회복지사가 주민들과 자주 만나면서 좋은 관계를 형성하면 그들이 가진 생각과 경험을 깊게 나눌 수 있다. 사회복지사와 주민들 간의 좋은 관계는 지역 내에서 단절된 주민 관계망을 회복하는 데에도 도움이 된다.

둘째, 사회복지사는 주민을 만나는 과정에서 주민들이 가진 생각과 문제의식, 강점과 관심사 등을 실질적으로 파악해야 한다. 그리고 지역사회문제의 원인에 대해서 충분히 분석하고 해결방안 등을 준비해야 한다. 다만 사회복지사가 나서서 대안을 제시하기보다는, 주민들이 의논하고 결정할 때 참고할 수 있는 적절한 정보를 제공하는 것이 좋다. 즉, 주민들이 스스로 결정하게 하되 그릇된 판단을 하지 않도록 돕는 조력가의 역할을 한다.

셋째, 사회복지사는 좋은 주민리더를 세워야 한다. 문제를 해결하려면 체계적인 힘을 가져야 하고, 이를 위해서는 주민조직이 필요하다. 주민조직은 주민들 가운데 선출된 주민리더가 이끌어야 한다. 주민리더가 주민조직을 어떻게 운영하고 모임을 어떻게 끌어가는가에 따라 주민조직의 활동 내용 또한 달라진다. 따라서 사회복지사는 성급하게 주민리더를 세우려 하지 말고 주민들 중에서 좋은 지도력을 가진 사람을 발굴해야 하며, 좋은 주민리더가 많이 양성될 수 있도록 주민리더 교육의 기회를 지속적으로 제공하는 교육자의 역할을 해야 한다.

넷째, 사회복지사는 주민리더와 함께 지역의 주민들이 지속적으로 참여할 수 있도록 도와야 한다. 주민참여는 임파워먼트와 조직화의 핵심적인 과업

이다. 이러한 주민참여는 권력의 재분배, 즉 민주적 조직운영과 밀접하게 관련된다. 조직 내의 권력이 특정인에게 편중되지 않고 의사결정이 모든 참여자에 의해 민주적으로 이루어질 때 지속적인 주민참여가 가능하다. 또한 주민조직에서 민주적으로 결정된 모든 사안은 참여하고 있는 주민 모두가 공유하고 함께 책임지도록 해야 한다.

다섯째, 사회복지사는 모든 활동의 결과와 가치를 주민들과 공유해야 한다. 주민조직의 모든 활동은 주민이 함께 결정하고 함

그림 11-8 주민 임파워먼트와 조직화를 위한 사회복지사의 역할

께 실행해야 하며, 특정한 개인이 책임을 지거나 성과를 독점해서는 안 된다. 이를 위해 모든 활동에 대해 그 성과와 평가를 공유함으로써 주민들이 애정과 관심을 가지고 활동을 지속할 수 있도록 도와야 한다.

지역사회 옹호와 행동

지역사회 옹호와 행동은 사회복지사가 지역사회에서 정당한 처우를 받지 못하는 사회적 약자의 권익을 위해 하는 활동이다. 기존의 제도는 사회적 약자들의 권익을 보호하지 않는 경우가 많고, 사회질서 또한 일반적인 정의에 부합하여 작동하기보다는 현재 질서 그 자체를 유지하기 위해 사회적 약자의 희생을 요구하는 경우가 많다. 기존의 질서와 제도는 결국 기득권층의 권익을 그대로 유지하고자 하는 속성을 지니고 있기 때문에 지역사회복지실천에서 지역사회 옹호와 행동의 중요성이 증가하고 있다.

특히 정부의 재정지원을 받는 사회복지현장에서는 그동안 사회적 약자가 기존의 제도나 질서로 인해 부당한 대우를 받는 것에 대해 민감하게 반응하지 못했다. 오히려 현행 제도를 유지하면서 사회적 약자들이 그 질서에 잘 적응하도록 돕는 활동에 초점을 두는 경향도 많았다. 이에 따라 사회복지사는 사회적 약자를 대변하고 이들의 권익을 보호하기 위한 활동이 요구됨에도 불구하고 지역사회 옹호와 행동의 역할을 제대로 수행하지 못했다. 제도의 변화가 사회적 약자에게 미치는 영향을 고려하여 잘못된 제도를 바로잡기 위해 목소리를 내는 활동이 미흡했고, 사회복지사 스스로의 권익을 보호하는 활동에도 미온적인 모습을 보여왔다. 그러나 사회복지사는 옹호활동을 '할 수 있는데 하지 못했던 것'이기도 하지만, 옹호활동에 대해 '인지하지 못했고 관련한 역량을 가지지도 못했던 것'이 현실이다. 다행스럽게도 최근 사회복지현장에서는 지역사회 옹호와 행동을 위한 움직임이 생기고 있다. 이 장에서는 지역사회 옹호와 행동의 개념, 전략 및 전술, 사회복지사의 역할에 대해서 다룬다.

1. 지역사회 옹호와 행동의 개념

1) 옹호와 사회행동

옹호와 사회행동은 지역사회 변화를 위한 중요한 실천활동 중 하나이다. 기존 제도나 규범 안에서 억압받고 부당한 대우를 받는 주민들의 처지를 옹호하고 바람직한 방향으로 변화해나가려면 정치권이나 행정집단에 직접적인 압력을 행사하여 행동 변화를 끌어내야 한다.

사회복지사는 지역사회현장에서 목격되는 사회적 약자에 대한 부당한 처우가 어디에서 기인하는지를 확인하고, 이들이 가진 정당한 권익과 처우가 보장될 수 있도록 다양한 활동을 전개해야 한다. 지역주민이 기존의 제도에서 소외되어 정당한 대우를 받지 못한다면 정보를 제공하고 절차를 안내하여 적절한 조치가 이루어질 수 있게 해야 하고, 기존의 제도 자체가 부당하다면 제도를 변화시키기 위한 활동을 전개해야 한다. 이러한 활동이 바로 옹호이다.

옹호advocating란 지역사회의 클라이언트가 정당한 처우나 서비스를 받지 못하는 경우에 활용되며, 표적집단에 대해 강력한 영향력이나 압력을 행사하는 것을 말한다(Rothman and Sager, 1998). 다시 말해 옹호는 클라이언트의 이익 혹은 권리를 위해 싸우거나 대변, 방어하는 활동을 의미한다(감정기 외, 2005). 직접적 서비스 실천에서 옹호는 클라이언트를 지지하고 방어하는 활동이기도 하고, 클라이언트가 스스로를 방어하는 자기옹호가 이루어지기도 한다(Hardcastle et al., 1997: Ch. 12; 감정기 외, 2005: 233-234에서 재인용). 사회복지사는 지역주민, 특히 억압된 집단의 입장에서 정당성을 주장하고 그들에게 지도력과 자원을 제공하며 그들의 권리를 법적으로 요구하는 옹호기술을 갖추어야 한다.

대변과 방어를 넘어서서 보다 근본적인 변화를 일으키고자 할 때, 옹호는 사회행동모델에 기초한 전략과 전술을 활용하게 된다. 따라서 옹호는 사회행동과 함께 이루어지기도 한다. 사회행동[social action]은 지역사회의 권력과 자원을 재분배하고 의사결정에서 사회적 약자의 접근성을 강화함으로써 지역사회를 변화시키려는 활동이다. 즉, 사회행동은 지역사회의 기존 제도와 현실에 대한 근본적인 변화를 추구하며 권력, 자원, 지역사회의 정책결정에 있어서 역할의 재분배를 강하게 주장한다(Rothman, 1995; 유동철·홍재봉, 2016에서 재인용).

개념 정리

옹호 지역사회의 클라이언트가 정당한 처우나 서비스를 받지 못하는 경우에 활용되며, 클라이언트의 이익 혹은 권리를 위해 싸우거나 대변, 방어하는 활동

사회행동 지역사회의 권력과 자원을 재분배하고, 의사결정에서 사회적 약자의 접근성을 강화함으로써 지역사회를 변화시키는 데 초점을 맞춘 활동

---

2) 지역사회 수준에서 옹호와 사회행동의 연계

사회행동은 옹호로부터 출발하며, 옹호는 사회행동으로 표출되기도 한다. 사회복지사는 지역사회현장에서 부당하게 손해를 보거나 억압당하는 주민들을 수없이 많이 직면한다. 그 부당함에는 작은 이슈도 있지만, 용산참사[1]나 밀양 송전탑 사건[2]과 같이 지역에서 발생한 문제가 전국적인 이슈로 확대된 경우

---

1   2009년 1월 20일 발생한 용산참사는 서울시 용산구 용산4구역에 대한 재개발 진행 과정에서 철거민 5명과 경찰특공대원 1명이 사망하고 24명이 부상당한 대형 참사로, 국가의 무리한 강제진압으로 벌어진 대표적인 사건이다.

2   밀양 송전탑 사건은 경남 밀양시에 건설 예정인 고압 송전선 및 송전탑의 유해성과 위치 문제를 두고 2008년부터 밀양 시민과 한국전력공사 사이에 벌어진 분쟁으로, 주민행동의 대표 사례이다.

도 있고, 부산 형제복지원 사건(더 알아보기 참조)과 같이 지역을 넘어 국가 공권력에 의한 폭력의 진상을 규명해야 하는 문제도 있다.

사회복지사는 주민들이 정보를 가지지 못하거나 자신의 의견을 제시하기 어려운 상황일 때는 이들의 입장을 대변하는 옹호활동을 한다. 그런데 부당한 처우가 만연하여 집단적인 문제라고 판단될 때에는 행정기관의 개입이나 제도의 변화 등을 요구하며 직접적인 대결을 펼치기도 한다. 즉, 옹호를 기반으로하여 기존 제도에 직접적으로 대항하는 적극적인 사회행동으로 나아간다.

7장에서 언급했듯이, 옹호활동으로는 사례 혹은 클라이언트 옹호와 같은

| 더 알 아 보 기 |

형제복지원 사건에 대한 대응 사례

1987년 3월 22일 부산 형제복지원에서 직원의 구타로 원생 1명이 숨지고 35명이 탈출하는 사건이 일어났다. 이를 계기로 복지원 내에서 자행된 인권유린의 실태가 세상에 알려졌다.

형제복지원은 1975년부터 1987년까지 운영되었던 우리나라 최대의 부랑인 수용시설이었다. 특히 1986년 아시안게임과 1988년 서울올림픽을 앞두고 정부 차원에서 부랑인 단속에 대거 나섰는데, 이때 실제 부랑인뿐만 아니라 취객이나 가출 학생까지도 강제로 끌고 가서 가두었다. 형제복지원에서는 12년간 구타와 강제노역, 금품갈취, 성폭행 등 심각한 인권유린이 일어났고, 500명이 넘는 사람이 살해되어 암매장당했다. 형제복지원은 폐쇄된 이후 잊혀졌다가, 2012년 피해자인 한종선이 국회 앞에서 1인 시위를 하면서 세상에 다시 알려졌다.

한편 부산 지역에서는 형제복지원이 형제복지재단으로 이름을 바꾸고 계속 활동하고 있었고, 형제복지원 이사장을 비롯한 일가 또한 여전히 그 세력을 유지하였다. 부산시는 재단에 대출 특혜를 주는 등 형제복지재단과 부적절한 유착관계를 유지해왔다. 이러한 사실을 알게 된 박민성 당시 사회복지연대 사무처장은 지역에서 이 문제를 꾸준히 제기하고, 적절한 사과나 보상을 받지 못한 피해자들을 위한 옹호활동을 전개했다. 진상규명을 위한 대책위원회 및 피해자생존자모임 등과도 공조했으며, 언론을 통해 형제복지원의 진실이 알려질 수 있도록 많은 자료를 제공했다.

박민성 사무처장은 2018년 부산광역시의원으로 당선되었고, 첫 번째 의정활동으로 같은 해 7월 당시 부산광역시장이 공식적으로 피해자에게 사과할 수 있도록 했다. 2019년 4월에는 「부산광역시 형제복지원 사건 피해자 명예회복 및 지원에 관한 조례」를 대표 발의하여 제정했다. 그는 형제복지원에 대한 국가 차원의 사과가 이루어질 수 있도록 지금도 꾸준히 활동을 전개하고 있다.

미시적인 차원의 옹호활동도 있고, 명분 혹은 계층 옹호, 지역사회 옹호와 같은 거시적인 차원의 옹호도 있다. 옹호의 유형을 분류하는 방식은 다양하다. 하드캐슬과 동료들(Hardcastle et al., 1997; 김범수 외, 2008에서 재인용)은 옹호를 자기 옹호, 개인 옹호, 집단 옹호, 지역사회 옹호, 정치 또는 정책적 옹호, 체계 변화적 옹호 등 여섯 가지로 분류하고 있는데, 이 가운데 지역사회 옹호는 "소외되었거나 공동의 문제를 경험하는 지역주민들을 위한 옹호활동으로서, 지역주민들이 스스로 지역사회를 옹호하기도 하고 다른 사람들이 대신하여 옹호하기도 한다"고 설명하였다. 이러한 지역사회 옹호는 주민 임파워먼트와 조직화, 옹호와 행동의 연관성을 드러낸다.

임파워먼트에서 사회행동에 이르는 일련의 과정들은 서로 연계되어 있다. 먼저 소외되었거나 공동의 문제를 경험하는 주민들이 스스로 지역사회를 옹호하기 위해서는 지역사회 수준의 임파워먼트가 필요하다(임파워먼트). 사회복지사는 지역주민들이 지속적인 변화의 주체가 될 수 있도록 역량을 결집하여 주민들을 조직화하고, 스스로 옹호할 수 있는 체계를 마련한다(주민조직화). 이때 주민들이 스스로 옹호활동을 전개하기 어려울 경우 사회복지사는 그들의 입장을 대변하고, 훼손된 권리를 되찾기 위해서 지역 내 다양한 자원을 활용하여 옹호활동을 전개한다(옹호). 그리고 이런 옹호활동은 기존의 제도나 질서에 압력을 행사하는 직접적인 행동으로 나아가기도 한다(사회행동). 그림 12-1은 이와 같은 내용을 간략하게 도식화한 것이다.

이처럼 임파워먼트와 조직화, 옹호를 통해 변화를 실현해가는 구체적인 전략과 전술, 실천행동은 사회행동의 그것과 무관하지 않고, 상호 연결되어있다. 요컨대 사회행동은 부당하게 억압받는 사람들을 대변하고 이들의 힘을 모아서 문제 해결의 주체가 되어 변화를 요구하는 활동을 전개하는 것이므로, 다음 절에서는 지역사회 옹호와 행동의 구체적인 전략과 전술의 내용을 함께 다룬다.

그림 12-1 지역사회 수준에서 이루어지는 옹호와 사회행동의 연계 과정

2. 지역사회 옹호와 행동의 전략과 전술

1) 지역사회 옹호와 행동의 기본 목적

부당한 처우에 대한 개선과 기존 질서의 변화를 위해서 지역주민은 힘을 가져야 한다. 힘 없이는 변화를 이루어내기 힘들다. 변화는 힘으로부터 오며, 힘은 조직된 체계로부터 온다. 알린스키(Alinsky/박순성·박지우 역, 2016)는 힘이 존재하지 않는 세상은 생각할 수 없으며, 유일하게 선택할 수 있는 개념은 조직된 힘이냐 조직되지 않은 힘이냐 하는 것이라고 했다.[3] 변화를 이루어내기 위해서 지역주민은 반드시 힘을 모아야만 한다. 지역사회 옹호와 행동의 핵심적인 전략은 힘을 가지는 것, 즉 세력화에 있다.

우리 사회에서 힘의 원천은 권력과 재력, 그리고 사람의 결집된 힘이다. 권력을 가진 자와 재력을 가진 자는 자신의 기득권을 보장해주는 기존 질서를 유지하여 합법적으로 이익을 보장받기 위해 서로 협력하는 경향이 있다. 반면, 소외된 계층과 사회적 약자는 대체로 권력과 재력을 가지고 있지 않으며, 권력과 재력을 가진 사람들과 가깝지도 않다. 따라서 소외계층과 사회적 약자가 힘을 가질 수 있는 유일한 방법은 많은 사람들이 모여 결집된 힘을 만드는 것이다. 2016년 말 우리 사회가 경험한 촛불집회에서 알 수 있듯,

소외계층과 사회적 약자의 경우 힘을 가지기 위해서는 많은 사람이 결집해 힘을 만들어야 하며, 그 힘을 통해 잘못된 질서와 불합리한 처우를 바로잡을 수 있다.

---

3 사울 알린스키(Saul Alinsky)는 미국의 대표적인 민권운동가이자 조직가이다. 1930년대 후반부터 시카고에서 빈민대중운동을 시작했으며, 미국 전역의 빈민지역에서 공동체 조직운동을 전개하고 조직운동가 양성 교육 프로그램을 운영했다. 알린스키가 1971년 집필한 『급진주의자를 위한 규칙(Rules for Radicals)』(Alinsky/박순성·박지우 역)은 세상의 변화를 꿈꾸는 젊은 급진주의자들이 지역사회 활동에서 의미 있는 결과를 도출하지 못하고 좌절하는 것을 보면서 이들에게 대답을 해주고자 쓴 책이다. 이 책은 주민조직화 현장에서 활동하는 조직가들에게 필독서로서 꼽히며, 아직까지도 많은 영향을 주고 있다.

많은 사람의 결집된 힘은 기존의 잘못된 질서와 불합리한 처우를 바로잡을 수 있다.

2) 지역사회 옹호와 행동의 전략

지역사회 옹호와 행동은 기본적으로 행동집단이 대결집단과의 힘겨루기를 통해 이기는 것을 전략으로 삼는다. 8장에서 언급했듯이, 지역사회개입 전략은 크게 제휴전략과 캠페인전략, 대항전략으로 나뉜다. 지역사회 옹호와 행동에 있어서는 힘을 확보하고 그 힘을 정당하고 정의롭게 행사하는 데 초점을 두는 대항전략을 주로 사용한다. 힘의 행사는 일시적인 행동에 그쳐서는 안 되고, 대결집단을 협상의 자리에 끌어낼 때까지 꾸준히 진행되어야 한다. 따라서 행동집단은 힘을 지속적으로 유지하기 위한 준비도 중요하게 다루어야 한다.

사회행동은 로비와 직접적인 행동을 통해 정부나 기업에 압력을 가하여 법이나 정책, 제도를 변화시키고, 자원을 재분배하며, 나아가 인권을 향상시키는 것이다. 이를 위해서는 장기 전략과 구체적인 전술을 필요로 한다. 전략이란 목표를 달성하기 위해 누구에게 압력을 가할지, 어떤 전술을 활용할지, 성공의 최소 기준은 무엇인지 등에 대한 장기계획을 말한다(Rubin and Rubin, 2008: 5). 지역사회 옹호와 행동의 전략에서 간과해서는 안 될 세 가지 원칙을 살펴보면 다음과 같다.

(1) 이슈의 적절성

행동집단에 많은 사람의 결집된 힘이 모이려면 변화시키고자 하는 이슈가 정당해야 한다. 즉, 단순히 특정집단의 이익에 한정되는 이슈가 아니라 모든 주민이 공감할 수 있는 이슈여야 한다. 특히 주민들의 일상적인 불편이나 제도적인 문제와 연결된 이슈일 때 더욱 파급력을 가질 수 있다. 그러나 지역의 근본적인 문제 해결을 위한 이슈, 공익을 위한 이슈를 선정한다는 이유로 지나치게 크거나 모호한 이슈를 선정하는 것은 지양해야 한다. 이는 성공 확률이 낮고 실제 주민들의 참여도 매우 떨어질 가능성이 높다. 장기적으로는 근본적인 문제 해결을 위해 나아가야 하지만, 실제 행동을 시작할 때는 성취 가능하면서 쉽고 단순하며 구체적인 이슈에서부터 시작해야 한다. 작은 성공의 경험이 주민들의 의지와 역량을 고취시키는 원동력이 되기 때문이다.

(2) 행동의 정당성과 합법성

알린스키는 모든 변화는 낡은 질서의 파괴와 새로운 질서의 형성을 의미한다고 했다(Alinsky/박순성·박지우 역, 2016). 즉, 행동을 통한 변화는 기존의 질서에 대한 도전이며, 이것을 허물어야 새로운 질서를 만들 수 있다. 하지만 기득권을 가진 집단은 '법과 질서'라는 틀에 행동집단의 활동을 가두고 공격한다. 행동집단의 정당한 요구나 문제제기에 대답하지 않고, 오히려 그들이 만들어놓은 방식과 절차, 태도 등을 지키지 않는 것을 문제 삼는다. 변화의 대상이 되는 집단은 행동집단이 요구하는 내용이 아닌 그 수단에 대한 합법성 여부를 따지며 문제의 본질을 흐리고 일종의 '물타기'를 하여 여론을 반전시키려 한다. 이에 휘말리지 않으려면 행동의 정당성과 합법성을 고려해야 한다.

사회행동의 대표적인 형태가 집회인데, 2002년 주한미군 장갑차에 의한 중학생 압사사건[4] 때부터 등장한 촛불집회에서는 주최 측과 참여자들이 집회 후 쓰레기를 자발적으로 정리하거나 폴리스라인을 지키는 등 스스로 행동을 통제하여 시민 불편을 최소화함으로써 행동에 따른 비난을 줄이고 행동의 합법성과 정당성을 확보하였다. 이를 통해 변화 대상 집단이 공격할 여지를 사전에 차단한 것이다.

하지만 수단의 합법성에 매몰되다 보면 실제적인 변화를 끌어내지 못하는 경우가 있다는 것을 염두에 두어야 한다. 알린스키가 말했듯 모든 효과적인 수단은 반대세력에 의해 자동적으로 비윤리적이라고 평가되기 때문이다.

(3) 연계 및 협력

행동집단이 추구하는 목적을 달성하려면 힘의 결집이 매우 중요하며, 그

---

[4] 2002년 6월 13일 당시 중학생이었던 신효순, 심미선이 하굣길에 훈련을 위해 이동 중이던 주한미군의 장갑차에 깔려 현장에서 사망한 사건을 일컫는다. 미 군사법정이 공무 중 발생한 과실사고라며 운전병에게 무죄를 선고하자 국민들의 분노가 분출되어 대규모 촛불집회로 이어졌다.

힘은 대결집단에 실제적인 압박이 되어야 한다. 개별 조직의 힘만으로는 활동을 지속하고 지역문제를 해결하는 데 한계가 있으므로 지역사회 내의 다양한 조직의 연계 및 협력을 끌어내는 것이 매우 중요한 전략이 된다. 지속적인 활동과 힘의 결집을 위해서는 특히 자원동원이 필수적인데, 이러한 자원동원은 단지 모금만이 아니라 조직이나 인력을 동원하는 것을 뜻한다. 이러한 자원동원은 지역 내에 다양한 주민이나 단체들이 공감할 수 있는 이슈를 중심으로 협력체계를 구축할 때 원활하게 이루어질 수 있다.

연계 및 협력을 추진할 때는 우선 이것이 어떤 측면에서 이익이 되고 손해가 되는지를 분석하여 접근해야 한다. 그리고 연계의 여러 유형 중에서 적절한 유형을 선택해야 한다. 연계의 유형에는 크게 세 가지가 있는데, 첫 번째는 협조를 요청하는 것이다. 이는 여타 조직과 최소한의 협력을 유지하는 관계 유형으로, 각 조직들은 자체의 계획대로 사회운동을 전개하며 필요에 따라 일시적으로 협력한다. 두 번째는 연합하는 것이다. 이는 참여하는 지역사회 조직들이 합동하여 이슈와 전략을 선택하는, 보다 조직적인 관계 유형이다. 지역문제가 개별적인 사회행동의 노력만으로 쉽게 해결될 수 없는 장기적인 성격의 문제일 때 이처럼 상호 연합관계를 맺어 대응할 수 있다. 세 번째는 동맹관계를 만드는 것이다. 이는 지역사회에서 유사한 목적을 지닌 조직들이 영구적이고 전문적인 직원을 둔 대규모의 조직관계망을 갖는 것이다(박용순·송진영, 2012: 179).

3) 지역사회 옹호와 행동의 전술

(1) 전술의 원칙

전술은 전략을 달성하기 위한 구체적인 행동을 말한다. 알린스키(Alinsky/박순성·박지우 역, 2016)는 전술을 "우리가 가진 것으로 우리가 할 수 있는 일을 다 하는 것"이자 "어떻게 주고 어떻게 받는가에 대한 기술"이라고 하였다. 그러면서 사회행동의 전술 중 항의전술에 대해 몇 가지 규칙을 제시하였다.

- 힘은 당신이 가진 것뿐만 아니라, 당신이 가지고 있다고 적이 생각하는 것

이다.

- 당신 편인 사람들의 경험을 결코 벗어나지 말아야 한다.
- 가능하다면 어디서든 적의 경험을 벗어나야 한다.
- 적이 그들 자신의 교본에 따라 행동하도록 만들어야 한다.
- 비웃음은 인간의 가장 효과적인 무기이다.
- 좋은 전술은 당신 편의 사람들이 좋아하고 즐기는 전술이다.
- 너무 오래 끄는 전술은 장애물이 되고 만다.
- 협박은 전술 행동 자체보다 더 위협적이다.
- 전술을 위한 대전제는 상대에 대해 끊임없이 일정한 압력을 계속 가할 수 있는 활동의 전개이다.
- 위협은 그 자체보다도 더욱 무서운 힘이 있다.
- 어떤 하나의 부정을 필요한 만큼 강하게 그리고 끝까지 밀고 나가면, 그 부정은 반대편으로까지 뚫고 들어갈 것이다.
- 성공적인 공격의 대가는 건설적인 대안이다.
- 표적을 선별하고, 고정시키고, 개인화하고, 극단적인 것으로 만들어야 한다.

(2) 전술의 유형

전술은 참여전술, 법적 전술, 직접행동전술 등 세 가지 유형으로 나뉜다. 참여전술은 로비, 위원회 참여, 의정 및 행정 감시활동, 정치권 진출 등을 통해서 이루어지는데, 이것은 상대방의 규칙을 인정하되 그 규칙이 보다 잘 운영될 필요가 있을 때 사용하는 기법이다. 법적 전술은 소송, 법정 참관, 고소·고발 등을 말하는데, 상대방이 규칙을 지키지 않을 때 이를 지키도록 하는 것이다. 직접행동전술은 사람들이 직접행동에 나서는 것을 뜻하며, 매우 다양하게 나타난다. 직접행동전술이라고 해서 반드시 대결적일 필요는 없다. 예를 들어 주민들이 자신들의 마을을 직접 꾸미는 행동도 정부에 압력을 행사하

행진은 사회행동의 직접행동전술 중 하나이다. 사진은 2017년 세계 최대 석탄발전소 건설을 반대하는 1천여 명의 당진 시민들이 평화 행진을 하는 모습이다. ⓒ 환경운동연합

는 것에 앞서 채택될 수 있는 직접행동이다. 직접행동전술의 대결적인 모습으로는 연좌농성, 피케팅, 행진 등이 있다(Rubin and Rubin, 2008: 251-252; 유동철·홍재봉 2016에서 재인용).

| 더 알아보기 |

알린스키의 재미있는 전술, 위협

실제 행동을 하지 않고 그 계획을 알리기만 하는 위협은 그 자체로 의미 있는 압박을 가하는 강력한 전술일 수 있다. 언론에 실린 알린스키의 활동 중 '위협'과 관련된 사례를 소개하면 다음과 같다.

시카고 우들론은 흑인들이 사는 빈민지역이었다. 알린스키는 1958년 이후 주민 조직화를 위해 이곳에 뛰어들었다. 시카고는 학교에서도 인종분리를 적용할 만큼 인종차별이 심한 곳이었다. 그는 이 문제를 해결하기 위해 흑인들을 조직하기 시작했는데, 주요 활동 중 하나가 흑인 고용을 위한 운동이었다.

알린스키는 시카고의 대형 백화점에 흑인들을 고용할 것을 요구했는데, 백화점 측은 고용은커녕 만남에 응하지도 않았다. 그래서 고안한 것이 바로 '위협'을 가하는 것이었다. 알린스키는 구체적인 행동 계획을 세우고, 이 정보를 의도적으로 흘렸다. 그 계획은 사람이 가장 붐비는 토요일마다 버스를 대절해 백화점에 흑인 3천 명을 실어나르면, 이들이 백화점 안의 가게들을 돌아다니면서 실제 구매는 하지 않고 옷을 입어보기만 하면서 점원을 괴롭히고, 폐점 시간 즈음 물건을 구매해서 배달을 요청하고는 물품이 집으로 배달되면 즉시 취소해 반품하는 것이었다. 이렇듯 백화점을 혼란에 빠트릴 계획을 관계자에게 슬쩍 흘리니 백화점 측에서 그러한 일이 일어나기 전에 흑인 고용 요구를 들어주었다. 알린스키의 위협 전술은 흑인들에게 사무직 일자리 200개를 개방하는 성과를 이루었다.

미국의 전설적인 사회운동가이자 지역사회 조직가인 알린스키는 우들론에서 위협의 전술을 통해 흑인들의 일자리를 얻어내는 경험을 이끌었다. ⓒ AP Photo

3. 옹호 및 사회행동 전술의 적용

옹호 및 사회행동 전술은 대결상황에 따라 달리 적용된다. 초반부터 지나치게 대결구도로 갈 필요가 없을 때는 강도가 약한 참여전술부터 시작한다. 그러다가 힘 대 힘으로 부딪혀야 할 때는 직접행동으로 옮겨가기도 하고, 법적인 문제가 발생하면 법적 전술을 활용하기도 한다. 여기서 주목할 점은 사회복지사는 행동집단이 수용할 수 있는 전술을 활용해야 한다는 것이다. 행동집단이 그 전술을 편하고 재미있게 할 수 있어야 활동을 지속할 수 있기 때문이다.

1) 참여전술

(1) 로비

로비^{Lobby}는 원래 영국 국회의사당에서 의원들이 잠깐 동안 머물러 쉴 수 있도록 마련해놓은 방을 일컫는 말이었는데, 이곳에서 권력자들에게 이해문제를 진정하거나 탄원하는 일이 많아지면서 그러한 행위를 뜻하는 말로 바뀌었다. 로비는 참여전술의 가장 기본적인 방법으로, 정치인들에게 정확한 정보를 전달하고 이들을 설득하기 위해서 활용된다. 즉, 로비는 정치인을 만나 행동집단의 입장을 전달하고 정확한 정보와 사실에 근거하여 주장하는 바를 설득하는 전술이다. 로비는 특정 정치인이나 행정기관에 잘 보이기 위한 행동이 아님에도 그들의 비위를 맞추기 위한 활동으로 오인되는 경향이 있으므로 주의해야 한다.

예산이나 정책을 결정하는 시기가 되면 다양한 이해관계 집단들이 로비를 벌이기 때문에 직접적인 만남이 성사되지 못할 수 있다. 직접 만남이 제일 효과적이지만 여의치 않을 때에는 이메일 보내기, 탄원서 또는 성명서 발표하기, 공개질의서 보내기 등의 방법을 활용할 수 있다. 공청회나 토론회 등을 개최하여 이슈를 확산하고 사회적인 공감대를 형성하는 것도 한 방법이 될 수 있다.

(2) 위원회 참여

정부조직 등에는 지역주민이 참여하여 의견을 개진할 수 있는 수많은 위원회와 협의체가 구성되어있다. 특히 최근에는 민관 협력이나 거버넌스, 주민자치 등을 표방하는 정부정책의 영향으로, 주민이 참여할 수 있는 위원회가 많아졌다. 행동집단은 참여의 통로로서 어떤 위원회가 있는지 확인하고, 여기에 참여하여 직접적으로 의견을 전달하는 전술을 적절히 활용해야 한다.

그러나 행정기관이 위원회를 단순한 의견 수렴 절차로만 활용하거나 형식적으로 운영할 경우에는 직접적인 영향력을 행사하기 어렵다. 따라서 행동집단은 사전에 위원회 위원으로서의 권한 범위를 명확히 파악하여 위원회에 참여했을 때 얻게 될 이익을 따져보고 영향력 행사의 방법을 치밀하게 준비해야 한다.

(3) 의정·행정 감시활동

의정·행정 감시활동은 지방자치제도가 실시되면서 가장 널리 활용되는 참여전술 중 하나이다. 의회 방청을 통해 발언이나 의견을 청취하는 행동집단의 활동은 의원에게 매우 큰 압박이 될 수 있다. 행정기관 또한 관련 내용을 의원들에게 설명할 때 이해당사자인 주민들이 직접 청취하고 있으면 정확한 정보를 전달해야 한다는 압박을 받게 된다. 요즘은 의회마다 인터넷으로 생방송을 하기 때문에 회의장에서 직접 가서 방청하지 않더라도 감시활동이 가능하다. 그러나 행동집단이 현장에서 직접 참관하고 감시하는 것이 더 효과적이다.

의정·행정 감시활동은 지속적으로 감시하고 모니터링해야 효과를 볼 수 있다. 예산을 다루는 시기, 행정사무감사, 조례 제정 등 중요한 현안을 다룰 때

참여전술의 하나인 의정 참여 또는 감시활동은 꾸준한 관심과 노력이 필요하다. 사진은 함양시민연대에서 의정 감시와 참여에 대해 교육하는 모습이다. ⓒ 함양시민연대

는 물론, 일상적으로도 감시활동이 이루어져야 한다. 그래야만 의회나 행정기관이 압박을 받을 수 있고, 감시활동을 하는 행동집단 또한 정치적인 세력으로 인정받을 수 있다.

행동집단에게 의정·행정 감시활동은 지역의 다양한 정보를 확인하고 습득하며 정치의식과 지역에 대한 관심을 키울 수 있는 학습의 장이다. 또한 지역 내 다양한 단체들 간의 정치적 역학관계를 가늠할 수 있는 장이기도 하다. 하지만 의정·행정 감시활동은 행동집단이 풍부한 사전 지식과 분석 능력을 갖추어야 꾸준하게 전개될 수 있으며, 상시적인 노력을 들여야 성과를 도출할 수 있다는 단점도 있다. 이제 의정·행정 감시활동의 대상과 내용을 구체적으로 살펴보자.

■ 의정·행정 감시활동의 대상

의정·행정 감시활동은 입법부와 행정부, 사법부를 대상으로 한다. 따라서 행동집단은 특히 입법기관인 의회, 행정기관인 정부의 구조와 정책결정 과정에 대해 제대로 알고 있어야 감시활동을 효과적으로 수행할 수 있다.

행정기관인 정부는 중앙정부와 지방정부로 구분되며, 지방정부는 광역자치단체와 기초자치단체로 나뉜다. 입법기관인 의회는 국회와 지방의회로 나뉘고, 지방의회는 광역의회와 기초의회로 구분된다. 입법기관은 법률 및 조례를 제·개정할 권한, 예산을 심의·의결하는 권한, 행정기관을 감시하는 권한을 가지고 있다. 행동집단이 해결하고자 하는 목적이나 이슈에 따라 행동집단의 감시 대상은 달라지지만, 지역문제를 중심으로 하기 때문에 대체로 지방정부와 지방의회를 주요 대상으로 삼는다.

■ 정책결정 과정의 이해

행동집단은 정책결정 과정에 대해서도 명확히 알아야 한다. 정부의 정책결정 과정은 이슈 형성 단계, 해결 대안 설계 및 논의 단계, 정책 채택 단계, 정책 실행 단계로 구분된다. 행동집단은 이러한 단계들에 맞추어 적절하게 활동해야 한다.

첫 번째 단계에서 행동집단은 이미 형성된 이슈를 확산시키거나 의도적

주민이 직접 대안을 마련하기 위해 정책을 발의하여 법안을 만들기도 한다. 사진은 농어업의 지속 가능한 발전을 꾀하고 도농 간 소득불평등을 해소하기 위해 '농민수당' 조례를 주민발의로 추진한 제주 농업인들의 모습이다. ⓒ 한국농어민신문

으로 이슈를 형성한다. 그리고 이 이슈에 민감하게 반응할 수 있는 행정기관의 부서나 의원에게 로비를 하거나 정책토론회 등을 개최하여, 조례안이나 공약 등의 정책 의제로 선택될 수 있게 한다.

두 번째 단계에서는 해결 대안을 마련한다. 지역 수준에서는 일반적으로 조례를 대안으로 제시하는 경우가 많다. 조례는 의원이나 행정기관이 발의한다. 또는 행동집단이 직접 바람직한 대안을 만들거나 토론회를 개최하는 등의 노력을 들여 직접 발의하기도 한다. 주민의 직접 발의는 의미가 크기는 하지만 결국 이를 실제 심의하고 결정하는 의원들이나 집행하는 행정기관이 얼마나 공감하는가에 따라 통과 여부가 결정되기 때문에, 의원이나 행정기관에 의견서를 전달하거나 로비를 하여 이들이 법안을 발의하게 하는 것이 효과적이다. 그중에서도 행정기관의 발의는 여러 절차를 거치지만 의원 발의는 상대적으로 간소하므로 사안에 따라서는 의원 발의를 우선적으로 고려할 수 있다.

세 번째 단계에서는 조례나 규정이 제안된 취지대로 통과되도록 로비를 하거나 의회 방청 등을 통해 압력을 행사한다. 그리고 마지막 단계에서는 통과된 조례나 규정이 실행될 수 있도록 영향력을 행사한다. 조례나 규정은 통과 자체가 목적이 아니라 제대로 집행되는 것이 목적이므로 행정기관이 실행규칙을 만들 때에도 꾸준히 압력을 가해야 한다(유동철·홍재봉, 2016: 225-226).

■ 예산편성 과정의 이해

행동집단은 예산편성 과정 또한 알고 있어야 효과적으로 활동을 전개할 수 있다. 예산편성은 매년 7월 31일까지 예산편성지침을 중앙정부가 각 지방

정부에 송부하면, 이를 전달받은 지방정부가 매년 8월에서 10월 말 사이에 다음 연도의 예산안을 편성하는 식으로 이루어진다. 이를 의회에 송부하면 의회가 11~12월 정기의회에서 예산을 심의하고, 그것이 확정되면 다음 연도에 예산이 집행된다.

따라서 행동집단이 예산과 관련한 사항을 지방정부에 요구할 때에는 매년 8~10월 사이를 놓치면 반영되기가 어렵고, 9월 이전이어야 가장 효과가 높다. 지방정부 자체에서 이미 예산안을 확정한 상태라면 이를 조정하는 것이 매우 어렵기 때문이다. 그렇기에 11월에는 불필요하고 부조리한 예산을 삭감하라고 압력을 가하는 활동을 전개하거나, 기존에 요구하여 편성된 예산이 유지될 수 있도록 감시하는 활동을 전개해야 한다. 물론 추가경정예산을 편성하는 시기가 있지만, 이 시기에 예산을 확보하기는 매우 어려우므로 사회복지사를 비롯한 행동집단은 정기적인 예산편성 시기에 대비하고 있어야 한다.

■ 의정감시활동

의정감시활동은 의회를 방청하고 그 내용을 모니터링하는 활동이다. 행동집단의 규모가 큰 경우에는 회원들을 조직하여 의정감시활동을 전개할 수도 있지만, 대개 행동집단이 주축이 되어 주민을 대상으로 '의정모니터단'을 모집하고, 이들을 교육하여 의정감시활동에 참여시킨다. 최근에는 노인들의 교육수준이나 의식수준이 높기 때문에 이들을 교육하여 의정모니터단을 운영하기도 하고, 대학생들에게 지역 정치에 대한 관심과 참여를 불러일으키기 위해 대학생 의정모니터단을 운영하기도 한다.

각 지역의 의정모니터단은 시의원들의 의정활동을 꼼꼼하게 모니터하기 위해 사무감사와 모니터 방법을 지속적으로 교육한다. 사진은 춘천시의회 행정사무감사를 앞두고 시민 의정 모니터단이 모여 모니터링 교육을 진행하고 있는 모습이다. ⓒ 춘천시민연대

행동집단은 지역 내 여러 단체들과 연대하면서 의정감시활동을 지속해간다. 그러나 의정감시활동은 무엇보다 지역주민들이 적극적으로 참여할 때 의미가 있으며 지속될 수 있다. 의정감시활동은 회기가 아닌 시기에는 중단되기 쉽고, 의정모니터단도 회기가 끝나면 참여가 저조해지곤 한다. 따라서 주민의 참여를 유지할 수 있도록 꾸준하고 일상적인 감시활동을 마련하는 것이 좋다.

■ 행정감시활동

행동집단은 행정감시활동으로 주로 예·결산 감시활동을 벌인다. 행정기관이 편성한 예산을 분석하고, 예산이 얼마나 낭비 없이 효과적으로 사용되었는지를 감시하는 것은 매우 중요한 활동이다.[5]

앞서 언급했듯이 지방정부의 예산은 매년 9월이면 어느 정도 윤곽이 드러난다. 따라서 예산편성이 이루어지기 전에 토론회 등을 통해서 다음 연도 예산편성에 대한 의견을 제시해야 한다. 11월에는 지방정부가 편성한 예산의 내용을 분석하여 불필요하거나 전시성인 예산에 대해서 삭감을 요구하는 활동을 펼쳐야 한다.[6]

예·결산 감시는 지방정부의 예산편성과 집행에 관한 방대한 사항을 다루기 때문에 기본적으로 예산을 읽을 수 있는 능력을 가지고 있어야 한다. 이 능력은 단지 회계에 대한 전문성뿐만 아니라, 지역사회의 문제나 이슈에 대한 인식과 해당 분야에 대한 지식도 겸비해야 한다. 그러므로 외부 전문가에게 예산분석을 맡기기보다는, 행동집단의 구성원이 전문가에게 회계와 관련된 교육을 받아서 직접 분석하는 것이 좋다. 실제 행동집단에서는 회계 전문성을 가진 사람이 없어서 예·결산 감시활동을 실제적으로 하지 못하는 경우도 많다. 따라

---

5   정부가 추진하고 있는 주민참여예산제도는 예·결산 편성 과정에 시민이 참여하여 우선순위 결정 등에 의견을 제시하고 정보를 제공한다는 측면에서 행정감시활동과 유사점이 있다. 그러나 실제 예산이 제대로 편성되었는지를 감시하지는 않는다는 점에서 차이가 있다.

6   예를 들어 부산참여자치시민연대의 사회복지위원회는 2004년부터 매년 8월 말에서 9월 초에 사회복지예산 토론회를 개최한다. 이 토론회에서는 지방정부에 다음 연도 예산편성에 대한 기조를 묻고, 전문가들이 정책 및 예산편성에 대한 의견을 제시하는 등 압박을 행사해왔다. 또한 사회복지연대는 2008년부터 부산시의 사회복지 관련 예산을 분석하여 전시성 사업이나 불필요한 예산 등을 꼬집어 언론기관에 제보하는 등의 감시활동을 펼치고 있다.

서 교육을 통해 전문성을 가진 사람을 키우는 일이 매우 시급하다.

(4) 정치권 진출

행동집단이 취할 수 있는 가장 영향력 있는 참여전술은 바로 정치권에 진출하는 것이다. 즉, 직접 선거에 출마하여 권력을 잡는 것이다. 행동집단 구성원은 기초자치단체장이나 기초의원, 광역의원으로 진출함으로써 주민의 이익을 대변하고 제도화할 수 있는 정치적 힘과 권한을 가질 수 있다. 따라서 선거기간에 행동집단은 주민의 이익을 대변해줄 수 있는 다른 후보자를 지지하는 것과, 행동집단 차원에서 직접 후보자를 출마시키는 것 중 한 가지 방법을 선택할 수 있다.

선거에 출마해 당선되기 위해서는 큰 노력이 소요되지만, 일단 당선되기만 하면 정치인으로서 지역 내 다양한 관계자를 만나 필요한 정보를 획득하고 영향력을 확장할 수 있다. 특히 지방의회 의원에 당선되었다면 조례에 대한 발의·제정·개정·심의 권한, 지방자치단체의 예산편성 등에 대한 심의·의결 권한이 있으므로 행동집단이 해결하고자 하는 문제를 보다 수월하게 해결할 수 있다.

하지만 선거에 직접 나서게 되면 많은 비용이 소요되며, 지역에서 쌓아온 공익적인 활동에 대해 '정치를 위해서 해왔다'는 오해나 폄훼를 받을 수도 있기 때문에 출마는 신중하게 결정해야 한다. 더불어 선거에 승리해서 정치권에 진출하고 난 뒤의 후유증에 대해서도 대비해야 한다. 행동집단에서 배출하는 후보는 대개 그 집단의 리더이거나 사무국 총책임자인 경우가 많아 선거 이후 행동집단의 활동 자체가 위축될 수 있다.

행동집단이 직접 정치권에 진출하기 위해 선거에 참여할 때는 이 외에도 많은 준비가 필요하다. 이호 등(2001)은 다음과 같은 몇 가지 점검사항을 제시하였다.

■ 행동집단의 역량 및 정당과의 관계

우선, 행동집단은 현재 역량으로 후보를 낼 수 있는지, 그러한 역량의 정도와 상관없이 후보자를 세우는 것이 필요한지 점검해야 한다.

후보자를 내기로 결정했다면 다음 순서는 정당 공천을 받을지 아니면 독자후보로 등록할지 점검하는 것이다. 정당 공천을 통한 정치권 진출을 고려할 때는 어느 정당을 선택할 것인지, 해당 정당에서 후보자로 공천될 가능성이 있는지를 검토한다. 정당의 공천은 당선 가능성이 높다는 장점이 있지만, 향후 의정활동 및 지역활동을 해나갈 때 일정 정도 정당의 당론에 따라야 하므로 자율성을 침해받을 수 있다.

만약 정당 기반이 없다면 독자후보를 세워야 한다. 이 경우 애초부터 당선 가능성이 없는 군소후보로 낙인찍힐 수 있다. 따라서 후보자 개인이나 행동집단이 이를 불식하고 당선될 수 있을 만한 역량과 기반을 갖추고 있는지 면밀히 판단해야 한다. 또한 기초자치단체와 광역자치단체 중 어느 단위에서 출마할지도 고려해야 한다. 대도시를 제외한 지역은 광역자치단체보다 기초자치단체에 실질적인 권한이 많기 때문에 기초자치단체에 진출하는 것이 좋다.

■ 후보자의 발굴과 검증

정치권 진출은 행동집단 내에서 직접 후보자를 세워 당선되는 것이 가장 좋지만, 적절한 후보자가 없다면 후보자로 추천할 만한 인물들을 검토하여 선정해야 한다. 어느 방식이든 후보 선정의 가장 중요한 기준 중 하나는 후보자와 행동집단의 입장이 일치하는지, 즉 후보자가 행동집단에 소속감을 갖고 있는지 여부이다. 행동집단의 입장에서는 선정한 후보자가 당선된 이후에도 행동집단이 추구하는 바가 지속되어야 하기 때문이다. 따라서 후보자선정위원회를 구성하여 후보 추천에 대한 기본적인 기준을 제시하고, 후보자가 이를 수용하고 조직 내부 토론회 등 공개적인 자리에서 계획과 의지를 표명하여 행동집단의 신뢰를 얻었을 때 후보로 선정해야 한다.

이런 과정을 통해서 선정된 후보자에게는 후보자 교육을 실시하여 출마 목적, 향후 활동계획, 후보자와 행동집단 간 역할 분담에 대해 공동으로 인식하고 합의함으로써 행동집단과의 연계성을 주지시켜야 한다. 특히 후보자와 행동집단 사이의 명확한 역할 분담은 후보자가 당선된 이후의 혼란을 예방하고 당선자와 행동집단이 지속적으로 공조관계를 유지하는 데에도 매우 중요하다. 또한 행동집단의 구성원들에게도 조직 차원에서 후보를 내고 당선시킨다는 책임감을 부여해야 한다.

■ 인지도 및 이미지 제고

지역사회에서 선거를 치르기 위해서는 지역주민들의 인지도를 확보하는 것이 중요하다. 인지도는 후보자 개인에 대한 것일 수도 있고 후보자를 추천한 행동집단에 대한 것일 수도 있다. 후보자와 행동집단에 대한 인지도가 모두 높은 것이 가장 이상적이며, 둘 중 하나라도 높다면 비교적 성공적으로 선거운동을 할 수 있다. 물론 인지도가 높지 않다고 해서 선거에 참여할 수 없는 것은 아니다. 선거운동을 어떻게 이끄는가에 따라 인지도는 충분히 높아질 수 있으며, 개인의 인지도 또한 선거 과정을 통해 극대화될 수 있다.

행동집단의 준비나 역량이 부족하여 정치권 진출을 위한 후보를 내지 못할 경우, 공약을 만들어 다른 후보자들에게 그 공약을 받아들이도록 요구하거나 관련 이슈에 대한 의견을 묻는 질의서를 전달한다. 그리고 이를 가장 호의적으로 수용하거나 적절한 해결방안을 제시하는 후보자를 공개 지지함으로써 정치적 영향력을 행사할 수 있다.

2) 법적 전술

(1) 소송과 법정 참관

소송은 상대방이 규칙을 지키지 않을 때 이를 지키도록 하는 법적 전술의 대표적인 방법이다. 소송은 대개 상대방이 법적·제도적 정당성을 훼손한 문제에 대해 시정을 요구할 때 활용된다.

먼저 소송은 그 목적에 따라 민사소송, 형사소송, 행정소송 등으로 나뉜다. 즉, 민사소송은 개인 간의 다툼이나 분쟁을 해결하기 위한 소송이고, 형사소송은 범죄에 대한 형벌을 가하기 위한 소송이며, 행정소송은 행정기관의 위법한 행정처분을 바로잡기 위한 소송이다. 또한 기존의 제도나 법률이 헌법정신에 위배될 경우에는 헌법소원을 벌여 그 정당성을 따지기도 한다. 따라서 소송의

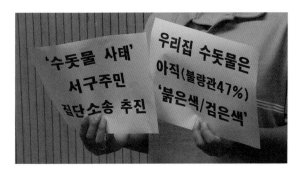

지역 내 피해자가 다수일 경우에는 집단소송 또는 공동소송을 제기하기도 한다. 붉은 수돗물 사태를 겪은 인천시 서구 주민들이 인천시의 보상 방식에 반발해 집단소송을 준비하고 있다.

대상은 개인이나 기업, 조직, 행정기관 등 다양하게 나타난다. 소송은 일반적으로 개인이 제기하지만 피해자가 다수인 경우에는 집단소송이나 공동소송을 할 수도 있고, 피해자가 소송의 주체로 나서기 어려울 경우에는 제3의 단체가 피해자를 대신해서 당사자로 나서는 단체소송을 할 수도 있다.

소송은 상대에게 법적인 강제조치를 가하는 것과 동시에 제도의 변화도 끌어낼 수 있기 때문에 성과가 지속적이며 확실하다는 장점이 있다. 그리고 행동집단의 힘이 부족하더라도 상대의 위법적인 행동을 중단시킬 수 있고, 소송이 이루어지는 동안에는 그 활동을 지연시킬 수도 있다. 하지만 소송에는 많은 금전적 비용과 시간이 요구된다. 소송을 준비하고 최종판결을 받기까지 피해자가 받게 되는 심리적인 부담도 크다. 또한 소송은 행동집단의 구성원들이 직접 참여하지 못하고 법적 대리인에게 의존하기 때문에 행동집단의 노력과는 상관없이 결과가 나온다. 따라서 행동집단은 재판 과정과 결과에 영향을 미치기 위해 법정 참관으로 판사에게 압력을 행사하기도 한다. 이때 법정 참관은 행동집단이 직접 제기한 소송뿐만 아니라 행동집단의 관심사와 관련 소송에도 활용할 수 있다.

(2) 고소 · 고발

고소와 고발은 범죄의 피해자가 수사기관에 범죄 사실을 신고하고 범인을 수사 및 처벌해달라고 의뢰하는 것이라는 점에서는 동일하다. 그러나 신고와 의뢰의 주체가 다른데, 고소는 범죄의 피해자나 고소권자가 하는 것이고 고발은 제3자가 하는 것이다. 형사소송 절차에서는 대체로 고소와 고발이 같이 취급된다.

고소인은 있는 사실 그대로를 신고해야 하며, 만약 허위로 신고하면 무고죄로 처벌될 수 있다. 따라서 행동집단이 고소 · 고발을 전술로 삼을 때는 정확한 사실을 바탕으로 시작해야 한다. 자칫 고소·고발에 허위사실이 포함될 경우 행동조직의 활동에 심각한 타격을 받을 수 있다.

3) 직접행동전술

(1) 서명운동

서명운동은 어떤 주장이나 의견에 대해 동의하는 서명을 받아 서명지를 전달함으로써 정치인이나 행정기관에 압력을 행사하는 운동이다. 행동집단은 특정 사회문제와 정책에 대해 찬성 혹은 반대를 주장하거나 법령의 제·개정을 요구하는 경우, 이에 동의하는 사람의 서명을 모아 대상이 되는 기업·정부·지방자치단체 등에 제출하는 방식으로 서명운동을 진행한다.

서명운동은 행동집단이 제기한 문제나 의견에 대한 여론을 확인하거나 확산하는 효과가 있을 뿐 아니라, 이에 동의하는 사람들을 비교적 손쉽게 접촉하여 참여시킬 수 있다는 장점이 있다. 서명운동에 많은 사람이 참여하게 되면 그 자체로 상대방을 압박할 수 있다. 정치인들은 여론을 수용할 수밖에 없기 때문이다.

그런데 서명운동은 요구가 받아들여지지 않을 경우 후속활동을 전개하는 데에는 한계가 있다. 즉, 서명운동은 의견에 대한 동의의 표현이기 때문에 쉽게 참여할 수 있지만, 서명만으로 변화를 끌어내지 못할 경우 서명에 참여한 사람들이 후속활동에 참여한다고 보장하기 어렵다. 따라서 서명운동을 벌일 때는 일반시민이 많이 참여하여 영향력있는 규모로 진행될 수 있도록 기획하고, 서명지 전달 이후의 실천계획도 함께 마련해놓아야 한다. 또한 서명운동 이후 정치인 등 의사결정자들과 협상하고 이들에게 압력을 가하기 위한 활동까지도 충분히 염두에 두고 움직여야 한다. 이호 등(2001)은 서명운동을 통해 주민들이 영향력을 행사하기 위해서 사전에 꼭 점검해야 할 사항을 다음과 같이 제시하였다.

■ 다수가 공감할 수 있는 내용

서명운동은 서명을 받고자 하는 사람들의 공감을 불러일으킬 수 있는 이슈를 다루어야 한다. 그 내용이 특정한 주민만의 문제이거나 다른 이들의 공감을 얻기 힘들다면 서명운동의 목표인원을 채우기 어려워 오히려 서명운동 이후에 행동집단이 고립될 수 있다.

■ 충분한 준비

서명운동을 하다가 중단하면 오히려 조직의 신뢰도를 떨어뜨릴 수 있다. 따라서 목표인원을 달성할 때까지 운동이 지속될 수 있도록 충분한 준비가 필요하다.

■ 서명 대상자의 명확화

서명을 받고자 하는 대상을 명확히 해야 한다. 해당 이슈가 영향을 미치는 범위와 일차적으로 서명을 받고자 하는 대상이 누구인지를 명확히 하지 않으면 서명운동은 큰 영향력을 가지지 못한다.

■ 목표의 명확화

서명운동을 통해 달성하고자 하는 목표가 구체적이고 명확해야 한다. 특정한 이슈에 대한 해결이 목표인지, 해당 이슈를 알리고 공론화하는 것이 목표인지, 서명운동을 통해 행동집단을 알리는 것이 목표인지를 명확히 해야 한다. 물론 서명운동으로 이 세 가지를 동시에 달성할 수도 있지만, 어떤 목적에 역량을 집중해야 하는지를 명확히 정한 후에 행동을 개시하는 것이 바람직하다.

충주 시민들이 충주댐 피해 보상 촉구를 위한 서명운동을 펼치고 있다. 이와 같은 서명운동은 다수의 공감대 형성을 끌어낼 수 있는 직접행동 전술 중 하나이다. ⓒ 충주시청

서명운동을 통해 압력을 행사하거나 변화를 끌어내고자 하는 사람이나 기관을 구체적으로 정해야 한다. 특히 정치인들은 서명운동을 일종의 여론추이로도 해석하여 민감하게 반응하기 때문에 압력을 행사할 표적 대상으로 가장 적절하다.

(2) 항의와 지지

항의는 반대 의견을 분명하게 표출하는 행동으로, 직접적으로 대면하여 항의하는 것과 간접적으로 항의 의사를 전달하는 방식이 있다. 직접 대면은 자칫 행동집단의 개별 신분이 노출될 수 있기 때문에 일반적으로 행동집단의 리더그룹을 중심으로 진행한다. 간접 전달은 신분 노출을 꺼리는 행동집단 구성원이나 대중의 참여를 위해 전화나 이메일, SNS, 문자 메시지 등을 활용하여 항의 의사를 전달하는 방식이다. 이때 행동집단이 항의 대상에게 전달해야 할 내용을 매뉴얼로 정리해 배포하면 더욱 쉽게 참여를 끌어낼 수 있다. 항의의 예로는 2005년 부산에서 펼쳐진 '사회복지예산 20% 확보운동'을 들 수 있다. 당시 부산시가 예산 부족을 이유로 복지예산 20% 확보 공약을 지키기 어렵다고 하자 부산의 사회복지사들이 20원 보태주기 모금을 전개해 10원짜리로 가득 찬 모금함을 부산시에 전달함으로써 항의 의사를 표현하였다.

항의와 반대로 지지의 뜻을 표출하는 것도 중요한 행동전술 중 하나이다. 행정기관이나 정치인이 추구하는 정책이 행동집단의 요구사항과 연결되거나 바람직한 방향으로 추진될 때, 이를 적극 지지하여 그 성과를 달성할 수 있도록 의견을 표명하는 것이다. 구체적으로는 항의와 마찬가지로 지지성명을 발표하거나 전화나 이메일, SNS, 문자 메시지를 활용하여 지지 의사를 표현하는 방법 등이 있다.

(3) 보이콧과 농성

보이콧[boycott]은 어떤 일을 받아들이지 않고 거부하는 집단적인 행위를 말하며, 항의 대상에게 경제적인 압력을 직접적으로 가하는 행동전술이다. 보이콧은 성공하면 행동집단이 제기한 문제를 해결할 수 있는 강력한 무기가 되지만,

설악산 오색케이블카 추진여부에 대해 시민사회가 백지화를 촉구하며 서울스퀘어 앞에 농성장을 꾸린 모습이다. ⓒ 설악산국립공원지키기국민행동

행동집단이 그 기간 동안 불편을 감수해야 한다는 단점이 있다. 상대방도 이러한 단점을 알고 시간을 끌려는 태도를 보이기 때문에, 행동집단이 상당 기간 불편을 감수하겠다는 결의가 없으면 보이콧의 성공의 가능성은 떨어진다.

농성은 상대방의 사무실이나 이동통로 등의 물리적 공간을 점거함으로써 직접적인 불편함을 끼쳐서 행동집단의 요구를 관철하고자 하는 행동이다. 이는 불법 침입 등의 여지가 있어서 일정 정도 사법 처리의 위험을 감수해야 한다. 또한 사회적 비난이나 공권력과의 충돌 등을 유발할 수 있기 때문에 행동에 나서기 전에 신중하고 조심스럽게 검토해야 한다.

(4) 1인 시위

1인 시위는 피켓이나 현수막을 들거나 어깨띠를 두르고 혼자서 하는 시위를 말한다. 2000년 12월 참여연대가 삼성그룹의 변칙 증여 및 국세청의 안일한 조세업무를 비판하며 시위를 벌인 것이 효시가 되었다.

「집회 및 시위에 관한 법률」(약칭「집시법」)은 시위를 "여러 사람이 공동의 목적을 가지고" 하는 행위로 규정하면서, 시위를 할 때는 최소 48시간 전에 관할 경찰서에 신고할 것과 주요 입법·사법·행정 기관 및 외교기관으로부터 100m 이내의 장소에서는 시위를 금지하는 등의 제한 사항을 명시하고 있다. 1인 시위는 2인 이상의 '여러 사람'이 아니기 때문에「집시법」의 적용을 받지 않아 사전 신고 의무와 제한 규정에서 벗어날 수 있다. 이처럼 1인 시위는 때와 장소를 가리지 않고 자유롭게 할 수 있다는 장점을 활용한 대안적인 시위 방법으로 고안되었다.

1인 시위를 실행할 때는 시위 목적을 분명히 하고, 이를 이슈의 결정권자나 일반 대중에게 명확히 전달할 수 있는 문구를 작성하여 피켓이나 현수막을 제작한다. 지나치게 많은 글은 가독성을 떨어뜨리기 때문에 핵심적이고 분명한 의견을 전달할 수 있는 문구를 사용한다. 1인 시위는 사진을 찍어 기록을 남기거나 돌발상황에 대처하기 위해서 한두 명의 조력인을 근처에 배치하는 것이 좋다.

사진은 중대재해기업처벌법 제정을 촉구하는 1인 시위 모습이다. ⓒ 전국정보경제서비스 노동조합연맹

1인 시위는 큰 비용을 들이지 않고 꾸준히 시행할 수 있다는 장점이 있다. 그러나 한 번의 시위로는 효과를 거두기가 어려우므로 꾸준히 지속하거나 동시다발적으로 이루어져야 한다. 예컨대 1명씩 교대로 '릴레이 1인 시위'를 하면서 꾸준히 의견을 표출할 수도 있고, 20m 이상 떨어진 장소는 동일 장소로 보지 않는 「집시법」의 틈새를 공략하여 다수가 일정한 간격을 두고 동시에 시위를 벌일 수도 있다.

(5) 대중집회

대중집회는 행동집단의 의견을 공개적으로 표출하는 가장 일반적인 방법으로, 목표를 달성하기 위해 많은 대중을 동원하여 물리적이고 직접적인 압력을 행사하는 전술이다. 행동집단은 자체의 역량을 가늠하고 행동집단의 결집을 도모하기 위해 대중집회를 활용하기도 한다.

대중집회의 규모는 요구 대상에게 끼치는 위협의 정도를 결정하기 때문에 많은 사람이 참여하는 것이 목적 달성의 열쇠라고 할 수 있다. 따라서 행동집단은 가능한 한 많은 대중이 참여할 수 있도록 공감대가 넓은 요구를 제기하고 집회를 충분히 홍보해야 한다.

대중집회는 1인 시위보다 치밀한 준비와 검토가 요구된다. 1인 시위는 행동집단에 속한 사람들이 행동집단의 요구사항을 일반 대중에게 알리고 꾸준히 압박하는 것인 데 반해, 대중집회는 다수의 일반시민이 참여하여 집단행동을

대중집회는 행동집단의 결집된 힘을 보여주고 그 의견을 공개적으로 표출하는 방법이다. 사진은 2019년 1월 '사회복지 공공성강화와 위수탁제도 개선'을 위해 부산 지역에서 활발하게 전개되었던 대중집회 모습이다. ⓒ 전포종합사회복지관

하는 것이기 때문이다. 그러므로 대중집회는 장소 선정 및 사전 허가, 진행요원 배치, 언론 홍보, 세부 프로그램 준비 등 구체적인 계획과 준비가 필요하다.

우선 대중집회를 통해서 얻어내고자 하는 구체적인 성과를 정하고, 참여 인원의 규모와 요구 대상을 고려하여 사전에 장소를 선정해야 한다. 또한 참여한 대중이 집회에 집중할 수 있도록 연설문은 물론 눈에 띄는 피켓과 현수막, 흥미로운 프로그램도 준비해야 한다. 우리 사회가 경험했던 촛불집회도 누구나 즐기면서 참여할 수 있도록 노래, 연주, 영상, 플래시몹, 댄스 등 다양한 볼거리를 준비하여 문화제 형식으로 진행되었는데, 이러한 사례를 참고할 필요가 있다.

집회 후에 가두행진을 계획했다면 사전에 허가를 받아야 한다. 그리고 대오가 흐트러져 무질서한 모습으로 역공을 받지 않도록 질서유지를 위한 진행요원을 배치해야 하며, 집회 후에 남은 쓰레기도 잘 정리해 여론이 악화되지 않도록 각별히 신경 써야 한다.

(6) 협상

협상은 직접행동전술에 포함하기는 어렵지만 모든 행동은 협상을 통해 마무리되기 때문에 매우 중요한 일이다. 이철수(2009)는 협상을 "지역사회 조직과 사회사업의 여러 형태에서, 몇 가지 문제에 반대하는 사람들과 함께 명확하고 공정한 의사소통을 통해, 거래와 타협을 하고 상호 수용할 수 있는 결정에 도달하도록 조정하는 과정"으로 정의한다. 행동집단은 변화를 요구하는 특정한 이슈를 관철하기 위해 다양한 전술을 취하며, 그 결과로 상대방과 협상을 한다. 따라서 행동집단이 협상을 주도하기 위해서는 효과적인 전술을 통해 행동집단의 힘을 과시하여 상대방에게 위협적인 집단으로 인식되어야 한다.

알린스키(Alinsky/박순성·박지우 역, 2016)는 민주주의야말로 사회적 약자의 힘을 효율적으로 모으고 이들이 권력을 쟁취할 수 있는 체제라고 여겼다. 그는 민주주의를 위한 바른 정치에서는 갈등을 어떻게 조정하는지가 관건이라 보았으며, 특히 의사소통과 타협을 매우 중시했다. 그는 "조직가에게 타협은 가장 핵심적이고 아름다운 단어"라고 말하면서, 해방과 자유는 한순간에 덜컥 찾아오는 게 아니라 한 발짝씩 서서히 다가오는 것이기에 타협할 줄 알아야 민주주의를 향한 한 걸음을 내디딜 수 있다고 하였다. 따라서 협상은 행동집단이 요구하는 모든 것을 상대가 반드시 수용해야 한다는 전제를 가져서는 안 되며, 적절한 타협을 통해서 변화를 이끌어가야 한다.[7]

협상은 행동집단의 요구에 대한 결과물을 만들어내는 매우 중요한 활동이므로 충분한 준비를 필요로 한다. 협상에 임할 때는 요구하는 것과 양보할 수 있는 것을 행동집단 내에서 정해놓고 시작해야 한다. 또한 협상이 타결되지 않을 경우 이후의 활동은 어떻게 전개할 것인지에 대해서도 준비해야 한다. 이호 등(2001)은 협상에 있어서 유의해야 할 점을 다음과 같이 제시하였다.

■ 협상은 결정권자와 해야 한다

문제가 되는 이슈에 관하여 실질적인 권한이 없는 사람이 협상의 상대자로 나올 경우 협상은 아무런 의미도 갖지 못한다. 따라서 협상의 상대자는 반드시 해당 문제에 대한 결정권이 있는 사람이어야 한다.

■ 협상에서 얻고자 하는 최대치와 최소치를 미리 확인하고 임해야 한다

협상은 쌍방의 입장을 조율하는 작업을 거친다. 이때 상대방이 전혀 수용하지 못할 내용을 강요할 수는 없다. 반대로 주민들이 결코 받아들일 수 없는 내용을 합의하는 것 역시 의미가 없다. 따라서 협상을 통해 얻고자 하는 최대치와 최소치를 사전에 합의한 뒤 협상에 임해야 한다.

---

7   추상적인 가치를 실현하고자 할 때 타협은 배반을 뜻하는 단어로 인식되기도 한다. 그러나 이해관계를 조정할 때 타협은 보통 승리를 의미한다.

■ 협상 대표는 대표성을 갖고 있어야 한다

협상 대표는 주민조직이나 주민들 사이에서 대표성을 지닌 사람이어야 한다. 그렇지 못한 경우 협상의 결과가 다른 구성원들에 의해 자꾸 번복될 수 있고, 이는 협상 상대에게 불신을 주는 요인이 된다.

■ 협상 대표들끼리 역할 분담을 명확히 해야 한다

협상 대표가 다수일 때는 이들의 역할 분담이 제대로 되어있어야 상대방에게 통일된 의견을 설득력 있게 전달할 수 있다. 협상도 다른 실천행동과 마찬가지로 상대방과 벌이는 일종의 파워게임power game이라 할 수 있다. 그러므로 가급적 조직적이고 일사불란한 모습으로 임할 필요가 있다.

■ 상대방의 반응을 예측하여 이에 대비해야 한다

협상의 주요 안건이 되는 이슈에 대해 협상 대표단이 전문적 지식을 갖고 있는 것이 좋지만, 지역 이슈의 경우 전문지식을 가진 사람보다는 주민들로 협상 대표단이 구성되곤 한다. 그래서 협상 대표단이 상대의 지식이나 논리에 휘말리는 경우가 많다. 이를 대비해 협상 내용에 관한 전문적인 지식이 있거나 협상 상대의 반응을 예측할 수 있는 사람들과 함께 협상 상황을 가정하여 대처하는 훈련을 할 필요가 있다. 이때 흔히 사용되는 방법이 역할극role playing이다. 즉, 협상 상대의 입장에서 논리를 펴는 사람들을 가상의 상대로 상정하고 협상 대표단이 이들과 협상을 훈련하는 것이다.

| 더 알아보기 |

국회단지 마을버스 요금 인하 투쟁

지역 이슈를 기반으로 한 직접행동전술 중 보이콧은 이를 실행하는 행동집단이 불편함을 감수해야 하기 때문에 주민들의 응집력 없이는 불가능하다. 보이콧의 대표적 성공 사례는 국회단지의 마을버스 요금 인하 투쟁을 들 수 있다.

1993년 중반 서울 관악구 봉천동 국회단지에서 출발해 지하철 2호선 신림역을 돌아오는 마을버스가 있었는데, 해당 버스회사가 200원이던 버스 요금을 300원으로 인상하였다. 당시는 연탄 한 장 값이 350원 하던 시절로, 버스 요금을 50% 인상한 것은 주민들에게 매우 큰 부담이었다. 주민들은 버스회사 사장을 만나 요금 인상에 대해 항의하려 했으나 사장은 만나주지도 않았고, 좀 더 많은 사람이 몰려가자 그제야 전무이사가 얼굴을 내비쳤다. 주민들은 미리 알리지도 않고 버스 요금을 올린 것에 대해 항의했지만, 회사는 요금에 관련된 사항을 주민들과 의논해야 할 이유가 없다고 답했다. 그러나 주민들은 버스 요금 인상이 구청의 허가사항임에도 버스회사가 허가 없이 요금을 인상했다는 사실을 알게 되었다. 주민들은 당시 활동가의 제안으로 요금 인상의 부당함을 지역주민들에게 알리기로 했다.

주민들은 먼저 벽보를 붙여 이와 같은 부당함을 알렸다. 사실을 알게 된 지역주민들의 반응이 뜨겁자 이후 버스 요금을 내릴 때까지 마을버스 승차거부를 하기로 결정하고(보이콧), 주민들의 참여를 유도했다. 아침저녁으로 지하철까지 걸어가는 것은 쉽지 않은 일이었지만, 며칠만에 수백 명의 지역주민들이 지하철에서 국회단지 고갯길까지 출퇴근하는 진풍경이 펼쳐졌다.

일주일이 지나도 승차거부운동이 수그러들지 않자 당황한 버스회사 측에서는 마을 사람들을 찾아와 마을버스 회수권 3천 장을 건네면서 타협을 요청했다(회유). 주민들은 회수권 일부를 받는 것은 근원적인 문제 해결이 아니며, 요금을 다시 내리는 것이 유일한 해결점이라면서 타협을 거부했다. 이후 몇 번의 협상이 지속되었고 마침내 버스회사는 요금 인상을 백지화했다(협상).

이렇듯 보이콧은 불편함을 감수해야 하는 단점이 있지만 이를 지속했을 때는 상대방을 협상 테이블로 나오게 할 수 있을 뿐 아니라, 협상을 통해 원하는 바를 끌어낼 수 있는 힘을 가진다.

4. 지역사회 옹호와 행동에서 사회복지사의 역할

사회적 약자가 변화해가는 사회에 적응하며 한 구성원으로서 살아갈 때 겪는 어려움의 원인은 크게 개인의 문제와 사회구조적 문제로 구분할 수 있다. 지역사회 옹호 및 행동은 개인의 변화를 강조하는 데 국한되지 않고, 사회구조적 환경의 변화와 사회정의의 실현까지를 목표로 삼는다. 부적응의 원인을 개인에게서 찾는 전통적인 관점에서는 미시적인 사회복지실천을 하며 개인의 적응력을 높이는 개입을 추구한다. 반면, 부적응의 원인을 사회환경과 제도에서 찾는 관점에서는 기존 제도의 부조리함과 불합리함을 찾아내서 이를 변화시키고자 한다. 이 관점에서 사회복지사는 지역주민이 자신을 둘러싼 환경과 제도를 스스로 변화시켜 나갈 수 있도록 그들의 권익을 옹호하거나, 사회 구성원들의 역량을 키우고 세력을 결집시켜 제도 변화를 위한 사회행동에 나서게 한다.

그동안 우리나라는 부조리하고 역기능적인 사회환경과 제도보다는 개인을 변화시켜 문제를 해결하려는 경향이 강했다. 특히 분단 상황과 군사정부의 장기집권으로 인해 기존 제도가 부조리해도 변화를 요구하기가 어려웠고, 그 결과 사회복지실천도 개인의 부적응 문제에만 초점을 두게 되었다. 그래서 사회행동은 사회복지실천 영역보다는 주로 빈민운동 영역에서 활발하게 전개되었다.

미국에서는 대공황 이후 근로자 및 중산층의 대량실업으로 인해 신빈곤층이 발생하면서, 빈곤의 원인이 개인의 노력이나 능력 부족이 아니라 사회 구조적 문제라는 것을 인식하였다. 마찬가지로 우리나라도 1997년 IMF 사태를 겪으면서 이러한 인식의 전환이 일어났고, 따라서 사회구조에 대한 개입도 중요하게 다루어지게 되었다. 곧 사회복지실천현장에서도 사회복지사의 역할이 사회적 약자인 개인의 적응력을 높이는 것에 머물러서는 안 된다는 자성과 함께, 지역사회의 환경, 문화, 제도를 변화시키기 위한 지역사회 옹호와 행동을 중시하게 되었다.

지역사회 옹호와 행동을 위한 사회복지사의 역할은 다음과 같이 정리될 수 있다. 첫째, 주민들의 세력을 모으는 조직가로서의 역할이다. 개인의 문제는 단지 한 개인에게만 국한된 것이 아니라 기존의 부조리한 질서와 급변하는 사회환경을 뒷받침하지 못하는 제도의 문제이기도 하다. 사회복지사는 지역주민들이 이를 인식하게 하고, 문제를 해결하기 위해 힘을 모아 조직된 힘을 만들어내야 한다.

그림 12-2 지역사회 옹호와 행동을 위한 사회복지사의 역할

둘째, 주민들이 스스로 자기 행동을 결정할 수 있도록 충분한 정보를 제공하는 교육자로서의 역할이다. 주민들은 자신의 불편이 사회구조나 제도의 문제에서 기인하며 자신이 변화의 주체라는 것을 인식하지 못하는 경우가 많다. 따라서 사회복지사는 주민들에게 충분한 정보를 제공하고 지역의 문제를 자신이 직접 해결해야 할 문제로 인식하게 하며 자기 행동을 스스로 결정할 수 있도록 도와야 한다.

셋째, 지역사회문제에 대해 면밀히 분석하고 주민들의 행동 결정에 대해 정확하게 진단하는 전문가로서의 역할이다. 주민들은 사회구조적 문제에 대해 인식했다 하더라도 그 원인과 자신들의 행동 결과에 대해 명확히 알지 못하거나 그동안 살아왔던 개인적 경험에 비추어 판단하기도 한다. 따라서 사회복지사는 문제를 정확히 분석하고 행동의 결과를 예측하여, 주민들이 적절한 전략과 전술을 선택할 수 있도록 해야 한다.

넷째, 주민들이 자신만의 방법으로 움직일 수 있도록 협력하는 조력자로서의 역할이다. 때때로 사회복지사가 행동집단의 전면에 나서는 경우가 있는데, 이는 자칫 사회복지사의 일에 주민들이 동원된다는 인식을 심어줄 수 있다. 따라서 사회복지사는 주민들이 자신들의 방법으로 결정하고, 역할 분담을 통해 각자 활동을 전개할 수 있도록 조력해야 한다.

다섯째, 주민들의 의견 개진을 촉진하고 주민들 간 의견 충돌을 조정하는 조정자로서의 역할이다. 주민들은 자신의 생각을 잘 이야기하지 않으려 하거나 논의를 주도하고 주장이 강한 사람의 생각에 동조하거나 맞추어주는 경향이 있다. 그러다 보면 전체 구성원의 생각이 수렴되지 못한다. 반대로 의견들이 너무 강하게 충돌할 때도 문제가 된다. 따라서 사회복지사는 주민 각자가 자신의 생각을 표출할 수 있도록 촉진하고, 다양한 의견을 잘 조정할 수 있어야한다.

지역사회 협력과 네트워크

지역사회복지실천은 통상 공공과 민간, 영리와 비영리, 공식적 주체와 비공식적 주체가 함께 협력할 때 실천의 목적을 효과적으로 달성할 수 있다. 그러므로 사회복지사는 '조직하기'를 넘어 '연결하기'를 통해 지역사회에 영향력 있는 네트워크를 구축하는 실천기술을 반드시 갖추어야 한다.

일반적으로 지역사회복지의 다양한 주체들은 업무수행의 내용과 방식이 각기 다르다. 예를 들어 지방자치단체는 공공부조와 긴급복지 제공을 중심으로 한 공공조직이고, 국민연금관리공단 같은 공공기관은 규정된 개별급여를 다루는 특수목적조직이며, 지역사회의 대다수 사회서비스 기관은 한정된 자원을 가진 소규모 민간조직이다. 이들이 개별적으로 활동한다면 지역사회 복지 수요자의 다차원적 욕구에 제대로 대응하기 어렵다. 무엇보다 생애주기별로 나타나는 다양한 욕구에 대응하기 위해서는 통합적이되 전문적이고, 자율적이되 책임성이 명확한 협력적 네트워크가 필요하다. 이 장에서는 먼저 지역사회 협력의 중요성을 기술하고, 지역사회 협력과 네트워크의 개념을 정리한 후, 구체적으로 지역사회 조직 수준과 지역사회 주민 수준에서 이루어질 수 있는 네트워크 전략을 소개하고자 한다.

1. 지역사회 협력과 네트워크의 개념

우리나라의 지역사회복지는 대부분 민관 협력 네트워크로 설계되어있다. 예컨대 지역사회복지 네트워크의 성공 사례로 자주 소개되는 남양주 희망케어서비스 역시 공공기관과 민간기관이 협력하여 만든 네트워크이다(더 알아보기 참조). 그러나 모든 지역사회가 협력적 네트워크를 구성하고 있는 것은 아니다. 복지서비스 전달체계는 여전히 지역별, 부처별, 조직별로 각기 분리되어 운영되고 있으며, 서비스를 공급하는 조직들은 자신의 업무를 수행하기에도 벅차 다른 조직의 이용 대상자에게까지 관심 영역을 넓히지 못하고 있다. 주민들 역시 복지생태계의 주체로서 성장하는 데 한계를 보인다.

| 더 알아보기 |

지역사회복지 네트워크 우수사례:남양주 희망케어서비스

경기도 남양주시의 희망케어서비스는 복지서비스 관련 공공기관 23개와 민간기관 49개가 참여한 네트워크를 통해 위기에 처한 지역주민들의 복합적 욕구에 대응하고 있다. 남양주시는 위기에 처한 취약가정이 발견되면 네트워크 거점조직인 권역별 희망케어센터에서 민관 통합사례관리회의를 개최한다. 이 회의에는 읍·면·동 주민센터와 보건소, 시청의 희망복지지원단 등의 공공기관뿐 아니라 지역의 병원, 정신건강복지센터, 노인복지관, 종교기관 등이 함께 참여하고, 때로는 주민조직들도 참여한다. 희망케어센터는 이 회의에서 파악한 욕구들을 중심으로 필요한 서비스를 참여 조직들에게 분담하고 실행한다. 현재 남양주 희망케어센터에서는 돌봄지원, 생활지원, 건강의료, 주거지원, 정서지원, 자활지원, 금융법률, 고용연계 등 다양한 영역의 복지서비스를 제공하고 있다.

이러한 지역사회 협력은 하루아침에 형성된 것이 아니다. 지역사회보장협의체가 출범했을 때부터 민간위원 113명과 공공위원 23명이 참여하는 수평적 협의체가 유지되었고, 10개 분과별로 항시적으로 간담회와 워크숍을 개최하여 상호 신뢰를 쌓아왔다. 이러한 협력의 경험은 네트워크 거점조직인 희망케어센터를 탄생시키는 밑거름이 되었다. 또한 협의체가 지역사회에 보여준 신뢰는 식료품이나 물품 기증, 주거환경 개선 봉사 등 주민들의 자발적인 네트워크 동참을 끌어냈다.

그렇다면 어떻게 지역사회복지조직들이 협력할 수 있게 할 것인가? 제도적으로 협의체나 위원회를 만드는 것을 넘어, 그 협력체계가 원활히 작동하게 하려면 어떤 실천이 필요한가? 이를 다루기 위해서는 네트워크의 구조와 속성을 이해하는 것이 중요하다. 아래에서 자세히 살펴보겠지만, 협력 네트워크는 지역사회복지조직들이 상호 존중과 신뢰를 바탕으로 자발적으로 형성해야 한다. 그래야 창의성과 융통성, 적극성, 유연성, 연계성 등 사회 변화와 요구에 민감하게 반응할 수 있는 역량을 가질 수 있다.

1) 지역사회 협력

협력collaboration이란 같은 동일한 목적을 달성하기 위해 함께 행동하는 것을 말하며, 사회적 교환social exchange이론을 바탕으로 한다. 사회적 교환 이론은 사회적 상호작용을 통해서 얻을 수 있는 혜택이 개별적인 노력으로 얻는 결실보다 크다는 점에 착안한다. 즉, 개인이 보유하고 있는 자원과 정보, 역량이 서로 다르므로 각자 자신이 잘할 수 있는 일을 수행한 후 생산된 재화와 서비스를 서로 교환하는 것이 더 효율적이라는 것이다. 이를 경제학에서는 분업과 비교우위라는 개념으로 설명한다. 분업과 비교우위는 개인뿐만 아니라 집단 사이에서도 성립한다. 어떤 조직이 다른 조직보다 모든 활동에서 우월하더라도 그중 생산비가 상대적으로 적게 드는 활동, 즉 비교우위가 있는 활동을 특화하여 교환하면 상호 이익을 얻을 수 있다. 이렇듯 교환은 불필요한 낭비를 막고 적절하게 자원을 배분하는 수단이며, 자발성과 상호성에 기초하여 지속되는 행위이다.

그런데 경제적 교환은 거래 당사자 간의 교환에 한정되지만, 사회적 교환은 호혜적인 네트워크로 확산된다는 점에서 차이가 있다. 개인이나 조직들이 거래가 아닌 집합적 목적을 달성하기 위해 교환할 수 있는 자원은 무궁무진하다. 여기에는 시설 및 장비와 같은 재화, 정보나 교육 등의 서비스, 인력과 사례뿐 아니라 우정이나 평판 같은 무형의 자원도 포함된다. 또한 모든 교환은 비용보다 편익이 클 때 이루어진다. 사회적 교환에서 비용은 일정 정도의 자율성과 통제력의 상실, 시간과 자원의 투여, 협력이 실패할 때 평판에 대한 손상 등이다. 편익에는 금전적 이득뿐 아니라 집합적 영향력, 추가적 자원에 대한 접근 가능성, 지식과 정보의 교환, 혁신 등이 포함된다. 정리하면, 협력은 교환의 편익을 극대화하여 공동의 목적을 달성하고자 하는 행동이라 할 수 있다.

지역사회 협력의 목적은 다양하다. 협력의 초점은 통합, 조정, 또는 공동생산에 있기도 하고, 정책이나 입법의 변화를 가져올 수 있는 권력 획득이나 광범위한 사회 변화에 맞추어지기도 한다. 일반적으로 지역사회 협력의 목적은 다음과 같이 일곱 가지로 구분할 수 있다(Mizrahi and Ivery, 2013).

■ 서비스 통합

지역사회 협력은 종종 서비스 통합을 위해서 추진된다. 개인의 욕구는 매우 다양하며 서로 연결되어있는 데 반해, 정부나 서비스 기관은 각기 파편화된 서비스와 프로그램을 제공하는 경우가 많다. 만약 각 서비스들을 지역사회 차원에서 단일한 시스템으로 통합한다면 복지수요자의 욕구 충족과 지역사회문제 해결에 보다 포괄적으로 접근할 수 있을 것이다. 또한 서비스 통합은 서비스의 중복을 예방하고 비용을 절감하며 목적을 더 효율적으로 달성할 수 있게 한다. 이러한 이유로 서비스 통합은 정부나 재정 조달자들이 추진하는 경향이 있으며, 주로 지역사회의 의료보건, 사회서비스, 정신건강, 교육, 고용 등 여러 전달체계에서 각기 다루던 다양한 욕구를 하나의 접수창구(원스톱센터)에서 해결할 수 있도록 하는 수평적인 통합의 형태로 실현된다.

한편, 서비스 통합은 풀뿌리 주민들의 행동에서부터 지역사회 단체들의 조직 및 정책적 개입에 이르는 수직적 통합을 포함하기도 한다. 예컨대 지역사회의 건강을 증진하기 위해서는 주민 개인 차원에서도 노력해야 하지만, 지방정부 차원에서 보건서비스 제공을 확대하는 것도 필요하다. 더불어 통합적이면서도 전문적인 서비스를 제공하려면 각 기관들의 역할이 조정되고 업무와 책임이 분담되어야 한다. 따라서 서비스 통합 노력은 지역사회의 통합적인 역량강화체계에 중점을 두게 된다. 이 체계는 정보 및 자원 교환, 교육 및 훈련, 정책분석 및 지침, 상호 추천, 멘토링 등에서 공동으로 노력하기 위해 개인과 조직을 촘촘히 연계하는 것을 뜻한다.

■ 태도와 행동 변화

지역사회 협력은 개별 조직 구성원들의 태도와 행동을 변화시키기 위해 이루어지기도 한다. 예컨대 지역사회의 환경보호를 위해서는 지역주민들이 친환경 물품을 소비하고 지역의 환경오염을 감시하며 생태에너지 전환에 동참하는 것이 필요한데, 다양한 조직 간 협력을 통해 이를 지원할 수 있다. 구체적으로 지방자치단체는 인센티브제도를 활용하여 주민의 친환경 행동을 증진하고, 학교는 학생들과 함께 지역사회 생태조사 및 교육을 진행하며, 환경단체들은 환경보호에 대한 실효적인 관점과 사업을 제시하고, 주민조직들은 생태마을 만들기와 같은 지역사회개발 활동에 접근성을 높일 수 있다. 즉, 지역사회문제에 대한 지역사회 구성원들의 태도와 행동을 변화시키는 활동은 특정 전문조직에 의지하기보다 공공기관, 비영리기관, 자치조직 등 지역의 조직들이 협력할 때 더 효과적으로 수행될 수 있다.

■ 전략적 파트너십 형성

대다수의 조직들은 재화와 서비스를 보다 효과적으로 공급하기 위해서 파트너십을 형성한다. 파트너십이란 조직의 사명을 달성하고, 활동 범위를 다양화하며, 새로운 가능성과 혁신을 개발하고, 경쟁우위를 얻기 위한 하나의 방법이다. 조직들이 파트너십을 형성하여 각자가 보유한 역량, 자원, 전문가들을 연결하고 목적과 강점에 맞게 배치하면 완전히 새로운 재화와 서비스를 공동으로 생산할 수 있게 된다. 마치 컴퓨터가 개별 하드웨어 업체와 소프트웨어 업체의 기술을 결합하여 만들어지듯이, 사회서비스 조직 또한 각자 독자적인 요소들을 결합함으로써 새로운 가치를 창출할 수 있다. 지역사회에서는 사회적 경제조직, 비영리조직, 민간기업, 대학 등 지역사회문제를 함께 해결하는 훌륭한 파트너가 될 수 있다.

■ 지역문제 탐색과 조사

지역사회 협력은 지역사회문제를 탐색하고 조사하는 데에도 유용하다. 빠르게 변화하는 사회에서 새롭게 대두되는 지역사회문제의 배경과 경향을 파악하기 위해서는 전통적인 위계조직보다 여러 전문가와 지역주민들의 관점이 더 도움 된다. 특히 사회서비스의 경우에는 주민들이 문제 현상과 그 본질적인 요소들을 전문가보다 더 잘 찾아낸다. 따라서 다양한 주민들의 협력을 통해 지역사회 이슈를 명료화하고 광범위한 대안을 탐색할 수 있다. 예를 들어 지역사회돌봄 문제를 파악하고 개선하고자 할 때, 담당 공무원뿐 아니라 돌봄 제공자, 돌봄가족, 이웃 등 지역사회 특유의 맥락을 이해하고 있는 여러 관계자와 접촉하고 협력해야 적절한 해결방안을 내올 수 있다. 마찬가지로 정부 차원의 사회계획도 분야별 전문가들과의 자문회의 및 주민들과의 협력을 통해서 더 좋은 안을 마련할 수 있다.

■ 포괄적 계획 수립

지역사회에는 경제개발, 사회통합, 일자리 창출, 기후변화 대응과 같이 특정 부문의 경계를 넘는 문제들이 많다. 이러한 문제들은 지역사회의 광범위한 협력 없이는 해결이 불가능하다. 특히 도시재생처럼 포괄적인 지역사회개발 계획을 수립할 때에는 관련된 여러 부문이 협력하여 사회 프로그램을 통합해야 한다. 주민생활 인프라 확충, 주택환경 개선, 공동체성 증진, 소지역 경제 발전과 같은 다양한 하위 시스템을 연결해야 하는 것이다. 예를 들어 1990년대 이후 미국에서 시행된 지역사회개발의 한 유형인 포괄적 커뮤니티 이니셔티브 comprehensive community initiatives는 경제개발, 복지서비스, 공교육 개선, 자원 창출 등 다양한 노력을 포괄적으로 실시하기 위해 공공과 민간, 영리와 비영리를 망라하는 이질적인 조직들을 지구 단위로 통합하였다. 이처럼 고용, 복지, 보건 등 지역사회의 삶의 질과 관련된 전 분야의 지역사회자산들을 통합함으로써 상호 연결된 지역사회문제들을 해결할 수 있다.

■ 정치적 행동과 사회 변화

지역사회복지실천모델 중 사회행동모델은 주로 정부, 기업, 기득권 집단 등 외부에 존재하는 대상을 변화시켜 문제를 해결하는 데 목적을 두고 있다. 그러나 기업의 노동착취와 불법적인 영리행위, 정부의 부패와 무관심, 기득권 집단이 벌이는 공공재의 사유화 등과 같은 정치·사회문제는 개별적인 개인 또는 조직에 의해서 쉽게 변화될 수 있는 것이 아니다. 사회 변화를 위한 정치적 행동이 목적을 성취하는 데 관건이 되는 것은 시민들의 권력과 영향력의 수준 또는 조직력이다. 따라서 정치적 행동을 할 때 지역사회 협력은 권력을 획득하는 중요한 방법이 된다. 즉, 협력은 사회행동조직이 전문적인 지식을 얻고, 조직 간 연대를 형성하여 투쟁력을 강화하고, 의사결정의 여러 지점에서 최선의 선택을 하는 데 도움을 준다. 나아가 옹호의 과정에서 이루어지는 협력은 당사자들의 임파워먼트 전략이 되며, 스스로에 대한 정당성을 강화하고, 그들이 감당할 위험과 비난을 다른 집단과 공유함으로써 행동의 부담을 덜어준다.

■ 사회운동 조직화

앞서 언급했듯 사회행동모델은 문제의 당사자들이 표적체계에 대항하여 영향력을 행사하는 것을 지향한다. 이러한 사회행동은 권력 불평등과 사회 부정의에 도전하는 더 많은 이해당사자들의 지지를 결합해야 광범위한 대중과 함께 개혁을 실현하는 사회운동으로 발전할 수 있다. 이때 협력적 네트워크는 일시적인 캠페인을 넘어 조직화의 수단이 되기도 한다. 최근 여성주의 운동 조직들이 여러 소수자 옹호조직들과 관계를 구축하는 것을 예로 들 수 있다. 비록 지향하는 이데올로기가 다르더라도 사회 변화라는 큰 목적을 위해 연대하는 것이다. 나아가 이러한 유형의 협력은 다른 조직이 추구하는 가치에 대해

그림 13-1 지역사회 협력의 일곱 가지 목적

배우고, 인권수호와 같은 보편적인 노력을 기울이면서 공통의 전략을 세울 수 있는 기회를 제공한다. 이러한 협력을 통해 사회운동은 단일 문제에서 다차원적인 문제로 확장되거나 그로써 문제를 새롭게 정의하게 될 수도 있다.

2) 지역사회 네트워크

사회과학에서 네트워크는 매우 오래된 개념이다. 예컨대 19세기 사회학자 게오르크 지멜Georg Simmel은 개인의 상호작용을 사회의 핵심 요소로 보았다. 즉, 사회집단에서 누가 중요한 인물인지, 구성원들이 어떠한 관계를 형성하는지, 그 관계의 질서나 복잡성의 형식이 어떻게 사회적 현상을 만드는지가 사회를 이해하는 기초라고 본 것이다(Ritzer and Stepnisky, 2018). 이러한 개인 간 관계를 포함하여, 개인, 자원, 조직 제도들이 직·간접적으로 도달할 수 있는 모든 총체적 연결 구조를 네트워크라고 한다. 오늘날 네트워크는 더욱 중요해졌다. '무엇을 아는지'가 아니라 '누구를 아는지'가 중요한 사회가 되었다. 시민사회단체들 역시 그들이 동원한 자원을 통해 압력을 행사하기 위해서 정부, 정책결정자, 여론기관 등과 효과적인 네트워크를 맺기 원한다.

더구나 세계화와 정보화가 추동하고 있는 최근의 사회변동은 네트워크 범위를 상상할 수 없을 정도로 확장시켰다. 이러한 사회변동을 반영한 네트워크의 개념을 체계적으로 설명한 학자가 바로 마누엘 카스텔Manuel Castells이다. 그에 따르면 네트워크 사회란 "핵심적 사회구조와 행위가 전자적으로 처리되는 정보 네트워크를 중심으로 조직된 사회"이다(Castells, 2010). 지금도 네트워크의 개념은 계속 확장되고 있으며, 더욱 다양한 방식으로 사용되고 있다. 데이비드 론펠트David Ronfeldt와 존 아퀼라John Arquilla는 네트워크 사회를 이해하는 데 필요한 네트워크를 기술적 측면의 네트워크, 사회적 관계로서의 네트워크, 조직 구성 원리로서의 네트워크, 이렇게 세 가지로 분류하였다(김용학·하재경, 2008).

■ 기술적 측면의 네트워크

과거에는 협력이 같은 시공간에서 일어났다. 함께 곡물을 수확하기 위해 조직된 두레가 그 예이다. 그런데 인터넷과 같은 정보통신기술의 발달은 공간과 시간의 한계를 넘어선 협력을 가능하게 하였으며, 커뮤니케이션의 양도 폭발적으로 증가시켰다. 예컨대 위키피디아^{wikipedia}는 서로 다른 지역에 살고 있는 사람들이 서로 다른 시간에 정보를 추가하여 함께 결과물을 생산한다. 이렇게 위키피디아에 등록된 표제어는 2008년 기준 6만여 개에 이른다. 한편, 기술 발달로 정보의 공유가 용이해지면서 기술을 개인이 소유하기보다는 다른 사람들에게 공개하고 함께 협력하여 발전시키는 것도 가능해졌다. 그 대표적인 예로는 오픈소스 소프트웨어를 들 수 있다. 기업 또한 개발과 문제 해결 같은 기업 활동에 대중의 참여를 개방하는 크라우드 소싱^{crowd sourcing}[1]을 활용하기도 한다.

■ 사회적 관계로서의 네트워크

사회네트워크 분석은 사람을 점으로, 관계를 선으로, 현상을 하나의 그림으로 표현한 소시오그램에서 출발하였다. 이후 네트워크 분석은 수학과 통계를 통해 집단의 구조적 특성과 속성을 수치화하면서 발전하였다.

이러한 사회네트워크는 사회자본론을 접목하며 더욱 확장되었다. 사회네트워크가 교육이나 직업적 성취 또는 비즈니스 성공을 담보하는 조건으로 이해되면서 투자하고 관리해야 하는 자본으로 간주된 것이다. 이와 부합하여 포르테스(Portes, 1995)는 사회자본을 네트워크를 통해 자원을 동원하는 능력으로 정의한 바 있다.

오늘날 사회네트워크는 양적으로, 질적으로 변화되고 있다. 개인의 네트워크가 무한대로 확장되어 일면식도 없는 타인에게 온라인

오늘날의 사회네트워크는 무한대로 확장되어 일면식도 없는 타인을 위해 공동 행동에 나서기도 한다. 사진은 송환법에 반대하여 시위하는 홍콩 시민들을 지지하며 런던에서 시위를 벌이는 영국인들의 모습이다. © 셔터스톡

1 2006년에 만들어진 신조어로, 대중을 뜻하는 크라우드(crowd)와 아웃소싱(out-sourcing)이 합쳐진 말이다. 기업이 일반 대중이라는 외부자원을 활용해 문제를 해결하는 방식을 일컫는다.

으로 도움을 주기도 하고, 공간의 한계를 넘어 전 지구적 결사체를 형성하기도
한다.

■ 조직 구성 원리로서의 네트워크

이는 위계적이고 관료적인 조직구조에서 수평적이고 유연한 거버넌스 구
조로의 변화를 의미한다. 혁신이 빠르게 일어나는 환경에서 기업은 정보를 독
점하는 것보다 다른 조직과 네트워크를 구축하여 정보를 공유하는 것이 유리
하다. 예컨대 실리콘밸리의 성공은 수평적인 조직 네트워크를 통해 기술혁신
을 촉진하였기 때문으로 평가된다. 즉, 네트워크 조직은 기술과 시장의 불확실
성을 줄이고, 거래 비용과 조정 비용을 절감하고, 자본을 확보하기 어려운 소기
업들도 네트워크를 통해 투자 기회를 제공받으며, 기술혁신의 위험을 분산하
여 시장 진입 기회를 증진시킨다는 것이다. 정부도 이러한 경향성에 따라 공공
업무를 수행할 때 공무원의 전통적 역할에 덜 의존함으로써 서비스 공급자의
역할을 점차 줄이고, 조직이나 부문 간 파트너십, 계약, 연합의 네트워크를 통
해서 공공가치를 창출한다. 따라서 공공 부문의 네트워크 거버넌스는 제3자정
부, 통합정부, 디지털혁명, 소비자 욕구 중심이라는 네 가지 시대 변화를 대변
한다고 볼 수 있다(Goldsmith and Eggers, 2004).

이 가운데 지역사회복지와 밀접히 연관되는 네트워크 개념은 기술적 측면
보다는 사회적 관계 및 조직 구성 원리로서의 네트워크이다. 지역사회 주민 입
장에서는 자원을 확보하는 전략으로 네트워크가 중요하고, 지역사회 조직 입
장에서는 다른 조직과의 협력을 통해 목표를 달성하는 것이 유리하기에 네트
워크가 중요하다. 따라서 다음 절에서는 지역사회 조직과 지역사회 주민 수준
에서의 네트워크 전략을 소개하고자 한다.

개념 정리

협력 교환의 편익을 극대화하여 공동의 목적을 달성하고자 하는 행동
네트워크 개인 간 관계를 포함하여, 개인, 자원, 조직, 제도들이 직·간접적으로 도달할 수 있는
　모든 총체적 연결 구조

---

2. 지역사회 조직 수준의 네트워크 전략

1) 지역사회복지 네트워크의 구조

지역사회복지 네트워크는 조직 구성 원리로서의 네트워크 개념으로 이해될 수 있다. 이는 공동의 목표인 복지를 달성하기 위하여 지역사회 각 분야의 파트너들이 함께 협력하여 자원을 공유하고, 합의된 규칙에 따라 조정과 통제를 수행하며, 참여 조직의 지속적인 발전을 위하여 혁신을 지원하는 조직 간 실체를 말한다.[2] 네트워크 구조가 형성되면 조직 간 상호작용을 통해 공동 행동이나 공동 산출의 행위가 늘어난다. 즉, 네트워크는 지역사회와 주민들의 복지 향상에도 도움이 되지만 각 조직의 생존과 발전을 위해서도 필요하며, 이를 위해 상호적 관계를 유지하고 발전시키는 과정을 포함하는 개념이다(Hardcastle et al., 2011). 지역사회복지 네트워크는 다음의 두 가지 차원으로 구분할 수 있다(윤민화·이민영·노혜련, 2014).

■ 공급자 중심 네트워크

단일 조직의 역량만으로는 달성하기 어려운 목표를 성취하려고 할 때 복지서비스 기관, 재정지원자, 그리고 실천가가 협력하여 구성하는 네트워크이다. 특히 복지전달체계 분야에서는 이러한 접근이 주류를 차지하며 민관 협력, 연계와 조정, 자원통합 등 구체적인 형태로 나타난다. 이러한 공급자 중심 네트워크는 주로 효율적인 서비스 제공에 초점이 맞추어져 있다.

서울시 북부 병원에서 시작한 301 네트워크는 취약계층의 건강권 수호를 목적으로 공공, 민간, 지역사회가 힘을 합쳐 통합적인 보건의료복지서비스를 연결해주는 센터로, 공급자 중심 네트워크의 성공적인 예이다. 북부 병원은 구

---

2   간혹 지역사회복지 네트워크를 복지거버넌스와 동일시하는 경우도 있지만, 네트워크는 거버넌스 운영의 필요조건 또는 거버넌스라는 기능이 만들어지는 구조로 이해될 수 있다(함철호, 2015).

청, 보건소, 사회복지관, 주민센터, 119구조대 등 36개 기관과 업무 협약을 체결하여 사례관리, 서비스 제공, 연계업무 등을 각 기관별로 분담하여 네트워크를 구성하였다. 이 301 네트워크는 각종 의료비 지원과 민간지원 재정을 통합하여 지역사회에서 의뢰된 대상자들에게 의료비와 간병비뿐 아니라 직업 연계 등과 같은 지역사회 복귀 서비스를 지원하고 있다.

■ 이용자 중심 네트워크

사례관리를 통해 서비스 접근성을 높이는 데 초점을 둔 네트워크이다. 이는 역량강화 또는 강점 관점에서 강조되는 접근으로, 지역사회에서 소외된 이들에게 변화 과정에 참여할 기회를 제공하는 역량강화, 상호 연결고리를 만들어주는 소속감, 서비스의 호혜적 과정을 만들어내는 대화와 협력을 중요한 요소로 인식한다. 따라서 이용자 중심 네트워크에서 지역사회 주민들은 서비스 이용자로 머무는 것이 아니라 서비스를 함께 만들어가는 협력자가 된다.

이용자 중심 네트워크는 통합사례관리와 연결되기도 한다. 그 예로는 수원시의 휴먼네트워크를 들 수 있다. 휴먼네트워크는 주위의 도움을 필요로 하는 이용자를 발굴하면, 그 이용자를 중심으로 가용한 서비스가 조직되는 네트워크이다. 예컨대 이웃돌봄에 열정이 있는 자원봉사자 조직인 휴먼돌보미가 복지사각지대를 발굴하면 정기적인 통합사례회의에서 해당 복지 대상자의 복합적 욕구를 파악한다. 또 다른 네트워크 조직인 휴먼서비스센터는 반민반관 성격의 중간조직이며, 미리 구성된 수직적 체계가 아니라 통합사례관리에서 파악된 이용자의 욕구를 중심으로 참여기관이 각자의 역할을 분담하는 상향식 네트워크이다.

네트워크는 지역사회의 조건에 따라 다양한 방식으로 구성할 수 있다. 조직들이 자율적으로 참여하여 네트워크를 구성하는 것이 가장 좋지만, 대규모 서비스 기관들 때문에 소규모 비영리 서비스 기관들이 도태되는 경우처럼 참여 조직 간 조정이 필요할 때는 강제적으로 구성되는 것이 바람직할 수도 있다. 또한 네트워크는 반드시 협력에 의해서만 구성되는 것이 아니다. 네트워크에 참여하는 개별 조직들은 공유된 가치를 지향하더라도, 자원의 공유로 인해 발생하는 이익을 분배하는 과정에서 필연적으로 경쟁을 하게 된다. 따라서 참여 조직들이 형성하는 상호적 관계에 따라 네트워크의 수준도 달라진다.

　　지역사회에는 다양한 형태의 네트워크 조직이 있으며, 저마다 네트워크 활동의 수준이 다르다. 사회복지사는 지역사회 주민의 복지를 개선하고 증진시킬 수 있는 최적의 네트워크 수준을 찾아서 이를 구조화해야 한다(Hardcastle et al., 2011). 지역사회 네트워크 활동의 수준은 일반적으로 다음의 다섯 가지로 분류된다(오정수·류진석, 2016).

① **연락**: 낮은 수준의 네트워크로서 개별 조직이 서비스 제공에 필요한 정보를 교환하고 서비스 효과를 증대하기 위하여 타 조직과 연계하는 활동이다. 개별 조직 간 또는 조직 내에서 이루어질 수 있다.

② **제휴**: 정보 교환에서 더 나아가 최소한의 자원을 공유하는 활동이다. 이를 통해 불필요한 중복을 막고 자원을 절약할 수 있다. 그러나 자원 공유 이외에는 각 조직이 독자적으로 활동하며, 타 조직에 대해 요구하는 책임이나 의무도 거의 없다.

③ **조정**: 네트워크가 각 조직들의 기능에 개입하는 초기 단계이다. 여전히 참여 조직의 개별적인 정체성은 유지되지만, 서비스 중복을 방지하고 각 조직의 특화된 시장을 침범하지 않기 위하여 서비스의 제공 범위나 할당량을 정하는 식으로 계약이 이루어진다. 주로 정기모임이나 조정회의를 통해 네트워크 활동이 이루어진다.

④ **협력**: 네트워크가 공동의 사업을 기획하고 실행하는 단계이다. 개별 조직들이 공동의 프로그램이나 서비스 제공에 참여함으로써 상호 간의 네트워크가 형성되며, 일상적인 사업단위에서 네트워크 활동이 이루어진다. 민관 기관들이 모여서 통합사례관리 회의를 진행하고 그 결과에 따라 역할을 분담하여 서비스를 제공하는 것도 협력의 예이다. 이처럼 자원과 사업을 공유하면서도, 여전히 참여 조직의 개별적인 정체성은 유지된다.

⑤ **통합**: 지역사회 네트워크 자체가 하나의 조직체로 발전한 경우이다. 개별 조직이 더 이상 존재할 필요가 없으며, 지역사회 목적을 달성하기 위한 하나의 커다란 조직체로서 물리적 또는 조직적으로 함께 일하는 단계이다. 참여자들은 새로운 조직 구성원으로서의 정체성을 갖게 된다.

2) 지역사회복지 네트워크의 민관 협력

우리나라 지역사회복지 네트워크의 대표적 사례로는 앞서 6장에서 다룬 지역사회보장협의체를 들 수 있다. 이는 법률에 의거하여 만들어진 지역사회보장의 거버넌스 구조로서, 민관 협력을 주된 내용으로 한다. 지역사회보장협의체의 법적 근거는 「사회보장급여법」 제41조이다. 우선, 제1항에서는 "시장·군수·구청장은 지역의 사회보장을 증진하고, 사회보장과 관련된 서비스를 제공하는 관계 기관·법인·단체·시설과 연계·협력을 강화하기 위하여 해당 시·군·구에 지역사회보장협의체를 둔다."라고 하여 지역사회보장협의체의 목적을 규정하고 있다. 이어서 제2항에는 지역사회보장협의체가 지역사회보장계획 수립·시행 및 평가에 관한 사항, 지역사회보장조사 및 지역사회보장지표에 관한 사항, 사회보장급여 제공에 관한 사항, 사회보장 추진에 관한 사항 등의 업무를 심의·자문한다고 명시되어 있다.

다시 말해 지역사회보장협의체란 지방자치단체가 사회보장급여를 오롯이 책임지기 어렵기 때문에 민간 영역의 다양한 복지기관들이 협력하도록 유도하는 네트워크 조직이라고 할 수 있다(함영진·김태은, 2017). 지역사회복지 전달체계에서 민관 협력 네트워크가 중요한 이유는 매우 많지만, 그중에서 가장 핵심적인 세 가지를 살펴보자.

■ 복지 대상자 발굴

가정형편이 갑자기 어려워져서 당장 경제적인 도움이 필요한 노인가구나 가정폭력으로 신체적·정서적 문제에 처한 아동가구가 있다고 할 때, 이들을 즉시 찾아내 위기 개입 서비스를 제공하기란 쉽지 않다. 인력 수급이 충분히 이루어진다고 하더라도 사회복지전담공무원만으로는 복지사각지대를 발굴하기 어렵기 때문이다. 따라서 지역사회 내 다양한 주체들이 협력하여 복지 대상자를 찾아내거나 신청자를 복지시스템에 연결하는 것이 필요하다. 그리고 이러한 복지 대상자 발굴에는 누구보다 지역사회 사정을 잘 아는 지역주민과 다양한 복지기관이 협력하는 것이 효과적이다.

■ 복지자원 동원

자원은 공공뿐 아니라 민간과의 협력을 통해서도 다양하게 확보할 수 있다. 공공복지는 대체로 소득보장급여를 중심으로 한다. 그러나 이웃에 긴급한 도움을 주거나, 거동이 불편한 이웃의 식사나 이동을 돕거나, 구직자에게 직업 기회를 알선하거나, 아동에게 학습이나 문화 체험의 기회를 제공하는 것처럼 주민들의 일상과 밀접한 사회서비스에서는 민간의 나눔과 참여가 절대적으로 중요하다. 다만 이때 공공이 주도적으로 민간의 자원을 요청하는 것은 바람직하지 않다. 이 경우 협력이 아니라 강압이나 동원의 형태로 귀결될 가능성이 높기 때문이다. 따라서 민관 협력 네트워크 협의체를 통해 비영리기관, 영리기관 등으로부터 복지자원을 확보하려는 노력을 기울여야 한다. 지역화폐, 착한가게,[3] 마을공동체 등 민간이 자생적으로 복지자원을 개발할 때 성공적인 사례 또한 많아진다.

■ 지역사회문제 해결역량강화

지역사회 조직들은 복지 수요에 자발적으로 대응하여 의제를 형성하고 실행 가능한 사업을 설계하여 지역사회복지에 능동적으로 대응하는 체계를 만들 수 있다. 공공과 민간의 협력적 관계를 통한 문제해결 방식은 민간이 지닌 자율성과 재량권의 정도에 따라 협력적 대리자 모형과 협력적 동반자 모형으로 나뉜다. 협력적 대리자 모형은 공공조직과 민간조직의 특성상 공공조직은 재원의 조달에, 민간조직은 급여의 생산 및 제공에 더 적합한 기능을 가지고 있다는 전제하에 역할을 분담하는 것이다. 협력적 동반자 모형은 공공과 민간이 쌍방적 관계를 유지하며 각각이 재량권과 자율권을 가질 때 더욱 효과적으로 문제를 해결할 수 있다는 모형이다(김영종·김신열, 2007). 그러나 현재 우리나라의 민관 협력모델은 주로 협력적 대리자 모형에 해당한다. 공공이 재원을 마련하여 전달하면 민간은 그 보조금을 통해서 서비스를 제공하는 역할을 맡는 것이다. 상당수의 사회복지시설은 이러한 위수탁 관계로 운영되고 있으며, 협력적 동반자 모형은 찾아보기 힘들다.

---

3   착한가게란 매월 최소 3만원 이상 또는 매출의 일정액을 어려운 이웃에게 정기적으로 기부하는 가게를 말한다.

민관 협력 우수사례: 광산구 투게더광산의 마을등대 사업

2007년 일군의 청년들이 고향인 전남 영광군에 '여민동락'이라는 농촌공동체조직을 설립하였다. 이들은 노인돌봄과 노인여가프로그램을 비롯해 마을학교 등 다양한 마을 활성화 사업을 진행하였다. 그중에서도 협동조합과 마을기업 방식의 노인일자리 및 소득증대 활동은 전국적인 관심을 받았다. 이러한 농촌공동체 활동은 도시공동체 활동으로 확산되었는데, 대표적인 예가 바로 광주광역시 광산구의 '투게더광산'이다. 투게더광산 나눔재단은 광주광역시 광산구의 부족한 공공의 복지활동을 주민조직화를 통해 보완하고 주민 주도형 복지공동체를 만드는 민관 협력모델의 우수사례이다.

특히 투게더광산 나눔재단은 광산구와 손잡고 마을등대 프로젝트를 추진하고 있다. 마을등대란 어두운 바다를 비추는 등대처럼 어려운 이웃들을 살피고 돌아보는 활동을 일컫는다. 투게더광산은 해마다 광산구 지역에 마을등대를 선정하고 복지와 지역사회 현안을 서로 의논하고 개선하는 주민자치활동을 추진하였다. 특히 공공의 인력과 재정만으로는 복지사각지대에 있는 주민들에게 충분한 혜택을 줄 수 없다는 인식하에 동네별로 마을 등대지기를 육성하고, 정기적인 주민자치회인 마을대동회를 통해 사업을 정하고, 선정된 복지사각지대 지원사업을 시행하였다. 또한 투게더광산은 참여이사제를 통해 주민 100명을 공개 모집하고, 이들이 이사회와 위원회에 참여하여 정책을 건의하고 민주적인 방식으로 재단을 운영한다.

투게더광산은 해마다 마을등대를 선정하여 어려운 이웃을 돕는 광산구 지역의 복지공동체이다. 사진은 투게더광산 홈페이지(http://tg-nanum.com)

3. 지역사회 주민 수준의 사회네트워크 전략

1) 사회네트워크와 사회적 지지

개인을 둘러싼 사회적 관계는 일상생활에서 느끼는 행복과 스트레스에 직접적인 영향을 준다. 예를 들어 유년기 아동과 부모의 관계는 아동의 정서 및

행동 발달에 지대한 영향을 미친다. 부모의 지지는 아동의 자존감을 높이고 정서적·인지적 발달에 긍정적인 역할을 한다. 청소년의 경우 가장 많은 시간을 보내는 학교에서 맺어진 교사나 친구와의 관계가 삶의 만족감을 좌우하는 가장 주요한 요인이다. 대부분의 청소년들은 교사로부터 지식과 기술뿐 아니라 사회적 가치와 태도를 배우며, 또래관계를 통해 의사소통의 규범과 사회적 의무, 허용되는 행동의 범위를 인식하게 된다. 이에 수많은 사회복지 연구들은 사회적 관계로부터 파생되는 개인적 수준에서의 갈등이나 통제, 통합과 원조에 관심을 두고 있다. 이 가운데 사회적 지지는 사회네트워크로부터 형성되는 모든 긍정적 자원을 의미한다(Wellman, 1981).

사회적 지지는 계층, 지역, 성, 연령 등 다양한 요인에 따라 다르게 나타난다. 따라서 사회복지사가 관심을 두어야 할 부분은 누가 어떠한 사회네트워크를 통해 긍정적인 자원을 형성하고 있는가 하는 점이다. 취약계층 아동들은 부모의 긍정적인 지지가 다른 아동들보다 상대적으로 낮다. 그렇기에 자신이 타인으로부터 존중받을 만한 가치있는 존재라는 인식이 부족할 수 있다. 그러나 이들이 가정에서 충분히 지지를 받지 못하더라도 친구나 교사, 사회복지사 등 다른 사람의 사회적 지지가 이를 보완한다면 아동이 긍정적으로 발달할 가능성이 높아진다. 지역사회복지실천의 과제는 이러한 방식으로 도출된다(김민성·박신희, 2015).

오늘날에는 사회적 지지를 제공하는 사회네트워크가 매우 확장되었다. 가족과 같이 친밀한 결속 관계를 중심으로 이루어진 일차 집단보다는 비인격적이며 수단적 관계에 있는 이차 집단을 중심으로 사회적 지지체계가 재구성되었다(김재우, 2015). 따라서 사회복지사는 개인의 사회네트워크를 분석하여 어떤 관계들에서 사회적 지지가 형성되는지, 이러한 경향성이 사회통합을 촉진하는 방향과 일치하는지를 살펴보아야 한다.

그러나 사회네트워크를 구성하는 모든 연결이 사회적 지지를 형성하지는 않는다. 예컨대 직능협회나 노동조합은 외부로부터 내부인의 권리를 지키기 위해 형성된 조직이므로, 타인과 자원을 공유하는 데에는 그리 도움이 되지 않을 수 있다. 나아가 사회자본론에서 지적하듯이 타인과 자원을 공유하는 것이 아니라 타인을 배제하고 자원을 강탈할 목적으로 형성되는 네트워크도 있다. 특히 자원이 부족하여 경쟁이 심할수록 소수자와 외부인 등 타인을 배척하는 사회네트워크가 나타난다. 또한 소속 구성원의 자율성을 침해하면서 주류의 사회 규범을 따르도록 과도하게 압박하는 사회네트워크도 있다. 따라서 사회적 지지를 확보하기 위한 사회네트워크는 상황에 따른 맥락과 목적에 맞게 전략적으로 설계될 필요가 있다.

2) 사회네트워크 구축하기

사회네트워크는 형식보다 그 안에 무엇을 채우는가가 중요하다. 즉, 협동과 신뢰가 채워지면 해당 네트워크는 사회적 지지의 자원들로 풍부해지지만, 반대로 경쟁과 불신으로 채워진다면 만인에 대한 만인의 투쟁이 넘쳐나는 약육강식의 관계망이 될 수 있다. 이렇듯 사회네트워크를 어떻게 상호 간의 긍정적인 장으로 만들 수 있는지를 다루는 이론이 사회자본론이다. 사회자본은 개인의 소유가 아니라 관계망을 통해 나타나는 자본이다. 사회자본의 구성요소로는 일반적으로 '네트워크', '신뢰', '규범' 세 가지가 꼽힌다. 퍼트넘(Putnam, 2000)은 이 세 가지 요소가 시민사회의 자발적 결사체 참여를 활성화하며 이는 곧 높은 수준의 집합적 역량으로 이어진다고 보았다. 반면 콜먼(Coleman, 1988)은 이 요소들이 개인적 수준에서 이로운 특정한 결과를 가져오도록 활용되는 자원으로 보았다. 그러나 이 두 입장 모두 네트워크가 희소한 자원을 확보하기 위해서는 신뢰의 규범이 선행되어야 한다고 본다. 즉, 사회적 지지는 신뢰의 규범이 행위로 옮겨질 때 형성되는 관계적 특성이라 할 수 있다.

네트워크는 행위자$^{actor;\ node}$와 관계$^{ties;\ relation}$로 구성된 구조이다. 따라서 네트워크에서 행위자 간 관계구조가 어떻게 형성되고, 어떠한 구조를 가지며, 이 구조가 어떻게 행위자에게 영향을 미치는지를 살펴볼 필요가 있다(고길곤·김지윤, 2013). 행위자들은 상호 의존적이므로, 누군가 일탈행위를 일삼는다면, 그의 행동이 다른 행위자의 행동에 영향을 주게 된다. 아울러 행위자들의 관계를 파악하는 것도 중요하다. 행위자들의 관계는 물리적 연결, 자원의 교환관계, 특정 활동의 공동 참여 등 다양한 형태로 나타날 수 있으며, 적대적, 협력적, 일방적, 양방적 관계 등 그 속성 또한 다양하다. 사회적 지지는 행위자들이 맺는 관계의 형태와 속성에 따라 다르게 형성된다.

3) 사회네트워크의 두 가지 형태

사회복지사는 사회네트워크의 두 가지 형태에 유의해야 한다. 첫 번째 형태는 강한 연줄strong ties로, 이는 가족이나 친구, 노동조합 등 상호 의존성이 매우 강한 일차적 집단에서 나타난다. 가족이나 친구 사이에서 대가 없이 도움을 주고받는 것 또는 노동자와 직능인들이 조합이나 단체를 통해 공통의 행위 규범을 만들어 자신들의 지위를 지키고자 하는 것을 예로 들 수 있다.

두 번째 형태는 약한 연줄weak ties로, 대개 일차적 집단보다는 느슨한 이차적 집단에서 형성된다. 그래노베터(Granovetter, 1973)는 사람들이 새로운 일자리에 대한 정보를 일차적 집단이 아닌 비교적 거리가 먼 집단으로부터 얻는다는 것을 근거로 약한 연줄의 중요성을 강조하였다. 소유하고 있는 자원과 정보가 비슷한 강한 연줄보다는 다른 영역의 연결을 가진 약한 연줄이 새로운 기회를 제공한다는 것이다. 다만 그는 사회적 지위 상승에 초점을 두고 분석하여, 사회경제적 지위가 높은 집단에서는 약한 연줄이 강력한 역할을 하지만 지위

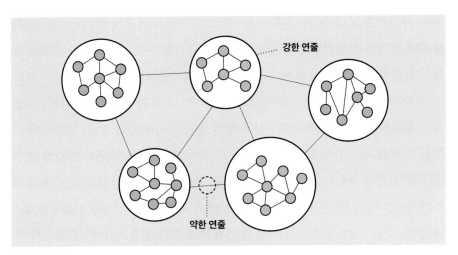

그림 13-2 강한 연줄, 약한 연줄

가 낮은 집단에서는 자원과 정보 자체가 적어 큰 도움이 되지 않는다고 보았다.

사회네트워크는 상기한 개인 간의 연줄이 공동체의 관계망으로 확대된 개념이다. 즉, 강한 연줄과 약한 연줄이 지역사회라는 공동체를 통해 네트워크로 확장될 때, 각각 결속 네트워크[bonding network]와 가교 네트워크[bridging network]가 형성된다(Putnam, 2000). 이때 정서적 지원이나 유대감 등의 사회적 지지는 결속 네트워크에서도 만들어질 수 있지만, 보다 더 나은 삶의 기회를 획득하는 데에는 가교 네트워크가 더 중요하다. 또한 사회네트워크는 특수주의 연줄과 유사하지만 구분되는 개념임에 유의해야 한다. 특수주의 연줄은 특정한 개인 관계 내에서만 존재하므로 사회 전체의 관점에서 보면 편익보다 비용을 더 발생시킬 수 있다(더 알아보기 참조).

| 더 알아보기 |

특수주의 연줄

특수주의 연줄은 사회네트워크와는 구별되며, 보편적인 네트워크에 의해 대체되어야 한다. 그 이유는 다음과 같다(김용학, 2004).

첫째, 연줄에서는 구조적 부패가 발생하기 쉽다. 공정한 경쟁이 이루어지지 않으므로 종국적으로는 사회적 신뢰를 손상시킨다. 또한 가장 적합한 자원이 반드시 필요한 곳에 사용되지 않을 수 있으므로 사회적 비효율을 낳고 도덕성의 위기를 증가시킨다.

둘째, 경쟁이 심한 사회일수록 연줄에 의해 사회적 갈등이 심화될 수 있다. 한정된 자원을 획득하려고 경쟁하는 이들이 많으면 공정성에 대한 요구가 증가하게 된다. 그런데 이에 반하여 능력보다 연줄에 의해 자원 배분이 결정되면, 개인은 해당 집단을 불신하거나 자신의 이익을 위해 파벌을 형성하려는 경향이 심화된다.

셋째, 서로 다른 연줄 간의 조정 비용으로 사회적 손실이 발생한다. 일반적으로 연줄 내에서 신뢰에 의해 이루어지는 거래는 거래 비용을 줄임으로써 경쟁력을 강화하는 데 도움이 된다. 그러나 여러 연줄 집단이 서로 자신의 이익 실현을 요구할 경우 사회 전체적으로는 거래 비용의 감소 혜택보다 조정 비용의 손실이 더 크게 발생할 수 있다.

넷째, 특수주의 연줄은 폐쇄적이며 고착적이지만, 사회네트워크는 유동적이므로 환경 변화에 빠르게 적응할 수 있다. 예컨대 가족 경영을 하는 재벌기업은 전문경영인에 의해 운영되는 기업보다 경쟁사회에서 도태될 확률이 높다. 폐쇄적 연줄에 속한 행위자의 네트워크 범위는 전문경영인과 같은 행위자에 비해 협소할 뿐 아니라 새로운 자원과 혁신기술에 대한 접근성이 낮아서, 시장에서 살아남기 힘들기 때문이다.

4. 지역사회 네트워킹을 위한 사회복지사의 역할

사회복지사는 지역사회 변화를 위하여 상기한 두 가지 수준에서 지역사회 네트워킹 역할을 수행할 수 있다. 조직 수준에서는 지역사회복지 네트워크를, 그리고 주민 수준에서는 사회적 지지 네트워크를 형성하는 것이다. 이를 위해 사회복지사는 지역사회연계모델과 지역사회통합모델에서 제시하는 바와 같이 조정자, 촉진자, 기획자, 조직가의 역할을 해야 한다. 구체적인 내용은 다음과 같다.

1) 지역사회복지 네트워크 만들기

사회복지 재화와 서비스를 효과적으로 제공하는 지역사회복지 네트워크는 저절로 만들어지지 않는다. 네트워크의 성공은 초기 설계와 활동 내용에 좌우된다. 먼저 사회복지사는 파트너가 될 기관을 파악하고 이해관계자를 협상 테이블로 불러 모아 현 상태를 파악해야 한다. 이어서 네트워크의 기능을 결정하고, 각 부분들을 조합하고 구성하며, 유지 전략을 세운다. 이때 네트워크가 잘 작동할 수 있도록 참여자들의 동기를 강화할 필요가 있다.

사회복지사는 특히 두 가지 실천 기술을 습득해야 한다. 첫 번째는 협상 능력으로, 이는 의사결정 과정에 상호성이 반영되도록 하고 타협을 끌어내는 기술이다. 두 번째는 각 구성원들이 자신의 이해에 따라 자원과 권력을 요구하면서 발생하는 갈등을 관리하는 기술이다. 이는 곧 공동선, 복지, 이타적 행위 등 네트워크를 형성하는 동기와 가치에 대한 헌신을 일종의 윤리적 태도로서 강조하는 동시에, 개인선을 추구하는 자기 이해가 네트워크에 악영향을 주지 않게끔 조정하는 기술이다(Mizrahi and Ivery, 2013). 한편 골드스미스와 에거스(Goldsmith and Eggers, 2004)는 네트워크를 설계할 때 수행해야 할 과제를 다음과 같이 제시하고 있다.

■ 네트워크의 임무와 전략 명확화

지역사회복지가 달성하고자 하는 정책목표를 명확히 한다. 네트워크의 구성요소와 그 요소들 간의 상호작용으로 구축되는 조직화의 핵심은 함께 도달해야 할 목적지에 있다. 사회복지사는 네트워크의 임무와 전략을 명확히 하기위해 먼저 올바른 질문을 던져야 한다. 올바른 질문을 던지고 그 질문에 대한답을 찾을 때, 고정된 틀을 벗어나 지역사회복지의 공공가치를 결정하고 복지서비스를 최선으로 개선할 수 있는 행동이 무엇인지 파악할 수 있기 때문이다.

■ 네트워크에 끌어들이기 위한 전술 수립

다음으로, 네트워크의 임무와 전략을 함께 달성할 파트너들을 유인할 전술을 세워야 한다. 보조금을 주거나 이익금을 배분하여 참여자를 끌어들이는것은 가장 쉬운 방법이지만 동기에 기반하지 않은 매우 단순한 수단에 불과하다. 가치를 공유하고 설득하여 파트너들을 통합할 수도 있으며, 지방자치단체등 공신력과 권위를 갖춘 이들이 소집권한을 활용해 유사한 목표를 가진 조직과 개인을 연결할 수도 있다. 또한 지식, 인력, 기술, 자원이 협소한 개별조직들을 서로 이어주는 것만으로도 협력을 증진하고 네트워크를 활성화할 수 있다.

■ 올바른 파트너 선택

최적의 잠재적인 파트너를 찾기 위해서는 네트워크에서 어떤 업무가 필요하며, 그 파트너가 해당 업무를 효과적으로 수행할 수 있는지 판단해야 한다. 서비스 제공이 목적이라면 양질의 서비스 공급자를 찾아야 하겠지만, 공동체강화가 목적이라면 지역주민 중에서 파트너를 찾을 수 있다. 올바른 파트너의조건은 상황에 따라 다소 달라지지만, 일반적으로 문화적 가치를 공유하고 있는지, 비용과 전문지식, 위험 분담 능력을 포함한 운영 능력을 갖추고 있는지가고려된다. 특히 민간의 파트너들은 서비스를 받는 주민들이나 이웃 간의 결속과 지지를 확보하고 있는지가 중요한 기준이 된다.

■ 네트워크 유형 결정

파트너를 정한 후에는 어떤 네트워크 유형을 적용할 것인지를 결정해야 한다. 앞서 기술한 연락, 제휴, 조정, 협력, 통합 등 네트워크 활동의 다섯 가지 수준도 일종의 네트워크의 유형으로 볼 수 있다. 혹은 네트워크 유형을 정부와 민간의 관계, 즉 정부의 관여 정도에 따라 나눠볼 수도 있다. 정부가 계약을 통해 민간과 수직적인 관계를 형성하는 서비스 계약, 정부가 재정을 책임지고 민간 부문으로부터 복잡한 생산품을 구입하는 공급망 네트워크, 재난과 같이 특정 상황에 대처하기 위해 민간과의 네트워크를 활용하는 임시조직, 바우처 사회서비스와 같이 민간이 정부를 대신해서 거래를 주도하는 채널 파트너십, 민간이 스스로 서로의 부족한 자원을 연계하도록 지원하는 민간네트워크 구축 등 다양한 네트워크 유형이 있다.

■ 통합 과정의 관리

복잡한 네트워크에 의해 복지서비스가 제공될 때에는 연계와 조정 같은 통합적 책임을 맡는 이들이 필요하다. 통합적 책임자는 우선 네트워크 내부의 수행방식을 관리해야 한다. 이러한 관리 역할은 정부가 스스로 맡을 수도 있으며, 계약자에게 위임하거나 제3자를 고용할 수도 있다. 정부가 직접 관리하는 경우 정부는 기술, 경험, 역량을 충분히 갖추고 있어야 하며, 그렇지 않다면 오히려 네트워크의 통합을 해치게 된다. 미국에서는 네트워크의 효과성을 극대화하기 위해 통합적 책임자로서 하나의 주 계약자를 두는 것이 일반적이다.

2) 주민들의 사회적 지지 네트워크 만들기

주민들의 긍정적인 사회적 지지 네트워크를 형성하는 기술은 사회복지사에게 매우 중요하다. 지역사회에서 주민들이 자발적으로 사회네트워크를 형성·확장하여 상호 호혜적인 교환에 나서기 위해서는 신뢰와 협동이 필요하다. 즉, '공유된 이익을 추구하는 다수 개인들의 공동 행동'이 만들어져야 한다. 이를 '집합행위'라고도 하며, 주민들이 공통의 이해관계를 가지며 공통의 정체성과 통합구조를 통해 조직화된 이익을 추구하는 것을 뜻한다(임희섭, 1999).

협동은 자발적인 개인 행위자들이 단독으로는 생산할 수 없는 재화와 서비스를 만들어낼 수 있게 한다. 엘스터(Elster, 1989)는 이러한 협동의 종류를 다섯 가지로 분류하였다.

① **외부성**externality: 불특정 다수에게 이익을 주는 행위이며, 공원청소 봉사 등이 여기에 해당된다.
② **원조**helping: 특정 대상에게 필요한 자원을 제공하는 자선활동이다.
③ **관습적 평형**conventional equilibrium: 구성원들이 오랫동안 합의된 질서를 지키는 것으로, 우측통행과 승강기 줄서기가 그 예이다.
④ **합작생산**joint venture: 분업을 통한 생산활동과 같이, 협동노동으로 원하는 바를 달성하는 것이다.
⑤ **사적 질서**private ordering: 물리적 협동이 아닌 상호적으로 이로운 협의 또는 자발적인 권리 이양을 통해 호혜적인 질서를 만드는 것이다.

그러나 이러한 협동을 저해하는 걸림돌이 존재한다. 협동의 걸림돌은 두 가지 차원에서 발생한다. 첫째, 분배의 문제이다. 대개 지역사회에서 협동의 결과물로 발생한 혜택은 구성원들에게 골고루 분배되기 어려우며 개인의 몫에 대한 합의된 기준을 만드는 것도 쉽지 않다. 예를 들어 주민들이 협동하여 쓰레기 무단투기를 감시한다고 할 때 그 비용을 감당하는 구성원과 혜택을 누리는 구성원이 다른 경우 협동이 이루어지지 않을 수 있다. 둘째, 무임승차의 문제이다. 모두가 누릴 만큼 공공재가 충분하게 공급되지 못하는 상황에서 다수의 개인이 공동체의 이익보다는 자신의 이익을 극대화하는 방식으로 공공재를 사용하게 되면 협동이 발생하기 어렵다. 이 경우 결과적으로 공공재가 고갈되는 '공유지의 비극'으로 이어질 수 있다.

사회복지사가 지역사회복지를 위한 사회네트워크를 형성하려면 상기한 두 가지 문제를 해결해야 한다. 그 방안을 구체적으로 살펴보면 다음과 같다.

첫째, 지역사회의 공공선에 대한 규범을 확산시킨다. 즉, 공동체의 이익과 개인선의 조화를 규범적으로 강조한다. 지역사회 구성원들은 강한 소속감과 동질감, 문화적 연결지점을 가지고 있다. 이러한 연결지점을 보다 확고히 함으로써 공동체 의식을 강화하고, 공동체적 상호윤리 행위가 인간관계에 스며

들 수 있게 해야 한다. 사회복지사는 지역주민들이 지역사회 이슈를 인식하게 돕고 참여활동의 목적과 비전을 마련하는 것만으로도 공동체에 대한 주민들의 헌신을 끌어낼 수 있다. 이러한 헌신을 공동체적 태도라고 할 수도 있는데, 많은 사람들이 공동체적 태도를 가졌다고 인식되면 사회적 신뢰가 형성된다.

둘째, 지역사회 협동이 합리적인 선택이 되도록 구조화한다. 개인은 자신에게 가장 이득이 되는 선택을 한다는 전제에서, 타인을 불신하고 혼자 행동할 때보다 타인을 신뢰하고 함께할 때 더 큰 보상이 생기게 만들면 사람들은 협동을 하게 될 것이다. 예를 들어 협력하는 주민들에게 공유자원이 배분되도록 할 수 있다. 보조금이나 이용권을 지역화폐로 제공하여 지역 경제공동체의 규모를 키우고 이를 통해 협동의 이익을 늘린다면 지역사회 기업들의 참여가 증가할 것이다. 또한 지역사회 내의 상호적 관계를 장기적으로 지속시켜 협동이 안정적인 생존을 위한 전략으로 활용되게 할 수 있다. 착한가게나 아름다운이웃 등 지역사회 자영업자들이 지역사회에 기부하는 나눔사업의 경우, 단기적으로는 부담이 될 수 있으나 장기적으로는 지역사회의 인정을 얻음으로써 미래에 대한 보험과 같은 역할을 한다는 보상이 존재한다.

셋째, 무임승차 문제를 해결하기 위해 외부적 강제력이나 상호 강제규칙을 만든다. 약속을 지키지 않을 경우에는 제재를 가한다는 규칙이 있어야 서로를 신뢰할 수 있다. 예를 들어 유치원이나 어린이집의 비리를 눈감아주면, 신뢰가 약화되고 다른 좋은 운영자들까지 개인의 이익을 우선하는 악순환에 빠지게 된다. 즉, 약속을 어겼을 때 명확한 제재가 있어야 신뢰의 네트워크가 형성된다. 이러한 제재는 이해당사자들이 함께 정한 규칙에 따라 실행하는 것이 가장 좋으며, 경우에 따라 강제력이 필요할 수도 있다. 특히 장기적으로 신뢰를 쌓아 약속을 배반할 유인을 줄이는 것도 중요하다.

그림 13-3 지역사회 네트워킹을 위한 사회복지사의 역할

지역사회자원 개발

지역사회에서 복지를 향상하기 위해 전개되는 모든 활동은 많든 적든 지역사회의 자원을 활용한다. 지역사회에서 발생하는 문제를 해결하고 지역주민의 다양한 욕구를 충족하기 위해서는 유·무형의 자원이 필요한 것이다. 따라서 지역사회 내 풍부한 자원의 존재 여부는 해당 지역사회의 문제를 해결하기 위한 물질적 필요조건으로서 중요한 의미를 갖는다.

그러나 대다수 지역사회에서는 활용할 자원이 충분하지 않기 때문에 자원 개발이 필요하다. 상대적으로 자원이 크게 부족하지 않은 지역사회의 경우에도 새로운 자원을 개발하여 활용할 여지가 존재한다. 이처럼 인적·물적자원을 개발하고 개발된 자원을 활용할 방안을 찾는 것은, 어렵지만 매우 중요한 사회복지사의 실천과업이다. 이 장에서는 지역사회자원의 개념과 종류, 지역사회자원을 개발하기 위한 방법 등에 대해 논의한다.

1. 지역사회자원 개발의 개념 및 의의

1) 자원 개발의 개념과 자원의 유형

지역사회자원 개발은 지역사회복지를 수행하는 주체들이 시설이나 기관을 운영하고 서비스를 제공하는 데 필요한 다양한 자원을 확보하기 위해 수행하는 활동의 총체라 할 수 있다. 지역사회자원 개발 활동은 지역사회 펀드레이징 community fundraising과 같은 재정적인 자원 개발에서부터 자원봉사자 관리와 같은 인적자원의 교육 및 훈련, 관리에 이르기까지 다양한 방식으로 이루어진다.

지역사회자원으로는 공무원, 교사, 소방관, 의사 등과 같은 다양한 영역의 사람과 학교, 어린이집, 병원, 복지관, 도서관, 공원과 같은 시설 또는 지역사회 공간과 같이 일정한 형태를 가지고 있는 것들이 주로 언급된다. 또한 지역사회 자원은 해당 지역사회 구성원 간의 신뢰와 같은 관계적 특성(Bouma et al., 2008), 지역사회에 이어져 내려오는 전통이나 역사, 구성원들 사이에 대체로 인정되는 특정한 가치나 규범처럼 형태를 규정하기 어려운 것들까지도 포괄하거나 확장될 수 있는 개념이다. 이처럼 지역사회자원의 범위는 넓으며, 이들을 구분하는 기준에 따라 다양하게 분류할 수 있다.

자원의 유형은 우선 사람, 물건, 공간 등 해당 자원이 가지고 있는 물리적·사회적 성격에 따라 구분할 수 있다. 사람과 관련된 자원은 인적자원, 그렇지 않은 자원은 물적자원으로 구분하는 것이다. 인적자원에는 사회복지노동에 대한 대가를 임금 등의 형태로 지급받는 사회복지 기관의 사회복지사와, 명시적으로 물질적인 대

경기도 군포시 산본1동의 복지지도. 지역사회자원은 학교, 어린이집, 병원, 복지관, 도서관, 공원과 같은 지역사회시설 외에도 지역사회 고유의 규범이나 가치 등 무형의 자원까지 포괄한다. ⓒ 군포시매화종합사회복지관

가에 구애받지 않고 사회복지기관의 운영 및 서비스 제공에 기여하는 자원봉사자(또는 자원활동가)가 있다. 앞서 언급한 지역사회 구성원들 사이의 신뢰, 공유된 가치와 규범, 조직, 네트워크의 구성과 활동 등 형태를 규정하기 어려우나 사람들 사이의 관계나 의식에 의해 규정되는 사회적 자원들도 큰 틀에서는 인적자원의 영역에 속한다.

물적자원에는 특정 제도나 정책사업과 관련하여 정부나 지방자치단체와 같은 정부기관이 지급하는 정부보조금이 있으며, 각종 서비스나 시설 이용의 대가로 이용자들이 지불하는 이용료가 있다. 또한 지역사회 개인이나 단체 및 조직에서 후원의 형태로 사회복지기관에 기여하는 기부금이 있다. 물적자원은 현금 뿐만 아니라 물품과 시설 및 인프라 등 다양한 형태를 포함한다.

자원의 유형은 해당 자원을 소유하거나 공급하는 자의 성격에 따라 공공자원과 민간자원으로 구분할 수도 있다. 공공자원이란 해당 자원을 소유하거나 공급하는 주체가 정부와 지방자치단체 등 공적 기관에 귀속되는 경우에 해당한다. 이와 같은 공공자원의 예로는 경찰서나 소방서, 동주민센터와 같은 정부기관, 해당 기관에 종사하는 공무원, 도서관이나 학교, 공원, 도로, 전기 및 통신시설 같은 지역사회 근린시설, 공공에 의해 설립된 시설 및 공간 등이 있다. 또한 법과 제도에 근거하여 지역주민에게 제공되는 다양한 공공서비스와 프로그램도 공공자원의 범주에 해당한다.

민간자원은 지역사회자원 가운데 공공자원이라 볼 수 없는 자원들을 포괄한다. 여기에는 극장, 병원, 어린이집, 상가, 음식점, 시장 같은 시설과 이러한 시설에서 일하는 종사자들, 그리고 여러 형태로 이루어지는 자원봉사 인력 및 관련 프로그램 등이 있다.

개념 정리

지역사회자원 개발
- 지역사회복지를 수행하는 주체들이 시설이나 기관의 운영과 지역사회복지서비스의 제공에 필요한 인적자원과 물적자원을 확보하기 위해 수행하는 활동
- 인적자원이나 물적자원 외에도 지역사회 전통이나 역사, 특정 가치나 규범처럼 형태를 규정하기 어려운 것들까지도 포괄하는 넓은 개념

2) 지역사회자원 개발의 이해

(1) 지역사회자원 개발에 대한 관점

지역사회복지실천에서 지역사회자원 개발을 이해하는 관점에는 여러 가지가 있다. 각 관점의 내용과 배경, 특성에 대해 자세히 살펴보자.

첫째, 자선적 관점이다. 19세기 서구에서는 빈곤, 기아, 질병 등 사회적 위험에 대한 정책 및 제도적 차원의 대응이 부족한 상황에서 부유층을 중심으로 자선활동이 확산되었다. 예컨대 1860년대 영국에는 구빈법이 존재했지만 기근, 전염병, 대량실업 등의 사회적 위험이 지속되면서 시혜 및 자선활동이 자연발생적으로 확산되었다. 그러나 자선단체 사이에 협력과 조정 없이 개별적으로 자선행위가 진행되면서 자원이 낭비되고 구호행위가 중복되거나 누락되는 등 부작용이 발생하였다. 이와 같은 상황에서 자선조직협회가 나서서 자선조직화활동을 벌임으로써 보다 체계적이고 효율적으로 자선활동을 수행할 수 있게 되었다. 이들의 활동은 지역사회 내에 가용한 자원을 개발하고 활용 효과를 극대화하기 위해 노력했다는 점에서 의의가 있다. 자선적 관점은 이처럼 기존 자선행위의 조직화 및 체계화를 통해 효율성을 강화하는 측면에서 지역사회자원 개발을 이해하는 것이다.

둘째, 지역사회 조직화 및 역량강화의 관점이다. 이는 지역사회 협력과 네트워크를 통한 지역사회 역량강화가 결과적으로 지역사회자원 개발로 이어진다는 접근이다. 물론 지역사회복지실천에서 지역사회 협력과 네트워크가 가지는 의의를 지역사회자원 개발의 맥락으로만 치환하거나 한정짓는 것은 이를 매우 협소하게 이해하는 것이다. 그러나 지역사회 협력과 네트워크의 활성화 및 이를 통한 지역사회의 역량강화가 귀결되는 지점 중 하나가 지역사회자원 개발 능력의 강화라는 점은 분명하다. 즉, 지역사회 조직화와 역량강화는 지역사회자원 개발을 원활하게 하는 기반을 형성한다는 의의를 갖는다. 역으로 지역사회자원 개발이 활성화된 지역사회에서는 그 구성원들이 협력과 네트워크를 구성할 동기가 형성된다. 다시 말해, 지역사회자원 개발의 활성화는 지역사회 협력과 네트워크의 활성화 및 지역사회 역량강화와 상보적인 관계에 있다.

셋째, 자원동원이론에 기반을 둔 관점이다. 자원동원이론은 자원의 개발이 조직의 발전에 영향을 미친다고 보는 이론으로(지은구·조성숙, 2010), 어떤 집단이 일정한 목표를 달성하는 데에 자원의 역할이 중요함을 강조한다(엄태영, 2016). 이러한 자원동원이론의 관점에서 보면, 지역사회자원 개발은 사회복지실천을 포함한 일체의 지역사회복지 관련 행동을 성공적으로 수행하기 위한 조건이라고 이해할 수 있다.

넷째, 복지국가의 위기에 대한 사회적 대응의 관점이다. 서구 복지국가의 위기를 극명하게 보여주는 현상으로 복지재정의 긴축을 꼽을 수 있다(김기태, 2013). 이는 영국과 미국 등 자유주의 복지국가뿐 아니라 스웨덴, 핀란드 등 사민주의 복지국가에서조차 더 이상 낯선 현상이 아니다(김윤정·윤선종, 2017). 이러한 긴축 국면에서는 기존 제도와 정책의 빈틈을 메우기 위해 민간자원의 개발이 강조되는 경향이 있다. 즉, 이 관점에서는 복지국가의 위기로 인해 축소된 공공복지를 민간이 보완한다는 측면에서 지역사회자원 개발을 이해한다.

(2) 민간자원 개발의 필요성

공공자원은 국가나 공공의 예산에 따라 상대적으로 그 활용 범위와 한계가 명확히 규정된다. 그러나 공공자원에 비해 민간자원은 대상의 범위나 규모가 명확하지 않으며, 해당 지역사회의 자원 개발 역량에 따라 달라질 수 있다. 그렇기에 지역사회자원 개발 논의에서 민간자원 개발이 좀 더 상세히 다뤄지곤 한다. 또한 민간자원 개발은 다음과 같은 이유로 그 필요성이 더욱 강조되고 있다.

첫째, 정부의 복지예산이 사회복지 수요에 미치지 못하기 때문이다. 지역사회복지기관 및 조직에서는 공공자원이나 민간자원을 활용하여 재정자립을 확보하고자 한다. 하지만 복지국가의 위기 이후로 재정 긴축이 지속되고 이에 따라 공공자원이 희소해지면서 민간자원 개발이 더욱 중요해지고 있다.

둘째, 공적 개입이 미치지 못하거나 부족한 영역에 대한 민간자원의 개발은 공존과 참여의 가치를 지향하는 사회연대의식을 함양하는 기회로 작용하기 때문이다. 현대사회의 다양한 사회문제는 궁극적으로 법과 제도에 기반한 공적 개입을 통해 해결되어야 한다. 하지만 공적 개입이 아직 이루어지지 않거나 이루어지고 있더라도 사각지대가 존재할 수 있다. 이러한 경우에는 민간

자원을 개발하여 문제에 대응할 수 있다. 지역사회가 처한 문제에 대해 시민 참여와 사회적 연대의식을 장려하는 기회가 된다는 점에서도 민간자원의 개발과 활용은 중요한 의미를 갖는다.

(3) 지역사회자원 개발과 홍보

홍보 PR: Public Relations 는 지역사회자원 개발을 위한 주요한 수단이며, 자원 개발의 전 과정에서 지속적으로 이루어져야 하는 활동이다. 일반적으로 홍보는 개인이나 단체가 자신의 이미지를 긍정적이고 호의적인 방향으로 유지·관리하고, 이를 통해 대중의 지지를 확보할 목적으로 이루어진다. 사회복지의 맥락에서도, 사회복지 업무를 수행하는 기관은 홍보 활동을 통해 기관의 이미지와 인지도를 높이고 해당 기관에서 제공하는 서비스 및 프로그램을 잠재적인 이용자들에게 널리 알림으로써 기관 이용자의 기반을 확대하고자 한다.

지역사회자원 개발에서는 무엇보다 홍보를 통해 기관의 이미지 및 인지도를 제고하는 것이 중요하다. 지역사회자원 개발은 다양한 자원에 대해 각기 다른 경로로 이루어질 수 있으나, 기본적으로 지역사회복지 기관과 그 구성원에 대한 긍정적인 이미지와 일정 수준 이상의 인지도가 전제되어야 가능하기 때문이다. 다시 말해, 지역사회복지기관이 대중에게 널리 알려지고 호의적으로 인식되어야 기금, 후원자, 인력 등 다양한 자원을 확보할 수 있다.

사회복지기관은 기관의 운영과 서비스 제공을 위해 기금 및 후원자가 필요하다. 또한 주로 대인업무를 수행하는 지역사회복지기관의 경우 높은 수준의 서비스를 제공하기 위해서는 우수한 사회복지사를 확보해야 한다. 기관이 긍정정인 이미지를 형성하고 그에 걸맞은 인지도를 유지하기 위한 홍보 활동은 이러한 기금 조성, 후원자 개발, 인적자원 확보에 성공하기 위한 관건적인 요소이다.

따라서 지역사회복지기관의 홍보는 기관에서 제공하는 서비스에 대한 정보, 기관에 대한 올바른 인식을 심어줄 수 있는 내용, 후원자가 되는 방법 등을 포함해야 한다. 또한 단순한 정보 제공을 넘어, 공공교육, 사회문제 예방 및 치료 등 공익적인 기능을 수행함으로써 지역사회에서 지지 기반을 마련하는 것도 중요하다.

2. 지역사회자원 개발의 전략과 전술

1) 지역사회자원 개발의 전략

앞에서 살펴본 바와 같이 지역사회자원 개발의 목적은 지역사회복지를 수행하는 주체들이 시설이나 기관을 운영하고 서비스를 제공하는 데 필요한 다양한 인적자원과 물적자원을 확보하는 것이다. 따라서 지역사회자원 개발의 전략은 이와 같은 목적을 달성하기 위해 도움이 되는 자원과 세력을 설정하고, 해당 지역사회의 발달 단계를 고려하여 이 자원과 세력을 배치하는 계획을 의미한다. 즉, 해당 지역사회가 보유한 잠재적인 자원을 파악하고,[1] 자원 개발을 위한 내적 역량을 분석하며, 그 결과에 기반해 기존 자원(인적 및 물적 자원)을 배치하는 중장기적인 계획을 지역사회자원 개발의 전략이라 할 수 있다.

지역사회자원 개발은 대부분 개발 그 자체가 목적이라기보다는 지역사회복지기관이나 조직의 운영과 실천활동의 수행을 위한 전제조건이다. 따라서 지역사회자원 개발의 전략을 구축할 때 해당 지역사회복지 활동의 목적을 우선적으로 고려해야 한다. 예를 들어 사회복지기관이 자원 개발 자체에 과도한 무게를 두어 기관의 역량과 자원을 지나치게 자원 개발에 배치하면, 기관의 원활한 운영과 서비스 제공이라는 본래의 목적을 저해할 수 있다. 반대로 기관이 자원 개발을 경시하여 소홀히 할 경우에도 필요한 자원을 확보하지 못해 제대로 운영되기 어려울 수 있다.

2) 지역사회자원 개발의 전술

지역사회자원 개발의 전술은 자원 개발의 전략적 계획을 현실화하기 위

---

[1] 10장에서 언급한 지역사회사정을 위한 다양한 방법과 기술은 이 과정에서 효과적으로 활용될 수 있다.

한 구체적인 기술이다. 지역사회자원 개발의 전술은 자원 개발의 대상과 발달 단계에 따라 역동적으로 변화할 수 있다.

지역사회자원 개발의 전술은 대상 집단의 성격에 따라 개인 대상 자원 개발, 집단 및 조직 대상 자원 개발, 정부와 지자체 등 공공기관 대상 자원 개발 등으로 나뉠 수 있다. 구체적인 자원 개발 기법으로는 우편물, 이벤트, 광고, 자동응답시스템, 공익연계 마케팅[2] 등 다양한 방법이 활용될 수 있다(강철희·정무성, 2013). 또한 직접대면 요청, 후원회원 모집, 신문·방송·인터넷 등의 대중매체와 소셜 미디어의 활용, 기업이나 공공기관에서 제공하는 공모전 참여 등이 포함될 수 있다.

개념 정리

지역사회자원 개발의 전략 잠재적인 자원 개발의 대상을 설정하고 이를 위한 기존 역량과 자원의 배치와 활용에 대한 중장기적인 관점에서의 계획을 수립하는 것
지역사회자원 개발의 전술 자원 개발의 전략적 목적을 달성하기 위해 수행되는 구체적인 방법과 기술의 활용 계획

---

3. 지역사회자원 개발의 구성요소

앞서 살펴보았듯 지역사회자원은 해당 자원의 물리적·사회적 성격에 따라 인적자원 개발과 물적자원 개발로 구분할 수 있다. 이 절에서는 인적자원 개발과 물적자원 개발의 개념, 종류, 구성요소, 그리고 주요 고려사항에 대해 다루고자 한다.

---

[2] 기업이나 브랜드를 공익적인 대의명분과 연관 지어 소비자의 공감을 유도하고, 이를 통해 이익을 도모하고자 하는 마케팅 전략을 뜻한다.

1) 인적자원 개발

인적자원의 개발은 후원자 및 자원봉사자와 해당 기관 및 조직에 종사하는 사회복지사의 개발을 포함하는 개념이다. 후원자와 자원봉사자는 기관 및 조직의 유형에 따라 회원과 중복되기도 하지만, 회원의 경우 후원 및 자원봉사를 위한 인적자원의 측면뿐만 아니라 이용자의 개념까지도 포괄하기 때문에 구분이 필요하다.

지역사회 기관, 특히 지역사회에서 일정한 서비스를 제공하는 것을 미션으로 삼는 기관의 경우 이용자에 해당하는 회원을 확보하는 일은 기관 및 조직의 운영 기반과 존립 근거를 마련하기 위한 핵심적인 일이다. 한편, 자원봉사자와 후원자의 확보는 기관을 원활하게 운영하기 위한 인적자원 개발 차원에서 중요한 의미를 가진다. 이처럼 회원(이용자), 후원자, 자원봉사자 모두 중요하지만 회원(이용자)의 발굴은 지역사회자원 개발보다는 지역사회복지 실천과정에서 논의되는 것이 적절하다. 또한 기관 및 시설의 사회복지사의 경우에도 지역사회자원 개발의 차원에서보다는 기관 행정의 차원에서 논의될 대상이며, 후원자는 기부금이나 후원 물품 등 물적자원과 밀접히 관련된다. 따라서 기관의 회원(이용자)과 후원자, 사회복지사는 지역사회 인적자원 개발 논의의 주된 대상으로 하지 않았으며 자원봉사자에 초점을 맞추었다.[3]

(1) 자원봉사의 개념

자원봉사는 특정집단이나 계층, 즉 시간적·물질적 여유가 있는 사람들이 선의에 기초하여 수행하는 자선 및 구빈 행위와 활동으로 시작되었으나, 점차 근대 시민의식에 기반한 사회적 연대를 위한 행위와 활동으로 확장되어왔다 (정하성, 2004). 이러한 확장된 개념으로서의 자원봉사활동은 지역사회복지 영역에 제한되지 않으며 지역사회의 공동체 기능을 회복하고 강화하기 위한 다양한 영역, 즉 환경, 의료, 돌봄, 안전, 교육 등으로 확산되고 있다.

자원봉사의 개념은 그 영역과 배경에 따라 다소 차이가 있으나 대체적으

---

[3] 후원 및 후원자는 '물적자원 개발'에서 자세히 다룬다.

로 지역사회 내 다양한 영역에서 타인의 문제 해결이나 사회 일반의 진보를 위하여 자유의지에 따라 자신의 시간과 노력을 투여하는 행위로서 보수나 지위, 명예 등의 반대급부에 대한 교환조건 없이 수행하는 일체의 활동을 의미한다(정하성, 2004).[4] 이와 같은 자원봉사의 개념은 "자원봉사활동이란 사회문제의 예방 및 해결 또는 국가의 공익사업을 수행하고 있는 공사조직에 자발적으로 참여하여 반대급부를 받지 않고 인간 존중의 정신과 민주주의 원칙에 입각하여 필요한 서비스를 제공하여 이타심의 실현과 자기실현을 성취하고자 하는 활동"이라는 한국사회복지협의회의 정의에도 잘 반영되어있다. 또한 자원봉사활동에 대한 국제노동기구(ILO, 2011)의 다음과 같은 정의는 자원봉사의 주요 개념과 구성요소를 잘 설명하고 있어 주목할 만하다.

자원봉사는 무급으로 수행되는 비강제적 일로 정의된다. 즉, 개인이 직접 또는 조직이나 기관을 통해 보상을 받지 않고 가구 구성원이 아닌 타인을 위해 시간을 들여 수행하는 업무를 뜻한다.

① 자원봉사는 일work을 수반한다. 즉, 자원봉사에는 수혜자에게 잠정적인 가치가 있는 재화나 용역을 생산하는 활동이 포함되어야 한다.

② 자원봉사는 무급이다. '무급unpaid'이란 일에 대한 급여나 현금 또는 현물 보수가 없다는 의미로 해석된다. 다만, 자원봉사자는 자신에게 부여된 자원봉사 업무를 수행하기 위해 본인이 지출한 금액(예: 여행 경비, 장비 사용료 등)에 대해 보상받을 수 있다.

③ 자원봉사는 비강제적이다. '비강제적non-compulsory'이란 개인이 법적인 강제 강압에 의해서가 아니라 자발적으로 자원봉사에 참여함을 의미한다.

④ 자원봉사는 타인에 대한 직접적인 자원봉사direct volunteering와 조직을 통한 자원봉사organization-based volunteering 활동을 모두 포함한다.

⑤ 자원봉사는 자원봉사자의 가족 구성원을 대상으로 하는 무급 활동을 포함하지 않는다.

⑥ 자원봉사는 비영리 단체, 정부기구, 민간기업 등 모든 유형의 조직이나 기관

---

4 이러한 맥락에서 자원봉사 대신 시민참여(양석승·정태신, 2007) 등의 개념을 사용하기도 한다.

에서 강제성 없이 수행된 자원활동을 포함한다.

⑦ 자원봉사는 수혜자의 범위를 특정 대상으로 제한하지 않는다. 즉, 자원봉사의 수혜 대상은 사람, 환경, 동물, 혹은 지역사회 등 다양할 수 있다.

ILO의 정의에 따른 자원봉사활동의 주요 특징을 보면, 일정한 가치를 생산하는 일work로서의 성격을 가질 것(①), 보수를 받지 않을 것(②), 개인의 선택에 의한 비강제적 행위일 것(③) 등의 성격을 가진다. 또한 자원봉사활동은 직접 활동과 조직 기반 활동을 포괄하고(④), 강제성이 없다면 어떠한 기관에서 이루어진 행위이든 포함하며(⑥), 사람, 환경, 동물, 지역사회 등 다양한 대상을 위해 수행될 수 있다(⑦). 다만 이러한 행위들 중에서 봉사자 자신의 가구 구성원을 위한 활동은 배제된다(⑤).

우리나라 자원봉사활동 관련 제도 및 정책의 기본법 기능을 하고 있는 「자원봉사활동기본법」 제3조 제1호에서는 자원봉사활동을 "개인 또는 단체가 지역사회·국가 및 인류사회를 위하여 대가 없이 자발적으로 시간과 노력을 제공하는 행위"라고 규정하고 있다. 또한 제3조 제2호에서는 자원봉사자를 "자원봉사활동을 하는 사람"으로 규정한다.

자원봉사활동에 대한 다양한 접근과 정의를 종합적으로 고려하면 자원봉사활동의 특성은 자발성, 무보수성, 이타성 혹은 공익성, 지속성 등 네 가지로 요약될 수 있다. 자발성은 자원봉사활동에 수반되는 시간과 노력의 동기가 자신의 자유의지에 의한 것임을 의미한다. 무보수성은 자원봉사활동의 반대급부로서 경제적 보상을 기대하지 않음을 의미한다. 하지만 활동 과정에서 발생하는 교통비, 식비 등의 필수 경비는 경제적 보상의 범주에 포함하지 않는 것이 일반적이다. 이타성 또는 공익성은 자발성과 무보수성을 원칙으로 하는 이들의 활동이 지역사회와 그 구성원의 삶의 질을 향상시키는 데 기여하는 것이어야 함을 의미한다. 마지막으

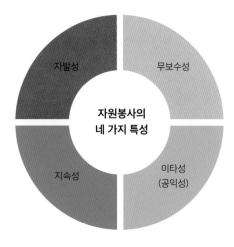

그림 14-1 자원봉사의 네 가지 특성

로 지속성은 자원봉사활동이 일회적인 활동에 그치지 않고 일정한 수준의 지속성과 정기성을 확보해야 함을 의미한다.

(2) 지역사회 자원봉사와 인적자원 개발

지역사회복지 맥락에서 자원봉사활동은 지역사회의 문제나 지역주민의 충족되지 않은 욕구를 해결하기 위해 해당 지역사회 내외의 구성원이 자발적으로 기여하는 일체의 행위와 활동이라 할 수 있다. 구체적으로 보면 지역사회 자원봉사는 지역사회복지문제 해결을 위해 지역사회의 공식적 및 비공식적 지원체계를 작동하는 행위이며, 시민참여정신에 기반한 사회적 연대 행위로서의 의미를 갖는다. 지역사회복지의 맥락에서 지역사회가 "효과적인 인적자원동원과 서비스의 상호교환이 가능한 지리적 공간"(홍현미라 외, 2010: 195)으로서 구성원의 욕구를 충족하려면 자원봉사를 포함한 인적자원이 충분히 개발되어야 한다.

한편, 인적자원 개발은 그 개념이 확장되어왔다. 다시 말해 인적자원 개발은 단순히 인적자원을 발굴하는 데서 그치는 것이 아니라, 경영학의 인사관리 개념처럼 인적자원과 그 활동을 개발하고 관리하는 과정 전반을 포괄한다. 관리라는 개념 또한 통제와 제한의 의미에서 벗어나 교육과 훈련을 통해 인적자원의 양과 질을 유지하는 의미로 확대되었다.

지역사회 인적자원 개발이란 자원봉사자와 같은 인적자원의 발굴 및 조달, 배치·할당, 개발, 제재 규약, 통제 및 적용 등을 그 구성요소로 한다(류기형 외, 1999). 우선, 인적자원의 발굴 및 조달은 지역사회복지 맥락에서 지역사회 내 자원봉사활동의 활성화와 이를 통한 지역사회 구성원의 연대의식 함양 및 실질적인 문제 해결의 첫 단계로, 가장 중요하게 고려되어야 한다. 특히 우리나라와 같이 자원봉사활동이 상대적으로 활성화되어 있지 않고 자원봉사를 위한 인적자원이 부족한 사회에서는 이와 같은 발굴 및 조달 과정이 더욱 중요하다.

다음으로, 배치·할당은 지역사회 내 자원봉사 인적자원이 가지고 있는 각기 다른 동기와 재능, 욕구를 파악하여 개개인을 적절한 영역과 현장에 투입하는 것이다. 또한 자원봉사자를 적합한 자리에 배치한 후에는 활동의 내용과 성격에 따라 이들에게 적절한 훈련, 사정, 지원을 제공함으로써 자원을 개발해야 한다. 이와 같은 배치·할당과 개발은 인적자원이 활동하는 현장에서 최대한의 기여를 하고 활동을 유지할 수 있는 필요조건이다.

아울러 자원봉사활동이 지역사회 내에서 실질적이고 긍정적인 기여를 하기 위해서는 자원봉사자에 대한 지도·감독과 평가를 시행하고, 그에 따른 인정과 보상을 제공하며, 적절한 수준에서 통제할 필요가 있다.

다음은 자원봉사 인적자원 개발의 과정에서 구체적으로 살펴볼 만한 항목들이다.

■ 발굴과 배치

자원봉사를 위한 인적자원을 발굴하는 데는 여러 방법이 있다. 어떤 방법이든 자원봉사자가 수행할 업무를 구체적으로 파악하고 계획하는 직무설계 작업이 선행되어야 한다. 즉, 직무설계란 지역사회활동에서 자원봉사자가 수행할 업무를 설정하고, 각 업무의 시간과 장소, 담당할 역할 등을 상세히 기술하는 것이다. 이때 직무기술서는 효과적인 직무설계 수단이 될 수 있다.[5] 직무기술서는 다음의 사항을 포함한다(홍현미라 외, 2010).

- 직무의 명칭
- 수행해야 할 책임과 과업
- 활동시간
- 활동장소
- 혜택

- 활동의 목적과 목표
- 자격
- 교육 및 훈련 내용
- 지도감독

자원봉사자의 직무기술서를 작성했다면 이를 바탕으로 자원봉사활동 프로그램을 마련해야 하며, 여기에는 기관이 요구하는 자원봉사의 구체적인 활동 내용과 시간, 혜택 등이 담겨 있어야 한다. 이러한 자원봉사활동 프로그램을

---

[5] 직무기술서를 통해 자원봉사자의 업무를 구체화하고 이를 지역사회 구성원에게 홍보하면, 자원봉사에 대한 지역사회 전반의 이해를 향상시키는 데에도 도움이 된다. 이러한 이해는 잠재적 인적자원이 자원봉사활동에 접근하고 참여하도록 유도하는 효과가 있다. 나아가 직무기술서는 자원봉사 기회 개발과 자원봉사자 배치뿐만 아니라, 자원봉사활동의 평가 도구로도 활용할 수 있다.

널리 알리는 것이 곧 자원봉사자를 발굴하는 과정이 된다. 따라서 자원봉사를 위한 인적자원 발굴은 앞서 언급한 홍보 활동과 연결된다. 일반적인 홍보에서는 기관의 가치와 철학, 존재이유 등을 나타내는 미션 및 비전 등을 다루며, 기관이 보유한 자원 또는 기관이 제공하는 서비스와 프로그램을 소개한다. 그러나 자원봉사 인적자원 발굴을 위한 홍보에서는 자원봉사 기회와 활동에 대한 내용을 주요하게 안내해야 한다.

이렇게 홍보 등의 방법을 통해 자원봉사자가 발굴되었다면, 각자의 욕구와 전문성, 경험, 신체적·정신적 특질을 고려하여 적절한 현장에 배치한다.

■ 교육과 훈련, 평가와 감독

인적자원 개발을 위해서는 자원봉사자에 대해 적정한 수준의 교육과 훈련이 이루어져야 하며, 상황에 따라서는 평가와 감독도 필요하다. 적절한 교육과 훈련은 자원봉사자에게 주어진 활동을 성공적으로 수행할 수 있는 능력을 키워주고, 자기성장과 발전의 기회를 제공하며, 활동의 동기를 부여한다.

자원봉사자에 대한 교육과 훈련, 감독은 일반적인 영역에서도 중요하지만 지역사회복지 영역, 특히 지역주민이나 이용자를 직접 대면하는 영역에서는 그 중요성이 가중된다. 지역사회복지실천현장에서는 아동, 장애인, 노인과 같이 특별한 주의와 보호가 요구되는 이용자가 대상인 사회서비스 활동이 많기 때문이다. 따라서 이러한 사회서비스 제공 기관에서는 사회복지사뿐 아니라 자원봉사자에게도 사전 혹은 초기에 윤리 교육을 실시하여 이용자를 보호해야 한다.

칠곡군장애인종합복지관에서 자원봉사자 100명을 대상으로 교육을 진행하는 모습. 적절한 교육과 훈련은 자원봉사자의 역량을 강화하고 동기를 부여한다. ⓒ 칠곡군장애인종합복지관

교육 및 훈련 과정을 거쳐 자원봉사자가 현장에 투입된 이후에도 관리와 감독이 지속되어야 하며, 필요할 경우에는 평가와 재교육 및 재훈련을 제공할 수도 있다.

■ 인정과 보상

자발성과 무보수성을 원칙으로 하는 자원봉사와 이 활동을 수행하는 자원봉사자에게는 경제적 반대급부가 아니더라도 적절한 방식의 인정과 보상이 필요하다. 이는 자원봉사자의 사기 진작과 자원봉사활동의 또 다른 원칙 중 하나인 지속성을 확보하기 위해서도 중요하다.

자원봉사자의 활동과 자원봉사자 개인에 대한 인정 행위는 공식적인 인정과 비공식적인 인정이 병행되어야 한다. 공식적인 인정 행위는 인증서^{certifi-}^{cate}, 자원봉사자 유니폼, 자원봉사자 배지, 자원봉사자 카드, 자원봉사 마일리지 등을 제공하거나 자원봉사자의 날 행사를 개최하는 방식 등으로 이루어질 수 있다. 비공식적인 인정 행위로는 일상적으로 감사를 표현하는 것, 활동 영역 또는 활동 방식을 결정할 권한을 부여하는 것, 자원봉사기관의 행사나 교육에 참여할 기회를 제공하는 것 등이 있다.

개념 정리

자원봉사와 인적자원 개발
- 지역사회에서 자원봉사란 지역사회의 문제나 지역주민의 충족되지 않은 욕구를 해결하기 위해 해당 지역사회 내외의 구성원이 자발적으로 기여하는 일체의 행위와 활동을 의미
- 자원봉사활동이 지역사회 내에서 실질적으로 긍정적인 기여를 하기 위해서는 자원봉사자에 대한 지도·감독과 평가, 인정과 보상, 적절한 수준의 통제 등이 요구됨

---

2) 물적자원 개발

지역사회복지현장에서 활동하는 조직 및 기관은 대부분 비영리기관이다. 이들은 공익적 목적으로 설립·운영되는 기관으로서, 지역사회 내에서 요구되는 기능과 역할을 수행하기 위해 필요한 자원을 외부로부터 조달해야 한다. 이와 같은 자원의 지속적인 개발과 확보는 기관 및 조직의 존립에 필수적인 활동으로, 기관이 추구하는 바를 이루기 위해 수행하는 지역사회복지 활동만큼이나 중요한 활동에 해당한다. 지역사회복지실천현장에 필요한 자원에는 앞서 다룬 인적자원뿐만 아니라 시설, 장비, 물품 등의 재화와 현금을 포함한 물적자원이 있다. 이 절에서는 물적자원의 종류와 개발 시 고려사항을 살펴본다.

(1) 물적자원의 종류

지역사회복지조직 및 기관의 재정자원은 자원의 원천과 조달 방식 등 다양한 기준으로 분류할 수 있다. 우선, 자원의 원천이 공공이냐 민간이냐에 따라 정부와 지방자치단체 등이 제공하는 공공자원이 있고, 개인, 단체, 기업 등 민간 영역의 자발적인 기부와 후원에 의해 조달되는 민간자원이 있다. 또한 자원을 조달하는 방식에 따라 이용료와 기부 및 후원으로 나눌 수 있다. 이 외에도 조달되는 물적자원의 속성에 따라 현금자원과 물품자원으로 분류할 수 있다.

■ 물적자원의 원천에 따른 분류

물적자원은 그 원천에 따라 크게 공공자원과 민간자원으로 구분할 수 있다. 공공자원은 특수한 정책목표를 달성하기 위한 수행을 조건으로 정부나 지자체가 지역사회복지조직 및 기관에 기여하는 자원이며, 대부분 법과 제도에 근거한다. 공공자원의 대표적인 예로는 정부보조금을 들 수 있다. 「보조금 관리에 관한 법률」 제2조 제1호에서는 보조금을 "국가 외의 자가 수행하는 사무 또는 사업에 대하여 국가가 이를 조성하거나 재정상의 원조를 하기 위하여 교부하는 보조금, 부담금, 그 밖에 상당한 반대급부를 받지 아니하고 교부하는 급부금으로서 대통령령으로 정하는 것"이라고 규정하고 있다. 이처럼 정부의 보조금은 정부나 지자체가 법과 조례에 근거하여 시행하는 정책 및 제도의 실행에 참여하는 공공기관이나 민간기관에 지불하는 것이다. 또는 특정한 서비스나 프로그램을 제공할 것을 조건으로 지역사회에서 활동하는 기관 및 조직에 지급하는 것도 포함된다. 결국 공공자원의 개발은 특정 제도 및 정책 수행과 관련하여 공공으로부터 일정한 역할과 기능을 위임받아 수행할 것을 조건으로 정부나 지자체와 일정한 계약을 하여 물적자원을 확보하는 행위를 일컫는다.

이러한 공공자원이 아닌 모든 종류의 물적자원은 민간자원에 해당한다. 민간자원은 해당 자원의 대가성 여부에 따라 다시 기부금과 이용료로 구분할 수 있다. 즉, 민간자원에는 기부금품 및 후원금품과 같이 대가성 없이 후원자의 일방향적인 기여에 기반한 자원뿐 아니라, 시설이나 기관에서 제공하는 서비스나 프로그램, 시설의 이용에 대한 이용료도 포함된다. 「기부금품의 모집 및 사용에 관한 법률」(이하 「기부금품법」) 제4조 제1항에 의하면 우리나라에서 일정 수준 이상의 기부금품을 모집하려는 경우에는 정부나 지자체에 계획서를 등록하는 등의 일정한 절차가 필요하다. 또한 「기부금품법」 제4조 제2항 제4호에서는 등록 가능한 사업의 종류를 명시하고 있는데, 대부분의 지역사회 기관 및 조직은 비영리기관으로서 주요한 활동 범위가 '사회적 약자의 권익 신장에 관한 사업'이거나 '보건·복지 증진을 위한 사업'이므로 「기부금품법」에 의한 등록 자격을 갖추고 있다고 볼 수 있다.

■ 자원조달 방식에 따른 분류

자원의 조달은 공공자원이나 민간자원을 막론하고 다양한 방식으로 전개된다. 우선 기여자의 자발적인 기부와 후원을 발굴하여 자원을 조달하는 방법이 있고, 지역사회 기관이나 조직이 운영하는 시설이나 서비스, 프로그램 등에 이용료를 부과하여 조달하는 방법이 있다. 이용료는 비교적 단순하지만 기부와 후원의 경우에는 그 특징에 따라 다시 여러 가지로 구분된다. 즉, 기여 과정에서 피기여자의 적극적인 역할 정도를 기준으로 공모형과 기부형으로 나누기도 하고, 자원 활용에 대한 기여자의 개입 정도를 기준으로 특수목적 기여와 일반목적 기여로 나누기도 한다(표 14-1 참조).

공모형 기여는 자원을 필요로 하는 지역사회 기관이 한정된 자원을 획득하기 위한 경쟁에 참여하는 등의 적극적인 활동을 통해 자원을 개발하는 방법

표 14-1 기부와 후원의 유형

자원의 유형	특징	예
공모형 기여	자원을 필요로 하는 지역사회 기관 및 조직의 적극적인 참여와 활동을 통한 자원 개발	공모전 당선
기부형 기여	지역사회 및 기관의 일상적인 홍보활동을 통해 후원자의 후원 동기를 끌어내는 자원 개발	후원회비
특수목적 기여	기부자 및 후원자가 자원의 구체적인 사용처와 활용 방식에 대한 상당 수준의 권한을 행사하는 것을 조건으로 이루어지는 자원 개발	지정기탁
일반목적 기여	기부자 및 후원자가 자원의 구체적인 사용처와 활용 방식에 대한 권한을 기관 및 조직에 위임하는 방식으로 이루어지는 자원 개발	비지정기탁

을 의미한다. 각종 공모전에 지원하여 당선되는 경우가 그 예이다. 반면 기부형 기여는 특정한 자원에 대한 경쟁이 아닌 기관의 일상적인 홍보활동의 결과로 후원자의 후원 동기를 끌어냄으로써 자원을 개발하는 방법을 의미하며, 대부분의 후원회비 등이 여기에 해당한다.

특수목적 기여는 기부자 및 후원자가 기부금품의 구체적 사용처와 활용방식에 대해 의견을 제시하고 이를 반영할 것을 전제로 기부하는 것으로, 지정기탁이 대표적이다. 반면 일반목적 기여는 기부금품의 구체적인 사용처와 활용방식을 결정할 권한을 기관과 조직에 전적으로 위임하는 것으로, 비지정기탁이 있다.

■ 물적지원의 속성에 따른 분류

물적자원은 자원의 현금성을 기준으로 현금자원과 물품자원으로 구분하기도 한다. 물품자원의 경우 푸드뱅크처럼 이용자나 수혜자에게 직접적으로 전달할 수 있는 물품에서부터 건물이나 토지, 특정 공간과 같은 구조물의 형태에 이르기까지 다양하다. 이 외에도 영상 장비나 컴퓨터, 첨단 기기 등 지역사회 기관이나 조직에서 활동하는 데 필요한 장비도 물품자원에 포함된다.

(2) 지역사회 물적자원 개발 시 고려사항

지역사회 복지활동을 위한 물적자원을 개발할 때에는 다양한 원칙적 사안과 기술적 요소가 모두 고려되어야 한다.

■ 목적이자 수단으로서의 물적자원 개발

지역사회 물적자원의 개발은 그 자체가 목적이 될 때도 있지만 기관 및 조직의 존재 목적을 실현하기 위한 수단임이 더 중요하게 강조되어야 한다. 지역사회복지조직 및 기관은 이익을 추구하지 않는 비영리기관이기 때문에, 이용자로부터 수익을 창출하여 운영되는 영리기관과 달리 이용자에 의존하여 운영기반을 충족하기 어렵다. 즉, 지역사회복지기관은 이용자와 별개로 지속적인 물적자원 개발을 통해 외부로부터 지원을 받아야 다양한 서비스와 프로그램을 제공할 수 있다는 특징이 있다.

이처럼 지역사회 물적자원의 개발은 해당 기관과 조직이 생존하기 위한 중요한 전제조건이자, 다양한 지역사회복지활동을 수행하고 궁극적으로는 지역사회를 긍정적으로 변화시키기 위한 수단이다.

■ 홍보와 물적자원 개발의 관계

홍보와 물적자원 개발의 관계는 쌍방향적이다. 다시 말해 물적자원 개발을 위해서는 활발하고 적절한 홍보 작업이 선행되어야 하지만, 다른 한편으로 물적자원을 개발하는 과정이 기관 및 조직에 대한 지지기반을 확장하고 견고히 하는 과정이 되어 홍보의 기능을 수행하기도 한다.

자원개발의 과정이 지역사회 기관 및 조직에 대한 지지기반을 강화하는 과정이 되려면 최대한 다양한 배경을 가진 다수를 대상으로 기부 및 후원과 같은 자원개발을 시도하는 것이 효과적이다. 폭넓은 주민들로부터 자발적인 참여와 기여를 유도할 때 자원 개발의 홍보적 측면이 극대화된다. 이를 고려하여, 대기업 등 소수의 고액기부자에 과잉의존하는 우리나라 기부문화의 한계를 인식하고 자원 개발의 대상을 다양화하는 방법을 모색할 필요가 있다.

■ 지역사회 기관과 기여자의 이해관계

지역사회자원 개발에서 기부자 및 후원자의 기여 동기는 존중받아야 마땅하다. 하지만 기부자 및 후원자의 기여 동기와 목적이 자원을 개발하는 입장에 있는 지역사회 기관 및 조직의 궁극적 목적과 일치하지 않을 때도 있다. 물론 많은 기여자는 대개 대상 기관 및 조직의 미션과 비전에 동의할 때 기여 행위를 한다. 그럼에도 기부금품의 구체적인 활용방식과 수혜 대상 등의 측면에서 기관이 추구하는 최선의 방식과 후원자의 선호가 다를 수 있다. 이는 특히 기여자가 자원의 구체적인 사용처와 활용 방식에 상당한 권한을 가지는 특수목적 기여에서 두드러지게 나타난다.

기관과 기여자의 이해관계가 불일치하면 기관의 자율성이 제한받거나 활동목적이 흔들리거나 물적자원을 효과적으로 활용하지 못하는 등의 부작용이 발생할 수 있다. 이러한 부작용을 최소화하기 위해서는 특정 기여자나 기여집단에 대한 의존도를 낮추어야 한다. 즉, 대기업 등 소수의 거액 기부자의 개발에 집중하기보다 소액이라 할지라도 다수의 기부자를 발굴하여 의존도를 관리하는 것이 중요하다.

개념 정리

물적자원 개발
- 물적자원은 그 원천에 따라 공공자원과 민간자원으로, 자원조달 방식에 따라 이용료와 기부 및 후원으로, 속성에 따라 현금자원과 물품자원으로 구분됨
- 지역사회 물적자원 개발은 그 자체가 목적이 될 때도 있지만 기관 및 조직의 존재 목적을 실현하기 위한 수단임이 강조됨

---

4. 지역사회자원 개발의 현황과 특징

1) 지역사회자원 개발의 현황

지역사회자원 개발 현황에 대한 이해를 돕는 중요한 두 기관이 있는데, 바로 사회복지공동모금회와 자원봉사센터이다. 이 두 기관은 각각 물적자원 개발과 인적자원 개발에 있어 법적 근거를 가지고 활동하는 대표적인 민간기관이다. 여기서는 이들 기관의 활동을 상세히 소개하고, 기타 기관의 활동에 대해서도 간략히 언급한다.

(1) 물적자원 개발 현황: 사회복지공동모금회

사회복지공동모금회는 그 이름에서 알 수 있듯 공동모금제도를 운영하는 기관이다. 커뮤니티 체스트community chest나 유나이티드 펀드united fund 등으로도 알려진 공동모금제도는 민간 주도로 민간의 기부금품을 모은 후 지역사회의 각 사회단체나 시설에 다시 배분하는 제도이다. 우리나라에서 이 제도를 운영하며 금품 모금과 배분의 주체 역할을 하는 기관이 '사랑의 열매'를 상징으로 하

는 사회복지공동모금회이다.

공동모금제도는 지역사회 사업을 지원하기 위한 시민의 자발적 후원금품을 통해 재원을 조성하고, 이렇게 조성된 재원을 효율적으로 관리 및 운영하는 제도이다. 공동모금제도의 주요한 목적은 크게 세 가지로 정리될 수 있다. 첫째, 사회복지 등 지역사회문제 해결을 위한 재원을 확충하고 민간재원의 기여도를 제고하는 것이다. 둘째, 사회복지 발전을 위해 정부와 민간의 동반자적 관계를 형성하는 역할을 수행하는 것이다. 셋째, 이러한 과정을 통해 사회복지 및 지역사회문제 해결에 대한 시민참여를 유도하고 지역사회문제에 대한 시민의 인식을 개선하는 것이다.

우리나라의 공동모금제도는 「사회복지공동모금회법」에 근거하여 운용된다. 동법 제2조에서는 사회복지공동모금을 "사회복지사업이나 그 밖의 사회복지활동 지원에 필요한 재원을 조성하기 위하여 이 법에 따라 기부금품을 모집하는 것"이라고 정의하고 있다. 또한 동법 제1조에서는 사회복지공동모금의 목적을 "국민이 사회복지를 이해하고 참여하도록 함과 아울러 국민의 자발적인 성금으로 조성된 재원을 효율적이고 공정하게 관리·운용함으로써 사회복지 증진에 이바지함"이라고 규정하고 있다.

공동모금제도를 운영하는 사회복지공동모금회 역시 「사회복지공동모금회법」에 근거하여 설립된 기관이다. 이 법 제4조는 우리나라 사회복지공동모금사업을 관장하기 위한 기관으로 사회복지공동모금회를 두도록 규정하고, 사회복지공동모금회는 사회복지법인이며 보건복지부장관의 인가를 받아 설립된다고 명시하고 있다. 1998년 「사회복지공동모금법」의 발효와 더불어 처음 설립된 사회복지공동모금회(당시 중앙공동모금회)는 현재 지역별로 총 17개의 지회를 두고 있다.

사회복지공동모금회는 지역사회의 자율성을 보장하는 연맹형 구조라기보다는 중앙에서 총괄함으로써 효과성과 효율성을 추구하는 중앙집중형 구조로 운영하되, 연맹형의 장점을 부분적으로 적용하고 있다. 또한 정부와의 관계에서는 대표적 민간모금기관으로서 자율형 관계를 지향하고 있다.

사회복지공동모금회는 모금 및 후원 활동에 대한 인식과 문화를 확산하고, 모금 및 배분의 효율화와 책임성 강화에 기여한다는 사회적 기능을 수행해왔다. 그러나 정부 공약 사업에 국민의 성금을 지급하는 등 법정 민간모금 기관으로서의 위상이 불분명하고, 모금 및 배분, 이사회 의결 과정이 생략된 채 배분에 관한 주요 의사결정이 이루어지며, 성과관리체계가 과도하게 계량 화되었다는 비판도 있다.

(2) 인적자원 개발 현황: 자원봉사센터

사회복지공동모금회가 지역사회 물적자원 개발과 관련하여 법적 특수지 위를 인정받는 민간모금기관이라면, 자원봉사센터는 지역사회 인적자원 개발 과 관련하여 중요한 역할을 하고 있는 기관이다. 자원봉사센터의 법적근거는 「자원봉사활동기본법」 제19조이다. 여기에서는 국가기관 및 지방자치단체가 자원봉사센터를 설치하며, 기본적으로 법인을 설립하여 운영하거나 비영리 법 인에 위탁하여 운영하도록 규정하고 있다. 그러나 필요한 경우에는 국가기관 및 지방자치단체가 직접 운영할 수 있으며, 지방자치단체가 자원봉사센터의 설치 및 운영에 대한 경비를 지원할 수 있다는 조항을 두었다.

2010년 6월 설립된 자원봉사센터(1365.go.kr)는 지역사회 자원봉사 참여 를 활성화하기 위해 자원봉사 정보 조회, 활동 신청, 실적 인증까지 통합적 서 비스를 제공하는 전국적 허브로서의 역할을 하고 있다. 이를 위해 중앙에 한국 중앙자원봉사센터(v1365.or.kr)를 두고, 전국의 광역지방자치단체에 17개의 광역센터, 기초지방자치단체에 228개의 자원봉사센터를 설립하여 운영하고 있 다. 한국중앙자원봉사센터는 자원봉사 정책을 개발·연구하고, 중앙단위 자원봉 사기관 단체와 협력체계를 구축하며, 지역 자원봉사센터에 대한 지원·협력·교 육훈련을 제공하고, 자원봉사 프로그램을 개발·보급하는 등 자원봉사 진흥에 기여할 수 있는 다양한 사업을 수행한다.

(3) 기타

지역사회자원 개발은 사회복지공동모금회나 자원봉사센터처럼 대표적인 단체 외에도 다양한 경로를 통해 이루어지고 있다. 지역사회복지관을 비롯하 여 지역아동센터 등 지역사회에서 활동하는 각종 사회복지 관련 시설들은 사 회복지공동모금회나 자원봉사센터의 활동과는 별도로 '나눔이웃', '희망온돌'

등 자체적인 지역사회자원 개발 활동을 능동적으로 기획하여 진행하고 있다.

한편, 전통적인 지역사회복지 영역이 아닌 환경보호, 성평등, 인권, 차별철폐 등 다양한 사회적 의제를 중심으로 활동하는 시민사회단체[6]에서도 시민참여에 기반한 물적자원과 인적자원 개발 활동을 활발히 전개하고 있다.

2) 우리나라 지역사회자원 개발의 특징

우리나라 지역사회자원 개발의 특징은 크게 네 가지로 요약할 수 있다. 첫째, 다수의 소액 개인 기부자보다는 대기업 등 소수의 거액 기부자 중심으로 지역사회자원, 특히 물적자원 개발이 이루어지고 있다. 예를 들어 사회복지공동모금회의 모금현황을 살펴보면 2018년 총 5,965억 원의 기부액 가운데 법인(기업) 기부액이 3,919억 원으로 약 67%를 차지한다(그림 14-2 참조). 최근 들어 개인 기부액의 비중이 증가하는 추세에 있기는 하지만 여전히 법인(기업)

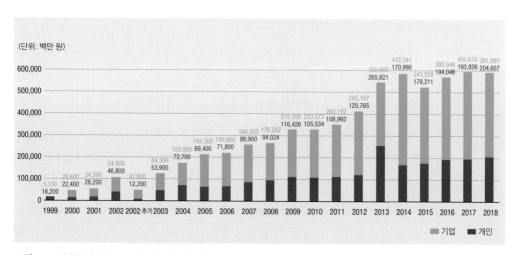

그림 14-2 사회복지공동모금회 연도별 기부자 유형 모금현황

* 1999~2002년까지는 회계연도가 10월 1일에서 다음 해 9월 30일이었으나 「사회복지공동모금회법」 개정에 따라 2003~2007년은 1월 1일부터 12월 31일까지로 조정됨에 따라, 2002년 10월 1일~12월 31일까지의 모금액을 별도 표시함.

* 2007년 모금액에는 충남지회 태안 기름 유출 국민성금과 제주지회 태풍 나리 국민성금이 포함됨.

출처: 사회복지공동모금회

<hr>

6   대표적인 단체로는 아름다운 재단, 적십자, 초록우산어린이재단, 굿네이버스, 세이브더칠드런 등이 있다.

기부에 의존하는 경향이 크다.

둘째, 정기적이고 지속적이기보다는 비정기적이고 일회적인 기부와 자원 봉사의 비중이 높은 편이다. 이러한 현상은 사회복지공동모금회의 총 모금액 가운데 70%에 달하는 금액이 연말 두 달에 걸쳐 진행되는 희망나눔캠페인 기간에 모금되었다는 사실에서도 드러난다. 이처럼 지역사회자원 개발에서 정기성과 지속성이 부족하면 자원확보의 예측 가능성을 떨어뜨려 효율적인 자원활용이 어렵다.

셋째, 기부 및 자원봉사의 근간인 자발성이 결여된 참여활동이 확산되고 있다. 이러한 현상은 특히 자원봉사나 사회참여활동이 생활기록부에 반영되는 청소년 자원봉사에서 두드러진다. 청소년들이 수행하는 자원봉사의 경우 학교생활 전반에 대한 평가 요소로 작용하기 때문에 온전히 자발적인 참여 행위라고 보기 어려운 것이다. 이는 물론 기부 및 자원봉사에 대한 문화를 만들고 활동을 장려한다는 측면에서는 도움이 된다. 그러나 참여의 의미에 공감하고 참여의식을 함양하는 과정이 충분히 보장되지 않은 채로 기부액이나 봉사활동 시간을 채우는 데에만 집중한다면, 자발성에 기반한 정기적·지속적인 시민참여 활동을 끌어내기 어렵다.

마지막으로 기부 및 자원봉사를 통한 지역사회자원 개발이 자발적인 시민참여 기회가 아니라, 국가와 지방자치단체 등 공공의 사회복지 책임을 회피하거나 축소하는 데 활용된다는 문제가 나타난다. 이러한 문제는 민간자원의 역할을 강조함으로써 복지국가의 위기를 극복하고자 했던 서구의 복지다원주의적 흐름과 연결되어있기 때문에 우리나라만의 문제라 할 수는 없다. 그러나 앞서 살펴본 사회복지공동모금회에 대한 비판 지점처럼, 민간이 공공 사회복지의 빈틈을 메우는 종속적인 기능에만 매몰된다면 민간의 독립성이 훼손되고 나아가 지역사회자원 개발에 필수적인 시민참여의 가치와 정신마저 퇴보할 위험이 있다.

5. 지역사회자원 개발에서 사회복지사의 역할

지금까지 지역사회자원 개발의 개념과 방법, 현황과 특징에 대해서 고찰하였다. 그렇다면 지역사회자원 개발을 위해 사회복지사는 어떤 역할을 해야할까? 사회복지사는 지역사회자원 개발 과정에서 자원의 출처, 자원의 성격, 자원의 사용처 등에 따라 최적의 개발전략과 전술을 구사할 수 있어야 한다. 예컨대 인적자원과 물적자원의 개발에는 상이한 능력과 기술이 활용되며, 지정기탁과 비지정기탁의 잠재적인 후원자를 개발할 때에도 각각 다른 접근이 요구된다. 사회복지사는 자원 개발과 관련한 다양한 조건과 환경, 필요한 기술에 대한 이해를 바탕으로 지역사회자원 개발의 주축이 되어야 한다.

지역사회자원 개발 과정에서 사회복지사의 역할을 정리하면 다음과 같다. 첫째, 사회복지사는 지역사회에 필요한 자원을 사정하고, 그 과정에서 발생할 수 있는 갈등을 합리적으로 조정하는 조정자(중재자)이자 전문가 역할을 해야한다. 자원 개발은 지역사회문제를 해결하고 복지를 증진하는 데 필수적인 활동이다. 이러한 자원 개발을 효율적으로 진행하려면 지역사회의 자원과 지역주민의 욕구를 적확하게 사정하여 계획을 수립해야 한다. 그런데 지역사회의 다양한 욕구와 필요를 사정하는 과정에는 여러 세력 간 갈등이 발생할 가능성이 상존한다. 이와 같은 갈등 상황에서 사회복지사는 조정자 또는 중재자의 역할을 수행하고, 지역사회 구성원 다수가 동의할 수 있는 계획을 도출할 수 있어야 한다. 또한 사회복지사는 지역사회사정에 근거하여 계획을 수립할 때 과학적인 방법론을 활용하는 전문가로서 역할을 수행할 필요가 있다.

둘째, 사회복지사는 자원 개발에 대해 그 자체가 목적이라기보다는 수단으로 보는 관

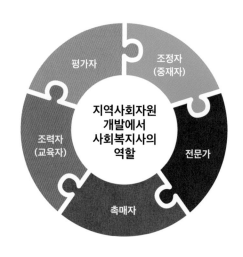

그림 14-3 지역사회자원 개발에서 사회복지사의 역할

점을 가지고 지역사회문제 해결을 촉진하는 촉매자 역할을 해야 한다. 앞서 언급했듯 지역사회자원 개발은 지역사회복지기관의 운영을 위한 물질적 조건을 충족시켜준다는 점에서 그 자체가 목적이기도 하지만, 지역사회문제 해결이라는 궁극적인 목표를 위한 수단으로서의 의미가 더 중요하다. 사회복지사는 지역사회가 당면하고 있는 문제를 해결하고 사회복지를 증진한다는 목표를 인식하고 자원 개발을 통해 이를 촉진시키는 촉매자의 역할을 수행해야 한다.

셋째, 사회복지사는 지역사회자원 개발을 통해 지역사회 역량강화를 도모하는 조력자이자 교육자로서의 역할을 수행해야 한다. 지역사회 조직은 지역사회자원 개발 과정에서 다양한 지역사회자원을 파악할 뿐 아니라, 폭넓은 인적·물적 네트워크를 개발할 기회를 얻게 된다. 다시 말해 지역사회 조직 및 구성원은 자원개발과정에서 지역사회문제에 대해 주체적이고 적극적으로 대처하는 역량을 강화할 수 있다. 사회복지사는 지역사회가 이와 같은 기회를 효과적으로 활용할 수 있도록 조력자와 교육자로서 도와야 한다.

넷째, 사회복지사는 자원을 개발할 뿐 아니라 개발된 자원을 적절한 계획에 따라 활용해야 하며, 이와 같은 지역사회자원 개발의 전 과정에서 평가자의 역할을 수행해야 한다. 지역사회자원 개발은 효율적인 활용 계획이 세워지고 계획대로 실행되어야 지역사회문제 해결 및 지역사회복지 증진이라는 최종적인 목표를 달성할 수 있다. 따라서 지역사회복지에서는 자원 활용 계획의 수립과 개발 및 활용 과정에 대한 전반적인 평가가 필수적이다. 사회복지사는 과학적이고 합리적인 방법론 등 전문성을 갖춘 평가자로서 이러한 평가에 기여할 수 있다.

참고문헌

감정기·백종만·김찬우. 2005. 『지역사회복지론: 이론·기술·현장』. 파주: 나남출판.

강철희·정무성. 2013. 『지역사회복지실천론』. 파주: 나남출판.

고길곤·김지윤. 2013. "행정학과 타학문 분야의 네트워크 이론 연구 및 활용 경향에 대한 연구." 『정부학연구』 19(2), 37-72.

고수현. 2013. 『지역사회복지론』. 경기: 양서원.

고창권. 2005. 『반송사람들』. 부산: 산지니.

고혜진·류연규·안상훈. 2014. "기초 지방자치단체 사회복지 자체사업 지출 결정요인에 대한 연구." 『사회보장연구』 30(2), 1-34.

곽현근. 2008a. "주민자치의 비전과 주민참여 제고방안." 『사회과학연구』 32(1), 121-153.

곽현근. 2008b. "개인의 자아존중감과 자기효능감에 미치는 동네효과 연구." 『지방정부연구』 12(4), 203-224.

구인회·양난주·이원진. 2009. "참여정부 복지분권화에 대한 비판적 고찰." 『한국사회복지학』 61(2), 61-84.

구자인·유정규·곽동원·최태원. 2011. 『마을만들기, 진안군 10년의 경험과 시스템: 더디 가도 제대로 가는 길』. 국토연구원.

국세청. 2018. 『국세통계연보』.

권오성. 2004. "재정분권화가 도시정부 재정력격차에 미치는 영향." 『한국지방자치학회보』 16(2), 83-101.

길버트, 닐·테렐, 폴. 남찬섭·유태균 역. 2007. 『사회복지정책론: 분석 틀과 선택의 차원』(사회복지신서 27). 서울: 나눔의집.

김경우. 2017. "제4차 산업혁명과 지역사회 대응전략." 『의정부시 제4기 행정혁신위원회 2017 상반기 연구과제 보고서』.

김기태. 2013. "영국의 긴축 재정 정책, 그리고 복지국가의 후퇴." 『보건복지포럼』 198, 106-114.

김대영·김민정. 2016. 『바람직한 지방세제 개편 방향』. 한국지방세연구원.

김민성·박신희. 2015. "지역아동센터 아동이 지각하는 사회적 지지가 아동의 자아 탄력성에 미치는 영향." 『아시아교육연구』 16(2), 55-82.

김범수. 2012. 『지역사회복지론』. 경기: 학현사.

김범수·신원우. 2008. 『지역사회복지론』. 경기: 공동체.

김상훈. 2017. "4차 산업혁명과 해양산업에의 시사점." 해양신산업 육성 전문가 자문회의.

김석용. 2012. 『조사연구방법론』. 서울: 탑북스.

김선배. 2017. "4차 산업혁명과 스마트 지역혁신: 정책모형과 추진전략." 산업연구원.

김성천·김은재. 2016. 『옆으로 간 사회복지 비판: 급진사회복지실천가들의 현장이야기』. 서울: 학지사.

김수정. 2018. "아동수당의 제도적 배경과 쟁점." 『페미니즘 연구』 18(1), 435-467.

김승연. 2013. "지역 권력구조가 기초 지방정부의 사회복지비지출에 미치는 영향." 『한국사회복지정책학회』 40(2), 63-88.

김연옥·오정수·최해경. 1997. "사회복지 학사과정 표준교과과정 모형개발에 관한 연구." 『한국사회복지

(사회사업)대학협의회 토론회 자료집』.

김영순. 2012. "복지동맹 문제를 중심으로 본 보편적 복지국가의 발전 조건: 영국·스웨덴의 비교와
한국에의 함의."『한국정치학회보』46(1), 337-358.

김영종. 2007.『사회복지조사론』. 서울: 학지사.

김영종·김신열. 2007. "민간 복지 활성화에 관한 연구."『한국정책학회 추계학술발표논문집』, 1-26.

김영천. 2013.『질적연구방법론Ⅱ』. 파주: 아카데미프레스.

김용학. 2004.『사회네트워크 이론』. 서울: 박영사.

김용학·하재경. 2008.『네트워크 사회의 빛과 그늘』. 서울: 박영사.

김윤정, 윤선종. 2017. "글로벌 금융위기 전후의 스웨덴과 영국의 복지정책에 관한 연구."『사회적경제와
정책연구』7(2), 47-70.

김의섭. 2011. "재정분권과 지방재정의 자율성 제고: 참여정부 이후 재정분권을 중심으로."『재정정책론집』
13(2), 113-148.

김이배·홍재봉. 2016.『사회복지관 주민조직화 매뉴얼』. 부산복지개발원.

김재우. 2015. "사회적 지지와 네트워크 배태."『한국사회학』49(1), 43-76.

김종일. 2006.『지역사회복지론』. 서울: 청목출판사.

김진미·서정화. 2006. "거리노숙인의 유대 형성에 대한 문화기술지: 삭막한 세계의 동맹자 만들기."
『한국사회복지학회』58(3). 51-79.

김진석. 2015. "복지국가 중앙정부와 지방자치단체: 재정운용체계를 중심으로."『월간 복지동향』195,
14-17.

김진숙. 2017. "제4차 산업혁명에 따른 사회교육환경 변화와 인재상."『오늘의 청소년』. 2017 하반기호.
http://webzine.ncyok.or.kr

김진욱. 2004. "복지혼합의 모형에 관한 이론적 연구."『한국사회복지조사연구』(구 연세사회복지연구) 11,
1-31.

김태성·김기덕·이채원·홍백의. 2005.『사회복지조사론』. 서울: 청록출판사.

김태일. 2012. "2005년 이후 복지제도 변화가 지방자치단체 복지재정에 미친 영향."『한국행정학회
학술발표논문집』, 1-21.

김태일·김인경. 2010. "복지재정분권화가 자치단체 복지예산에 미친 영향."『한국사회보장학회
추계정기학술대회 및 복지재정DB학술대회 자료집』.

김태희·이용모. 2012. "재정분권화가 지방정부 사회복지지출에 미치는 영향."『한국정책학회보』21(1),
397-419.

김필헌·최가영. 2016.『지방교부세의 적정규모에 대한 연구』. 한국지방세연구원.

김형용. 2015a. "복지국가의 생태학적 전환과 사회서비스의 가능성: 생태 한계와 공유지 개념을 중심으로."
『한국사회복지조사연구』43, 211-238.

김형용. 2015b. "사회서비스 분권화를 어떻게 볼 것인가?: 분권화의 조건과 과제, 한국의 복지수준과 재정의
균형."『사회정책연합 공동학술대회 자료집』.

김형용. 2016. "분권화의 함정: 영국 보수당의 로컬리즘과 복지국가 재정감축의 정치."
『한국사회복지조사연구』51, 133-162.

김형용·최진무. 2012. "취약근린지수의 공간적 분포."『국토지리학회지』46(3), 273-285.

김형용·최진무. 2014. "서울시 소지역 건강불평등에 관한 연구."『한국지역지리학회지』20(2), 217-229.

남찬섭. 2016. "지방자치와 복지국가 간의 관계와 복지분권에의 함의."『한국사회정책』23(4), 3-33.

노대명·이소정·김수현·유태균·이선우·손기철. 2010. "자활정책에 대한 평가 및 발전방향."
『한국보건사회연구원 연구보고서 2010-15』.

다카유키, 히라노. 김영종·박유미 역. 2012.『일본의 지역복지: 정책 및 방법』. 서울: 학지사.

류기형·남미애·박경일·홍봉선·이경희·장중탁. 1999.『자원봉사론』. 경기: 양서원.

류종훈. 2014.『지역사회복지론』. 경기: 정민사.

류진석. 2011. "지역복지거버넌스의 가능성과 한계: 대전광역시 무지개프로젝트를 중심으로."
　　　『사회과학연구』22(4), 115-135.

메이슨, 제니퍼. 김두섭 역. 2010.『질적 연구방법론』(2판). 서울: 나남출판.

민소영. 2015. "동네무질서와 정신장애인의 지역사회통합과의 관계: 지역사회응집력의 조절효과 분석."
　　　『한국사회복지학』67(3), 57-82.

박경일. 1997. "아동복지행정(전달체계)."『아동복지편람』. 아산사회복지사업재단.

박대식. 2004. "지역사회 권력구조 이론과 한국에 대한 적실성 모색."『사회과학연구』15, 103-119.

박서영·권성철·김용길·이정호·조준배. 2015.『지역사회복지론』. 경기: 정민사.

박성복. 2005. "복지국가와 지역사회: 복지국가 및 그 위기대응에 대한 비판적 고찰."『한국지방정부학회』
　　　9(3), 419-440.

박영강·이수구. 2014. "지방재정 건전화를 위한 자주재원 확충방안: 국세의 지방세 이전을 중심으로."
　　　『법정리뷰』31(1), 111-136.

박용순·송진영. 2016.『지역사회복지론』. 서울: 학지사.

박태영·채현탁. 2014.『지역사회복지론』. 경기: 정민사.

방연주·안영삼 편. 2017.『희망드로잉 26』. 서울: 희망제작소.

배준식. 2015. "재정분권화를 선도하는 세제개편 방안."『정책리포트』189, 1-18.

배준식·이세구. 2008. "지역 간 재정격차 어떻게 해소할 것인가?"『정책리포트』16, 1-18.

백종만·감정기·김찬우. 2015.『지역사회복지론』. 경기: 나남출판.

버나드, 제시. 안태완 역. 1982.『지역사회학』. 서울: 박영사.

보건복지부. 2017.『지역사회보장협의체 운영안내』.

부산주민운동교육원. 2017.『주민조직회의운영 강의자료집』.

빈민지역운동사 발간위원회. 2017.『마을공동체의 원형을 찾아서』. 서울: 한울.

서상목·최일섭·김상균. 1988.『사회복지 전달체계의 개선과 전문인력 활용방안』. 세종: 한국개발연구원.

서울시복지재단. 2009. "사회복지관 프로그램 매뉴얼 지역복지사업: 지역사회조직화 실천 매뉴얼."

서울특별시 공공보건의료재단. 2019.『2018 서울시 건강격차 모니터링』(통계집Ⅰ).

송다영. 2011. "보육서비스 정책 개편 쟁점에 관한 연구: 돌봄에 관한 자유선택론에 대한 비판과 대안모색."
　　　『한국사회복지학』63(3), 285-307.

신복기·박경일·장중탁·이명현. 2005.『사회복지행정론』. 경기: 양서원.

신정완. 2010. "스웨덴 연대임금정책의 정착과정과 한국에서 노동자 연대 강화의 길."『시민과세계』18,
　　　59-74.

신정완. 2016. "1990년대 이후 한국 사회의 대안적 체제모델 논의와 스웨덴 모델."『스칸디나비아 연구』17,
　　　1-38.

신진욱·서준상. 2016. "복지국가, 지방분권, 지방정치: 역사·비교론적 관점에서 본 한국의 복지 분권화의
　　　특성."『한국사회정책』23(4), 61-89.

안상운. 2014.『지방자치와 주민의 권리』. 서울: 자음과모음.

안영진. 2014. "사회복지정책의 분권화에 따른 지방자치단체의 사회복지재원 개선방안."『공법학연구』
　　　15(2), 53-83.

알린스키, 사울 D. 박순성·박지우 역. 2016.『급진주의자를 위한 규칙: 현실적 급진주의자를 위한 실천적
　　　입문서』. 서울: 아르케.

양정하·황인옥·김정희·배의식·박미정·김남숙·강가영. 2017.『지역사회복지론』(3판). 경기: 공동체.

엄태석. 2016. "우리나라의 지방정치 발전사." 강원택 편.『지방정치의 이해』. 서울: 박영사.

엄태영. 2016. 『지역사회복지론』. 서울: 신정.

염명배. 2011. "국가재정과 지방재정의 동반성장 방안 모색." 『한국지방재정학회 세미나자료집』, 187-220.

오규식·정승현. 2013. 『GIS와 도시분석』. 파주: 한울엠플러스.

오정수·류진석. 2006. 『지역사회복지론』. 서울: 학지사.

유동철·홍재봉. 2016. 『실천가를 위한 지역사회복지론』. 경기: 양서원.

윤명숙·최명민. 2012. "지역사회 보건복지자원이 자살률에 미치는 영향: 사회복지 및 정신보건 인프라를 중심으로." 『한국지역사회복지학』 40, 213-223.

윤민화·이민영·노혜련. 2014. "강점관점 사례관리에서 지역복지 네트워크 실천과정 연구." 『한국지역사회복지학』 50, 203-239.

윤찬영. 2003. "지방분권론과 지역사회복지의 전망: 지방자치법과 사회복지법을 중심으로." 『사회복지정책』 16, 27-41.

윤택림. 2013. 『문화와 역사연구를 위한 질적연구 방법론』. 서울: 아르케.

이기우. 1990. "국가와 지방자치단체의 관계." 『한국지방자치학회보』 2(2), 21-46.

이우권. 2007. "지역사회 권력구조에 대한 실증연구 분석과 전망." 『한국정치정보학회』 10(1), 1-20.

이은구·원구환·문병기·최영출·윤경준·김경훈·이우원·이재은·남기범·박상주. 2003. 『로컬 거버넌스』. 경기: 법문사.

이장욱·서정섭. 2018. "재정분권화에 따른 국고보조금제도의 개선방향." 『한국지방재정학회 세미나자료집』, 283-302.

이재원. 2016. "국고보조금제도 개선을 위한 정책의제." 『한국지방재정학회 세미나자료집』, 31-53.

이종성. 2006. 『델파이 방법』. 서울: 교육과학사.

이현두. 2014. "지방세입 확충 방안." 『한국지방정부학회 학술대회자료집』, 85-106.

이현정. 2017. "4차 산업혁명과 농업의 미래: 스마트팜과 공유경제." 『세계농업』 200, 1-21.

이호·박연희·홍현미라. 2001. 『현장에서 배우는 주민조직방법론』. 서울: 한국도시연구소.

이희연. 2004. 『GIS: 지리정보학』. 서울: 법문사.

임상빈. 2018. "지방분권 시대변화에 맞는 지방복지 재원조달 방안." 『한국지방재정학회 세미나자료집』, 95-129.

임희섭. 1999. 『집합행동과 사회운동의 이론』. 서울: 고려대학교 출판부.

장현주. 2009. "지역복지 거버넌스의 협의기능에 영향을 미치는 요인." 『한국지방자치학회보』 21(3), 141-160.

전병유. 2006. "우리나라의 지역 간 고용격차에 관한 연구." 『동향과 전망』 68, 205-235.

정대현·김인중·김석중. 2016. 『4차 산업혁명과 지역의 발전』. 강원: 강원발전연구원.

정명은·장용석. 2013. "주민참여 제도화 논리에 대한 탐색." 『한국정책학회보』 22(1), 109-136.

정원식. 2012. "지방분권화의 경로의존성과 추진 제약요인의 분석." 『한국지방정부학회 학술대회자료집』, 455-475.

정지웅. 2005. "지역사회종합연구의 이론 틀." 『지역사회종합연구』. 서울: 교육과학사.

정지웅·이성우·정득진·고순철. 2000. 『지역사회학』. 서울: 서울대학교출판부.

정지훈. 2016. "제4차 산업혁명은 도시를 어떻게 변화시킬 것인가." 『세계와 도시』 14, 4-12.

정창화·한부영. 2005. "지방분권화의 이론과 원칙 탐색: 독일과 한국의 지방자치단체의 사무배분을 중심으로." 『지방행정연구』 19(2), 35-64.

정하성. 2004. 『신자원봉사론』. 서울: 백산출판사.

조휘일. 2003. "지역사회취약계층 클라이언트를 위한 옹호(Advocacy) 활동전략 및 과정에 관한 연구." 『한국지역사회복지학』 13, 173-194.

주만수. 2009. "지방자치단체 자체재원과 지방재정조정제도의 관계 분석." 『재정학연구』 2(2), 121-149.

지은구. 2003. 『지역복지론』. 서울: 청목출판사

지은구. 2007. 『사회복지조직연구』. 서울: 청목출판사.

지은구. 2018. 『복지국가와 사회의 질』. 서울: 사회평론아카데미.

지은구·김민주. 2014. 『복지국가와 사회통합』. 서울: 청목출판사.

지은구·조성숙. 2010. 『지역사회복지론』. 서울: 학지사.

지은구·조성숙. 2019. 『지역사회복지실천론』. 서울: 학지사.

진관훈. 2012. "사회적 자본이 지역사회 복지거버넌스에 미치는 영향에 관한 연구." 『사회복지정책』 39(4), 205-230.

진재문. 2004. "지역사회 사회복지행정의 로컬 거버넌스: 가능성과 한계." 『사회복지정책』 18, 133-156.

최영. 2015. "재정분권과 사회복지서비스의 지역 간 불평등." 『한국지역사회복지학』 55, 31-59.

최옥채. 2005. "한국 문헌에 나타난 지역사회복지실천 이론과 모형." 『한국지역사회복지학』 16, 77-102.

통계청. 2013. 『지역사회지표 작성 매뉴얼』.

통계청. 각년도. 『가계동향조사』.

하능식·이상용·구찬동. 2012. 『중앙-지방간 사회복지 재정부담 조정방안』. 한국재방행정연구원.

하능식·허동훈. 2016. 『재정분권 수준의 평가와 정책적 시사점』. 한국지방세연구원.

하승우. 2007. "한국의 지역사회와 새로운 변화전략의 필요성." 『경제와 사회』 75, 76-105.

한국사회복지(사회사업)대학협의회. 1998. 『사회복지학 교과목 지침서』.

한국주민운동교육원. 2010a. 『주민운동의 힘, 조직화: CO 방법론』. 제정구기념사업회.

한국주민운동교육원. 2010b. 『주민운동 교육훈련 트레이너 매뉴얼』. 제정구기념사업회.

한국주민운동교육원. 2014. 『스스로 여는 가능성』. 제정구기념사업회.

한동효·오시환. 2010. "지방분권화에 따른 지역 간 격차의 비교분석." 『국가정책연구』 24(2), 81-108.

함영진·김태은. 2017. "민간 중심의 민관 협력 활성화 시범사업의 성과와 과제." 『보건복지포럼』 248, 47-47.

함철호. 2015. "지역사회복지 거버넌스: 네트워크 조직으로서 지역사회보장협의체의 발전방안." 『한국지역사회복지학』 54, 213-243.

홍세영·이병렬. 2015. "스웨덴 사회서비스의 민영화에 대한 연구." 『스칸디나비아 연구』 16, 163-194.

홍현미라·김가율·민소영·이은정·심선경·이민영·윤민화. 2010. 『지역사회복지론』. 서울: 학지사.

황진호. 2017. "4차 산업혁명과 일자리: 울산의 대응 방향." 『이슈 리포트』 138.

Morgan, David L. 김성재·은영·오상은·이명선·손행미·대한질적연구간호학회 역. 2007. 질적연구로서의 포커스 그룹. 서울: 군자출판사.

Adams, B. E. 2016. "Assessing the Merits of Decentralization: A Framework for Identifying the Causal Mechanisms Influencing Policy Outcomes." *Politics & Policy*, 44(5), 820-849.

Adler, P. S., and Kwon, S. 2002. "Social Capital: Prospects for a New Concept." *Academy of Management Review*, 27(1), 17-40.

Akerlof, G. A. 1997. "Social Distance and Social Decisions." *Econometrica: Journal of the Econometric Society*, 1005-1027.

Alesina, A. F. 2007. *Political Economy*. Boston: NBER Reprter.

Alex, N., 2008. *Social Entrepreneurship: New Models of Sustainable Social Change*. Oxford: Oxford University Press.

Altschuld, J. W., and Watkins, R. 2014. "A Primer on Needs Assessment: More Than 40 Years of Research and Practice." In *New Directions for Evaluation*, edited by J. W. Altschuld and R. Watkins, 144: 5-18.

Amin, A., Cameron, A., and Hudson, R. 2002. *Placing the Soial Economy*. London: Routledge.

Amin, S. 1976. *Unequal Development: An Essay on the Social Formations of Peripheral Capitalism*. New York: Monthly Review Press.

Arnstein, S. 1969. "A Ladder of Citizen Participation." *Journal of American Institute of Planners*, 35(4), 216-224.

Astone, N., Nathanson, C., Schoen, R., and Kim, Y. 1999. "Family Demography, Social Theory, and Investment in Social Capital." *Population and Development Review*, 25(1), 1-31.

Atkinson, A. B. 1998. "Social Exclusion, Poverty and Unemployment." In *Exclusion, Employment and Opportunity*, edited by A. B. Atkinson et al. London: Centre for Analysis of social Exclusion.

Avineri, S., and De-Shalit, A. 1992. *Communitarianism and Individualism*. Oxford: Oxford University Press.

Badger, K. 2015. "Assessment." Oxford Bibliographies. http://www.oxfordbibliographies.com

Banach, M., Hamilton, D., and Perri, P. M. 2003. "Class Action Lawsuits and Community Empowerment." *Journal of Community Practice*, 11(4), 81-99.

Barber, B. 1995. *Jihad Versus McWorld*. New York: Random House.

Barker, R. 1995. *The Social Work Dictionary* (3rd ed.). Washington, D.C.: NASW Press.

Barlösius, E. 2004. "Vorwort." *Kämpfe um soziale Ungleichheit*, 9-10. Berlin: VS Verlag für Sozialwissenschaften.

Bartle, P. 2007. "What is Community? A Sociological Perspective." http://cec.vcn.bc.ca/cmp/whatcom.htm

Baskaran, T., Feld, L. P., and Schnellenbach, J. 2016. "Fiscal Federalism, Decentralization, and Economic Growth: A Meta-Analysis." *Economic Inquiry*, 54(3), 1445-1463.

Beaulieu, L. J. 2002. *Mapping the Assets of Your Community: A Key Component for Building Local Capacity*. Starkville: Southern Rural Development Center.

Beauvais, C., and Jenson, J. 2002. *Social Cohesion: Updating the State of the Research*. Ottawa: Canadian Policy Research Networks Inc.

Beck, W., Van Der Maesen, L., and Walker, A. 1997. *The Social Quality of Europe*. Hague: Kluwer Law International.

Beck, W., Van Der Maesen, L., and Walker, A. (Eds.). 2007. "Theoretical Foundations for Forthcoming Third Book on Social Quality." European Foundation for Social Quality.

Beckert, J., and Streeck, W. 2008. *Economic Sociology and Political Economy: A Programmatic Perspective*. Cologne: MPIFG.

Ben-Mier, Yossef. 2008. "National Sovereignty through Decentralization: A Community-level Approach." *International Journal on World Peace*, 25(1), 59-71.

Berger-Schmitt, R. 2000. *Social Cohesion as an Aspect of the Quality of Societies: Concept and Measurement*. Mannheim: Social Indicators Department.

Berghman, J. 1998. *Social protection and social quality in Europe*. Hague: Kluwer Law International.

Berkowitz, B. 2019. "Conducting Focus Groups." Community Tool Box. http://ctb.ku.edu

Berkowitz, B., and Wadud, E. 2018. "Idendifying Community Assets and Resources." Community Tool Box. https://ctb.ku.edu

Berman, Y., and Phillips, D. 2000. "Indicators of Social Quality and Social Exclusion at National and Community Level." *Social Indicators Research*, 50(3), 329-350.

Bernard, J. 1973. *The Sociology of Community: Introduction to Modern Society Series*. Illinois: Scott, Foresman and Company.

Bernard, P. 1999. "Social Cohesion: A Critique." *CPRN Discussion Paper No. F-09*. Ottawa: Canadian Policy Research Networks Inc.

Besley, T., and Burgess, R. 2002. "The Political Economy of Government Responsiveness: Theory and Evidence from India." *The Quarterly Journal of Economics*, 117(4), 1415-1451.

Bevir, M. 2013. *Governance: A Very Short Introduction*. Oxford: Oxford University Press.

Beyer, K., Wallis, A. B., and Hamberger, L. K. 2015. "Neighborhood Environment and Intimate Partner Violence: A Systematic Review." *Trauma, Violence, & Abuse*, 16(1), 16-47.

Bhandari, H., and Yasunobu, K. 2009. "What is Social Capital? A Comprehensive Review of the Concept." *Asian Journal of Social Science*, 37(3), 480-510.

Bobo, K., Kendall, J., and Max, S. 1991. *Organizing for Social Change: A Manual for Activists in the 1990s*. Santa Ana: Seven Locks Press.

Bosewell, J. 1994. *Community and the Economy: The Theory of Public Co-operation*. London: Routledge.

Bossert, W., D'Ambrosio, C., and Peragine, V. 2007. "Deprivation and Social Exclusion." *Economica*, 74(296), 777-803.

Bouchard, M. J., Ferraton, C., and Michaud, V. 2008. "First Steps of an Information System on Social Cconomy Organizations: Qualifying the Organizations." *Estudios de Economía Aplicada*, 26(1).

Bouma, J., Bulte, E., and van Soest, D. 2008. "Trust and Cooperation: Social Capital and Community Resource Management." *Journal of Environmental Economics and Management*, 56, 155-166.

Bourdieu, P. 1985, "The Forms of Capital." In *Handbook of Theory and Research For the Sociology of Education*, edited by J. G. Richardson, 241-258. New York: Greenwood.

Bradshaw, J. 1972. "Texonomy of Social Need." In *Problems and Progress in Medical Care: Essays on Current Research*, edited by G. McLachlan, 71-82. Oxford: Oxford University Press.

Bradshaw, J. 2004. "How has the Notion of Social Exclusion Developed in the European Discourse?" *The Economic and Labour Relations Review*, 14(2).

Bradshaw, C. P., Soifer, S., and Gutierrez, L. 1994. "Toward a Hybrid Model for Effective Organizing in Communities of Color." *Journal of Community Practice*, 1(1), 25-42.

Brager, G., Specht, G., and Torczyner, J. 1987. *Community Organizing*(2nd ed.). New York: Columbia University Press.

Brint, S. 2001. "Gemeinschaft Revisited: A Critique and Reconstruction of the Community Concept." *Sociological Theory*, 19(1), 1-23.

Bronfenbrenner, U. 1979. "Contexts of Child Rearing: Problems and Prospects." *American Psychologist*, 34(10), 844.

Brooks-Gunn, J., Duncan, G. J., and Aber, J. L. 1997. *Neighborhood Poverty*. New York: Russell Sage Foundation.

Brueggemann, J. 2002. "Racial Considerations and Social Policy in the 1930s: Economic Change and Political Opportunities." *Social Science History*, 26(1), 139-177.

Brueggemann, W. G. 2013. "History and Context for Community Practice in North America."

In *The Handbook of Community Practice*, edited by M. Weil et al., 27-46. Thousand Oaks: Sage.

Burghardt, S. 1987. "Community-based Social Action." In *Encyclopedia of Social Work*(18th ed.). Washington, D.C.: NASW Press.

Burchardt, T., Le Grand, J., and Piachaud, D. 2002. "Degrees of Exclusion: Developing a Dynamic Multidimensional Measure." In *Understanding Social Exclusion*, edited by J. Hills et al., 30-43. Oxford: Oxford University Press.

Burchardt, T., Le Grand, J., Piachaud, D., Hills, J., and Grand, L. 2002. *Understanding Social Exclusion*. Oxford: Oxford University Press.

Butterfoss, F. D. 2007. *Coalitions and Partnerships in Community Health*. San Francisco: Jossey-Bass.

Castel, R. 1998. *As Metamorfoses da Questão Social: Uma Crônica do Salário*, 6. Petrópolis: Vozes.

Castells, M. 2010. *The Rise of the Network Society*(2nd ed.). Oxford: Blackwell Publishing.

Chan, J., To, H., and Chan, E. 2006. "Reconsidering Social Cohesion: Developing a Definition and Analytical Framework for Empirical Research." *Social Indicators Research*, 75(2), 273-302.

Chevalier, J. M., and Buckles, D. 2013. *Participatory Action Research: Theory and Methods for Engaged Inquiry*. Abingdon: Routledge.

Cohen, D., and Prusak, L. 2001. *In Good Company: How Social Capital Makes Organization Work*. Cambridge: Harvard Business Press.

Coleman, J. 1988. "Social Capital in the Creation of Human Capital." *American Journal of Sociology*, 94, 95-120.

Coleman, J. L. 1998. *Markets, Morals, and the Law*. London: Oxford University Press.

Coleman, J. S. 1990. *Foundations of Social Theory*. Cambridge: Belknap Press of Harvard University Press.

Comité National de Liaison des Activités Mutualistes, Coopératives et Associatives. 1980. "Charte de l'economie sociale." http://www.ceges.org/index.php/ceges/presentation/leconomie-sociale-etsolidaire

Compassion Capital Fund National Resource Center. 2010. "Conducting a Community Assessment." http://strengtheningnonprofits.org/resources/guidebooks/Community_Assessment.pdf

Connelly, M. 2017. "Force Field Analysis: Kurt Lewin." https://www.change-management-coach.com/force-field-analysis.html

Crisp, B. R., Anderson, M. T., Orme, J., and Lister, P. G. 2003. *Knowledge Review 01: Learning and Teaching in Social Work Education–Assessment*. London: Social Care Institute for Excellence.

CWES. 1990. *Rapport a` l'ExécutifRégionalWallonsur le secteur de l'Économiesociale*. Walloon Social Economy Council.

Dahl, R. A. 1961. *Who Governs?: Democracy and Power in an American City*. New Haven: Yale University Press.

Dahlgren, G., and Whitehead, M. 1991. *Policies and Strategies to Promote Social Equity in Health*. Stockholm: Institute of Future Studies.

Davis, D. H. 2001. "President Bush's Office of Faith-Based and Community Initiatives: Boon or Boondoggle?" *Journal of Church and State*, 43(3), 411-422.

Davis, S. 1991. "Violence by Psychiatric Inpatients: A Review." *Hospital and Community Psychiatry*, 42, 585-590.

Defourny, J. 2001. "From Third Sector to Social Enterprose." In *The Emergence of Social Enterprise*, edited by C. Borzaga et al. London and New York: Routledge.

Defourny, J., and Develtere, P. 1997. "Elements for Clarifying the Debate on the Social Economy." In *International Conference on the Social Economy in the North and South*. Konigswinter (Vol. 7, No. 8.03, p. 1997).

Defourny, J., and Develtere, P. 1999. *The Social Economy: The Worldwide Making of a ThirdSector*. Liège: Centre d'Economie Sociale.

Defourny, J., Favreau L., and Laville, J. L. 2001. "Introduction to an International Evaluation." In *Tackling Social Exclusion in Europe: The Contribution of the Social Economy*, edited by R. Spear et al. Aldershot: Ashgate Publishing.

Delgado, M. 2000. *New Arenas for Community Social Work Practice with Urban Youth: Use of the Arts, Humanities, and Sports*. New York: Columbia University Press.

Dollery, B. E., and Wallis, J. L. 2001. *The Political Economy of Local Government: Leadership, Reform, and Market Failure*. Cheltenham: Edward Elgar Pub.

Dosher, A. 1977. *Networks: A Key to Person-Community Development*. Department of Health, Education, and Welfare, Denver Hearings.

Douglas, H. 2010. "Types of Community." In *International Encyclopedia of Civil Society*, edited by H. Anheier et al. Berlin: Springer.

Doyal, L., and Gough, I. 1991. *A Theory of Human Need*. New York: Guilford Press.

Duffy, D. L. 1998. "Customer Loyalty Strategies." *Journal of Consumer Marketing*, 15(5), 435-448.

Duffy, K. 1995. *Social Exclusion and Human Dignity in Europe*. Strasbourg: Council of Europe.

ECLAC. 2007. *A System of Indicators for Monitoring Social Cohesion in Latin America*. Santiago: United nations.

Effrat, M. P. (Ed.). 1974. *Community Approaches and Applications*. Washington, D.C.: FREE Press.

Elster, J. 1989. "Social Norms and Economic Theory." *Journal of Economic Perspectives*, 3(4), 99-117.

Escobar-Lemmon, M., and Ross, A. 2014. "Does Decentralization Improve Perceptions of Accountability? Attitudinal Evidence from Colombia." *American Journal of Political Science*, 58(1), 175-188.

Espasa, M., Esteller-Moré, A., and Mora, T. 2017. "Is Decentralization Really Welfare Enhancing? Empirical Evidence from Survey Data(1994-2011)." *KYKLOS*, 70(2), 189-219.

Estivill, J. 2003. *Concepts and Strategies for Combating Social Exclusion: An Overview*. Geneva: International Labour Organization.

Etzioni. 1995. *The New Golden Rule: Community and Morality in a Democratic Society*. New York: Basic Books.

European Commission. 2001. "Structural indicators." *Communication form the Commission*.

European Economic and Social Committee. 2012. "*Social Economy in Latin America*."

Evans, M., Marsh, D., and Stoker, G. 2013. "Understanding Localism, Part 1." *Policy Studies*, 34(4), 401-407.

Evers, A., and Laville, J. L. (Eds.). 2004. *The Third Sector in Europe*. Cheltenham: Edward Elgar Publishing.

Faguet, J. P. 2008. "Decentralisation's Effects on Public Investment: Evidence and Policy Lessons from Bolivia and Colombia." *Journal of Development Studies*, 44(8), 1100-1121.

Falleti, T. G. 2005. "A Sequential Theory of Decentralization: Latin American Cases in Comparative Perspective." *American Political Science Review*, 99(03), 327-346.

Fandel, G., Giese, A., and Mohn, B. 2012. "Measuring Synergy Effects of a Public Social Private Partnership project." *International Journal of Production Economics*, 140(2), 815-824.

Fatke, M. 2016. "Participatory Effects of Regional Authority: Decentralisation and Political Participation in Comparative Perspective." *West European Politics*, 39(4), 667-687.

Ferragina, E. 2010. "Social Capital and Equality: Tocqueville's Legacy: Rethinking Social Capital in Relation with Income Inequalities." *The Tocqueville Review/La Revue Tocqueville*, 31(1), 73-98.

Ferragina, E. 2012. *Social Capital in Europe: A Comparative Regional Analysis.* Cheltenham: Edward Elgar Publishing.

Ferragina, E. 2013. "The Socio-economic Determinants of Social Capital and the Mediating Effect of History: Making Democracy Work Revisited." *International Journal of Comparative Sociology*, 54(1), 48-73.

Ferragina, E., and Alessandro, A. 2016. "The Rise and Fall of Social Capital: Requiem for a Theory." *Political Studies Review*, 19, 1-13.

Fisher, C. 1975. "Toward a Subcultural Theory of Urbanism." *American Journal of Sociology.* 80, 1319-1341.

Forrest, R., and Kearns, A. 2001. "Social Cohesion, Social Capital and the Neighbourhood." *Urban Studies*, 38(12), 2125-2143.

Francisco, V., and Schultz, J. 2018. "Section 3 of Chapter 3: Conducting Public Forums and Listening Sessions." Community Tool Box. https://ctb.ku.edu

Frank, A. G. 1966. "The Development of Underdevelopment." *Monthly Review*, 18(4), 17-31.

French, J., and Raven, B. 1959. "The Bases of Social Power." In *Studies in Social Power*, edited by D. Cartwright, 150-167. Michigan: Univers.

Friesen, B. J., and Poertner, J. 1995. *From case Management to Service Coordination for Children with Emotional, Behavioral, or Mental Disorders: Building on Family Strengths.* Baltimore: Brookes Publishing Company.

Fukuyama, F. 1999. *The Great Disruption: Human Nature and the Reconstitution of Social Order.* London: Profile Books.

Fukuyama, F. 2002. "Social Capital and Development: The Coming Agenda." *SAIS Review*, 22(1), 23-37.

Galster, G. C. 2010. "The Mechanism(s) of Neighborhood Effects Theory, Evidence, and Policy Implications." *ESRC Seminar.* Berlin: Springer.

Galston, W. 1991. *Liberal Purposes: Goods, Virtues, and Duties in the Liberal State.* Cambridge: Cambridge University Press.

Gamble, D. N., and Weil, M. 2010. *Community Practice Skills: Local to Global Perspectives.* New York: Columbia University Press.

Gemmell, N., Kneller, R., and Sanz, I. 2013. "Fiscal Decentralization and Economic Growth: Spending versus Revenue Decentralization." *Economic Inquiry*, 51(4), 1915-1931.

Gilbert, N., and Specht, H. 1986. *Dimensions of Social Welfare Policy*(2nd ed.). New Jersey: Prentice Hall.

Gilbert, N., and Terrell, P. 2004. *Dimensions of Social Welfare Policy*(6th ed.). London: Pearson.

남찬섭·유태균 역. 2007. 『사회복지정책론』. 서울: 나눔의집.

Gilbert, N., and Terrell, P. 2009. *Dimensions of Social Welfare Policy*(7th ed.). London: Pearson.

Godbout, J. 2000. *Le don, la dette et l'identite᷈: L'homo Donator vs Homo Oconomicus*. Paris: La Dé couverte.

Goldsmith, S., and Eggers, W. 2004. *Governing by Network*. Washington, D.C.: Brookings Institution Press. 이명성·오수길·배재현·양세진 역. 2014. 『공공부문의 새로운 모습: 네트워크 정부』. 파주: 한울아카데미.

Gough, I. 1979. *The Political Economy of The Welfare State*. London: Macmillan International Higher Education.

Graham, L. S. 2005. *Social Policy Dilemmas Under Decentralization and Federalism: The Case of Brazil*. New York: Cambridge University Press.

Granovetter, M. S. 1973. "The Strength of Weak Ties." *American Journal of Sociology*, 78(6), 1360-138.

Green, D. A., Harris, J., Lewis, J., Thane, P., Vincent, A. W., and Whiteside. N. 1999. *Before Beveridge: Welfare Before the Welfare State*. London: Institution of Economic Affairs.

Greene, R. P., and Pick, J. B. 2006. *Exploring the Urban Community: a GIS Approach*. New Jersey: Prentice Hall.

Greenwood, D. J., Whyte, W. F., and Harkavy, I. 1993. "Participatory Action Research as a Process and as a Goal." *Human Relations*, 46(2), 175.

Grootaert, C., and Van Bastelare, T. 2002. *The Role of Social Capital in Development: An Empirical Assessment*. London: Cambridge University Press.

Grootaert, C., Narayan, D., Jones, V. N., and Woolcock, M. 2004. *Measuring Social Capital: An Integrated Questionnaire*. Washington, D.C.: The World Bank.

Gueslin, A. 1987. *L'invention de l'e᷈conomie Sociale*. Paris: Economica.

Gutierrez, L. 1994. "Beyond Coping: An Empowerment Perspective on Stressful Life Events." *Journal of Sociology and Social Welfare*, 21, 201-219.

Hajer, M., van Tatenhove, J. P. M., and Laurent, C. 2004. *Nieuwe Vormen van Governance*. Bilthoven: RIVM-MNP, 37.

Hananel, R. 2014. "Can Centralization, Decentralization and Welfare Go Together?: The Case of Massachusetts Affordable Housing Policy." *Urban Studies*, 51(12), 2487-2502.

Hanifan, L. J. 1916. "The Rural School Community Center." *The Annals of the American Academy of Political and Social Science*, 67(1), 130-138.

Harbison, F., and Meyers, C. A. 1959. *Management and the Industrial World: An International Analysis*. New York: McGraw-Hill.

Hardcastle, D. A., Powers, P. R., and Wenocur, S. 1997. *Community Practice: Theories and Skills for Social Workers*. New York: Oxford University Press.

Hardcastle, D. A., Powers, P. R., and Wenocur, S. 2004. *Community Practice: Theories and Skills for Social Workers*(2nd ed.). New York: Oxford University Press.

Hardcastle, D. A., Powers, P. R., and Wenocur, S. 2011. *Community Practice: Theories and Skills for Social Workers*(3rd ed.). New York: Oxford University Press.

Hardina, D. 1997. "Empowering Student for Community Organization Practice: Teaching Confrontation Tactics." *Journal of Community Practice*, 4(2), 51-63.

Hardina, D. 2000. "Models and Tactics Taught in Community Organization Courses: Findings from a Survey of Practice Instructors." *Journal of Community Practice*, 7(1), 5-18.

Hardina, D. 2002. *Analytical Skills for Community Organization Practice*. New York: Columbia University Press.

Hearne, R. 2009. *Origins, Development and Outcomes of Public Private Partnerships in Ireland: The Case of PPPs in Social Housing Regeneration*. Dublin: Combat Poverty Agency.

Heaven, C. 2018. "Developing a Plan for Assessing Local Needs and Resources", Community Tool Box. https://ctb.ku.edu

Hepworth, D. H., Rooney, R. H., and Larsen, J. A. 1997. "Assessing Family Functioning in Diverse Family and Cultural Contexts." *Direct Social Work Practice: Theory and Skills*, 276-316. California: Brooks/Cole.

Héritier, A., and Rhodes, M. 2011. "Conclusion New Modes of Governance: Emergence, Execution, Evolution and Evaluation." *In New Modes of Governance in Europe*, 163-174. London: Palgrave Macmillan.

Hirschman, A. O. 1970. "Exit, Voice, and Loyalty: Responses to Decline." *Firms, Organizations, and States*. Cambridge: Harvard University Press.

Hulse, K., and Stone, W. 2007. "Social Cohesion, Social Capital and Social Exclusion: A Cross Cultural Comparison." *Policy Studies*, 28(2), 109-128.

Hunter, F. 1953. *Community Power Structure: A Study of Decision Makers*. Chapel Hill: The University of North Carolina Press.

Hunter. A. D. 2003. *Social Control: Encyclopedia of Community: From the Village to the Virtual World*. Beverly Hills: SAGE Publications.

Huxley, P., and Thornicroft, G. 2003. "Social Inclusion, Social Quality and Mental Illness." *British Journal of Psychiatry*, 182, 289-290.

Ife, J. 2002. *Community Development: Community Based Alternatives in an Age of. Globalisation*. Melbourne: Pearson Education.

Jacobsen, M., and Heitkamp, T. 1995. "Working with Communities." In *The Social Services: An Introduction*(4th ed.), edited by H. W. Johnson. Itasca: F. E. Peacock Publishers.

Jansen, D. (Eds.). 2007. *New Forms of Governance in Research Organizations: Disciplinary Approaches, Interfaces and Integration*. Heidelberg: Springer Netherlands.

Jeannotte, S. 2000. "Social Cohesion Around the World: An International Comparison of Difinitions and Issues." *Strategic Research and Analysis Directorate Paper SRA-309*. Ottawa: Department of Canadian Heritage.

Jencks, C., and Mayer, S. 1990. "The Social Consequences of Growing up in a Poor Neighborhood." In *Inner-city Poverty in the United State*, edited by L. Lynn et al., 111-186. Washington, D.C.: National Academy Press.

Jenson, J. 1998. Mapping Social Cohesion: The State of Canadian Research, 109-128. Ottawa: Renouf Publishing.

Jenson, J. 2010. *Defining and Measuring Social Cohesion*. London: Commonwealth Secretariat.

Jordan, C. 2013. "Assessment." *Encyclopedia of Social Work*, NASW Press. http://oxfordre.com/socialwork

Kahn, S. 1991. *Organizing: A Guide for Grassroots Leaders*. Silver Spring: NASW Press.

Kahn, S. 1995. "Community Organization." *Encyclopedia of Social Work*(19th ed.). Washington, D.C.: NASW Press.

Kaminsky, L., and Walmsley, C. 1995. "The Advocacy Brief: A Guide for Social Workers." *The Social Worker*, 63(2), 53-58.

Keefer, P., and Knack, S. 1997. "Does Social Capital Have an Economic Payoff? A Crosscountry Investigation." *Quarterly Journal of Economics*, 112, 1251-1288.

Kelleher, C. A., and Yackee, S. W. 2004. "An Empirical Assessment of Devolution's Policy Impact." *The Policy Studies Journal*, 32(2), 253-270.

Kemp, S. P. 1995. "Practice with Communities." In *The Foundations of Social Work Practice*, edited by C. H. Mayor et al. Washington, D.C.: NASW Press.

Ketola, O., Thomsen, K., and Nielsen, H. W. 1997. "From Poor Relief to Social Rights and Social Care Services' Client hood." In *Social Care Services: The key to the Scandinavian Welfare Model*, edited by J. Sipiläa. Brookfield: Ashgate.

Kettner, P., Daley, J., and Weaver-Nichols, A. 1985. "Initiating Change in Organizations and Communities." *A Macro Practice Model*. Monterey: Brooks Cole.

Keyes, L. C., Schwartz, A., Vidal, A. C., and Bratt, R. G. 1996. "Networks and Nonprofits: Opportunities and Challenges in an Era of Federal Devolution." *Housing Police Debate*, 7(2), 201-229

Kirst-Ashman, K. K., and Hull, G. H., Jr. 2006. *Generalist Practice with Organizations and Communities*. Belmont: Thomson Brooks/Cole.

Klasen, S. 2002. "Low Schooling for Girls, Slower Growth for All? Cross-Country Evidence on the Effect of Gender Inequality in Education on Economic Development." *The World Bank Economic Review*, 16(3), 345-373.

Knack, S. 1999. "Social Capital, Growth, and Poverty: A Survey of Cross-Country Evidence." *Social Capital Initiative Working Paper*. Social Development Department, Washington, D.C.: World Bank Publications.

Knack, S., and Keefer, P. 1995. "Institutions and Economic Performance: Cross-Country Tests Using Alternative Institutional Measures." *Economics & Politics*, 7(3), 207-227.

Knight, B., and Stokes, P. 1996. *The Deficit in Civil Society in the United Kingdom*. Washington, D.C.: Devex.

Knoke, D., and Yang, S. 2008. *Social Network Analysis*. London: Sage.

Lascoumes, P., and Le Galès, P. 2007. "Introduction: Understanding Public Policy Through its Instruments–from the Nature of Instruments to the Sociology of Public Policy Instrumentation." *Governance*, 20(1), 1-21.

Lauffer, A. 1981. "The Practice of Social Planning." *Handbook of the Social Services*, 559-583.

Laville, J. L. (Eds.). 1994. *L'e'conomie Solidaire, une Perspective Internationale*. Paris: Descle'e de Brouwer.

Lévesque, B., and Ninacs, W. C. 2000. "The Social Economy in Canada: The Qubeck Expereince." *Social Economy: International Debates and Perspectives*. London: Black Rose Book.

Levinson, D., and Christensen, K. 2003. *Encyclopedia of Community: From the Village to the Virtual World*. Beverly Hills: SAGE Publications

Levitas, R., Pantazis, C., Fahmy, E., Gordon, D., Lloyd, E., and Patsios, D. 2007. *The Multi-Dimensional Analysis of Social Exclusion*. London: Department for Communities and Local Government.

Lev-Wiesel, R. 2003. "Indicators Constituting the Construct of 'Perceived Community Cohesion'."

Community Development Journal, 38(4), 332-343.

Lewis, J. 1999. "Reviewing the Relationship Between the Voluntary Sector and the State in Britain in the 1990s." *Voluntas: International Journal of Voluntary and Nonprofit Organizations*, 10(3), 255-270.

Lin, N., Fu, Y. C., and Hsung, R. M. 2001. "Measurement Techniques for Investigations of Social Capital." In *Social Capital: Theory and Research*, edited by N. LIN, N. et al. New York: Transaction Publishers.

Lingam, L. 2013. "Development Theories and Community Development Practice: Trajectory of Changes." In *The Handbook of Community Practice*, edited by M. Weil et al., 195-214. Thousand Oaks: Sage.

Littig, B., and Griessler, E. 2005. "Social Sustainability: A Catchword Between Political Pragmatism and Social Theory." *International Journal of Sustainable Development*, 8(1-2), 65-79.

Lohmann, R. A., and Lohmann, N. 2002. *Social Administration*. New York: Columbia University Press.

Long, D. D., Morrison, J. D., and Tice, C. J. 2006. *Macro Social Work Practice: A Strengths Perspective*. Belmont: Thomson Brooks/Cole.

Lyon, Aisling. 2015. "Resolving Socioeconomic Disparities through Fiscal Decentralisation in the Republic of Macedonia." *Europe-Asia Studies*, 67(8), 1282-1301.

Lyon, L. 1986. *The Community in Urban Society*. Prospect Heights: Waveland Press.

MacDonald, C. 2012. "Understanding Participatory Action Research: A Qualitative Research Methodology Option." *Canadian Journal of Action Research*, 13(2), 34-50.

Manor, J. 1999. *The Political Economy of Democratic Decentralization*. Washington, D.C.: The World Bank.

Manzo, L. C., and Brightbill, N. 2007. "Toward a Participatory Ethics." In *Participatory Action Research Approaches and Methods: Connecting People, Participation and Place*, edited by S. Kindon et al. London: Routledge.

Marquand, D. 1988. *The Unprincipled Society: New Demands and Old Politics*. London: J. Cape.

Martinez-Brawley, E. E. 1995, "Community", In *Encyclopedia of Social Work*, edited by R. Edwards et al. New York: NASW.

Marwell, N. 2004. "Privatizing the Welfare State: Nonprofit Community-Based Organizations as Political Actors." *American Sociological Review*, 69(2), 265-291.

Maurer, R. 2002. "Methods of Community Assessment", http://srdc.msstate.edu/trainings/presentations_archive/2002/2002_maurer.pdf

McCracken, M. 1998. "Social Cohesion and Macroeconomic Performance." Conference on the State of Living Standards and the Quality of Life. Ottawa: Centre for the Study of Living Standards(CSLS).

McCroskey, J., and Meezan, W. 1992. "Social Work Research in Family and Children's Services." In *Family Practice: A Curriculum Plan for Social Services*, edited by J. Brown et al., 199-213. Washington, D.C.: Child Welfare League of America.

McDonough, J. F. 2001. *Community Analysis and Praxis*. London: Routledge.

McMillan, D. W., and Chavis, D. M. 1986. "Sense of Community: A Definition and Theory." *Journal of Community Psychology*, 14, 6-23.

Merida, K., and Vobejda, B. 1996. "Promoting Return to 'Civil Society'." *Washington Post*.

Mickelson, J. S. 1995. "Advocacy." In *Encyclopedia of Social Work*(19th ed.), edited by R. L. Edwards. Washington, D.C.: NASW Press.

Mickelson, K. D. 1997. "Seeking Social Support: Parents in Electronic Support Groups." *Culture of the Internet*, 157-178.

Miller, D. 1990. *Market, State, and Community: Theoretical Foundations of Market Socialism*. London: Oxford University Press.

Miller, M. A., and Bunnell, T. 2012. "Introduction: Asian Cities in an Era of Decentralisation." *Space and Polity*, 16(1), 1-6.

Mills, C. W. 1956. *The Power Elite*. London: Oxford University Press.

Minar, D. W., and Greer, S. (Eds.). 2007. *The Concept of Community*. New Brunswick and London: Aldine Transaction.

Mini Pradeep, K. P., and Sathyamurthi, K. 2017. "The 'Community' in 'Community Social Work'." *Journal of Humanities and Social Science*, 22(9), 58-64.

Mizrahi, R., and Ivery. 2013. "Coalitions, Collaborations, and Partnerships: Interorganizational Approaches to Social Change." In *The Handbook of Community Practice*, edited by M. Weil et al. Thousand Oaks: Sage.

Mondros, J. B., Wilson, S. M., and Wilson, S. 1994. *Organizing for Power and Empowerment*. Columbia University Press.

Monzón Campos, J. 1997. "Contributions of the Social Economy to the General Interest." *Annals of Public and Cooperative Economics*, 68(3), 397-408.

Moulaert, F., and Ailenei, O. 2005. "Social Economy, Third Sector and Solidarity Relations: A Conceptual Synthesis from History to Present." *Urban Studies*, 42(11), 2037-2053.

Mullaly, B. 1997. *Structural Social Work*. London: Oxford University Press.

Mulroy, Elizabeth A., 2015. "Community Needs Assessment." *Encyclopedia of Social Work*. National Association of Social Workers.

Murray G. R., and Lappin, B. W., 1967. *Community Organization: Theory, Principles, and Practice*(2nd ed.). New York: Harper & Row Publishers.

Netting, F. E., Kettner, P. M., and McMurtry, S. L. 1998. *Social Work Macro Practice*. New York: Longman.

Netting, F. E., Kettner, P. M., and McMurtry, S. L. 2004. *Social Work Macro Practice*(3rd ed.). London: Oxford University Press.

Netting, F. E., Kettner, P. M., McMurtry, S. L., and Thomas, M. L. 2016. *Social Work Macro Practice* (6th ed.). London: Pearson.

North, D. C. 1990. *Institutions: Institutional Change and Economic Performance*. Cambridge: Cambridge University Press.

Novy, A., Swiatek, D. C., and Moulaert, F. 2012. "Social Cohesion: A Conceptual and Political Elucidation." *Urban Studies*, 49(9).

Oates, W. E. 1972. *Fiscal Federalism*. New York: Harcourt Brace and Jovanovich.

Oates, W. E. 2005. "Toward A Second Generation Theory of Fiscal Federalism." *International Tax and Public Finance*, 12(4), 349-73.

Obinger, H., Leibfried, S., and Castles, F. G. 2005. *Federalism and the Welfare State : New World and European Experiences*. Cambridge: Cambridge University Press.

O'Connor, P. 1998. "Mapping Social Cohesion", Canadian Policy Research Networks Discussion

Paper, (F/01).

OECD. 2001. *The Well-being of Nations: The Role of Human and Social Capital*. Paris: Office of Economic Cooperation and Development.

Olum, Y. 2014. "Decentralisation in Developing Countries: Preconditions for Successful Implementation." *Commonwealth Journal of Local Governance*, 15: 23-39.

Onyx, J., and Bullen, P. 2000. "Measuring Social Capital in Five Communities." *The Journal of Applied Behavioral Science*, 36(1), 23-42.

Ostrom, E. 1990. *"Governing the Commons: The Evolution of Institutions for Collective Action."* Cambridge: Cambridge University Press.

Paldam, M. 2000. "Social Capital: One or Many? Definition and Measurement." *Journal of Economic Surveys*, 14(5), 629-653.

Pantoja, A., and Perry, W. 1992. "Community Development and Restoration: A Perspective." In *Community Organizing in a Diverse Society*, edited by F. G. Rivera et al., 223-249. Boston: Allyn and Bacon.

Park, R. E. 1936. "Human Ecology." *American Journal of Sociology*, 17(1), 1-15.

Parker, A. 2001. *Promoting Good Governance with Social Funds and Decentralization*. Washington, D.C.: World Bank.

Parkin, F. 1979. *Marxism and Class Theory: A Bourgeois Critique*. New York: Columbia University Press.

Paugam, S., and Russell, H. 2000. "The Effects of Employment Precarity and Unemployment on Social Isolation." In *Welfare Regimes and the Experience of Unemployment in Europe*, edited by D. Gallie et al., 243-264. Oxford: Oxford University Press.

Paul, G., S., and Verdier, T. 1996. "Inequality, Redistribution and Growth: a Challenge to the Conventional Political Economy Approach." *European Economic Review*. 40, 719-728.

Peace, R. 1999. *Surface Tension: Place/Poverty/Policy: from "Poverty" to "Social Exclusion": Implications of Discursive Shifts in European Union Poverty Policy, 1975-1999*. Hamilton: University of Waikato.

Peace, R. 2001. "Social Exclusion: A Concept in Need of Definition?" *Social Policy Journal of New Zealand*, 17-36.

Pestoff, V. 1992. "Third Sector and Co-operative Services: An Alternative to Privatization." *Journal of Consumer Policy*, 15(1), 21-45.

Pestoff, V. 2005. *Beyond the Market and State: Civil Democracy and Social Enterprises in a Welfare Society*. Aldershot: Ashgate.

Phillips, D. 2008. "Social Inclusion, Social Exclusion and Social Cohesion: Tensions in a Post-Industrial World." *The Hong Kong Journal of Social Work*, 42, 3-31.

Pierre, J. (Eds.). 2000. *Debating Governance: Authority, Steering, and Democracy*. Oxford: Oxford University Press.

Pierre, J., and Peters, B. G. 2000. *Governance, Politics and the State*. New York: St. Martin's.

Plan-Commissariat Général du Plan. 1997. *Cohésion Sociale et Territoires*. Paris: La Documentation Française.

Policy Research Initiative. 1999. *Government of Canada: Sustaining Growth, Human Development, and Social Cohesion in a Global World*. Ottawa: A report Prepared for the Policy Research Initiative.

Portes, A. 1995. *The Economic Sociology of Immigration*. New York: Russell Sage Foundation.

Powell, W. W. 1990. "The Transformation of Organizational Forms: How Useful is Organization Theory in Accounting for Social Change?" In *Beyond the Marketplace: Rethinking Economy and Society*, edited by R. Friedland et al., 301-29. New York: Aldine de Gruyter.

Pradeep, M., and Sathyamurthi, K. 2017. "Community Social Work: An Evolutionary Perspective." *International Journal of Research in Economics and Social Sciences*, 7(8).

Prud'homme, R. 1995. "The Dangers of Decentralization." *The World Bank Research Observer*, 10(2), 201-220.

Putnam, R. D. 1993. "The Prosperous Community." *The American Prospect*, 4(13), 35-42.

Putnam, R. D. 1995. "Tuning in, Tuning Out: The Strange Disappearance of Social Capital in America." *Political Science & Politics*, 28(4), 664-683.

Putnam, R. D. 2000. *Bowling Alone: The Collapse and Revival of American Community*. New York: Simon and Schuster.

Rabinowitz, P. 2019a. "Windshield and Walking Surveys." Community Tool Box. http://ctb.ku.edu

Rabinowitz, P. 2019b. "Geographic Information Systems: Tools for Community Mapping." Community Tool Box. http://ctb.ku.edu

Rigolon, A., and Németh, J. 2019. "Toward a Socioecological Model of Gentrification: How People, Place, and Policy Shape Neighborhood Change." *Journal of Urban Affairs*, 41(7), 887-909.

Ritzen, J. M. M., Easterly, W., and Woolcock, M. J. 2000. *On "good" Politicians and "bad" Policies: Social Cohesion, Institutions, and Growth*. Washington, D.C.: World Bank Publications.

Ritzer, G. (Eds.). 2007. *Blackwell Encyclopedia of Sociology*. New Jersey: Wiley-Blackwell.

Ritzer, G., and Stepnisky, J. 2018. *Sociological Theory*(10th ed.). Thousand Oaks: Sage.

Robinson, L. J., Schmid, A. A., and Siles, M. E., 2002. "Is Social Capital Really Capital?" *Review of Social Economy*, 60(1), 1-21.

Rodríguez-Pose, A., and Krøijer, A. 2009. "Fiscal Decentralization and Economic Growth in Central and Eastern Europe." *Growth and Change*, 40(3), 387-417.

Rodríguez-Pose, A., and Von Berlepsch, V. 2012. "Social Capital and Individual Happiness in Europe." *Bruges European Economic Research Papers*, 25/2012.

Rodríguez-Pose, A., and Von Berlepsch, V. 2014. "Social capital and Individual Happiness in Europe." *Journal of Happiness Studies*, 15(2), 357-386.

Room, G. 1995. *Beyond the Threshold: The Measurement and Analysis of Social Exclusion*. Bristol: Policy Press.

Rotary International. 2018. "Community Assessment Tools." www.rotary.org

Rothman, A. J., and Salovey, P. 2007. "The Reciprocal Relation between Principles and Practice: Social Psychology and Health Behavior." In *Social psychology: Handbook of Basic Principles*, edited by A. W. Kruglanski et al., 826-849. New York: The Guilford Press.

Rothman, J. 1979. "Three Models of Community Organization Practice: Their Mixing and Phasing." In *Strategies of Community Organization*(4th ed.), edited by F. M. Cox et al. Itasca: F. E. Peacock.

Rothman, J. 1995. "Approaches to Community Intervention." In *Strategies of Community Intervention: Macro Practice*(5th ed.), edited by F. M. Cox et al. Itasca: F. E. Peacock.

Rothman, J. 2001. *Strategies of Community Intervention: Macro Practice*(6th ed.), Itasca: F. E.

Peacock.

Rothman, J., and Sager, J. 1998. *Case Management: Integrating Individual and Community Practice*(2nd ed.). Boston: Allyn and Bacon.

Rothman, J., Erlich, J. L., and Teresa, J. G. 1976. *Promoting Innovation and Change in Organizations and Communities: A Planning Manual*. New Jersey: Wiley

Rothstein, B. 2008. "Is the Universal Welfare State a Cause or an Effect of Social Capital?" *QoG working paper series*, 16.

Rowntree Foundation. 1998. "The Report of Key Indicators of Poverty and Social Exclusion." http://www.parliament.the-stationeryoffice.co.uk/pa/cm199798/cmselect/777/8060303.htm

Rubin, H. J., and Rubin, I. S. 2001. *Community Organizing and Development*(3rd ed.). Boston: Allyn and Bacon.

Rubin, H. J., and Rubin, I. S. 2005. "The Practice of Community Organizing." In *The Handbook of Community Practice*, edited by M. Weil, 189-203. Thousand Oaks: Sage.

Rubin, H. J., and Rubin, I. S. 2008. *Community Organizing and Development*. Boston: Allyn and Bacon.

Sampson, R. J. 2008. "Moving to Inequality: Neighborhood Effects and Experiments Meet Social Structure." *American Journal of Sociology*, 114, 189-231.

Sampson, R. J., Morenoff, J. D., and Gannon-Rowley, T. 2002. "Assessing 'Neighborhood Effects': Social Processes and New Directions in Research." *Annual Review of Sociology*, 28, 443-78.

Saunders, P., Naidoo, Y., and Griffiths, M. 2008. "Towards New Indicators of Disadvantage: Deprivation and Social Exclusion in Australia." *Australian Journal of Social Issues*, 43(2), 175-194.

Schwab, Klaus. 2016. "The Fourth Industrial Revolution: what it means, how to respond." World Economic Forum. https://www.weforum.org/agenda/2016

Schwartz, A., Bratt, R. G., Vidal, A. C., and Keyes, L. C. 1996. "Nonprofit Housing Organizations and Institutional Support: The Management Challenge." *Journal of Urban Affairs*, 18(4), 389-407.

Scott, J. 2009. *Social Network Analysis: A Handbook*(2nd ed.). London: SAGE.

Seers, D. 1969. "The Meaning of Development." *International Development Review*, 11(4), 3-4.

Selbourne, D. 1994. *The Principle of Duty*. London: Sinclair-Stevenson.

Sellers, J. M., and Lidström, A. 2007. "Decentralization, Local Government, and the Welfare State." *Governance*, 20(4), 609-632.

Sen, A. 1999. *Development as Freedom*. New York: Alfred A. Knopf.

Shair-Rosenfield, S., Marks, G., and Hooghe, L. 2014. "A Comparative Measure of Decentralization for Southeast Asia." *Journal of East Asian Studies*, 14, 85-107.

Shumaker, S. A., and Brownell, A. 1984. "Toward a Theory of Social Support: Closing a Conceptual Gap." In *Social Support: New Perspectives in Theory, Research, and Intervention*, edited by A. Brownell et al., 11-36. New York: Plenum.

Silver, H. 1994. "Social Exclusion and Social Solidarity: Three Paradigms." *International Labour Review*, 133, 531-578.

Silver, H. 1995. "Reconceptualizing Social Disadvantage: Three Paradigms of Social Exclusion." In *Social Exclusion: Rhetoric, Reality, Responses*, edited by G. Rodgers et al. Geneva: Intl Labour Organisation.

Simpson, M. 2017. "Renegotiating Social Citizenship in the Age of Devolution." *Journal of Law and Society*, 44(4), 646-673.

Smathers, C., and Lobb, J. 2014. "Decision Making, Community Development Fact Sheet." Ohio State University Extension. https://ohioline.osu.edu

Smith, S., Willms, D., and Johnson, N. (Eds.). 1997. *Nurtured by Knowledge: Learning to Do Participatory Action-Research*. New York: Apex Press.

Social Exclusion Unit. 1997. *Social Exclusion Unit: Purpose, Work Priorities and Working Methods*. London: Social Exclusion Unit.

Social Exclusion Unit. 2000. *Policy action team report 12: Young People*. London: The Stationery Office.

Somerville, P. 2016. *Understanding Community: Politics, Policy and Practice*. Chicago: Policy Press.

Spergel, I. A. 1987. "Community Development." In *Encyclopedia of Social Work*(18th ed.). Washington, D.C.: NASW Press.

Spina, Nicholas. 2014. "Decentralisation and Political Participation: An Empirical Analysis in Western and Eastern Europe." *International Political Science Review*, 35(4), 448-462.

Streeck, W. 2011. "The Crises of Democratic Capitalism." *New Left Review,* 71, 5-29.

Stringer, E. T. 1999. *Action Rresearch*(2nd ed.). Thousand Oaks: Sage.

Tam, H. 1998. *Communitarianism: A New Agenda for Politics and Citizenship*. New York: New York University Press.

Tang, M., and Huhe, N. 2016. "The Variant Effect of Decentralization on Trust in National and Local Governments in Asia." *Political Studies*, 64(1), 216-234.

Taylor, S. H., and Roberts, R. W. (Eds.). 1985. *Theory and Practice of Community Social Work*. New York: Columbia University Press.

Tiebout, C. 1956. "A Pure Theory of Local Expenditures." *Journal of Political Economy*, 64, 416-24.

Trydegård, G. B., and Thorslund, M. 2010. "One Uniform Welfare State or a Multitude of Welfare Municipalities? The Evolution of Local Variation in Swedish Elder Care." *Social Policy & Administration*, 44(4), 495-511.

Twelvetrees, A. 2002. *Community Work*(3rd ed.). New York: Palgrave.

Twine, F. 1994. *Citizenship and Social Rights: The Interdependence of Self and Society* (Vol. 33). London: Sage.

U. K. House of Commons. 1999. "Poverty and Social Exclusion(National Stategy) Bill." https://publications.parliament.uk/pa/cm199899/cmbills/045/1999045.htm

USAID. 1996. "Performance Monitoring and Evaluation TIPS." pdf.usaid.gov/pdf_docs/PNABS541.pdf

Vaillancourt, Y., and Favreau, L. 2001. "Le Modèle Québécois D'économie Sociale et Solidaire." *Revue internationale de l'économie sociale: Recma,* 281, 69-83.

Valino, R. I. 2017. "Community Organizing Participatory Action Research." https://www.scribd.com/document/13730787/Community-Organizing-Participatory-Action-Research

Veenhoven, R. 1996. Developments in Satisfaction-research. *Social Indicators Research*, 37(1), 1-46.

Walker, A. 1998. "The Amsterdam Declaration on the Social Quality of Europe." *European Journal of Social Work*, 1(1), 109-111.

Walker, A., and Walker, C. 1997. *Britain Divided: The Growth of Social Exclusion in the 1980s and 1990s*. London: Child Poverty Action Group.

Warren, R. L. 1971. "Types of Purposive Social Change at the Community Level." In *Truth, Love and Social Change*, edited by R. L. Warren. Chicago: Rand Mcnally.

Weil, M. O., and Gamble, D. N. 1995. "Community Practice Models." *Encyclopedia of Social Work*, 1, 483-494.

Wellman, B. 1981. "Applying Network Analysis to the Study of Support." In *Social Networks and Social Support*, edited by B. H. Gottlieb et al., 171-200. Thousand Oaks: Sage.

Wettenhall, R. 2003. "The Rhetoric and Reality of Public-Private Partnerships." *Public Organization Review*, 3(1), 77-107.

Whittaker, J. K., and Garbarino, J., (Eds.). 1983. *Social Support Networks: Informal Helping in the Human Services*. New Jersey: Transaction Publishers.

Wilson, W. J. 1987. *The Truly Disadvantaged*. Chicago: University of Chicago Press.

Wittman, D., and Weingast, B. R. (Eds.). 2008. *The Oxford Handbook of Political Economy*. London: Oxford University Press.

Woolcock, M., and Narayan, D. 2000. "Social Capital: Implications for Development Theory, Research, and Policy." *The World Bank Research Observer*, 15(2), 225-249.

Woolley, F. 1998. "Social Cohesion and Voluntary Activity: Making Connections." *Center for the Study of Living Standards Conference: The State of Living Standards and the Quality of Life*.

Wordpress. 2008. "Participatory Action Research and Organizational Change." https://participaction.wordpress.com

World Bank. 2007. "Social Capital for Developmen." http://www.worldbank.org/prem/poverty/scapital

Worth, L. 1938. "Urbanism as a Way of Life." *American Journal of Sociology*, 44, 8-20.

Yilmaz, S., Beris, Y., and Serrano-Berthet, R. 2010. "Linking Local Government Discretion and Accountability in Decentralisation." *Development Policy Review*, 28(3), 259-293.

Young, I. 1990. *Justice and the Politics of Difference*. Princeton: Princeton University Press.

웹사이트

서울특별시 참여예산. https://yesan.seoul.go.kr
커뮤니티매핑센터. http://cmckorea.org
행정안전부. http://www.mois.go.kr
Rotary International. http://www.rotary.org
Feverbee. https://www.feverbee.com
North Dakota Department of Health Homepage. https://www.ndhealth.gov
Ontario Heathy Communities Coalition(OHCC). http://www.ohcc-ccso.ca/en
Social Care Institute for Excellence. https://www.scie.org.uk
The Blackwell Encyclopedia of Sociology Online. www.sociologyencyclopedia.com

인터넷 기사

디지털타임스. "지능국가 실현, 지역 협치모델에 달렸다." 오세홍. 2017. 7. 31. http://www.dt.co.kr/contents.html?article_no=2017080102102251607001
중앙일보. "당신의 고향이 사라진다. 기초단체 80곳 30년 후엔 인구 소멸 위험지역." 김태윤·장원석. 2016.05.08. http://news.joins.com/article/19992738

찾아보기

저자소개

지은구

사회문제 해결과 사회변화를 위한 실질적인 학문으로 사회복지학을 공부하였다. 유학 시절 대학교에서 사회복지박사학위를 취득한 후 계명대학교에서 사회복지학과 교수로 재직 중이다. 주요 연구 분야는 사회복지정책 및 행정 영역이며 부전공으로 사회복지경제를 연구하고 있다. 저서로 『사회경제론』(2021), 『복지국가와 사회의 질』(2018), 『비영리조직 성과관리』 (2012), 『사회복지 경제학 연구』(2003) 등 다수가 있다.

감정기

서울대학교에서 사회복지학으로 학부와 석박사 과정을 마쳤다. 사회복지관에서 잠깐 일한 후 경남대학교 사회복지학과에서 34년간 지역사회복지, 사회복지역사, 장애인복지 등을 가르치고 정년에 이르러 퇴직하여 명예교수로 있다. 공저서로 『지역사회복지론』(2019), 『사회복지의 역사』(2017), 『사회문제와 사회복지』(2015), 『한국사회복지의 선택』(1995) 등이 있다.

김진석

미래가 아닌 현재의 사회변화에 기여하는 연구를 하고자 사회과학을 공부하기 시작하였다. 미국으로 유학하여 사회복지를 전공하였고, 사우스캐롤라이나대학교를 거쳐 서울여자대학교 교수로 재직 중이다. 주요 연구 분야는 복지국가의 사회서비스, 아동복지, 지역사회복지 등이다. 공저서로 『International handbook of adolescent pregnancy』(2014), 공역서로 『기본소득, 존엄과 자유를 향한 위대한 도전』(2018) 등이 있다.

김형용

학사부터 박사까지 줄곧 사회복지학을 공부하였고, 인간의 집합행동에 관심이 많다. 동국대학교 사회학과를 거쳐 현재는 사회복지학과에 재직 중이다. 주요 연구 분야는 사회서비스이며, 공저서로 『다시 촛불이 묻는다』(2021), 『Social Exclusion in Cross National Perspective』(2019), 『문화, 환경, 탈물질주의 사회정책』(2013) 등이 있다.

홍재봉

경북대학교 사회복지학과를 졸업했고 사회복지관과 사회복지공동모금회에서 현장전문가로 일했다. 2013년 동의대학교 사회복지학과 산학협력부교수를 거쳐, 주민리더와 주민조직가를 양성하는 부산주민운동교육원을 설립하여 트레이너로 활동하고 있다. 도시재생사업인 '산복도로르네상스'와 '행복마을만들기'에 활동가로 참여하였다. 주민조직화 및 지역공동체 대한 관심이 많으며 주요 연구 분야는 도시재생, 마을공동체, 지역사회보장협의체이다. 공저서로 『실천가를 위한 지역사회복지론』(2016)이 있다.